금지된 욕망

금지된 욕망

1판 1쇄 인쇄 2024년 7월 20일
1판 1쇄 발행 2024년 7월 25일

지은이 김서택

발행인 한동인
펴낸곳 (주)씨뿌리는사람

등록번호 제2006-4호
주   소 경기도 이천시 경충대로 2096-4
　　　　　(서울사무소) T. 741-5181, 4 F. 744-1634

책값은 뒤표지에 있습니다.

ISBN 978-89-90342-68-3

Web www.kclp.co.kr

"천국은 마치 사람이 자기 밭에 갖다 심은 겨자씨 한 알 같으니
이는 모든 씨보다 작은 것이로되 자란 후에는 나물보다 커서 나무가 되매
공중의 새들이 와서 그 가지에 깃들이느니라"(마 13:31-32)

공급처 기독교문사 도매부 T. 741-5181~3 F. 762-2234

금지된 욕망

김서택

씨뿌리는 사람

《금지된 욕망》은 사사기 강해입니다. 사사기는 설교할 때마다 은혜가 넘치고 부흥의 역사가 일어나는 것을 보게 됩니다. '금지된 욕망' 은 이스라엘 백성이 유혹받았던 이방의 종교, 이방의 풍습 그리고 성적인 문란과 타락이었습니다. '사사' 는 이스라엘 백성 사이에 분쟁이 생겼을 때 누가 옳고 그른 것을 판단해 주는 사람이었습니다. 그들은 모세의 율법을 가르치는 선생이었고, 나라가 위기에 빠졌을 때는 하나님의 영이 임하면서 놀라운 전사로 변했습니다.

사사 때 이스라엘 백성의 신앙을 보면, 어떤 일정한 패턴이 있는 것을 볼 수 있습니다. 즉 편할 때는 우상에 빠지고, 그리고 무기력해져서 이방 민족의 압제를 당하고, 견딜 수 없이 힘들면 하나님께 부르짖습니다. 그러면 하나님이 사사를 일으켜 하나님의 영을 부어주심으로써 원수들을 물리치고 다시 평화의 시기가 오게 됩니다.

오늘날도 우리 신앙은 올라갔다 내려갔다 하는 사이클을 돌고 있습니다. 이 줄을 끊어버리고 계속 하나님을 향하여 올라가야 하는데

그 방법은 오직 하나, 하나님의 말씀을 지속적으로 강해하는 것밖에 없습니다.

이 부족한 설교집이 한국의 청년이나 목회자, 교인들에게 힘이 되기를 바랍니다.

늘 꾸준하게 문서 사역을 통하여 한국교회에 새 힘과 새 기운을 공급하시는 한동인 사장님께 깊이 감사드립니다.

대구 수성교 옆에서
김서택 목사

Contents

차 례

차 례

지도자가 없는 시대

샷 1:1-21

얼마 전 신문을 보니까 서울과 대구의 지하철이 파업하고 철도까지 파업해서 지하철이 미어터지고 대중교통이 마비되었다고 합니다. 어떻게 보면 정치적인 알력이 있는 것은 아닌가 생각이 들었습니다. 그런데 그다음 날 신문을 보니까 하루 만에 지하철이나 철도 파업이 끝났다는 기사가 났습니다. 그렇게 된 이유가 흥미로웠습니다. 우리나라 MZ세대라고 20대에서 30대까지의 젊은 사람들이 있는데, 이들이 '왜 우리가 정치적인 파업에 따라가야 하느냐? 우리는 국민을 위하여 제대로 일하는 것이 옳다고 생각한다'라고 주장해서 파업을 철회하게 되면서, 정권을 흔들려고 했던 나이 든 세대의 주장이 무너지게 되었다는 기사였습니다. MZ세대는 무조건 노조 지도자들이 하라고 하는 대로 하지 않고 스스로 판단해서 좋은 쪽을 택했던 것입니다.

이스라엘에는 아주 뛰어난 두 사람의 지도자가 있었습니다. 이스라엘 백성이 출애굽할 때는 모세라는 지도자가 있어서, 열 가지 기적으로 애굽의 바로를 굴복시키고, 그들의 앞길을 가로막고 있는 홍해를 갈라지게 해서 이스라엘 백성을 건너게 했습니다. 모세가 이스라엘 백성을 모압 평지까지 인도한 후 느보산에서 죽었을 때, 여호수아라는 지도자가 가나안 정복을 완수했습니다. 그러나 여호수아는 자기 다음 지도자를 임명하지 않고 이스라엘 백성에게 "이제는 너희가 각자의 믿음대로 가나안 족속들을 쫓아내고 살아라"고 당부한 후에 죽었습니다. 그러므로 여호수아가 죽은 후에 이스라엘 백성은 전체적으로 이스라엘을 이끌어나갈 지도자가 없어졌습니다. 이제 이스라엘 백성은 가나안 땅에 버려진 오합지졸이 되고 말았습니다.

그러나 이스라엘 백성 한 사람 한 사람에게는 모세와 여호수아에게 들었던 하나님의 말씀이 있었습니다. 그래서 그들은 더 이상 지도자 한 사람에게 의존하지 않고 스스로의 믿음에 굳게 서서 자기 일을 열심히 했습니다. 그 결과 엄청난 승리를 거둔 사람도 있었고, 자기 힘으로는 도저히 아무것도 못하겠다고 포기해서 열매가 하나도 없는 사람도 있었습니다. 우리가 교회에서는 하나님의 말씀을 듣지만 세상에 나가서는 각자가 자기 믿음에 따라 학교도 정하고 직장도 정하고 결혼할 대상도 정해야 합니다. 그때 자기 일을 열심히 꾸준히 하는 사람에게는 하나님의 축복이 있지만 나 혼자 힘으로는 아무것도 못하겠다고 생각하고 자포자기하는 사람에게는 아무런 상급이 없는 것입니다. 사람은 자기가 할 수 있는 범위 내에서 조금씩 자기 할 일을 찾아서 해야 나중에 홀로 설 수 있습니다.

1. 여호수아가 죽은 후에

여호수아는 이스라엘 백성의 훌륭한 지도자였습니다. 여호수아는 모세의 후계자였는데, 모세는 능력의 지팡이를 가지고 기적을 행하고 반석을 쳐서 물이 쏟아지게 하는 능력이 있었고, 시내산에서 하나님을 만나고 내려온 후에는 얼굴에서 빛이 났습니다. 그러나 여호수아는 모세가 가졌던 이런 카리스마가 하나도 없었습니다. 여호수아는 능력의 지팡이도 없었고, 반석을 쳐서 물이 쏟아지게 하지도 않았고, 그의 얼굴에서는 빛이 나지도 않았습니다. 그러나 여호수아는 하나님이 말씀하신 대로 하나님의 말씀을 죽도록 붙들었습니다. 그랬더니 요단강이 벽처럼 쌓이기도 하고, 그냥 돌기만 했는데 그 난공불락의 여리고 성이 무너지기도 했습니다. 물론 여호수아도 인간이기 때문에 시행착오도 있었습니다. 그는 작은 아이 성에서 패배하기도 했고, 기브온 족속에게 속아서 사기당하기도 했습니다. 그러나 그는 그런 작은 실패에 물러서지 않고 하나님께 두 손을 들고 기도하므로 태양과 달이 기브온과 아얄론 골짜기에 머무르는 기적을 체험하게 됩니다.

그리고 여호수아는 나이가 많이 들어서 이스라엘 백성에게 "오직 하나님만 섬기고 그 말씀에만 순종하라"고 당부한 후에 죽습니다. 그리고 이스라엘 백성에게는 지도자가 없는 시대가 오게 됩니다. 이스라엘 백성에게 다시 지도자가 세워지게 되는 것은 사울 왕 때였습니다. 여호수아가 늙어서 죽고 사울 왕이 다시 지도자로 세워질 때까지의 기간은 대략 300년 정도 됩니다. 이 300년 동안 이스라엘 백성은 지도자 없이 각자의 믿음에 따라서 승리하기도 하고, 혹은 지도자가 없다고 낙심하는 바람에 다른 나라의 종이 되어 곡식이나 가축을 빼앗기기도 했습니다.

성경학자들은 '여호수아' 서는 여호수아가 썼을 것으로 생각합니다. 그러면 '사사기'는 누가 기록을 하였을까요? 사사기는 여호수아가 죽은 후부터 사무엘의 시대가 시작되기 전까지의 시기를 기록하고 있는데, 아마도 사무엘이 기록했을 가능성이 큽니다. 그래서 처음에는 약간 중복되는 부분이 있습니다.

여호수아가 죽은 후에 이스라엘 백성은 도대체 어디서부터 무슨 일을 해야 할지 알 수 없었습니다. 왜냐하면 그전까지만 해도 이스라엘 백성은 여호수아가 하라고 하는 대로 하면 되었기 때문에 그들은 아무것도 걱정하거나 생각할 필요가 없었던 것입니다. 그러니 이스라엘 백성의 신앙은 완전히 어린 아이 상태에 있었습니다. 즉 여호수아가 하라고 하면 하고, 하지 말라고 하면 하지 않는 수동적인 신앙이 되어 있었던 것입니다.

이스라엘 백성은 가나안 땅에 들어오기는 했는데 지도자가 없으니까 무엇을 어디서부터 해야 할지 알 수 없었습니다. 그때 이스라엘 백성은 하나님께 한번 기도해 봐야겠다고 생각했습니다. 이스라엘 백성이 잘한 것은 자기가 잘났다고 날뛰었던 것이 아니라 하나님께 기도하는 일을 했다는 것입니다.

1:1, "여호수아가 죽은 후에 이스라엘 자손이 여호와께 여쭈어 이르되 우리 가운데 누가 먼저 올라가서 가나안 족속과 싸우리이까"

그동안 이스라엘 백성은 하나님께서 기도에 응답해 주신다고 하면 모세나 여호수아에게 응답하시지, 우리같이 믿음 없는 자들의 기도를 들어주시지 않을 것으로 생각했습니다. 그러나 그들이 주저앉아 있지 않고 하나님께 기도했을 때 놀랍게도 하나님은 지도자가 없는 이스라엘 백성에게 응답해 주셨습니다. 이것이 바로 이스라엘 백성이 홀로서기를 시작하는 첫걸음이었습니다.

학생들은 어느 대학에 원서를 넣어야 할지, 청년들은 어느 직장에 이력서를 넣어야 할지, 처녀들은 결혼해야 하겠는데 나를 사랑해 줄 청년은 누구인지 알 수 없습니다. 또 매일 직장에서 나를 괴롭히는 상사가 있다면 만날 당하면서 살아야 할지, 아니면 한마디라도 해주어야 할지 알 수 없습니다. 이때 너무나도 완벽주의적인 성향을 가진 사람은 실수할 것이 두려워서 또 실패했을 때 자존심 상하는 것이 싫어서 모든 것이 완벽하기 전까지는 아무것도 하지 않는 때도 있습니다. 그러나 우리는 하나님의 종이므로, 종은 얼마든지 실패할 수 있고 욕도 얻어먹을 수 있고 창피를 당할 수도 있는 것입니다. 즉 다시 말해서 '종은 종다워야 하는 것'입니다. 종이 주인처럼 실수도 하지 않고 욕도 얻어먹지 않으려고 하면 안 되는 것입니다.

1:2, "여호와께서 이르시되 유다가 올라갈지니라 보라 내가 이 땅을 그의 손에 넘겨 주었노라 하시니라"

하나님은 이스라엘 백성 중에서 가장 믿음에 굳게 선 사람들이 유다 지파라고 생각하셨습니다. 그래서 하나님은 응답하시기를 유다 지파가 먼저 올라가라고 말씀하셨습니다. 그리고 하나님은 유다 지파가 이기도록 해주겠다는 약속까지 하셨습니다. 즉 "내가 이 땅을 그의 손에 넘겨 주었노라"고 말씀하셨습니다. 옛 개역성경에는 "내가 이 땅을 그 손에 붙였노라"고 했습니다. 즉 하나님은 유다 백성이 마음만 먹으면 얼마든지 그들을 이길 수 있도록 도와주실 것이라고 말씀하셨습니다. 그러나 이것은 어디까지나 하나님의 말씀이고 현실의 문제는 그렇게 간단하지 않았습니다. 왜냐하면 유다 백성이 가는 곳은 산지에다가 높은 성이 있었고, 군대는 강하고 특히 거인족들이 있었기 때문입니다. 현실의 문제는 유다 백성 스스로가 풀어야 할 문제였습니다. 유다 백성은 아무리 하나님이 가나안 족속을 우리 손에 넘겨 주셨다 하더라도 우리 힘만으로는 힘들 것이라는 생각이 들었습니다. 그래서 유다 백성은 영지가 자기들 땅에 포함되어 있는 시므온 지파를 만나서 같이 싸우러 가자고 제안했습니다.

1:3상, "유다가 그의 형제 시므온에게 이르되 내가 제비 뽑아 얻은 땅에 나와 함께 올라가서 가나안 족속과 싸우자"

이것이 바로 지혜입니다. 우리가 하나님의 말씀을 들을 때는 너무 쉽게 이길 것 같은데, 하나님의 말씀과 현실 사이에는 너무 높은 벽이 있어서 사실 이 장벽을 뚫기가 어렵습니다. 그래서 우리는 교회에서 말씀으로 은혜를 받고서도 세상에 나가면 번번이 실패하는 것입니다. 우리는 할 수 있는 최선의 길을 생각해 보아야 합니다. 하나님은 유다 지파에게 시므온 지파와 같이 싸우라고 말씀하시지 않았습니다. 그러나 유다 지파는 자기들 힘만으로는 부족하다는 것을 알고 시므온 지파에게 같이 싸우러 가자고 제안했습니다. 이것이 바로 지혜입니다.

2. 유다의 큰 승리

유다 자손이 하나님의 약속을 믿고 자신들이 할 수 있는 최선의 힘을 다했을 때 하나님께서는 유다 지파를 도우셨습니다. 그래서 유다 지파와 시므온 지파는 힘이 넘치도록 생겨서 가나안 족속들을 다 쳐부수었습니다.

> 1:4, "유다가 올라가매 여호와께서 가나안 족속과 브리스 족속을 그들의 손에 넘겨 주시니 그들이 베섹에서 만 명을 죽이고"

유다 백성은 다른 사람들은 어떻게 하든지 상관하지 않고 자기가 해야 할 일을 최선을 다해서 열심히 하니까 하나님께서 가나안 족속과 브리스 족속을 유다 지파와 시므온 지파에게 넘겨주셨습니다. 여기서 넘겨주셨다는 것은 이들이 유다 지파 앞에서 꼼짝하지 못하게 하나님이 붙들어 매어서 넘겨주셨다는 의미입니다. 그들은 모두 하나님의 줄에 매어서 도망치지도 못하고 잡혔던 것입니다. 베섹에서 만 명을 죽였다는 것은 어마어마한 숫자입니다.

그런데 가나안 땅에서 최고 악질이었던 그들의 우두머리 아도니 베섹이 유다를 이기지 못해서 도망치게 되었습니다. 아도니 베섹은 가나안 땅에서 악질 중에서 최고의 악질이기 때문에 쉽게 항복하거나 도망칠 사람이 아니었습니다. 아마 끝까지 악을 쓰면서 반항했을 것입니다. 그러나 하나님의 강한 능력이 임하니까 이 악한 왕도 도망치게 되었습니다. 유다 지파 사람들은 이 악한 자가 도망치게 내버려 두지 않고 용감하게 추격해서 붙잡았습니다. 그리고 가장 먼저 그의 엄지손가락과 엄지발가락을 잘랐습니다. 엄지손가락을 자르면 칼을 잡을 수 없고 창을 휘두를 수도 없습니다. 그리고 엄지발가락을 잘라버리면 제대로 서 있을 수 없어서 제대로 걷지도 못합니다. 이것은 '너는 다시는 그 손으로 칼을 잡지 못할 것이며, 그 발로 돌아다닐 수 없을 것이라' 는 의미의 형벌입니다.

1:6, "아도니 베섹이 도망하는지라 그를 쫓아가서 잡아 그의 엄지손가락과 엄지발가락을 자르매"

주로 조직 폭력배들 사이에서 아래 있는 부하가 두목의 말을 듣지 않으면 그 벌로 새끼손가락을 자르게 합니다. 그러나 부하의 입장에서는 몽둥이로 맞아 죽는 것보다는 새끼손가락이라도 자르고 사는 것이 나을 것입니다. 이스라엘 백성은 아도니 베섹의 엄지손가락과 엄지발가락을 잘라서 다시는 무기를 손에 잡지 못하게 하고 다시는 제대로 걸어 다니지 못하게 했습니다. 그랬더니 아도니 베섹이 드디어 자신이 그동안 한 잔인한 일을 실토합니다.

1:7, "아도니 베섹이 이르되 옛적에 칠십 명의 왕들이 그들의 엄지손가락과 엄지발가락이 잘리고 내 상 아래에서 먹을 것을 줍더니 하나님이 내가 행한 대로 내게 갚으심이로다 하니라 무리가 그를 끌고 예루살렘

에 이르렀더니 그가 거기서 죽었더라"

아도니 베섹이 얼마나 잔인하고 교만한 자였던지 자기 말을 잘 듣지 않는 왕 칠십 명을 잡아 와서 엄지손가락과 엄지발가락을 자르고 개 같이 자기 상 아래에서 기게 하면서 떨어진 음식을 주워 먹게 했습니다. 이런 일을 한번 당하고 나면 누구든지 감히 아도니 베섹을 거역할 생각을 하지 못할 것입니다. 그러나 유다 지파가 아도니 베섹의 엄지손가락과 엄지발가락을 끊고 개 같이 끌고 오니까 하나님께서 자기가 한 그대로 자기에게 갚으신다고 고백을 한 것입니다. 그래서 사람들은 남에게 한 것이 언젠가는 자기에게 그대로 돌아오게 된다는 것을 알아야 합니다. 결국 그는 예루살렘까지 개 같이 끌려오다가 출혈과다로 죽었습니다.

3. 용감한 자에게 주는 상

유다 지파에는 갈렙이라는 믿음의 사람이 있었습니다. 그는 사십 년 전에 가장 힘든 헤브론 땅을 정탐했고, 하나님은 그 땅을 갈렙과 그 후손에게 주시겠다고 약속하셨습니다. 갈렙은 여호수아가 살았을 때 "당신이 보았던 것처럼 하나님이 내가 정탐했던 곳을 내게 주신다고 약속하셨으니 이 산지를 내게 달라"고 간청했습니다. 그러나 그곳은 산지로 되어 있고 성이 있어서, 유다 지파에서 가장 전투하기 어려운 곳이었고 또 유명한 세 사람의 거인들이 살고 있어서 차지하기가 어려웠습니다. 그 세 거인의 이름은 세새와 아히만과 달매였습니다. 이 세 거인만 힘을 합쳐서 창이나 몽둥이나 칼로 휘두르면 그 손에 걸리는 사람들은 다 목이 날아가게 될 것입니다. 이때 유다 백성은 믿음으로 그들과 싸워 이기고 그 땅 헤브론을 차지했습니다.

1:12, "갈렙이 말하기를 기럇 세벨을 쳐서 그것을 점령하는 자에게는 내
딸 악사를 아내로 주리라 하였더니"

　　그리고 유다 자손은 거기서 나아가서 기럇 세벨에 이르렀습니다.
이때 갈렙은 유다 백성에게 용기를 내도록 현상금을 걸었습니다. 그
것은 "누구든지 이 난공불락의 성에 가장 먼저 올라가서 점령하는 자
에게는 내 딸 악사를 아내로 주겠다"는 것이었습니다. 나중에 역대기
를 보면 갈렙이 믿음은 좋았지만 아내도 많았고 아이들도 많았습니
다. 아마도 악사는 그중에서 가장 예쁜 처녀였던 것 같습니다. 왜냐하
면 예쁘지 않으면 상이 되지 않기 때문입니다.

　　그때 유다 자손이 다시 힘을 내기 시작했습니다. '우리가 열심히
싸우면 성도 차지하고 예쁜 처녀도 아내로 얻게 되니까 이것은 일거
양득이 아닌가.' 해서 전부 용기를 내어서 기럇 세벨로 쳐들어갔습
니다. 물론 가나안 족속은 이렇게 올라오는 이스라엘 백성에게 대항
했을 것입니다. 그러나 그중에서도 가장 믿음이 좋고 용감한 옷니엘
에게는 그들의 반항은 아무 소용이 없었습니다. 옷니엘은 가장 먼저
그 난공불락의 성으로 뛰어 올라가서 가나안 족속들을 다 죽이고 성
을 점령했습니다. 옷니엘은 갈렙의 동생의 아들이었습니다. 갈렙이나
그 동생은 나이가 많았지만 그 딸이나 옷니엘은 젊었던 것 같습니다.
옷니엘은 거인들이 있는 난공불락의 그 성을 용감하게 올라가서 적을
쳐부수고 점령했습니다.

　　악사가 출가할 때 남편이 된 옷니엘과 함께, 아버지에게 우리가 먹
고 살 밭을 달라고 하자고 했습니다. 그런데 농사를 지으려면 당연히
샘이 필요했습니다. 그래서 악사는 아버지에게 "우리에게 밭도 주시
고 샘도 윗샘, 아랫샘을 주세요."라고 요구했습니다. 이스라엘 땅은
대부분 건조하지만 희한하게 곳곳에 샘이 있어서 아주 깨끗하게 맑은
물이 올라옵니다. 그리고 그 주위에는 오아시스처럼 풀들이 자라고

나무들이 자랍니다. 악사는 상으로 자기만 갈 것이 아니라 최고의 상이 되도록 밭과 샘물까지 달라고 요청했습니다. 갈렙은 당연히 두 샘물을 딸과 사위에게 주었습니다. 이것은 바로 용감한 자만이 차지할 수 있는 상입니다.

그런데 옷니엘은 이때만 아니라 나중에 그가 늙었을 때 또 이스라엘을 위하여 봉사하게 됩니다(삿 3:7-11). 그때 이스라엘은 메소포타미아 왕 구산 리사다임의 지배를 받고 있었는데, 그때 옷니엘이 메소포타미아 왕을 이김으로 이스라엘 백성이 자유를 얻게 됩니다.

우리가 이 세상에서는 각자가 자기 믿음대로 싸워서 이기는 수밖에 없습니다. 우리가 이 세상을 보면 점령하기가 불가능할 정도로 까마득하게 보입니다. 그러나 우리의 지혜를 모으고 용기를 내면 하나님의 도우심을 받을 수 있고, 가장 보배로운 상까지 받을 수 있습니다. 이런 귀한 상을 다 받으시기 바랍니다.

02

답답하신 하나님

삿 1:22-2:23

영국의 앤드류 왕자는 엘리자베스 2세 여왕의 사랑을 가장 많이 받았던 아들이었고 합니다. 그리고 그는 해군에도 22년이나 근무해서 명예 제독이 되었습니다. 사람들은 그를 부를 때 '전하'라고 불렀습니다. 아마도 그는 영국 왕위 계승 순위도 3, 4위는 될 것입니다. 그런데 이런 황자가 어이없게도 미성년 여자아이를 성추행한 사건에 연루되었습니다. 그리고 그 외에도 추문이 제법 있었던 것 같습니다. 결국 그는 성폭행했던 아이와 195억 원에 합의를 보았다고 합니다. 아들이 하는 짓에 너무나도 답답했던 여왕은 돌아가시기 전에 앤드류는 앞으로 전하라는 칭호를 쓰지 못한다고 공식적으로 선포했습니다. 앤드류 왕자는 모든 직책을 박탈당했고, 여왕의 장례식 때도 군복 입을 자격을 박탈당했습니다. 그는 어머니가 영국 여왕이고 자신도 높은 위치에 있었기 때문에 훌륭하게 살려고만 했으면 얼마든지 훌륭하게 살 수 있었지만, 그는 그렇지 못했습니다. 그는 오히려 가장 수치스러운 삶을 살고 있습니다.

이 세상에서 어떤 사람이 부모가 높은 자리에 있고 힘이 있는 위치에 있다면 아들은 절대로 남의 종이 되거나 비난받는 행동을 해서는 안 될 것입니다. 그러나 그런 아들이 자신 있게 살지 못하고 성추행이나 하고 술에 취해서 행패를 부리며 스캔들만 일으킨다면 그는 자기 값어치를 못 하고 사는 것입니다.

이것을 우리 자신의 삶에 대입해 보면 어떨까요? 우리 아버지는 온 천하를 지으신 하나님 아버지이십니다. 그리고 우리 안에는 그 아들 예수님의 피가 흐르고 있습니다. 그럼에도 우리는 하나님의 세계를 보지 못하고 눈앞의 세상이 너무 무섭다고 생각해서 세상에 고개를 숙이고 세상을 추종하면서 자신감을 잃고 살아가고 있지는 않습니까? 가나안 땅에 들어간 이스라엘 백성이 바로 그러했습니다.

오늘 본문은 사사기 1장 22절에서 2장 23절, 즉 2장 끝까지 이르는 광범위한 내용입니다. 그러나 거기에 나오는 내용은 한 가지입니다. 이스라엘 백성은 가나안 땅에 들어가고 난 후에 자신감을 잃어버렸다는 것입니다. 그래서 홍해를 가르시고 요단강을 말리시고 태양을 기브온 골짜기에 머무르게 하면서 가나안 땅을 차지하게 하신 분이 자기들의 아버지임에도 불구하고, 이스라엘 백성은 아버지를 잊어버리고 가나안 땅에서 쫓겨나지 않으려고 가나안 족속의 우상을 따라 섬기다가 나중에는 그들의 핍박을 받고 그들의 종이 되는 신세가 되었던 것입니다.

1. 이스라엘 백성의 타협

이스라엘 백성 중에서 자신이 하나님의 백성이라는 자존감을 가지고 용감하게 산지족들과 거인족들과 싸워서 이긴 지파는 유다 지파밖에 없었습니다. 나머지 지파들은 가나안 족속들을 쫓아내기는커녕 자기들이 쫓겨나지 않으려고 그들과 타협하고 돈을 주고 우상 숭배해서 겨우 살아남았습니다. 유다 지파도 자기들의 힘으로는 도저히 산지족들을 이길 수 없었습니다. 산지족들은 산의 지형을 너무 잘 알았고 또 거인족들이 살고 있었기 때문에 그 산성을 정복하는 것은 불가능하게 보였습니다. 그러나 유다 지파는 일단 하나님이 우리와 함께 계신다는 것을 믿고 죽자 살자 산으로 진격했더니 놀랍게도 산성을 차지하고 거인들도 다 죽일 수 있었습니다. 하나님이 그들과 함께하셨기 때문입니다.

조상 야곱으로부터 가장 많은 복을 받은 지파는 에브라임 지파였습니다. 에브라임의 아버지 요셉은 얼마나 대단한 사람이었습니까? 그는 형들의 배신으로 노예로 팔려 갔고 나중에는 여주인의 음란한 요구를 들어주지 않는다고 강간 미수 혐의를 뒤집어쓰고 감옥까지 들어갔지만, 믿음으로 당당하게 견디어 내어서 애굽의 총리가 되어 수많은 사람을 굶주림으로부터 살려내었습니다. 만일 에브라임 지파에 그 요셉의 피가 조금이라도 흐르고 있었다면 그들은 그렇게 쉽게 타협하지 않았을 것입니다.

요셉 지파가 처음 공격하려고 하는 성은 벧엘이었습니다(1:22). 그런데 이 벧엘은 아주 특이하게 지어져서 입구가 없었습니다. 요셉 지파가 성의 입구를 찾아야지 공격하든지 말든지 할 텐데 벧엘은 그 입구가 감추어진 성이었습니다. 에브라임 지파가 아무리 입구를 찾을 수 없다 하더라도 몇 명의 사람들을 매복시켜 놓으면 사람들이 어느 쪽에서 빠져나오는지 알 수 있었을 것입니다. 사실 다윗 왕 때 예루살렘 성도 문은 있었지만 너무 성벽이 높아서 공격할 수 없었습니다. 그래서 다윗은 예루살렘의 물이 빠져나가는 하수로 군사를 집어넣어서 예루살렘을 정복하는 데 성공했습니다(삼하 5:6-9). 이것은 에돔의 페트라에서도 볼 수 있습니다. 그 안에 들어가 보면 어마어마한 도시가 있고 절벽을 파서 만든 신전도 있는데, 밖에서는 그 입구가 보이지 않는 도시였습니다. 그런데 어떤 고고학자가 바위 틈새의 작은 길을 따라가 보니까 안에 페트라라는 엄청난 신전과 도시를 발견하게 되었습니다.

에브라임 지파는 매복하고 있다가 어떤 사람이 성에서 나오는 것을 보았습니다. 그렇다면 에브라임 지파는 그 사람을 붙잡아서 성의 입구를 묻든지 아니면 그가 가고 난 뒤에 그가 나왔던 곳을 조사해 보면 입구를 찾을 수도 있었을 것입니다. 그러나 에브라임 지파는 머리를 잘 굴려서 처음부터 쉽게 벧엘 성을 차지하려고 했습니다. 그래서 에브라임 지파는 벧엘 성에서 나온 사람을 붙들고 협상했습니다. "이 성에는 입구가 없다. 네가 만일 입구를 가르쳐주면 너와 네 가족은 다 살려주겠다"라고 타협부터 했습니다. 아마 이 사람은 벧엘이 별로 좋지 않았는지 아니면 벧엘 사람들에게 원한을 가지고 있었는지 입구를 가르쳐주어서 에브라임 지파는 너무나도 쉽게 벧엘을 차지했습니다. 그러나 에브라임이 놓아준 그 사람이야말로 벧엘에서 최고 악질이었고 무당 점쟁이 두목이었던 것입니다. 그는 유유히 살아서 벧엘을 빠져나와서 다른 곳에 가서 가게를 차렸습니다. 이스라엘 백성이 가나안 땅을 공격한 것은 가나안 땅의 점쟁이나 무당들이나 창녀들을 없애고 깨끗한 나라를 만드는 것이 목적이었습니다. 그러나 에브라임은 경찰이 소탕해야 할 조직에게 미리 정보를 주어서 피하게 해서 그 사람이 다른 곳에 가서 가게를 여는 것과 같은 일을 벌인 것이었습니다.

그리고 이스라엘의 나머지 지파들은 그 정도도 하지 못했습니다. 그래서 그들은 가나안 족속을 몰아내지 못하고 겨우 같이 살거나 아니면 일을 시키거나 심지어는 그들의 지배까지 받기도 했습니다. 그래서 27절에 나오는 므낫세 지파부터 다른 지파는 모두 '이하동문'이라고 할 수 있습니다. 그것은 그들이 가나안 족속이 무서워서 쫓아내지 못하고 그들과 타협해서 같이 살았던 것입니다. 특히 단 지파는 아예 평지에 내려오지도 못했습니다. 왜냐하면 그들이 갖고 있던 병거가 너무나도 겁이 났기 때문입니다. 물론 나중에 이스라엘 백성이 강하게 된 후에는 가나안 족속에게 일을 시켰다고 했습니다. 그러나 이미 그들은 하나님의 존재를 믿지 않고 자기 머리만 믿고 그렇게 했던 것입니다. 이스라엘 백성의 머리로는 그것이 최상의 방법이었던 것입니다.

2. 하나님 사자의 등장

하나님께서는 이스라엘 백성이 하는 행위를 보니까 너무나도 답답하셨습니다. 이미 이스라엘 백성에게 요단강이 끊어져서 벽처럼 세워지는 것을 보여주셨고, 난공불락의 성 여리고가 이스라엘 백성이 돌기만 했는데 저절로 무너진 기적을 보여주셨습니다. 또 이스라엘 백성은 기브온 위에서 태양이 움직이지 않는 것을 보았고, 메롬 물가의 수많은 병거와 말들과 군대를 쳐부수는 것을 체험했습니다. 여호수아라고 해서 유달리 무엇이 다른 사람도 아니었고, 갈렙이라고 해서 초인이었던 것은 아닙니다. 그들은 오직 하나님의 말씀을 믿었던 사람이었을 뿐입니다. 그러나 이스라엘 백성은 자기들이 누구라는 존재 가치를 다 잊어먹었습니다. 이스라엘 백성은 자기들의 아버지가 누구이며 자기들 안에는 누구의 피가 흐르고 있다는 사실을 생각하지 않았습니다. 그들은 사람의 외모만 보고 열등감을 가지고 키가 크고 강한 자나 마병을 가진 자들을 보면 주눅이 들었습니다.

하나님께서는 이스라엘 백성에게 요단 동쪽의 거인족들을 멸망시키면서 "너희들이 믿음으로 나가기만 하면 다 이렇게 이길 것이라"고 약속해 주셨습니다. 그러나 이스라엘 백성에게 하나님의 약속은 그냥 약속에 불과하고, 그들의 눈에 보이는 것은 헤쳐 나가기 어려운 현실이었던 것입니다. 즉 이스라엘 백성에게 필요한 것은 눈에 보이는 무기이고 눈에 보이는 장수이지, 하나님 약속의 말씀이 아니었던 것입니다.

하나님은 이스라엘 백성이 하는 것을 보니까 너무나도 답답하셨습니다. '왜 이들은 내 약속을 믿지 못하는 것일까? 왜 이들은 나를 믿지 못하는 것일까? 왜 이들은 세상과 타협해서 쉽게만 살려고 하는 것일까?'

하나님은 너무 답답하셔서 하나님의 사자를 그들에게 보내셨습니다.

> 2:1-2, "여호와의 사자가 길갈에서부터 보김으로 올라와 말하되 내가 너희를 애굽에서 올라오게 하여 내가 너희의 조상들에게 맹세한 땅으로 들어가게 하였으며 또 내가 이르기를 내가 너희와 함께 한 언약을 영원히 어기지 아니하리니 너희는 이 땅의 주민과 언약을 맺지 말며 그들의 제단들을 헐라 하였거늘 너희가 내 목소리를 듣지 아니하였으니 어찌하여 그리하였느냐"

여기서 중요한 것은 이스라엘 백성에게 나타난 여호와의 사자가 누구냐 하는 것입니다. "사자"라는 말은 '보냄을 받은 사람'이라는 뜻이기 때문에 누구든지 사자가 될 수 있습니다. 즉 왕이 보내는 사신은 누구든지 사자가 될 수 있는 것입니다. 그러나 대개 구약에서 "여호와의 사자"라는 말을 쓸 때는 사람이 아닙니다. 그는 천사였던 것입니다. 그것도 보통 천사가 아니라 여호수아가 여리고 성 앞에서 보았던 칼을 들고 서 있던 그 무장한 하나님의 천사였던 것입니다. 이미 여호수아는 나이가 많아서 늙어 죽었습니다. 그러나 여호와의 사자는 전혀 늙지 않았고 변하지 않았고 여전히 젊고 강한 힘을 가지고 있었습니다. 그 여호와의 사자는 많은 이스라엘 백성이 하나님의 말씀을 들을 수 있도록 길갈에서 보김까지 가면서 하나님의 말씀을 외쳤습니다.

여기서 길갈은 이스라엘 백성이 가나안 땅에서 가장 먼저 진을 쳤던 곳입니다. 이스라엘 백성은 길갈에서 "모든 남자는 할례를 받으라"는 하나님의 명령에 모두 죽을 각오를 하고 할례를 받았습니다. 그래서 하나님께서는 이제 너희에게서 애굽의 수치가 굴러갔다고 하시면서 그곳을 '길갈'이라고 하신 것입니다. '길갈'이라는 말은 우리말로 하면 '떼굴떼굴'과 같은 뜻입니다. 처음 이스라엘 백성은 하나님 앞에서 순수했습니다. 그들은 하나님이 말씀하시면 모든 것을 더 희생하고 순종할 각오가 되어 있었습니다. 그러나 이스라엘 백성은 시간이 흐르면서 점점 더 믿음이 없어졌습니다. 그들은 하나님의 말씀에서 멀어지고 어떻게 하면 이 세상에서 성공하고 인정을 받느냐 하는 것만 생각하게 되었습니다.

하나님의 사자는 "보김"까지 가면서 설교했습니다. 그런데 '보김'이 어디인지 알 수가 없습니다. 왜냐하면 '보김'은 '크게 울었다'는 뜻이기 때문입니다. 이스라엘 백성은 한 사람 두 사람이 여호와의 사자를 따라갔던 것 같은데, 나중에는 구름떼같이 많은 이스라엘 백성이 여호와의 사자를 따라서 모였던 것 같습니다. 그때 여호와의 사자는 이스라엘 백성에게 세 가지 말씀을 던졌습니다.

첫 번째는 하나님께서 너희 조상들에게 약속한 가나안 땅에 들어가게 하였고, 하나님께서 함께하신다는 약속을 영원히 어기지 않겠다고 하셨습니다.

두 번째는 하나님께서 무당과 점쟁이들과 음란한 여자들로 가득 찬 이 가나안 땅에서 이곳 주민들과 약속하지 말고 그 제단을 부수라고 말씀하셨습니다. 예를 들어서 옛날 교회 중에 절을 사서 예배당으로 사용한 교회가 있었습니다. 그러나 분명히 우리 돈을 주고 산 절이라면 그 안에 있는 불상을 치우고 뜰에 있는 석등을 치워야 할 것입니다. 만약 교회가 불상을 두고 본당에서 예배를 드린다든지 석등을 그냥 두고 마당을 사용한다면 이것은 맞지 않는 것입니다. 그러나 만일 목사나 장로들이 다른 종교와 화해해야 한다고 해서 불상을 두고 예배드린다든지 석탑을 계속 두고 예배를 드린다면 이것은 옳은 것이 아닙니다. 또 기독교인들이 점을 친다든지 무당을 찾아간다든지 혹은 창녀촌에 가서 잠을 잔다든지 하는 것은 아주 무서운 죄입니다.

우리가 물론 세상에서 다른 사람들과 전혀 타협하지 않고 내 고집만 내세울 수는 없습니다. 그러나 우리는 예배라든지 하나님의 말씀에 있어서는 양보할 수 없습니다. 물론 우리는 이 세상의 모든 불의를 다 바로잡을 수는 없습니다. 그러나 우리가 믿음에 굳게 서서 나가면 하나님의 길이 열리게 됩니다. 이스라엘 백성은 하나님의 사자를 따라서 보김까지 와서는 크게 울었습니다. 여기서 '보김'이 어디인지는 알기 어렵습니다. 아마도 성막이 있는 실로나 이스라엘 백성이 자주 모였던 세겜이 아닐까 추측합니다.

세 번째 하나님의 사자가 한 말은 "너희가 내 목소리를 듣지 아니하였으니 어찌하여 그리하였느냐"는 경고였습니다. 하나님께서는 이스라엘 백성에게 가나안 땅을 주시고 그들을 떠나지 않겠다고 하셨는데, 왜 그들은 가나안 사람들을 무서워하여 그들과 평화협정을 맺고 그들의 요구를 다 들어주고 우상 숭배까지 하였느냐 하는 경고입니다. 이스라엘 백성에게는 눈에 보이지 않는 하나님보다 눈에 보이는 사람이 더 무서웠기 때문입니다. 그러나 그 결과 가나안 족속은 이스라엘 백성에게 큰 가시가 되고 올무가 되었습니다.

> 2:3, "그러므로 내가 또 말하기를 내가 그들을 너희 앞에서 쫓아내지 아니하리니 그들이 너희 옆구리에 가시가 될 것이며 그들의 신들이 너희에게 올무가 되리라 하였노라"

예를 들어서 어떤 사람이 옆구리에 큰 상처가 있다고 합시다. 누군가가 모르고 지나가다가 그곳을 건드리기만 하면 아마 그 사람은 아파서 견디지 못할 것입니다. 앞으로 가나안 사람들은 이스라엘 백성의 아픈 데마다 와서 쑤셔댈 것입니다. 그리고 그것이 올무가 된다고 했습니다. 이스라엘 백성이 무슨 새로운 일을 하려고 해도 가나안 사람들은 승인받으라고 하고, 이스라엘 백성이 자기들에게 곡식이나 돈을 주지 않으면 와서 행패를 부리고 우상을 강제로 비싼 값으로 팔게 할 것입니다. 이스라엘 백성은 가나안 족속이 올무가 되어서 아무것도 제대로 할 수 없을 것입니다.

3. 이스라엘 백성의 반응

이스라엘을 찾아온 하나님의 사자는 그냥 천사가 아니고 여호수아 앞에 나타나셨던 그 하나님의 천사였습니다. 그런데 그 천사가 이번에는 선지자의 모습으로 나타났습니다. 왜냐하면 이스라엘 백성에게 필요한 것은 하나님의 말씀이었기 때문입니다. 아마도 이 여호와의 사자가 외치는 소리는 온 천하가 쩌렁쩌렁 울리는 소리였을 것입니다.

이스라엘 백성은 이 여호와의 사자의 말씀을 듣고 소리를 높여 울었습니다.

> 2:4, "여호와의 사자가 이스라엘 모든 자손에게 이 말씀을 이르매 백성이 소리를 높여 운지라"

우리가 보기에 이스라엘 백성이 하나님의 말씀을 듣고 큰 소리를 내서 운 것을 보면 그들이 회개하는 것 같습니다. 물론 이스라엘 백성 중에는 회개하는 사람들도 있었을 것입니다. 그래서 그들은 이스라엘 여호와께 제사를 드렸습니다.

그러나 이스라엘 백성이 그 후에 한 행동을 보면 이것은 진정한 회개의 눈물이 아니었던 것 같습니다. 아마 이스라엘 백성 중에는 지금 형편이 너무 비참하니까 비통해서 통곡한 사람들도 있었을 것입니다. 이스라엘 백성은 여호수아나 이스라엘의 나이 든 노인들이 사는 동안에는 하나님을 섬기는 것 같았고 우상 숭배를 자제하는 것 같았지만, 여호수아가 죽고 하나님의 능력을 보았던 사람들이 다 죽으니까 급격하게 그들은 하나님을 멀리하고 우상 숭배에 빠졌던 것입니다.

2:11-12, "이스라엘 자손이 여호와의 목전에 악을 행하여 바알들을 섬기며 애굽 땅에서 그들을 인도하여 내신 그들의 조상들의 하나님 여호와를 버리고 다른 신들 곧 그들의 주위에 있는 백성의 신들을 따라 그들에게 절하여 여호와를 진노하시게 하였으되"

이스라엘 백성은 가나안 땅을 차지하자마자 너무 빨리 변질되어 버렸습니다. 이것은 무엇이든지 그렇습니다. 회사를 세우는 것은 오래 걸리지만, 말아 먹는 데는 얼마 걸리지 않는 법입니다. 이것은 교회도 마찬가지입니다. 교회가 아름답게 부흥하려면 오랜 시간이 걸리지만 나쁜 목회자가 와서 교회를 망치는 데는 한두 해 만에 얼마든지 망칠 수 있는 것입니다.

그래서 하나님께서는 이스라엘 백성을 노략하는 사람들에게 넘겨주시기 시작했습니다. 하나님께서는 이스라엘 백성을 싸구려로 다른 민족에게 팔아 넘겨버리셨습니다. 예를 들어서 장사꾼들이 집에 돌아갈 때가 되면 남은 물건들을 무더기로 싸게 팔아넘깁니다. 하나님께서 이스라엘 백성을 팔아넘기신 것은 그들이 가치가 없어졌기 때문입니다. 그래서 어떤 나라든지 이스라엘을 공격하기만 하면 이기는 것입니다. 그 이유는 하나님이 이스라엘 백성을 싫어하시게 되었기 때문입니다. 결국 이스라엘 백성은 가나안 땅의 주인이 된 것이 아니라 종이 되어버렸습니다. 그래서 가나안 사람들이 시키는 대로 해야 했고, 주위에 있는 다른 민족까지 쳐들어와서 이스라엘 백성을 지배했던 것입니다.

하나님의 사자가 찾아왔을 때, 이스라엘 백성이 '우리가 지난 잘못은 다 청산하고 새 출발을 하자' 라고 결심했더라면 그들은 다시 부흥할 수 있었습니다. 그러나 주위 가나안 사람들이 욕하고 대드는 것이 겁이 나서 질질 끌려다니다가 이스라엘은 거의 망하게 되었습니다. 우리의 아버지는 하나님이십니다. 우리는 모두 하나님의 약속을 가진 자들입니다. 믿음으로 세상과 싸우면 이기게 해주시겠다고 약속하셨습니다. 공부나 사업이나 목회나 장사나 모든 것을 두려워하지 마시기 바랍니다. 하나님의 사자가 함께하신다는 사실을 늘 기억하시기 바랍니다.

03

사사의 시대
삿 2:16-3:11

하나님은 가끔 우리가 전혀 생각하지 못했던 사람들을 사용하
서서 큰 부흥을 일으키실 때가 있습니다. 하나님이 처음 쓰시는 이 사
람들은 처음에는 너무나 미미한 존재여서 아무도 그의 존재를 알아주
지 않았지만, 그들의 손과 입을 통해서 하나님의 큰 능력이 나타나게
되면서 역사의 흐름이 바뀌게 됩니다.

중세 가톨릭교회는 너무 썩어 있었고 죽어 있었습니다. 그때 하나
님께서 사용하신 사람은 전혀 이름도 없는 무명의 수도사 마르틴 루
터였습니다. 그는 원래 법을 공부하려고 하다가 어느 날 갑자기 자기
옆에 벼락이 떨어지는 것을 보고는 놀라서 자기 영혼이 구원받기 위
해서 하나님께 가장 가까운 직업인 수도사의 길을 택했습니다. 그는
금식도 많이 하고 기도도 많이 하고 수도원의 대표로 뽑혀서 로마에
가서 빌라도의 계단을 기어오르면서 할아버지의 구원을 위해서 기도
했지만 마음에 만족이 없었습니다. 루터가 너무 고민하고 몸이 말라
가니까 걱정이 된 수도원 원장은 루터를 신학교에 교수로 보내면 좀
안정될 것으로 생각해서 비텐베르크 대학에 교수로 보내었습니다. 루

터는 그곳에서 학생들을 가르치기 위하여 성경 시편이나 로마서나 갈라디아서를 연구하다 보니까 사람이 행위로 구원받는 것이 아니라 믿음으로 구원받는다는 진리를 확실히 깨닫게 되었습니다. 그래서 루터는 비텐베르크 성당 문에 95개의 질문을 붙여서 토론해 보자고 제안했습니다. 루터는 종교 개혁을 일으킬 생각이 전혀 없었고 그런 생각도 하지 못했습니다. 그러나 루터의 그 95개 조항은 당시 막 만들어지기 시작한 금속활자 인쇄술을 통해서 전 세계에 퍼지게 되었습니다. 루터는 일개 수도사였지만 세계의 역사를 바꾸었습니다. 교황은 그를 파문했지만 그를 죽일 수 없었습니다. 루터는 성에 갇혀 있으면서 신약 성경을 독일어로 번역하는 큰 사역을 하게 됩니다.

18세기 영국은 너무나도 부패해 있었습니다. 그때 영국 귀족들은 백성을 엄하게 다스리면 죄가 없어진다고 생각해서 영국 감옥에는 가난한 여자와 어린아이, 거지들, 죄수가 바글바글했습니다. 영국은 프랑스같이 혁명이 일어날 위기에 있었습니다. 그때 하나님이 쓰신 사람은 평범한 여관집 아들이었던 조지 휫필드였습니다. 조지 휫필드는 어렸을 때부터 눈이 사시였습니다. 그는 여관에서 손님들에게 음식을 나르고 청소하는 일을 하면서 어렵게 지냈습니다. 조지 휫필드는 옥스퍼드에 갈 생각을 포기했는데 누군가가 거기에 근로 장학생으로 들어갈 수 있다고 해서 근로 장학생으로 들어갔습니다. 근로 장학생은 말이 장학생이지 돈 많은 부잣집 아이의 침구를 정리해 주고 구두를 닦아주며 심부름하는 몸종이었습니다.

그러나 그는 옥스퍼드에서 열심히 공부했고 그가 졸업한 후 사제가 되어 첫 설교를 했을 때, 그의 설교 들은 사람 중에 열여섯 명이나 미쳤다고 할 정도로 성령이 강하게 임했습니다. 그는 주로 야외에서 설교했는데 그가 설교할 때마다 이만 명 혹은 삼만 명이 모여서 그의 육성 설교를 들었습니다. 그의 설교를 듣고 술 마시고 욕하던 사람들은 술을 끊게 되었고, 폭력을 행하던 사람들은 멈추게 되었습니다. 그는 신대륙의 조지아주에 건너가서 그곳에 있는 백인과 인디언들에게 설교했습니다. 그곳에서도 조지 휫필드가 설교하는 곳에는 마차가 온 하늘을 덮을 정도로 몰려왔고, 강에서 배는 사람들을 나르기에 바빴고, 사람들은 말을 타거나 뛰어서 교회에 몰려들어서 설교를 들었습니다. 그 후에 영국은 크게 변하게 되었습니다.

이스라엘 백성은 그동안 두 명의 위대한 지도자의 인도를 받아서 가나안 땅을 정복했습니다. 그들은 모세의 40년 영도 아래 애굽의 노예에서 탈출해서 요단강 앞까지 왔고, 그다음에는 여호수아의 지도하에 요단강을 건너서 마침내 가나안 땅을 정복했습니다. 여호수아는 50년간 이스라엘 백성을 지도했습니다. 그런데 여호수아는 다음 지도자를 정해놓지 않고 모든 이스라엘 백성 각자가 알아서 하나님을 잘 믿으라고 유언하고 죽었습니다. 이스라엘 지파 중에서 하나님의 말씀대로 가나안 땅을 정복한 지파는 유다 지파밖에 없었습니다. 그 외 다른 지파들은 가나안 족속과 계약을 맺거나 아니면 그들의 신을 섬긴다는 조건으로 가나안 족속들과 공생했습니다.

1. 이상한 백성

이 세상에 이상한 민족이 하나 있습니다. 그들은 바로 이스라엘 민족인데 그들은 하나님이 함께하시는 민족이었습니다. 사실 세상의 많은 사람은 하나님이 눈에 보이지 않아서 없다고 생각하지만 이스라엘 백성은 하나님의 음성을 들었고 하나님의 능력을 체험한 민족이었습니다. 하나님은 이스라엘 백성에게 가나안 땅을 주시면서 딱 한 가지 조건을 주셨습니다. 그것은 이스라엘 백성이 하나님의 말씀을 사랑해서 하나님을 마음과 뜻과 정성을 다해서 사랑하면, 이 세상에서 아무리 강한 적도 이스라엘을 공격하지 못할 것이며, 메뚜기나 깜부

기도 오지 못하고 하늘에서 비도 제때 잘 내려서 농사가 잘될 것이라고 약속하셨습니다. 그러나 이스라엘 백성이 눈에 보이는 세상만 보고 하나님이 없다고 생각해서 이방인들에게 굴종하게 되면 그때부터 그들은 힘을 잃고 다른 나라의 지배를 받으며 비가 내리지 않아서 가뭄이 생기고 다른 민족의 종살이를 하게 될 것이라고 강조하셨습니다. 하지만 강한 나라가 약한 나라를 약탈하고 지배하는 이 세상에서 하나님만 잘 믿는다고 해서 실제로 잘 사는 나라가 될 수 있을까요?

그러나 이스라엘은 이 세상에서 유일하게 이상한 나라였습니다. 그들에게 중요한 것은 강한 군사력이나 돈이 많고 무기가 좋은 것이 아니라 하나님을 믿고 하나님의 말씀에 순종하는 것이었습니다. 그러면 아무리 강한 나라도 이스라엘을 공격하지 못할 것이라고 말씀하셨습니다. 이 세상에서 이런 나라는 이스라엘밖에 없었습니다.

그래도 여호수아나 여호수아와 함께 가나안 땅을 정복했던 어른들은 하나님의 능력을 체험했습니다. 즉 요단 강물이 쌓이는 것과 돌기만 했는데 여리고 성이 무너지는 기적과, 태양과 달이 기브온과 아얄론에 멈추어 있는 기적을 체험했습니다. 그러나 세월이 흘러서 이런 기적을 체험했던 노인들은 다 죽고 그 후에 태어난 사람들이 성인이 되었습니다. 그들은 평화의 시대에 태어났기 때문에 하나님을 더 잘 믿어야 할 텐데 그렇지 못했습니다. 후세대 사람들은 아버지나 할아버지로부터 하나님께서 행하신 일들에 대하여 많이 들었지만 이것은 자기들이 직접 체험한 것이 아니기 때문에 그냥 옛날이야기로 생각했습니다. 그들은 이 세상에서 살아남기 위해서 바알을 섬기고 가나안 족속의 문화를 배우고 그들과 언약을 맺어서 살아가는 계약을 맺었던 것입니다. 왜냐하면 가나안 원주민들은 이스라엘 백성보다 강했고 너무나도 우수한 군대를 가지고 있었기 때문입니다. 그러나 이스라엘 백성은 군대도 없었고 무기도 없었습니다. 특히 하나님은 이스라엘 백성에게 말을 타고 전쟁하지 말라고 하셨습니다. 왜냐하면 이스라엘 백성이 말을 타면 교만해서 기도하지 않기 때문이었습니다. 거기에다가 이스라엘은 지도자마저도 없었습니다.

하나님은 이스라엘 백성에게 가나안 땅을 주셨는데도 자기들은 그것을 믿지 못하고 가나안 족속과 전세 계약 같은 것을 맺었던 것입니다. 그리고 그들은 그 정도라도 다행이라고 생각했습니다. 그러나 가나안 족속들은 자기들이 제사 지낼 때 이스라엘 지도자들을 오게 했고 거기서 술을 마시고 우상에게 절을 하고 딸을 주기도 했습니다. 그래서 이스라엘 백성은 가나안의 올무에 걸려들게 되었습니다.

2. 하나님의 시험

하나님께서는 우리에게 복을 주시기 전에 우리의 믿음을 시험해 보십니다. 그래서 때때로 우리는 도저히 살 수 없을 것 같은 극한적인 고통이나 압제 상태에 몰리기도 합니다. 오늘 본문에 보면 여러 번에 걸쳐 하나님께서 이스라엘 백성의 믿음을 시험해 보셨다는 내용이 나옵니다.

2:22, "이는 이스라엘이 그들의 조상들이 지킨 것 같이 나 여호와의 도를 지켜 행하나 아니하나 그들을 시험하려 함이라 하시니라"

3:1, "여호와께서 가나안의 모든 전쟁들을 알지 못한 이스라엘을 시험하려 하시며"

3:4, "남겨 두신 이 이방 민족들로 이스라엘을 시험하사 여호와께서 모세를 통하여 그들의 조상들에게 이르신 명령들을 순종하는지 알고자 하셨더라"

우리의 고통 중에서 가장 큰 것은 미래를 알지 못한다는 것입니다. 만약 우리의 미래가 어떻게 될지 확실하게 알 수만 있다면 그렇게 고민하지 않고 잘 참을 수 있을 것입니다. 예를 들어서 지금 병이 있지만 몇 년만 고생하면 병이 낫는다든지, 아니면 지금은 집 때문에 고생하지만 얼마 지나지 않으면 내 집이 생긴다든지, 자녀가 대학에 진학해야 하는데 무슨 대학 무슨 과로 들어가면 성공할 수 있다든지 하는 것을 알면 우리가 이 세상 사는 것은 전혀 어렵지 않을 것입니다. 그러나 우리가 젊었을 때 고민하는 이유는 문제는 있는데 답이 없다는 것입니다.

거기에다가 하나님은 우리를 대략 세 가지로 시험을 하십니다.

그중의 하나가 경제적인 가난입니다. 우리나라에서 정기적인 수입이 없으면 결국은 가장 가난한 최빈민층에 빠지게 됩니다. 수입이 없으면 미래에 대한 계획을 세울 수가 없고 사람들을 만날 자신감이 없어집니다. 그리고 정말 하루하루 먹고사는 것이 큰 문제가 아닐 수 없습니다. 돈이 없으면 학벌과 학위도 필요 없고 모든 자신감을 잃어버리게 됩니다. 그리고 두 번째는 육체의 질병입니다. 특히 요즘은 암이 마치 감기같이 퍼지고 있는데, 일단 한번 걸리면 보통 골치 아픈 것이 아닙니다. 왜냐하면 수술받아도 병이 재발해서 전이라도 되면 사느냐 죽느냐 하는 문제가 생기기 때문입니다. 우리가 죽어서 하나님께 가는 것은 좋은 것이지만 일단 우리는 이 세상에서 좋아하고 사랑했던 모든 것과 이별하게 됩니다. 특히 가족과 사별하는 것은 십 년 이상 심한 마음의 고통을 줍니다. 이런 고통은 아무리 생각해도 이해되지 않는 것입니다. 이런 가시 때문에 아무것도 하지 못합니다. 이런 육체의 질병은 낫지 않으면 죽음을 생각하게 됩니다. 이것이 얼마나 슬픈 일이며 안타까운 일입니까?

그리고 세 번째는 악한 사람으로부터 고통당하는 것입니다. 누군가 성질이 나쁜 사람이 내가 하는 일 하나하나에 시비를 걸고 공격하고 못살게 굴면 그야말로 죽고 싶은 심정일 것입니다. 사람이 스트레스를 많이 받으면 그때는 심장도 제대로 기능을 발휘하지 못하고 호르몬도 나오지 않게 되면서 정신적으로나 육체적으로 아주 고통스러워지게 되는 것입니다. 어떤 사람은 직장 상사로부터 매일 스트레스를 받는데 안 되는 일을 왜 아직까지 못하느냐고 소리를 지르면 대책이 없는 것입니다. 학생 중에는 학교에서 힘이 센 일진들이 매일 화장실 뒤나 옥상으로 끌고 가서 욕을 하거나 두들겨 패거나 혹은 돈을 빼앗고 굴욕적인 짓을 시키면 옥상에서 뛰어내려 죽고 싶은 충동이 생기게 됩니다. 이런 가시 같은 인간은 잘 죽지도 않고 없어지지도 않고 끝까지 남아서 사람을 괴롭게 하는 것입니다.

하나님께서는 이스라엘 백성이 하나님을 믿지 않고 가나안 족속의 우상을 섬기고 음란한 짓을 하니까 시험을 주셨습니다. 그것은 우선 경제적인 어려움이었습니다. 이스라엘 백성은 농사가 안되어 모두 가난했습니다. 그리고 잘 먹지 못하니까 병든 사람이 많이 생기게 되었습니다. 그러나 가장 큰 가시는 역시 사람이었습니다. 하나님께서는 이스라엘 백성을 싸구려 물건으로 생각하셔서 아주 먼 데 있는 나라 메소포타미아에 거의 헐값에 팔아버리셨습니다. 그래서 이스라엘 백성은 메소포타미아 왕에게 세금이나 또는 공사 일로 8년 동안 죽도록 고생하게 됩니다.

3. 하나님의 해결 방안

이스라엘 백성은 자신들의 힘으로는 도저히 이 메소포타미아 왕의 지배에서 벗어날 수 없었습니다. 그때 이스라엘 백성은 믿어지지는 않았지만 하나님께 한번 부르짖어 보았습니다. 그런데 사실 이것이 이스라엘 백성의 해결 방안이었습니다.

3:8-9상. "여호와께서 이스라엘에게 진노하사 그들을 메소보다미아 왕 구산 리사다임의 손에 파셨으므로 이스라엘 자손이 구산 리사다임을 팔 년 동안 섬겼더니 이스라엘 자손이 여호와께 부르짖으매 여호와께서 이스라엘 자손을 위하여 한 구원자를 세워"

여기서 메소보다미아 왕 "구산 리사다임"이라는 이름의 뜻은 '배나 악한 자' 입니다. 우리는 보통으로 '악한 자' 라도 견디기가 어려울 것입니다. 그런 사람은 보기도 싫고 보기만 해도 스트레스를 많이 받게 될 것입니다. 그러나 구산 리사다임은 다른 악한 사람들보다 배나 악했습니다. 그는 어떻게 하면 다른 사람을 고통스럽게 하며 쥐어짤 수 있나 밤낮으로 연구하는 사람이었습니다. 그래서 구산 리사다임은 이스라엘을 괴롭게 하고 고통스럽게 하는 데 천재적이었습니다. 이스라엘 백성은 하나님을 잘 믿은 것은 아니지만 다른 대책이 없으니까 하나님께 부르짖었습니다. 이것은 합심해서 기도했다는 뜻입니다. 하나님의 백성이 합심해서 기도하면 반드시 응답이 있습니다. 특히 부르짖으면서 기도한다는 것은 모든 자존심이나 체면을 다 버리고 하나님만 붙들겠다는 뜻입니다.

이때 하나님은 이스라엘 백성이 전혀 생각하지도 못했던 한 사람에게 성령을 부어주셨습니다. 그는 바로 갈렙의 동생 그나스의 아들 옷니엘이었습니다.

3:9, "이스라엘 자손이 여호와께 부르짖으매 여호와께서 이스라엘 자손을 위하여 한 구원자를 세워 그들을 구원하게 하시니 그는 곧 갈렙의 아우 그나스의 아들 옷니엘이라"

이때부터 하나님께서는 이스라엘에 공식적인 지도자 없이 사람들이 생각하지도 못했던 사람에게 성령을 부으셔서 이스라엘을 악의 세력에서 건져내게 했습니다. 그 사람들이 바로 '사사' 였습니다. 보통

'사사'라고 하면 '재판관'의 뜻이 있습니다. 그런데 여기 나오는 사사들은 사람들의 옳고 나쁜 것을 판단해 주는 데 법적인 권리는 없는 사람들이었습니다. 어떻게 보면 그들은 카운슬러였고 평신도 지도자들이었습니다. 그래서 사람들은 자기들끼리 분쟁이 있으면 사사를 찾아가서 판단해 달라고 했습니다. 그런데 사람들은 그 사사의 말을 들을 수도 있고 듣지 않을 수도 있었습니다. 그러나 이 사사들은 이스라엘에서 끝까지 하나님의 말씀을 붙드는 자들이었습니다. 그리고 그들에게는 성령이 언제든지 임할 수 있었습니다. 아주 평범한 사람이지만 성령이 임하면 용기가 한 백 배쯤 생기게 됩니다. 그리고 이스라엘 백성을 리드할 카리스마가 생기게 됩니다. 그리고 그는 적의 약점을 알 수 있습니다. 그래서 단숨에 적의 약점을 파고 들어가서 그들을 망하게 하고 이스라엘 백성에게 자유를 주었던 것입니다.

성경에는 옷니엘이 어떻게 해서 구산 리사다임을 공격했는지는 나오지 않습니다. 그러나 그는 이스라엘 백성을 이끌고 메소보다미아 왕 구산 리사다임과 싸웠는데 하나님께서 이번에는 그를 옷니엘의 손에 넘겨주셨습니다. 그래서 옷니엘은 구산 리사다임을 쫓아내고 이스라엘은 사십 년 동안 다른 민족의 간섭이나 압제 없이 평안하게 살 수 있었습니다. 즉 농사도 잘되고 아픈 사람의 병도 낫고 주위에 있는 가나안 족속도 이스라엘이 하나님을 섬기는 일에 간섭하지 못했던 것입니다.

오늘 우리에게 궁금한 것은 우리나라도 하나님이 다스리는 이스라엘이라고 볼 수 있느냐 하는 것입니다. 즉 우리의 행복도 군사력이나 돈에 있지 않고 하나님께 매달리고 하나님의 말씀을 붙드는 데 있느냐 하는 것입니다. 저는 '그렇다'라고 대답할 수 있습니다. 우리가 하나님의 말씀을 붙들고 하나님께 부르짖는 이상 우리는 망하지 않습니다. 우리의 몸과 정신적인 가시들은 다 뽑힐 것입니다. 우리나라는 하나님이 직접 다스리는 나라입니다. 대통령이 있고 장관이 있어도 우리나라는 하나님이 다스리는 나라입니다.

　최근에 우리나라에 많은 변화가 일어나고 있습니다. 사람들이 죽기도 합니다만 이 모든 것이 하나님의 손길이라고 믿습니다. 그동안 우리는 너무 교만했습니다. 너무 세상적이었습니다. 너무 자기만 잘난 체하였습니다. 우리 성도 한 사람 한 사람이 부흥의 기름이 되어서 자기를 희생하고 부흥의 불을 붙인다면, 하나님의 축복의 시대가 도래하게 될 것입니다.

04

약한 자를 쓰시는 하나님

삿 3:12-30

〈영웅〉이라는 뮤지컬 영화가 사람들의 관심을 끌었습니다. 이 영화는 안중근 의사가 일본의 이토 히로부미를 암살한 내용을 뮤지컬 영화로 만든 것입니다. 일본의 이토 히로부미는 일본을 근대화시키는 데 가장 많은 공을 세웠고, 우리나라가 일본에 합방된 후 초대 통감까지 지낸 엄청난 거물이었습니다. 어떻게 보면 일본의 대륙 침략에 가장 앞장선 사람으로 볼 수 있습니다. 거기에 비해 안중근 의사는 독립군 소속이라고 하지만 아무도 알아주지 않는 사람이었고 그에게는 나라도 없고 군대도 없었습니다. 그러나 그는 아시아의 평화를 가장 앞장서서 깨트리고 있는 이토 히로부미를 제거해야 아시아에 평화가 올수 있다고 생각했습니다. 그는 이토 히로부미가 하얼빈에 온다는 것을 알고는 권총을 갖고 매복했습니다. 그런데 안중근 의사는 실제로 이토 히로부미의 얼굴을 몰랐다고 합니다. 하얼빈역에서 이토 히로부미가 내렸을 때 너무 많은 인파가 몰리고 또 같이 내리는 사람들이 많아서 안중근 의사는 누가 누구인 줄 알지 못했습니다. 그때 마침 누군가가 뒤에 내리면서 '이토'라고 부르니까 이토 히로부미가 뒤를 돌아보면서 손을 흔드는 것을 보고 그에게 총을 여러 방 쏘았는데, 혹시 딴 사람이 이토일지도 모른다고 생각해서 옆에 있는 사람들까지 한 방씩 쏘았습니다. 그러나 그는 정확하게 이토 히로부미를 쏘았고 이로 인해 일본 전체가 큰 충격을 받았습니다. 그러나 일본의 군국주의자들은 거기서 멈추지 않고 계속 전쟁을 일으켜서 수많은 목숨이 희생하고 일본 자체도 망하면서 전쟁은 끝나게 됩니다.

우리가 부산에 가면 해운대 가기 전에 오른쪽으로 꺾어서 산을 넘어가면 '이기대'라는 곳이 나옵니다. '이기대'는 바닷가에 있는 아주 넓은 바위인데, '이기대'의 '기'자가 한자로 '기생(妓生)'할 때 '기(妓)'자를 씁니다. 이것은 임진왜란 때 일본 장수들이 동래산성을 정복하고 바닷가의 넓은 바위 위에서 조선 기생들을 불러 놓고 술을 마시고 춤을 추다가, 기생 두 명이 일본 장수들을 껴안고 바다에 뛰어들어서 죽은 것을 기념하는 이름입니다. 이처럼 나라가 하지 못하고 큰 군대가 하지 못하는 일을 아주 평범하게 생긴 사람이라든지 아니면 사람에게 멸시 천대를 당하는 기생들이 큰일을 해낼 때가 있는 것입니다.

이스라엘에 사사들이 통치하던 시대가 있었습니다. 이때 사사는 다른 사람들과 똑같았고 평소에는 그 사람이 사사라는 것을 모르는 때도 있었습니다. 그런데 하나님의 성령이 임하면 이 평범하던 사람들이 무서운 하나님의 용사로 변하면서 이스라엘을 압제하던 사람들을 죽이거나 물리치게 됩니다. 이런 사람 중에는 여성도 있고 장애인도 있고 겁이 많은 사람도 있었습니다. 이런 것을 보면 하나님의 백성은 누구든지 위대하게 사용될 가치가 있다는 것을 알 수 있습니다.

구약의 사사 중에서 적장을 죽이고 승리하는 과정을 아주 자세하게 기록한 사람이 있는데, 그는 사사 에훗입니다. 이 당시 에훗이 싸워야 했던 상대는 모압 왕 에글론이었는데, 그는 아무리 강한 장수라 하더라도 감히 이길 수 없는 거구였습니다. 그러나 장애를 가지고 있던 에훗은 거구인 에글론을 죽이고 이스라엘에 평화를 가져왔습니다. 이런 것을 보면 하나님의 백성 중에는 쓸모없는 사람이라고는 한 사람도 없습니다.

1. 반복되는 악습

사람에게는 누구든지 오래되어서 잘 없어지지 않는 습관이 있습니다. 그 습관 중에는 그 사람의 생명을 위태롭게 하는 것도 있습니다. 예를 들어서 자기도 모르게 남의 물건을 보면 훔치는 사람이 있는데, 이런 사람은 백화점이나 편의점 같은 곳에서 물건을 훔치다가 경찰에 붙들려 가게 됩니다. 어떤 학생은 자기보다 어리거나 약한 학생을 보면 때리거나 못살게 굽니다. 가끔 우리나라 운동선수 가운데는 중고등학교를 다닐 때 자기 후배라든지 자기보다 운동 못하는 선수를 때리거나 혹은 자기 멋대로 벌을 주거나 해서 나중에 이 학폭 문제로 운동을 그만 두어야 하는 선수도 여러 명 있습니다. 그들이 아무리 경기를 잘하고 인기가 있다 하더라도 '학폭' 이라는 것은 범죄이기 때문에 한번 폭로가 되고 나면 사람들이 더 이상 용서하지를 않습니다.

이스라엘 백성에게도 반복되는 나쁜 습관이 있었는데 그것은 바로 그들이 살만하게 되면 우상 숭배에 빠진다는 것입니다. 사실 하나님의 백성이 가난하고 어려울 때는 죽으라고 하나님을 붙들기 때문에 늘 긴장하게 되고 죄를 지을 여유가 없습니다. 그러나 먹고살 만하게 되고 성공하게 되면 생활에 여유가 생기면서 자기 자신을 즐겁게 하는 것을 찾게 됩니다. 그때 가장 빨리 자신의 욕망을 만족시켜 주는 것이 술이나 성관계나 노름 같은 것입니다.

우리는 이스라엘 백성이 이렇게 우상에 빠지는 것이 잘 이해되지 않습니다. 그들이 하나님을 믿는 것만 해도 너무 힘이 들 텐데, 왜 굳이 다른 나라의 신을 섬기려고 할까요? 그것은 다른 신을 섬겨야 다른 민족들과 어울릴 수 있고 술도 마실 수도 있고 음탕한 짓도 할 수 있었기 때문입니다.

이미 이스라엘 백성은 옷니엘 때 좀 살만하다고 해서 바알이나 아세라를 섬기다가 메소보다미아 왕 구산 리사다임에게 걸려서 8년 동안 죽으라고 고생한 경험이 있습니다. 이것은 마치 8년 동안 징역살이를 한 것과 같습니다. 그러나 이스라엘 백성은 옷니엘이 구산 리사다임을 물리치고 40년 동안 먹고살 만하니까 또 바알이나 아세라 같은 우상 숭배에 빠지게 되었습니다. 물론 이스라엘 백성은 바알이나 아세라 같은 우상이 아무것도 아니라는 것을 잘 알았습니다. 이 우상들이 이스라엘 백성을 해치지는 못했습니다. 그러나 말도 하지 못하고 걸어 다니지도 못하는 우상이 하나님의 능력을 이스라엘에서 떠나게 했습니다. 이스라엘 백성은 하나님의 능력만 없어지면 마치 면역성이 떨어진 환자와 같습니다. 그들은 자기도 모르게 힘이 없어지면서 다른 민족을 이기지 못하고 비굴하게 되면서 항복하든지 지배를 받게 되는 것입니다. 그런데 다른 이방 민족은 이스라엘 백성에게 능력이 없어졌다는 사실을 귀신같이 알아내었습니다. 이것은 마치 병균이 사람의 몸에 저항력이 없어진 것을 귀신같이 알아내는 것과 같습니다. 이때는 누구든지 이스라엘을 먼저 잡아먹는 사람이 임자입니다.

이스라엘 백성이 힘이 없어진 사실을 알아내고는 모압 왕 에글론이 군대를 거느리고 쳐들어와서 '종려나무 성읍'을 차지했습니다. 여기서 종려나무 성읍은 여리고를 말합니다. 그리고 에글론은 이스라엘 백성을 무려 18년 동안 종살이를 시키고 조공을 받았습니다. 그런데 에글론은 엄청난 거인이고 비만한 사람이어서 힘으로는 일대일로 붙어도 이길 사람이 없었습니다. 그래서 이스라엘 백성은 모압 왕의 침략을 받아서 노예같이 살아야만 했습니다.

2. 하나님이 세운 구원자

이스라엘 백성은 무려 18년 동안 모압 왕에게 이스라엘의 좋은 것을 전부 조공으로 바치고 많은 고생을 하면서 살았습니다. 그래도 이스라엘 백성에게 자존심은 있어서 조공을 바칠 때는 자기들이 하지 않고 왼손잡이 에훗을 사용했습니다.

3:15, "이스라엘 자손이 여호와께 부르짖으매 여호와께서 그들을 위하여 한 구원자를 세우셨으니 그는 곧 베냐민 사람 게라의 아들 왼손잡이 에훗이라 이스라엘 자손이 그를 통하여 모압 왕 에글론에게 공물을 바칠 때에"

이스라엘 백성은 무려 십팔 년 동안이나 고생하면서 참고 있었는데, 그 이유는 자존심이 있어서 하나님께 부르짖기가 싫었기 때문입니다. 그래서 이스라엘 백성은 에글론에게 조공을 바치는 부끄러운 일은 에훗이라고 하는 장애인에게 시켰던 것입니다. 한마디로 "너는 기왕 장애를 가지고 있으니까 어렸을 때부터 놀림을 많이 당했을 것 아니냐? 기왕 놀림당한 김에 조공 바치는 것까지 하라"고 했던 것입니다. 하나님의 백성은 자존심을 빨리 버리면 버릴수록 하나님의 도우심을 빨리 받을 수 있는데 대개는 어려움이 와도 하나님께 부르짖지 않고 참습니다. 하나님의 백성은 빨리 현실을 인정하는 것이 좋습니다. 현실을 인정하지 않고 허황된 생각만 하고 있으면 하나님께서 일하시지 않습니다. 이스라엘 백성이 사는 길은 하나님께 부르짖으면서 기도하는 것입니다. 이스라엘 백성이 하나님께 부르짖으면서 기도했을 때, 하나님은 직접 능력을 베푸셔서 에글론을 쫓아내신 것이 아니라 이스라엘의 가장 약한 사람을 사용하셔서 에글론과 모압 군대를 쫓아내게 하셨습니다.

하나님께서는 어느 날 에훗에게 말씀하셨습니다. "너는 네 혼자의 힘으로 에글론을 죽이라"고 하신 것입니다. 본문에 보면 에훗을 "왼손잡이"라고 했는데 이것은 의역한 것입니다. 원문에는 "오른손이 묶여 있는 자"로 되어 있습니다. 즉 에훗은 오른손보다 왼손을 더 잘 써서 왼손잡이가 아니라 오른손이 자라지 못하고 오그라들어서 마비된 왼손잡이였던 것입니다. 그러니 누가 봐도 오른손이 마비된 에훗이 어떻게 그 엄청난 거구인 에글론을 죽일 수 있겠습니까?

그러나 에훗은 자기가 장애인인 것을 오히려 유리하게 활용하기로 했습니다. 그래서 에훗은 먼저 한 규빗 되는 양날이 선 칼을 만들어서 오른쪽 허벅지에 잡아매었습니다. 이스라엘 백성은 바지를 입지 않기 때문에 다리에 칼을 묶으면 빼기가 쉬울 것입니다. 그리고 에훗은 이스라엘 대표들과 함께 에글론에게 가서 정중하게 그들이 원하는 조공품을 바쳤습니다. 에글론과 그의 신하들은 그 조공을 받고 기분이 좋았습니다. 그리고 일단 에훗은 돌아갔습니다. 에훗은 돌아가다가 길갈의 돌 뜨는 곳에서 다시 에글론에게로 돌아갑니다. 여기 돌 뜨는 곳이라고 했지만 그냥 채석장이 아니라 돌로 우상을 만드는 돌 공장입니다.

에훗은 에글론 왕을 찾아가서 왕에게 은밀하게 할 말이 있다고 했습니다. 이때 에글론은 아주 비만한 자라고 했는데, 거구라는 뜻도 있습니다. 에글론은 한 손도 쓰지 못하는 에훗 정도는 자기가 얼마든지 이길 수 있다고 생각해서 업신여겼습니다. 아마도 에글론은 에훗이 이스라엘에 무슨 불만을 가지고 자기에게 고자질할 것이 있는 모양이라고 생각해서 모든 신하들을 방에서 나가게 했습니다. 여기에 보면 "조용히 하라"고 했는데 원문에는 '허쉬'라고 되어 있습니다. 이것은 우리말로는 '쉿' 하는 소리와 같습니다. 모압의 신하들이 다 나간 후에 에훗은 에글론의 귀에 속살일 듯이 가까이 가서 갑자기 "하나님의 명령으로 왕에게 할 말이 있다"고 했습니다. 그랬더니 에글론은 깜짝 놀라면서 이 녀석이 미쳤나 하면서 자리에서 벌떡 일어서는데 그때 에훗은 옷 안에 손을 넣어서 칼을 꺼내 에글론의 배를 찔렀습니다. 에글론은 그 비둔한 몸에 일어서는 힘과 에훗이 힘을 다해서 찌르는 힘이 합해져서 칼은 에글론의 배 깊숙이 박히게 되었고, 그 자리에서 소리도 지르지 못하고 죽었습니다. 여기에 보면 "칼날이 등 뒤로 나왔다"고 했는데 원문에는 '그것이 뒤로 나왔다' 고 되어 있습니다. 그래서 어떤 학자들은 에글론이 힘을 쓰다가 대변까지 뒤로 나온 것으로 해석합니다. 에훗이 칼을 빼지 않으니까 칼날과 기름이 엉겨붙었습니다.

그리고 에훗은 그 방에서 조용히 나와서 미리 준비한 열쇠로 그 방문을 잠가버렸습니다. 에글론의 신하들은 아무리 기다려도 왕이 오라고 하지 않으니까 왕의 방에 가보았습니다. 그랬더니 방문은 잠겨 있고 문틈에서는 악취가 나왔던 것 같습니다. 그래서 신하들은 왕이 용변을 보는 줄 알고 계속 기다렸습니다. 그때 에훗에게 중요한 것은 시간이었습니다. 즉 모압 신하들이 알아채기 전에 빨리 이스라엘 진영으로 가서 나팔을 불어야 했습니다. 그래서 에훗은 온 힘을 다해서 달렸는데 자기 지파인 베냐민 지파에게 가지 않고 에브라임 지파에게로 갔습니다. 그 이유는 적어도 에브라임 지파 정도는 되어야 모압 군대를 이길 수 있다고 생각했기 때문입니다.

3. 에훗의 나팔 소리

3:27, "그가 이르러 에브라임 산지에서 나팔을 불매 이스라엘 자손이 산지에서 그를 따라 내려오니 에훗이 앞서 가며"

에글론의 신하들은 아무리 기다려도 왕이 자기들을 부르지 않으니까 이상하게 생각해서 열쇠를 가져와서 왕이 있는 방문을 열어보았습니다. 그러자 이미 에글론은 칼에 찔려서 피투성이가 되어 죽어 있었습니다. 그래서 에글론의 신하들은 그날 조공물을 받고 기분이 좋았었는데 갑자기 왕인 에글론이 죽었으니까 어찌할 바를 몰라 우왕좌왕하고 있었습니다. 그때 이미 에훗은 이스라엘 백성이 있는 곳으로 달려가서 나팔을 불고 있었습니다. 이때 이스라엘 백성 중에는 나팔 소리를 기억하고 있는 사람들이 있었습니다. 이 나팔 소리는 이스라엘에 사사가 일어났고 모든 이스라엘 백성은 전쟁하러 모이라는 뜻이었습니다. 이스라엘 백성 중에서 적어도 나팔 소리를 기억할 수 있는 사람들이 있었던 것은 다행입니다. 그렇지 않고 모두 멀뚱멀뚱하고 있었더라면 에훗이 에글론을 죽인 것은 아무 소용이 없었을 것입니다.

이스라엘 백성은 모두 산지로 피난을 가 있다가 나팔 소리가 들리니까 나팔 소리가 나는 곳으로 내려왔습니다. 거기에는 바로 왼손잡이 에훗이 서 있었습니다. 에훗은 이스라엘 백성에게 큰 소리로 외쳤습니다. "에글론은 죽었다. 내가 직접 내 손으로 에글론을 죽였다. 오늘 하나님께서 모압 군대를 이스라엘 백성의 손에 넘겨주셨다!"라고 소리를 질렀습니다. 그때 이스라엘 백성은 '아멘'으로 화답했을 것입니다. 에훗은 이스라엘 백성을 둘로 나누어서 한 편은 본부가 있는 에글론을 공격하고, 나머지는 그들이 도망쳐 갈 요단강에 매복하게 했습니다. 그때 모압 군대는 에글론 왕이 칼에 찔려 죽어 있어서 당황하여 어떻게 해야 할지 몰랐습니다. 이때 에훗의 병사들이 들이닥치니까 모압 군대는 자기 나라를 향해서 요단강 쪽으로 도망쳤습니다. 그러나 요단강 쪽에는 이스라엘 백성이 매복하고 있어서 모압 군인들이 오는 족족 잡아서 죽였습니다. 이날 이스라엘 백성이 죽인 모압 군인들은 만 명이었고, 모압은 이스라엘에 항복함으로 이후 이스라엘은 80년 동안 평안을 누리게 되었습니다.

하나님께서는 장애인으로 사람들에게 멸시당하던 에훗에게 성령을 부으셔서 가장 강한 사람 모압 왕 에글론을 죽이게 했습니다. 하나님의 백성이 두려워하지 않고 용기를 내면 하나님의 능력이 나타나게 됩니다. 그러나 이스라엘 백성의 반복되는 습관은 잘 낫지 않았습니다. 그래서 이스라엘 백성은 사사 시대에 이 우상 숭배의 습관이 계속 반복되는 모습을 볼 수 있습니다. 그래서 이스라엘 백성은 반복적으로 이방인들의 지배를 받곤 했습니다.

대개 우리나라 교인들의 신앙을 보면 계속 올라가는 것이 아니라 올라갔다가 내려갔다를 계속하는 사이클을 그리면서 반복하는 모습을 보게 됩니다. 그 이유는 봉사 중심으로 교회 일을 하기 때문입니다. 일 중심으로 교회 일을 하면 연초에는 40일 기도나 특별 기도로 힘을 내다가 그것이 끝나면 돌아갑니다. 또 무슨 집회를 하면 안내도 하고 강사도 대접하고 여러 가지 힘을 쓰다가 그 일이 끝나면 또 원래로 돌아가 버립니다. 이것을 막는 방법은 강해 설교를 지속적으로 듣는 것입니다. 그러면 우리의 신앙이 독수리처럼 지속적으로 올라갈 수 있습니다. 하나님의 백성 중에서 쓸모없는 사람은 아무도 없습니다. 우리는 하나님의 백성입니다. 하나님의 백성은 다른 민족과 다른 특별한 민족입니다. 우리는 오직 하나님만 바라보아야 합니다. 우리가 하나님만 바라보면 다른 사람의 지배를 받을 필요가 없습니다.

우리가 하나님 앞에서 나쁜 습관을 끊기 위해서는 결단이 필요합니다. 그리고 어려운 일이 닥쳤을 때 자존심을 버리고 하나님께 부르짖는 것이 필요합니다. 그리고 하나님이 말씀하시면 아무리 싸움에 자신이 없고 불가능해 보여도 나팔 소리를 듣고 악의 세력에 대항하여 싸우시기를 바랍니다. 그러면 반드시 승리할 것입니다.

05

두려움이 없는 용기

삿 3:31

이차대전 때 독일은 영국이 도저히 넘을 수 없는 강적이었습니다. 나치 독일은 유럽에 있는 모든 국가를 공격해서 철저하게 지배했고 이웃 프랑스까지 점령해 버렸습니다. 그리고 미국에서 영국으로 가는 군수물자들은 전부 U보트 잠수함이 쏘는 어뢰로 모두 격침되어 버렸습니다. 독일은 영국에게 자꾸 항복하라고 권했습니다. 그때 처칠 수상은 우리가 항복하는 것은 독일의 노예가 되는 것이라고 하면서 우리는 이 달콤한 말에 속아서는 안 된다고 강조했습니다. 이때 영국은 전국의 수재들을 모아서 독일군의 암호를 해독할 방법을 알아내려고 했습니다. 거기에 캠브리지 수학교수 앨런 튜링도 있었습니다. 그들은 튜링이 만든 컴퓨터를 아무리 돌려도 매일 바뀌는 독일군의 암호를 풀 수 없었습니다. 거기에다가 튜링은 대인관계마저 좋지 못해서 그 팀에서 쫓겨날 뻔도 했습니다. 그는 동성애자였는데 그것을 감추기 위해서 가짜 결혼식도 했습니다.

그는 엄청나게 고민하다가 독일군이 아무리 매일 암호를 바꾸어도 절대로 바꿀 수 없는 단어가 있을 것으로 생각했습니다. 그것은 바로 총통(Fuhrer)이라는 단어라고 생각했습니다. 여기서 힌트를 얻어 튜링이 독일군의 암호를 컴퓨터에 돌려보니까 독일 U보트의 공격과 맞았던 것입니다. 그래서 드디어 영국 정보국은 독일의 암호를 해독해 내었습니다. 영국은 이 암호를 기초로 노르망디 상륙작전을 하게 되었고, 결국 독일은 망하게 됩니다. 모든 대원은 이 공으로 승진하거나 훈장을 받았는데 튜링은 쓸쓸하게 감옥에 갑니다. 이 당시 영국 법에 의하면 동성애자들은 범죄자로 취급해서 감옥에 수감하게 되어 있었기 때문입니다. 그러나 중요한 사실은 영국의 몇몇 과학자들이 끝까지 독일의 암호 하나를 물고 늘어져서 결국 독일을 이기고야 말았다는 것입니다.

미국의 슬럼가에 매일 길거리에서 노숙하면서 무료 급식을 얻어 먹는 '카디자 윌리엄스'라는 고등학생이 있었습니다. 이 흑인 학생은 엄마가 14살 때 미혼모로 쓰레기 더미에서 이 아이를 낳았다고 합니다. 이 아이와 엄마에게는 가난이라는 것이 너무나도 큰 장벽이었습니다. 그들은 매일 거리에서나 쓰레기 더미에서 잠을 자야 했습니다. 이런 환경에서 이 학생이 대학에 들어간다거나 더욱이 하버드 대학에 들어간다는 것은 불가능한 일이었습니다. 그러나 다행이었던 것은 이 학생은 공부 하나는 좋아했다는 것입니다. 그래서 12개의 학교를 전학 다니면서도 필사적으로 공부해서 1등을 유지했는데, 한 달에 다섯 권의 책을 읽었고 모든 신문을 다 읽었다고 합니다. 이 학생에게 길바닥은 자신이 버려진 곳이 아니라 자신의 공부방이었습니다. 드디어 이 학생이 대학을 지원했는데 여러 대학에서 합격 통지서가 왔습니다. 그러나 그중에서 하버드 대학에서 이 학생을 4년 전액 장학생으로 뽑았습니다. 결국 길거리의 노숙자 학생이 하버드의 장학생으로 뽑히게 된 것입니다. 우리에게는 아무리 모든 길이 막혀 있고 불가능하게 보인다고 하더라도 결국 하나님의 길이 있습니다. 우리는 이것을 믿어야 합니다.

오늘 본문 말씀을 보면 "도대체 그래서 어쨌단 말이야?"라는 질문밖에 나오지 않을 것입니다.

3:31, "에훗 후에는 아낫의 아들 삼갈이 있어 소 모는 막대기로 블레셋 사람 육백 명을 죽였고 그도 이스라엘을 구원하였더라"

아낫의 아들 삼갈이 소 모는 막대기로 블레셋 사람 육백 명을 죽였는데, 그것이 어쨌단 말입니까? 아마 삼갈은 이스라엘 사사 중에서 가장 설명이 간단한 것 같습니다. 그러나 삼갈은 모두가 불가능하다고 생각하는 가운데 정식 무기도 아닌, 소 모는 막대로 그 강한 블레셋 사람 육백 명을 때려죽인 용사였습니다.

1. 대항할 수 없는 블레셋

하나님께서는 처음 여호수아나 이스라엘 백성에게 그들이 하나님의 말씀을 가지고 나가기만 하면 가나안 땅의 모든 대적을 이길 수 있다고 약속하셨습니다. 물론 이스라엘 백성이 가나안의 거인족을 이기기도 하고 높은 성을 가진 족속도 이기긴 했지만, 이스라엘 백성이 도저히 이길 수 없는 슈퍼 강대국이 있었습니다. 이들은 바로 블레셋 족속이었습니다. 블레셋 족속은 이스라엘의 힘으로는 이기기가 절대적으로 불가능한 족속이었습니다. 블레셋 족속은 그리스 쪽에서 건너온 해양 민족이었는데 그들은 그리스의 높은 수준의 민주 의식을 가지고 있었습니다. 우리가 생각하기에 '민주의식이 뭐가 대단하냐? 핵무기가 대단하지'라고 생각하기 쉽지만, 민주 시민의식이 없으면 아무리 군대가 많고 무기가 뛰어나다 해도 사실은 노예들의 부대에 불과하므로 힘을 쓰지 못합니다.

블레셋 사람들은 바로 이런 그리스의 정신을 물려받고 있었기 때문에 애굽에서 종살이나 하고 광야를 40년 돌아다닌 이스라엘 백성과는 생각하는 수준에서 엄청난 차이가 있었습니다. 또 블레셋 군대는 병거를 아주 잘 몰았고 그것을 전쟁에서 잘 사용할 수 있었습니다. 전쟁에서 병거를 자유자재로 사용한다는 것은 걸어 다니면서 싸우는 군대와는 열 배 이상의 능력을 나타냅니다. 그래서 이스라엘 백성은 가나안 땅에 들어온 후 수십 년이 지나도록 블레셋 군대와는 감히 싸움도 해보지 못했습니다.

하나님께서 모세와 여호수아에게 분명히 너희 땅에는 블레셋도 포함된다고 말씀하셨지만, 실제로 가나안 땅에 들어와 보니까 블레셋은 자기들이 생각했던 것보다 훨씬 강한 나라였습니다. 그리고 그들은 그리스의 정신으로 무장된 아주 민주적인 사고를 가진 족속이었습니다. 블레셋은 다섯 개의 도시 국가로 되어 있었는데, 그들이 너무나도 협력이 잘 되고 특히 전쟁할 때는 완전히 하나가 되어서 싸웠기 때문에 전쟁을 제대로 해보지 못한 이스라엘은 블레셋을 도저히 이길 수 없었습니다.

그러나 하나님께서는 이스라엘 백성이 정신력으로나 무기로나 전쟁 경험으로나 도저히 이길 수 없는 이런 블레셋 군대를 물리치라고 말씀하셨던 것입니다. 원래 이 강한 블레셋을 물리치도록 배정된 이스라엘 지파는 단 지파였습니다. 하지만 단 지파나 이스라엘 백성은 블레셋과 싸우는 것을 완전히 포기하고 말았습니다. 나중에 이스라엘은 블레셋 사람들의 식민지가 되었습니다. 우리에게도 때때로 이 세상에서 하나님께서 세상을 대항해서 싸우라고 하시지만 우리 힘으로는 도저히 이길 수 없는 적들이 있습니다. 우리가 만일 엄청난 돈이나 기술을 가지고 있으면 싸워보기라도 하겠지만, 지금 우리는 아무것도 가진 것이 없는, 빈손으로는 이 세상에서 먹고 살기조차 어려운 형편이 아닐 수 없습니다.

2. 삼갈이라는 사람

보통 이스라엘의 사사는 언제나 '어느 지파에서 나온 누구'라는 식으로 소개합니다. 앞에 나온 에훗은 베냐민 사람이었습니다. 그러나 삼갈은 지파나 평소 활동에 대한 소개가 전혀 없이 그냥 "아낫의 아들"이라고 소개하고 있습니다. 그래서 삼갈은 어느 지파에서 평소에 무엇을 하던 사람이었는지 알 수 없습니다. 더욱이 삼갈이란 이름의 뜻도 '나그네'라는 것입니다. 그러니까 삼갈이 진짜 이름인지 아니면 사람들이 지어준 이름인지도 알 수 없습니다. 아마도 삼갈은 정해진 지파 없이 이리저리 다니면서 남의 집 일을 해주면서 먹고 살았던 사람인 것 같습니다.

그런데 어느 날 삼갈은 소 모는 막대기를 들고 소에게 풀이나 물을 먹이려고 몰고 가고 있었던 것 같습니다. 여기서 "소 모는 막대기"라는 것은 우리나라에서 소를 몰 때 쓰는 막대기와 비슷한 것인데, 그 꼭대기에 뾰족한 쇠가 달려 있어서 그것으로 소 몸에 붙어 있는 오물을 떼어주기도 하고 쇠파리를 쫓기도 하고, 어떤 때 소가 빨리 가지 않으면 그 뾰족한 부분으로 엉덩이를 찔러서 앞으로 가게 하는 지팡이였습니다.

그런데 삼갈은 길을 가다가 블레셋 사람 육백 명을 만나게 되었습니다. 이 육백 명의 블레셋 사람들은 군인이었습니다. 이들은 길에서 늘 이스라엘 사람을 우습게 알았고 그들이 가진 가축을 빼앗았습니다. 이들은 이 날 한 이스라엘 사람이 소 몇 마리를 앞세우고 어디론가 가는 모습을 보았습니다. 그들은 이 소들을 보자 빼앗고자 하는 욕심이 생겼습니다. 그래서 삼갈에게 겁을 주어서 소를 두고 도망치게 하려고 했습니다. 이렇게 블레셋 사람들이 위협하면 겁을 집어먹고 소나 염소를 팽개치고 도망을 치곤 했습니다.

그런데 블레셋 사람들이 모르는 것이 하나 있었습니다. 그것은 대부분의 이스라엘 백성이 블레셋 사람들을 무서워하고 두려워하는 것은 사실이었지만, 그중에서 믿음을 가진 자가 있었다는 사실입니다. 믿음을 가진 자들은 자신이 하나님의 할례를 받은 사람들이라는 데 엄청난 자부심을 가지고 있었습니다. 그래서 할례를 받은 사람들은 할례를 받지 않은 블레셋 사람이나 이방인을 마치 맹수나 짐승같이 생각했습니다. 그래서 다윗이 골리앗이라는 거인과 싸우러 나올 때 "어떻게 저 할례도 받지 못한 인간이 감히 하나님과 이스라엘 왕을 저주하고 모욕하느냐?"고 하면서 사울 왕을 찾아가서 싸우게 해달라고 요청했던 것입니다.

우리는 가끔 이 세상에서 돈이 많고 너무 사납고 지식이 많고 심지어는 강한 군사력이나 핵무기까지 가지고 있는 대적과 싸워야 할 때가 있습니다. 그때 우리는 사람의 외적인 조건을 보고 두려워할 것이 아니라 예수님의 성령을 받지 않은 사람들은 들짐승과 같다고 생각해야 합니다. 아무리 이 세상에 들짐승이 사납고 무섭다 하더라도 인간은 그런 들짐승을 이길 수가 있습니다. 그러나 삼갈이 아무리 블레셋 사람들을 들짐승으로 생각한다 하더라도 육백 명이면 너무 많은 숫자였습니다.

3. 하나님의 성령

아마 블레셋 사람들은 삼갈에게서 소 모는 막대기를 빼앗으려고 했을 것입니다. 그런데 삼갈은 블레셋 사람들을 두려워하지 않았습니다. 삼갈은 블레셋 사람들에게 소 모는 막대기를 빼앗기지 않으려고 두 손으로 붙들고 있었습니다. 이때 삼갈에게 성령의 능력이 임했습니다. 성령님은 삼갈에게 보통 때보다 천 배 이상의 힘을 부어주셨습니다. 삼갈은 지팡이를 빼앗으려는 블레셋 사람을 밀었습니다. 그랬더니 지팡이를 빼앗으려고 하던 사람은 마치 바람에 검불이 날려가듯 힘없이 날아가 버렸습니다. 이것을 보고 블레셋 사람들은 일제히 칼과 창을 들고 삼갈에게 덤벼들었습니다. 삼갈은 소 모는 막대기를 창처럼 휘두르기 시작했습니다. 그랬더니 삼갈의 소 모는 막대기에 맞은 블레셋 사람들마다 죽었습니다. 블레셋 사람들은 한 목동에 불과한 삼갈이 휘두르는 막대기에 맞아 죽는다는 것이 믿어지지 않았습니다. 그래서 거기에 있던 블레셋 사람 육백 명이 모두 다 덤벼들었습니다. 그런데 삼갈은 너무 강했습니다. 블레셋 사람 육백 명이 모두 무기를 가지고 있었음에도 불구하고 삼갈 한 사람이 때리는 소 모는 막대기에 맞아서 전부 죽고 말았습니다.

여기서 우리는 알 수 있는 것이 하나 있습니다. 우선 그것은 이 세상 사람들이 아무리 강하게 보이고 절대적으로 보인다 하더라도 하나님의 백성의 자존감이 더 중요하다는 사실입니다. 하나님의 백성이 겁을 내지 않고 자신이 하나님의 백성이라는 자존감을 가지고 있으면 반드시 이 세상에서 이길 수 있는 길이 있다는 것입니다. 그러므로 우리는 이 세상에서 자신의 성적이나 가정환경이나 열등감 때문에 미리 기죽을 필요가 없습니다.

그리고 삼갈은 칼과 창으로 블레셋 사람들과 싸운 것이 아니라 소 모는 막대기로 싸워 이겼습니다. 나중에 삼손은 블레셋 사람들과 싸울 때 나귀 턱뼈를 가지고 천 명을 때려서 죽였습니다(삿 15:14-17). 이것은 하나님께 할례를 받지 않은 자들은 칼이나 창으로 싸울 가치조차 없다는 뜻입니다. 삼갈은 블레셋 사람들을 소처럼 생각했습니다. 그래서 삼갈은 소 모는 막대기를 가지고 블레셋 사람들을 다 쳐서 이겼습니다. 이것은 이스라엘 백성에게 엄청난 약속이었습니다. 왜냐하면 이 세상에서 아무리 강한 자라 하더라도 하나님 앞에서는 아무것도 아니었기 때문입니다. 우리는 소 모는 막대기 정도만 있으면 아무리 강한 적이라 할지라도 물리칠 수 있다는 것을 알아야 합니다. 그러나 이스라엘은 삼갈이 소 모는 막대기로 블레셋 사람 육백 명을 쳐 죽이는 것을 보고서도 여전히 그들을 두려워했습니다.

여기서 가장 중요한 것은 삼갈에게 성령이 임하셨다는 사실입니다. 아마 삼갈에게 성령이 임하지 아니하셨더라면 블레셋 사람들을 이길 수 없었을 것입니다. 그러나 삼갈은 평소에 하나님에 대한 믿음을 가지고 있었기 때문에 위기의 순간에 성령이 그에게 임하면서 그의 능력을 천 배나 강하게 발휘했던 것입니다.

그러면 오늘 우리에게도 삼갈 같은 성령의 능력이 임할까요? 그러기 위해서는 오늘 우리는 더 많은 준비가 필요합니다. 왜냐하면 우리의 적은 시시하게 돈이나 뜯는 깡패들이 아니기 때문입니다. 우리의 대적은 어두움의 세력 즉 마귀입니다. 전쟁을 일으키게 하고 사람들을 스트레스 받아서 죽게 하고 몸에 암이 생기게 하는 그 공중 권세 잡은 자가 우리의 적인 것입니다.

오늘날은 구약 시대에 비하여 성령을 주시는 방법이 많이 다릅니다. 구약 시대에는 모든 사람에게 항상 성령님이 오시는 것이 아니었습니다. 그러나 오늘 신약 시대에는 모든 사람에게 성령이 오십니다. 우리가 하나님의 말씀을 듣거나 혹은 찬송을 부르거나 기도할 때 임하십니다. 그리고 지금은 삼갈 사사 때처럼 힘으로 오지 않습니다. 그 대신 기쁨이 충만하고 자신감이 생기고 마음의 상처들이 치유됩니다. 성령이 충만하면 하나님이 나와 함께 하시는 것을 느낄 수 있습니다. 온 교회가 성령 충만하면 기도 응답이 잘 됩니다. 그래서 병이 잘 낫고 학생들은 공부를 잘하고 부흥이 일어나게 됩니다.

우리는 성령이 가슴까지 들어와서 차는 것을 부흥이라고 말합니다. 왜냐하면 일단 성령이 가슴까지 오면 손발은 움직여지기 때문입니다. 그런데 교회에 성령의 불이 붙으면 이때는 더 강력한 힘이 나타나게 됩니다. 그래서 북한의 핵무기가 꼼짝하지 못하게 되고 코로나가 사라지고 우리나라 산업이 세계 최고가 될 것입니다. 왜냐하면 우리나라에 성령의 기름이 펑펑 쏟아지기 때문입니다. 그리고 우리나라에 산업이나 문화도 발전하게 됩니다.

그리고 삼갈이 블레셋 사람들을 소 모는 막대기로 때려죽인 것은 그들을 인간으로 보지 않는다는 것입니다. 그들을 모두 짐승으로 보고 때려 쳐서 죽인 것입니다. 이스라엘 백성이 이 기회를 잘 살렸더라면 훨씬 빨리 가나안을 정복할 수 있었을 것입니다. 그러나 그들은 이 기회를 잘 살리지 못했습니다.

삼갈은 나그네였습니다. 지파도 없는 떠돌이였습니다. 그러나 그에게 성령이 임하였을 때 아무도 할 수 없는 일을 해내었습니다. 우리도 이 세상을 볼 때 너무 겁을 집어먹지 말아야 합니다. 세상 사람을 맹수로 보면 지나칠지 모르지만 소 모는 막대기로 능히 이길 수 있습니다. 올해 한 해 동안 남들이 보기에는 보잘것없는 무기이지만 성령의 능력으로 세상을 정복하는 성도들이 다 되시기를 바랍니다.

06

여성 지도자
삿 4:1-24

여성들은 남성들에 비해 힘이 없고 또 아기를 낳고 키워야 하므로 육체의 힘을 사용하는 일을 하기 어려울 때가 많습니다. 그래서 전쟁이 일어나도 주로 싸우는 사람들은 남자들이고 여자들은 피난 가거나 아이들을 데리고 숨어야 했습니다. 그러나 지난 세기를 돌이켜보면 여성 중에서 세계에 영향을 크게 준 지도자들이 있었습니다. 그중에 세 사람을 들면 먼저 이스라엘의 초대 총리였던 골다 메이어 수상을 들 수 있습니다. 그녀는 이스라엘이 주위의 모든 아랍 국가와 전쟁해서 망할 위기에서 6일 만에 승리했습니다. 그리고 그다음에 영국 수상이었던 마거릿 대처 여사를 들 수 있습니다. 영국이 대파업으로 나라가 마비되고 망할 위기에 놓였을 때 대처는 강성노조와 대결해서 파업을 이기고 경제적으로 성장할 수 있는 기초를 만들었습니다. 그리고 또 한 사람은 미국의 국무장관을 지냈던 메들린 올브라이트를 들 수 있습니다. 그녀는 미국 최초의 국무장관이 되었고, 코소보에서 유고의 미셸로비치가 인종청소로 무고한 사람들을 죽일 때 죽이지 못하도록 활동했고, 미 국무장관으로 북한을 방문하기도 했습니다.

그런데 우리나라나 우리 교회에도 많은 여성 크리스천이 있지만 그들은 자신이 얼마나 엄청난 잠재 능력을 갖추고 있는지 모르는 경우가 많습니다. 그래서 이 엄청난 무기를 가지고도 사용할 줄을 몰라서 적에게 패배하거나 종노릇 할 때가 많습니다.

보통 우리 크리스천이 신앙 생활하면서 느끼는 가장 큰 어려움은 부흥회를 하거나 은혜를 받으면 신앙적으로 힘을 내고 위로 올라가지만 그런 일이 없으면 마치 날개를 접은 새처럼 공중에서 땅으로 떨어지는 일을 반복한다는 사실입니다. 결국 우리의 신앙은 찬송가에 나오는 가사처럼 독수리처럼 올라가는 것이 아니라 놀이기구를 탄 것처럼 '올라갔다 내려갔다' 한다는 것입니다. 우리는 어떻게 하면 우리 신앙이 독수리같이 계속 올라갈 수 있을까요? 그리고 어떻게 하면 우리가 가지고 있는 하나님의 말씀으로 새카맣게 덤벼드는 원수들과 싸워 이길 수 있을까요? 그것을 우리는 오늘 본문에서 배우게 됩니다.

1. 신앙의 롤러코스터

이스라엘 백성의 신앙의 문제는 훌륭한 지도자가 있을 때는 신앙이 올라가다가 그런 지도자가 죽으면 좋은 신앙을 다 팔아먹고 세상의 우상을 따라가다가 망하는 것이었습니다. 이것은 여사사 드보라가 이스라엘 백성을 하나님의 말씀으로 가르칠 때도 마찬가지였습니다.

4:1, "에훗이 죽으니 이스라엘 자손이 또 여호와의 목전에 악을 행하매"

에훗은 오른손을 쓸 수 없는 장애인이었습니다. 그러나 그는 왼손 하나만 가지고 당시 이스라엘 백성을 학대하던 엄청난 거구의 모압 왕 에글론을 칼로 찔러 죽이고 이스라엘 백성을 모아서 모압 군인만 명을 칼로 쳐 죽였습니다. 에훗은 장애를 가지고 있었지만 열등감은 없었고, 하나님에 대하여 불만도 없었습니다. 이스라엘 백성이 자존심 때문에 모압 왕에게 조공을 바치는 일을 시킬 때도 그는 아무 소리 없이 그 일을 감당했습니다. 그의 마음속에 하나님에 대한 믿음이 있었기 때문입니다. 그러다가 하나님께서 그에게 강한 성령의 감동을 주셨을 때 혼자 에글론을 찾아가서 그를 찔러 죽여 버렸습니다. 에훗은 장애를 가지고 있었지만 워낙 믿음이 좋았기 때문에 이스라엘 백성은 '찍' 소리도 하지 못하고 하나님을 잘 믿었습니다.

그러나 믿음이 좋은 에훗이 죽고 난 후에 이스라엘 백성은 신앙적으로 방황하기 시작했습니다. 이스라엘 백성은 당당하게 하나님을 믿는 것을 보이지 못하고 안 믿는 자들처럼 이방인들과 어울려서 술도 마시고 노름도 하다가 나중에는 신앙을 다 팔아먹어버리고 우상 숭배까지 하게 되었습니다. 이것을 성경에는 "여호와의 목전에 악을 행하매"라고 했습니다. "목전에"라는 말은 '내가 뻔히 살아있고 내가 뻔히 보고 있는 앞' 이라는 뜻입니다. 이스라엘 백성의 신앙이 추락하니까 그들은 자기들이 하나님을 믿는 것을 부끄러워하게 되었습니다. 그래서 그들은 할 수 있는 대로 하나님을 믿는 표시를 내지 않으려고 했고 그래서 우상숭배를 했습니다.

이스라엘 백성이 하나님을 안 믿는 체하고 세상을 따라갔을 때 잘살게 되는 것이 아니라 하는 일마다 모두 실패하고 점점 못살게 되었습니다. 그 이유는 그들 자신의 가치를 상실하고 스스로 쓰레기같이 되었기 때문입니다. 이것을 성경에서는 하나님께서 도매금으로 팔아 넘기셨다고 했습니다.

4:2, "여호와께서 하솔에서 통치하는 가나안 왕 야빈의 손에 그들을 파셨으니"

하솔은 가나안 북쪽에 있는 성읍입니다. 옛날 여호수아가 살아 있을 때 이스라엘 백성은 하솔 왕 야빈과 그 동맹한 가나안 족속을 쳐부수었던 적이 있습니다(수 11:1-15). 그런데 여기에서도 또 하솔 왕 야빈이 나옵니다. 이 사람은 옛날 그 야빈이 아니라 그 후손인 것 같습니다. 그런데 야빈에게는 아주 강력한 부대가 있었는데 그것은 철 병거 구백 대를 가진 부대였습니다(3절). 여기서 철 병거는 요즘으로 치면 탱크부대라고 할 수 있습니다. 하나님 앞에 안 믿는 체하는 이스라엘 백성은 아무 가치가 없었습니다. 그래서 하나님은 이스라엘 백성을 몽땅 한꺼번에 싸구려로 하솔 왕 야빈에게 팔아치워 버렸습니다. 하솔 왕 야빈은 철 병거 구백 대를 가지고 이스라엘 백성을 철저하게 지배했고 완전한 식민지로 만들었습니다. 그래서 하솔 왕 야빈은 무려 이십 년 동안 이스라엘을 지배했고 학대했습니다.

그리고 이 철 병거 부대를 지휘하는 사령관은 시스라였는데, 이 사람은 이스라엘 백성에게 아주 무시무시한 존재였습니다. 누구든지 그에게 한번 찍혔다고 하면 그 사람은 살 수 없을 정도로 이스라엘 백성에게 무서운 존재였고 절대적인 지배자였습니다. 그런데 하솔 왕 야빈과 시스라가 이스라엘 백성을 너무 심하게 수탈하니까 드디어 이스라엘 백성이 하나님께 기도하기 시작했습니다. 하나님은 이스라엘 백성이 기도하기를 기다리고 계셨는데 이스라엘 백성은 그 고집과 자존심 때문에 하나님 앞에 부르짖으며 기도하는 데 20년이 걸렸던 것입니다. 우리 귀에 하나님의 말씀이 들리는 것은 하나님께 돌아오라는 초청입니다. 그리고 하나님께 기도하라는 초청입니다. 그런데 지금까지 믿음으로 잘 살지 못한 고집 때문에 하나님께 무릎 꿇고 기도하는 데 20년이 걸리는 것입니다. 그러면 이 사람은 20년을 허비한 것입니다.

2. 하나님의 말씀

이스라엘 백성이 이십 년간 고생하니까 자존심 다 버리고 하나님께 기도하고 매달리기 시작했습니다. 그러니까 하나님께서는 여자인 드보라라는 사사에게 성령의 감동을 주셨습니다. 하나님은 여사사 드보라에게 "너는 바락이라는 사람의 협력을 받아서 시스라와 싸우라"는 말씀을 주셨습니다.

> 4:4-5, "그 때에 랍비돗의 아내 여선지자 드보라가 이스라엘의 사사가 되었는데 그는 에브라임 산지 라마와 벧엘 사이 드보라의 종려나무 아래에 거주하였고 이스라엘 자손은 그에게 나아가 재판을 받더라"

여사사 드보라는 무엇 하는 사람입니까? 드보라는 결코 여군 장교가 아니었습니다. 드보라는 랍비돗이라는 사람의 평범한 아내였는데, 그가 하는 일은 라마와 벧엘 사이에 있는 종려나무 밑에서 하나님의 말씀을 가지고 이스라엘 백성에게 재판하고 가르쳐주는 일이었습니다. 그런데 철 병거를 가진 무시무시한 탱크부대 앞에서 하나님의 말씀만 가르치는 여자가 할 수 있는 일이 무엇이겠습니까? 아마 전부 다 죽임을 당하는 수밖에 없을 것입니다. 그러나 드보라가 이때 하나님께 대답한 것은 "예 알겠습니다. 해보겠습니다."라는 말이었습니다. 드보라는 하나님의 말씀이 철 병거보다 더 능력이 있다는 것을 믿었기 때문입니다. 그래서 드보라는 바락이라는 남자 장수를 불러서 "하나님께서 납달리와 스불론 자손 만 명을 모아서 다볼산에서 시스라의 철 병거와 싸우라고 하신다"는 하나님의 말씀을 전했습니다(6절).

드보라는 여자이기 때문에 칼로 싸울 수 없었고 군인들을 모아서 지휘할 수도 없었습니다. 드보라가 할 수 있는 일은 오직 하나님의 말씀을 전하는 것밖에 없었습니다. 오늘 목회자들이 하는 것과 비슷한 사역이라고 할 수 있습니다. 교인들은 오늘 어려운 현실 앞에서 엄청나게 많은 문제를 가지고 싸우고 있습니다. 그런데 목회자들은 돈이 있는 것도 아니고 힘이 센 것도 아니고 군대가 있는 것도 아닙니다. 그러나 하나님의 말씀으로 교인들을 격려하고 세상과 싸우라고 권면해야 합니다.

이때 이 하나님의 명령을 전해 들은 바락이라는 장수는 "잘 알겠습니다. 하나님이 말씀하셨으면 믿고 가겠습니다"라고 했으면 되는데, 그는 하나님의 말씀에 조건을 달았습니다. 바락은 드보라에게 "하나님의 여종인 당신이 우리와 같이 가면 저도 가서 싸우겠지만, 당신이 우리와 같이 가지 않으면 저도 가지 않겠습니다"라고 한 것입니다. 하나님이 말씀하시면 자기 생각과 맞지 않아도 "예! 알겠습니다"라고 해야 하는데, 이러쿵저러쿵 토를 다는 사람들이 많이 있습니다. 이런 사람은 결국 이겨도 상을 차지하지 못합니다. 왜냐하면 그는 하나님의 말씀에 백 퍼센트 순종하지 못하고 자기 생각을 덧붙였기 때문입니다.

그러자 드보라는 바락에게 이야기했습니다. "물론 내가 너와 같이 가겠다. 그러나 너는 하나님의 말씀을 있는 그대로 믿지 못하고 조건을 붙였기 때문에 상을 얻지 못할 것이다. 이번 전쟁의 최고상은 우리가 전혀 알지 못하는 이방 여인이 얻을 것이다"라고 했습니다.

지금 하솔의 야빈이나 시스라는 단순히 이스라엘 백성을 압박하려는 것이 아니었습니다. 그들은 이번에 이스라엘 백성을 전멸시키려고 계획하고 있었습니다. 이것이 바로 므깃도 산의 전쟁입니다. 므깃도의 산을 히브리어로 하면 '할 므깃도'가 되는데, 여기에 헬라식 어미를 붙이면 '할므깃돈' 즉 '아마겟돈' 전쟁이 되는 것입니다. 그래서 '아마겟돈 전쟁'은 전 인류를 멸망시키는 마지막 전쟁이 아니라, 악한 자들이 하나님의 백성을 전멸시키려는 전쟁은 모두 아마겟돈 전쟁이라고 할 수 있습니다. 이 세상에서 사탄의 세력이 하나님의 백성을 모두 죽이려 하고 교회를 말살시키려고 하는 것이 아마겟돈 전쟁입니다.

이스라엘 백성 스불론과 납달리 족속 만 명으로는 도저히 시스라의 철 병거 구백 대를 이길 수 없었습니다. 결국 이스라엘 백성이 하나님의 말씀대로 순종하면 전멸할 수밖에 없었습니다. 그러나 하나님께서 스불론과 납달리 사람들을 만 명 뽑아서 다볼산으로 가라고 하신 것은 스불론 사람과 납달리 사람들은 우직한 사람들이었기 때문입니다. 이들은 잔꾀를 굴리지 않고 우직하게 하나님이 하라고 하시면 그대로 하는 믿음을 가지고 있었습니다.

3. 생각지도 못한 승리

드보라나 이스라엘 백성은 자기들이 하나님의 말씀에 순종은 하지만 정말 자기들이 이길 것이라고는 생각하지 못했습니다. 왜냐하면 시스라가 지휘하는 철 병거 구백 대는 너무 막강했기 때문입니다. 드보라의 마음속에도 자신감이 없어지고 있었습니다. 그래서 승리 후에 한 드보라의 노래를 보면 "깰지어다. 깰지어다. 드보라여, 깰지어다, 깰지어다"라고 하면서 자꾸 자기 자신을 깨우고 있는 모습을 볼 수 있습니다. 이것은 일종의 자기 암시입니다. 때로는 우리에게 이런 자기 암시도 필요할 때가 있습니다. 즉 "나는 이긴다. 나는 예수의 이름으로 이긴다!"라고 최면을 거는 것입니다.

> 4:15, "여호와께서 바락 앞에서 시스라와 그의 모든 병거와 그의 온 군대를 칼날로 혼란에 빠지게 하시매 시스라가 병거에서 내려 걸어서 도망한지라"

시스라에게 어마어마한 철 병거가 구백 대나 있으니까 이스라엘 백성은 감히 자기들이 시스라를 이길 것이라고는 생각하지 못했습니다. 하나님은 바락에게 스불론과 납달리 지파 만 명을 데리고 다볼산에 올라가라고 하셨습니다. 그래서 이스라엘 백성은 모두 산에 올라가 있고 시스라의 철 병거는 평지에 있었습니다. 그때 무슨 일이 일어났습니다. 그런데 성경에는 정확하게 무슨 일이 일어났는지 가르쳐주지 않습니다. 그러나 이다음 장에 보면 전쟁에 이긴 후에 드보라와 바락이 하나님을 찬양하는 가사가 나옵니다. 그 찬송 가사에서 우리는 그때 무슨 일이 일어났는지 알 수 있습니다.

5장 4절 하반절을 보면 "땅이 진동하고 하늘이 물을 내리고 구름도 물을 내렸나이다"라고 했습니다. 이스라엘 백성과 하솔 왕 야빈과 시스라의 철 병거가 싸울 때는 비가 오지 않는 때였습니다. 비가 오지 않는 건기이기 때문에 시스라는 철 병거 구백 대를 전부 다 끌고 나왔습니다. 그런데 그때 하늘에서 갑자기 구름이 몰려오더니 엄청난 폭우가 내렸습니다. 다볼산이 있는 곳은 평소에는 먼지가 일어나는 흙으로 된 땅이지만, 비가 오기만 하면 온 땅이 진흙탕으로 변했습니다. 그래서 시스라의 철 병거 구백 대는 모두 그 진흙탕에 빠져서 움직이지도 못하게 되었습니다. 이럴 때 가장 좋은 것은 역시 맨발입니다. 이스라엘 백성은 맨발로 산에서 뛰어 내려와서 진흙탕에 빠져서 오도 가도 못하는 하솔의 군대를 칼로 쳐 죽이기 시작했습니다. 시스라의 군대는 철 병거가 진흙에 빠져서 꼼짝하지 못하니까 도망도 치지 못하고 전멸을 당하고 말았습니다. 그런데 단 한 명이 도망쳤습니다. 그는 바로 철 병거 부대 사령관 시스라였습니다.

이때 마침 모세의 장인 이드로의 후손 중 한 가정 중에 겐 사람 헤벨이 자기 동족을 떠나서 다볼산 부근의 큰 상수리나무 밑에 텐트를 치고 양을 치고 있었습니다. 이때 하솔과 겐 족속은 평화협정을 맺은 상태에 있었습니다. 그렇지만 헤벨이나 그의 아내 야엘은 하나님의 말씀을 먹는 사람들이었습니다. 그래서 헤벨이나 야엘에게는 이스라엘 백성을 괴롭히는 자들이 자기들의 원수였고 하나님의 백성을 대적하는 자들이 그들의 적이었습니다.

시스라는 진흙 때문에 철 병거를 버리고 걸어서 도망쳤는데 헤벨의 아내 야엘이 텐트를 치고 있는 곳까지 오게 되었습니다. 그때 헤벨의 아내 야엘은 밖에 서 있다가 시스라가 철 병거를 버리고 허겁지겁 도망쳐 오고 있는 것을 보았습니다. 야엘은 웃으면서 맞이했습니다. 이때 시스라는 도망쳐 오느라고 너무 목이 말라서 야엘에게 "물 한 바가지만 주시겠소?"라고 부탁했습니다. 그랬더니 야엘은 "귀하신 분이 오셨는데 물이라니 말이 됩니까?"라고 하면서 우유를 한 바가지 주었습니다. 시스라는 우유를 마시고 나니까 피곤해서 잠이 들게 되었습니다. 시스라는 야엘에게 "내가 잠시만 자고 가야 되겠는데 혹시 누가 밖에서 나를 찾으면 아무도 없다고 하시오!"라고 명령했습니다. 그러자 야엘은 걱정하지 말라고 하면서 이불로 시스라를 덮어주었습니다. 시스라는 자기 나라와 겐 족속 간에는 평화협정이 맺어져 있는 데다가 헤벨이라는 목축하는 사람이 감히 자신을 배신하지 못할 것이고, 또 그의 아내 야엘은 너무 친절해서 자기에게 우유도 주고 이불까지 덮어주니까 안심하고 잠을 푹 잤던 것입니다.

남자들이 반드시 깨달아야 할 것이 있습니다. 그것은 자기와 친하지도 않은 여인이 너무 친절하게 대해줄 때는 위험하다는 것입니다. 여성은 놀라운 마술사입니다. 남자는 상대방을 죽이려고 하면 긴장해서 손에 땀을 흘리든지 아니면 얼굴 근육이 떨리든지 하는데 여성은 전혀 그런 것이 없다는 것입니다. 오히려 정반대로 매우 사랑하는 것처럼 잘해주어서 감쪽같이 속이는 것입니다. 그래서 전혀 나에게 잘해줄 리가 없는 여성이 웃으면서 커피도 끓여주고 심지어는 이불까지 덮어줄 때는 '아, 나는 죽는구나.'라고 생각해야 하는 것입니다.

4:21, "그가 깊이 잠드니 헤벨의 아내 야엘이 장막 말뚝을 가지고 손에 방망이를 들고 그에게로 가만히 가서 말뚝을 그의 관자놀이에 박으매 말뚝이 꿰뚫고 땅에 박히니 그가 기절하여 죽으니라"

야엘은 시스라가 자기 집에 숨어 있다는 것을 이스라엘 백성에게 알려주기만 해도 큰 공을 세우는 것입니다. 그러나 야엘이 이스라엘 백성에게 여기에 숨어 있다고 알리러 가는 동안에 잠에서 깨어 도망쳐 버리면 아무 소용이 없게 되는 것입니다. 그래서 야엘은 시스라가 도망가지 못하도록 땅에 박아 놓아야겠다고 생각했습니다. 야엘은 텐트를 옮길 때마다 말뚝 박는 일을 했습니다. 야엘은 곤히 자고 있는 시스라에게 말뚝과 방망이를 들고 와서 시스라의 옆머리를 땅에 박아 버렸습니다. 거기가 바로 관자놀이였습니다. 시스라는 머리가 말뚝에 박히면서 즉사해 버렸습니다.

조금 있으니까 바락이 시스라를 추격해서 야엘의 텐트에 오게 되었습니다. 바락은 야엘에게 혹시 시스라를 보지 못했느냐고 물으니까 야엘은 그가 깊이 자던 것 같은데 한번 들어가서 보라고 했습니다. 바락이 텐트 안에 들어가 보니까 시스라는 머리에 말뚝이 박혀 죽어 있었습니다. 이번 전쟁에서 가장 크게 영광을 받을 승리자는 시스라의 머리에 말뚝을 박은 야엘이었습니다.

우리는 세상에서 하나님 믿는 것을 부끄러워하면 안 됩니다. 예수님은 "누구든지 이 세상에 나를 부끄러워하면 나도 천사들 앞에서 그 사람을 부끄러워할 것이라"고 말씀하셨습니다(눅 9:26). 아무리 원수 마귀가 우리를 멸망시키려고 해도 우리에게는 살 길이 있습니다. 그래서 우리는 아무것도 두려워하지 말고 하나님이 말씀하시면 바로 순종하셔야 합니다. 그래서 모두 금메달을 따시는 성도들이 되시기 바랍니다.

07

드보라의 노래

삿 5:1-18

드보라가 사사가 되어서 시스라의 철 병거 구백 대와 싸워서 이긴 것은 이스라엘 백성이 사느냐 죽느냐 하는 전쟁이었습니다. 이스라엘 백성이 시스라의 군대와 싸운 곳은 다볼산이었고, 다른 이름은 므깃도의 산이었습니다. 그래서 사람들은 이 전쟁을 '할므깃도의 전쟁' 이라고 불렀고, 나중에 요한계시록에서는 '아마겟돈 전쟁' 이라는 이름으로 나오게 됩니다. 즉 악한 세력이 하나님의 백성을 다 죽이려고 했던 전쟁인 것입니다. 그런데 악한 자들이 하나님의 백성을 멸망시키려면 자기들이 다 죽게 되어 있습니다. 왜냐하면 하나님이 더 이상 참으시지 않기 때문입니다.

그러나 사람의 마음이라는 것은 막상 전쟁에 이겼을 때는 너무 기분 좋아하지만 시간이 지나면 하나님의 도우심도 다 잊어버리고 먹고 살기에 바빠지게 됩니다. 그런데 드보라는 평소에 혼자서 노래도 잘 부르기도 했던 것 같습니다. 드보라는 전쟁에 이기고 난 후에 전쟁을 생각하면서 노래를 만들어서 불렀습니다.

다볼산 전투에서 승리할 수 있었던 것은 스불론과 납달리 사람들이 목숨을 바쳐서 싸웠기 때문입니다. 그리고 노래 후반부에는 생각하지도 못했던 이방 여인 야엘이 시스라의 머리에 말뚝을 박아서 전쟁에 이기게 되는 내용이 나옵니다. 이방 여인 야엘이 이 전쟁의 주인공이었던 것입니다.

전에 제가 목회할 때 그 교회에 키가 큰 청년이 있었습니다. 이 청년은 조울증이 있어서 자주 청년들에게 화를 내고 교회에서도 의자를 발로 차고 소리를 지르곤 했습니다. 그리고 일을 하지 못하니까 돈을 제대로 벌지 못했습니다. 누나는 서울대를 나오고 학교 선생님이었고 똑똑한데 이 청년은 그렇지 못했습니다. 그러고는 세월이 많이 흘렀습니다. 어느 날 그 청년은 저에게 자기가 우즈베키스탄의 고려인 여성과 결혼했다는 것입니다. 그리고 저에게 아내를 인사시키는데 마음씨는 좋아 보였습니다.

그런데 제가 35년 전에 시작했던 청소년 캠프를 아직도 계속하고 있는데, 얼마 전에 벌써 70회가 되었습니다. 이번 캠프의 특징은 러시아 계통의 청소년들이 41명이나 참석한 것인데, 이들은 한국말을 거의 하지 못했습니다. 설교도 들어야 하고 찬송도 불러야 하고 또 다른 아이들과 게임도 해야 하는데 한국말을 할 줄 몰랐던 것입니다. 그런데 놀라운 것은 그 조울증을 가졌던 청년의 아내 우즈베키스탄 여성이 러시아 말을 아주 잘한다는 것이었습니다. 그래서 그 여성이 모든 한국말을 동시통역하는 바람에 그곳에 참석한 러시아 청소년들이 한국말을 다 알아듣고 아주 재미있게 캠프를 마쳤다고 했습니다. 우리가 이런 것을 보면 평소에는 우울증에 걸리고 분노조절장애도 있고 쓸모없다고 생각했던 사람이 가장 중요하고 어려울 때 헌신해서 승리하게 하는 모습을 볼 수 있습니다. 그런 것을 보면 하나님 앞에서는 어느 한 사람도 쓸모없는 사람은 없다는 사실을 알게 됩니다.

1. 이스라엘의 승리 비결

사실 이스라엘 백성은 하솔 왕 야빈과 시스라의 철 병거 구백 대를 가진 부대를 이길 수 없었습니다. 이스라엘 백성은 철 병거에 깔려서 죽든지 창에 찔려서 죽든지 전부 다 몰살당할 수밖에 없었습니다.

이스라엘 백성이 다볼산에서 하솔의 군대와 싸운 것은 마치 출애굽 때 이스라엘 백성이 홍해 앞에서 애굽의 병거에 몰려 몰살당할 위기에 처한 상황과 비슷합니다. 그때 이스라엘 백성 앞에는 홍해가 가로막고 있고, 뒤에서는 바로의 군대가 수백 대의 병거를 몰고 맹추격하고 있었습니다. 이스라엘 백성은 홍해에 빠져 죽든지 아니면 병거에 깔려 죽든지 아니면 창에 찔려서 전부 다 죽을 수밖에 없었습니다. 그때 그들은 죽는 것이 두려워서 모세를 향해 욕하고 하나님을 원망했습니다. 그러나 하나님은 살아계셨습니다. 하나님께서는 모세에게 "왜 거기에 그냥 서 있기만 하느냐? 너는 백성을 앞으로 가게 하고 지팡이로 홍해를 가리키라"고 명령하셨습니다. 모세는 이스라엘 백성에게 홍해를 향하여 가라고 했습니다. 그리고 모세가 홍해를 향하여 지팡이를 내밀었을 때 그 바다는 마치 문이 열리듯이 갈라지기 시작했습니다. 이와 같이 하나님의 백성은 어떤 어려움이 닥쳐도 살 길이 있기 때문에 너무 두려워해서는 안 됩니다. 우리는 하나님의 말씀을 앞세우고 앞으로 나아가야 합니다.

하나님께서는 드보라에게 바락의 협력을 얻어서 스불론과 납달리 족속 만 명을 데리고 다볼산으로 올라가라고 하셨습니다. 그들이 하나님의 말씀에 순종했을 때 이상하게 마음이 하나가 되었습니다. 그리고 그들은 자발적으로 스스로 리더가 되어서 먼저 시스라의 군대와 싸우겠다고 자원했습니다.

5:2, "이스라엘의 영솔자들이 영솔하였고 백성이 즐거이 헌신하였으니

여호와를 찬송하라"

여기서 "영솔자"라는 것은 족장을 말하는 것이 아닙니다. 사람들이 서로 앞장서서 먼저 전쟁터에 가서 싸우겠다고 자원한 사람들을 말하는 것입니다.

오래전 영화 〈미션〉을 보면 어떤 한 예수교 소속 선교사가 폭포 위에 있는 과라니족들에게 선교하다가 붙들려서 십자가에 묶여서 폭포 아래로 떨어져 죽습니다. 이 소식을 들은 두 명의 선교사가 그곳에 와서 죽은 선교사를 장사 지내고 서로 폭포 위에 올라가서 다시 선교하겠다고 다짐합니다. 그때 젊은 선교사는 자기가 젊기 때문에 힘이 있어서 선교할 수 있다고 하며 자기가 올라가겠다고 주장합니다. 그러나 나이 든 선교사는 자기가 죽은 사람을 파송했기 때문에 자기가 올라가서 선교해야 한다고 우겨서 나이 든 선교사가 올라가는데 그는 나중에 죽게 됩니다.

이스라엘 백성이 하나님의 말씀에 순종해서 다볼산에 만 명이 올라갔을 때, 무엇보다 먼저 성령이 모든 사람의 마음에 임했습니다. 그래서 도망쳐 가려고 하는 자들은 한 명도 없었고 모두 자기가 먼저 내려가서 하솔의 군대와 싸우겠다고 자원했습니다. 그래서 하나님이 함께하시는 일에는 모든 사람의 마음이 하나가 되고 서로 자원해서 어려운 일을 맡으려고 하는 것을 볼 수 있습니다. 드보라는 지금까지 이스라엘을 우습게 알았던 모든 백성이 하나님의 살아계심을 똑똑히 보라고 노래하고 있습니다.

5:3, "너희 왕들아 들으라 통치자들아 귀를 기울이라 나 곧 내가 여호와를 노래할 것이요 이스라엘의 하나님 여호와를 찬송하리로다"

다른 민족의 왕이나 통치자들이 이스라엘 백성을 보면 그들은 아무 힘이 없는 오합지졸이었습니다. 군대가 제대로 된 것도 아니고 전쟁할 말이나 무기가 있는 것도 아니고 오죽했으면 이스라엘의 전체 지도자가 여성인 드보라였겠습니까? 이스라엘 백성은 들판에 버려진 양 떼와 같았습니다. 그러나 드보라는 하나님이 살아계시고 하나님이 우리 편이시기 때문에 노래하겠다고 찬송하고 있습니다.

이스라엘 백성이 하나님을 향하여 첫걸음을 옮기기 전까지 그들의 인생은 어두운 밤이었습니다. 이스라엘 백성은 자기들에게는 밤만 계속될 것이라고 생각했습니다. 어떤 분은 자기는 터널 속을 걷고 있는 것처럼 캄캄한 어둠만 계속될 것 같다고 말하면서 이 어둠 속에서 자기는 죽을 것 같다고 했습니다. 그러나 아무리 밤이 계속되어도 언젠가는 아침이 오게 되어 있습니다.

5:4상, "여호와여 주께서 세일에서부터 나오시고 에돔 들에서부터 진행하실 때에"

여기서 "세일과 에돔 들"은 이스라엘의 동쪽을 말하는데, 이스라엘 백성에게는 해 뜨는 쪽을 말합니다. 이스라엘 백성은 계속 어둠 속을 걷고 있었습니다. 그들에게는 어두운 밤만 계속될 것 같았습니다. 그러나 어느 순간 동쪽이 밝아오고 있었습니다. 즉 아침이 오고 있었습니다. 이제는 하나님께서 이스라엘 백성을 도우시고 이제는 하나님이 원수들을 치실 시간이 된 것입니다.

이스라엘 백성이 시스라의 철 병거 구백 대와 싸울 때는 때가 건기여서 비가 거의 오지 않을 때였습니다. 그래서 시스라는 당당하게 철 병거 구백 대를 끌고 나온 것입니다. 시스라는 이 철 병거로 이스라엘 백성을 깔아서 죽이고 창으로 찔러 죽일 생각이었습니다.

그런데 하나님께서 한번 일을 하시니까 그곳에 갑자기 비가 억수같이 쏟아졌습니다.

5:4하–5, "땅이 진동하고 하늘이 물을 내리고 구름도 물을 내렸나이다 산들이 여호와 앞에서 진동하니 저 시내 산도 이스라엘의 하나님 여호와 앞에서 진동하였도다"

하나님께서 능력을 나타내시니 전혀 비가 오지 않는 계절인데 하늘에서 비가 쏟아지기 시작했습니다. 비가 억수같이 쏟아져서 다볼산 옆에 있는 기손강은 금방 범람하고 들판은 진흙탕이 되어버렸습니다.

갑자기 하늘에서 폭우가 쏟아지니까 그렇지 않아도 무거운 시스라의 철 병거 구백 대는 모두 물에 잠기든지 아니면 뻘에 빠졌습니다. 그리고 비가 계속 쏟아지면서 천둥과 우레가 울리는데 땅이 진동했습니다. 심지어는 시내산도 흔들렸습니다. 그 우렛소리를 통해서 하나님께서는 이방 민족에게 "이스라엘 백성을 건드리지 말라고 했잖아!"라고 하면서 야단을 치셨던 것입니다.

2. 이스라엘의 무기력

이스라엘 백성은 하나님의 말씀에 순종해서 첫발을 옮기기 전까지는 무력했습니다. 그들은 이방인들만 보면 겁이 나서 도망쳤고 이 세상에 대하여 전혀 자신감을 가지지 못했습니다.

5:6, "아낫의 아들 삼갈의 날에 또는 야엘의 날에는 대로가 비었고 길의 행인들은 오솔길로 다녔도다"

삼갈이나 야엘은 전혀 의외의 사람들이었습니다. 삼갈은 소나 모는 촌사람이었고, 야엘은 텐트 치고 이동하는 이방의 유목민이었습니다. 그러나 이들은 모두 하나님이 쓰시는 의외의 손길들이었습니다.

하나님은 언제나 우리가 생각하지 못한 사람을 쓰시는 분이십니다. 그러나 이스라엘 백성은 하나님을 믿지 못했습니다. 그래서 이스라엘 백성은 이방인들이 무서워서 큰길로 다니지도 못했습니다. 전부 오솔길을 통해서 다녔던 것입니다. 그러다가 삼갈이 나타나고 야엘이 등장하면서 적들이 없어지게 된 것입니다.

> 5:7, "이스라엘에는 마을 사람들이 그쳤으니 나 드보라가 일어나 이스라엘의 어머니가 되기까지 그쳤도다"

이스라엘 백성은 이방인들이 무서워 마을에서 살지 못했습니다. 그들은 모두 피난 보따리를 싸 가지고 광야나 산이나 골짜기 같은 데 도망가서 숨어 살았습니다. 그때 하나님은 드보라를 이스라엘의 어머니로 삼으셨습니다. 이스라엘의 어머니는 이스라엘에 하나님의 말씀을 가르치는 사람을 말합니다. 하나님의 말씀을 가르치는 자가 얼마나 존귀한지 그는 교회의 아버지입니다. 그러나 아버지가 시원찮으면 가족은 죽으라고 고생하게 됩니다. 드보라는 이스라엘의 어머니였지만 이스라엘 백성은 그를 믿으려고 하지 않았습니다.

> 5:8-9, "무리가 새 신들을 택하였으므로 그 때에 전쟁이 성문에 이르렀으나 이스라엘의 사만 명 중에 방패와 창이 보였던가 내 마음이 이스라엘의 방백을 사모함은 그들이 백성 중에서 즐거이 헌신하였음이니 여호와를 찬송하라"

이스라엘이 망하게 된 이유는 그들이 새 신을 선택했기 때문입니다. 그들은 여호와 하나님은 너무 오래된 신이어서 힘이 없으므로 아주 힘이 있는 이방인의 새 신을 믿자고 결정했는데, 그때부터 이스라엘 백성은 힘이 없어지면서 결국 전쟁까지 눈앞에 두게 된 것입니다.

하나님은 결코 오래된 신이 아닙니다. 하나님은 영원 전부터 영원까지 살아계신 분이십니다. 그러나 인간은 하나님의 말씀보다는 자기 상상력을 믿기 때문에 망하는 것입니다. 그런데 드보라는 이스라엘의 방백을 믿었습니다. 그리고 그들이 하나님의 말씀에 순종할 것을 기대했습니다. 왜냐하면 그들의 마음속에는 아직 하나님을 믿는 믿음이 있다고 생각했기 때문입니다. 그러나 이스라엘 백성을 모으면 사만 명 정도는 모을 수도 있겠지만 그중에 창이나 방패를 가진 사람이 아무도 없었습니다. 그 이유는 그들이 전쟁에 대하여 준비되어 있지 않았기 때문입니다.

모든 이스라엘 백성은 알아야 합니다. 그것은 우리가 하나님을 향하여 움직일 때 하나님은 우리를 향하여 능력을 나타내신다는 사실입니다.

5:10-11, "흰 나귀를 탄 자들, 양탄자에 앉은 자들, 길에 행하는 자들아 전파할지어다 활 쏘는 자들의 소리로부터 멀리 떨어진 물 긷는 곳에서도 여호와의 공의로우신 일을 전하라 이스라엘에서 마을 사람들을 위한 의로우신 일을 노래하라 그 때에 여호와의 백성이 성문에 내려갔도다"

여기서 "흰 나귀를 탄 자들"이나 "양탄자에 앉은 자들"은 돈이 많은 부자들을 말합니다. 그리고 "길에서 행하는 자들"은 가난한 자들입니다. 그리고 "활 쏘는 자들의 소리로부터 멀리 떨어진 물 긷는" 우물에 있는 자들은 여인들일 것입니다. 그들은 모두 하나님의 공의를 노래해야 합니다. 왜냐하면 하나님은 사람을 외모로 보시지 않고 믿음대로 축복하시기 때문입니다. 이때 이스라엘 백성이 가장 잘못한 일은 무슨 일이 있어도 성문은 지켜야 하는데, 그들이 모두 성문을 포기하고 내려가 버린 일입니다. 하나님의 백성에게 성문이 무엇입니까? 바로 하나님의 말씀입니다. 우리가 하나님의 말씀을 포기하면 성문을 포기하는 것입니다. 그러면 세상의 오염된 물들이 성난 파도같이 성안으로 몰려들 것입니다. 교회의 성문은 복음을 설교하는 것입니다. 복음 설교가 없으면 원수가 성문을 열고 몰려 들어오게 됩니다.

드보라는 여자였고 그를 돕는 사람들이 별로 없었기 때문에 굉장히 두려웠던 것 같습니다. 그래서 드보라도 모든 것을 포기하고 도망치고 싶었을 것입니다. 그러나 드보라마저 잠들거나 도망치면 이스라엘은 망하기 때문에 드보라는 자신을 깨웠습니다. "깰지어다 깰지어다 드보라여 깰지어다"(12절).

드보라가 옆을 보니까 바락도 잠을 자려고 하고 있었습니다. 그래서 바락도 깨웠습니다. "너는 이길 것이고 사로잡은 자들을 끌고 가야지"라고 격려하면서 바락도 깨웠던 것입니다. 우리는 지금 자면 안됩니다. 왜냐하면 마귀가 무저갱에서 새까맣게 올라와서 우리를 공격하고 있기 때문입니다.

3. 드보라를 도운 사람들

드보라는 이번 하솔과의 전쟁에서 그를 도울 사람들은 어수룩한 스불론과 납달리 사람이라는 것을 알았습니다. 그러나 다른 지파 사람들도 전쟁에 동참하기는 했습니다. 그러나 많은 인원은 아니고 소수의 사람뿐이었습니다.

본문 13절에 "남은 귀인과 백성이 내려왔고"라고 했습니다. 이것은 처음 지원했던 만 명 밖의 사람들입니다. 그러나 스불론과 납달리 지파 사람 만 명에 들지 않은 귀인도 구경만 한 것이 아니라 싸우기 위해서 모였습니다. 그때 하나님은 이스라엘을 위하여 역사하셨습니다. 하나님은 시스라의 용사들을 치시려고 내려오셨습니다. 그때 시스라의 철 병거는 모두 물에 빠져서 꺼낼 수 없었습니다.

14절에 보면 에브라임은 싸우러 왔지만 "아말렉에 뿌리 박힌 자들"이라고 했습니다. 즉 그들의 뿌리는 아말렉이었던 것입니다. 그들은 이방 사상이 머리 안에 뿌리를 내리고 있어서 큰 도움이 되지 않았습니다. 사실 에브라임은 하나님의 종들이 무슨 일을 하려고 하면 사사건건 시비요 싸움이었습니다. 그 이유는 자기가 늘 일등이 되어야 한다고 생각했기 때문입니다. 베냐민 족속도 왔지만 그들은 절대로 앞장서지 않고 백성 뒤를 졸졸 따라다니기만 했습니다. "마길에게서는 명령하는 자들이" 내려왔다고 했는데, 마길은 므낫세 지파를 말합니다. 그들은 궂은일은 하나도 하지 않고 다른 사람들에게 명령만 내렸습니다. 그 일을 묵묵하게 해 낸 사람들이 스불론 사람들이었습니다.

15절에는 "잇사갈의 방백들이 드보라와 함께 하니"라고 했습니다. 그들은 처음에는 드보라를 따르지 않았지만 나중에 마음을 바꾸어서 드보라의 말을 믿고 따라갔습니다. 그런데 15절 끝에 보면 "르우벤 시냇가에서 큰 결심이 있었도다"라고 했습니다. 이것은 그들이 많은 토론을 하고 결정하고 난 후에는 아무것도 하지 않은 것입니다. 왜냐하면 그들은 토론은 잘하지만 실제로 일하는 것은 싫어했기 때문입니다. 그들은 실컷 토론하고는 자기 양이나 지켰던 것입니다.

17절에 보면 길르앗은 요단강 저쪽이라 멀다고 해서 오지 않았습니다. 단 지파는 배를 타고 어디로 도망갈까 걱정하고 있었습니다. 즉 단 지파는 보트 피플이었던 것입니다. 아셀 지파는 해변에 주저앉았고 자기 항만만 지키면 된다고 생각했습니다. 왜냐하면 거기까지는 시스라의 철 병거가 오지 않을 것으로 생각했기 때문입니다.

그런데 전쟁을 이기게 한 사람들은 스불론과 납달리의 우직한 사람들이었습니다. 그들은 드보라가 하라고 하면 하나님의 말씀인 줄 알고 순종하는 사람들이었습니다.

5:18, "스불론은 죽음을 무릅쓰고 목숨을 아끼지 아니한 백성이요 납달리도 들의 높은 곳에서 그러하도다"

스불론과 납달리 백성은 유명하고 똑똑한 자들이 아니었습니다. 그러나 그들에게는 우직한 성품이 있었습니다. 그래서 하나님의 종 드보라와 바락이 다볼산에 가서 시스라의 군대와 싸우라고 하니까 아무 소리도 하지 않고 그곳에 가서 싸웠습니다. 스불론은 비가 쏟아졌을 때 산 밑으로 달려가면서 적들을 칼로 쳤고, 납달리는 산 위에 까지 올라온 적들을 목숨 걸고 다 죽였습니다. 그래서 이스라엘이 승리할 수 있었던 것입니다.

오늘 사탄이 무더기로 무저갱에서 올라와서 교회와 하나님의 백성을 공격하는 이때 기도하자고 해도 모이지 않는 자들이 있습니다. 청년들은 자신의 미래를 걱정하고 여성들은 고급 커피만 마시려고 하는 것입니다. 그러나 우리가 하나님을 향하여 한 걸음을 옮길 때 하나님은 나타나십니다. 어둠을 빛으로 변하게 하시고 마른 땅에 비가 쏟아지게 하셔서 적의 무기가 모두 물에 잠기게 하시는 것입니다. 하나님은 우리를 지키시는 데 천재이십니다. 하나님에게는 무궁무진한 방법이 있습니다. 우리는 하나님을 믿고 영적인 싸움에서 구경만 하지 마시고 목숨 걸고 덤벼드는 성도들이 다 되시기 바랍니다.

08

감추인 승리자

삿 5:19-31

2OO2년에 우리나라와 일본에서 월드컵 축구 경기가 열렸을 때입니다. 아마 그때를 우리나라 사람들은 영원히 잊지 못할 것입니다. 그때 우리나라의 목표는 16강까지 올라가는 것이었습니다. 그런데 우리나라 선수들이 미쳤는지 포르투갈, 이탈리아, 스페인 같은 축구의 강국들을 다 꺾고 4강까지 올라가게 되었습니다. 그때 우리나라는 정말 난리가 났습니다. 우리나라 사람들은 경기 때마다 경기장에 다 들어갈 수 없으니까 큰길 사거리에 있는 전광판 앞에 새카맣게 모여 응원하며 경기를 보았습니다. 온 국민은 경기 중계를 보면서도 '대~한민국' 하면서 손뼉을 쳤고, 버스도 클랙슨을 '빵~빠빵빵' 울리고, 사람들이 웃기려고 하는 소리겠지만 개들도 짖을 때 '멍~머멍멍' 이라고 짖고, 스님들도 목탁을 '딱~따딱딱' 하고 두들겼다고 합니다. 그때까지 그렇게 싸우던 정치판의 야당, 여당도 하나가 되고 음식점이나 술집에서는 술과 음식을 공짜로 손님들에게 제공하기도 했습니다. 이때 모든 국민은 행복해했고 기뻐했습니다.

이런 일이 옛날 이스라엘에도 있었습니다. 그때 이스라엘은 하솔이라는 강대국과 싸우게 되었는데, 온 국민이 사느냐 죽느냐를 결정하는 진짜 전쟁이었습니다. 이때 이스라엘 백성은 이미 마음이 침체되어서 자기 살길만 찾고 있었습니다. 적 하솔은 철 병거 구백 대라는 엄청난 무기를 가지고 있었고, 그 사령관 시스라는 잔인하기로 유명한 사람이었습니다. 하솔 왕과 그 부하 시스라는 이번 기회에 이스라엘 백성을 전부 다 쓸어버리려고 마음을 먹었습니다. 그 당시 이스라엘은 절대로 하솔의 군대를 이길 수 없었습니다. 그러나 이스라엘에는 하나님이 있었습니다. 전쟁하려고 하는데 비가 전혀 오지 않던 하늘에서 갑자기 억수 같은 비가 쏟아지고 천둥과 번개가 울리면서 강은 범람하고 평지는 진흙 구덩이가 되어버렸습니다. 그 바람에 그 무서운 철 병거가 무용지물이 되었습니다. 이스라엘 백성은 이번 전쟁에서 다 죽어야 하는데 반대로 하솔의 군대가 다 죽어버렸습니다. 이때 이스라엘 백성은 정말 목소리가 터지라고 이스라엘을 부르고 하나님의 이름을 불렀습니다.

이때 이스라엘 백성이 이 엄청난 전쟁에서 이길 수 있었던 이유는 전혀 생각하지 못했던 사람 때문이었습니다. 그 사람은 이스라엘 백성이 아니고 남자도 아닌 야엘이라는 유목민 여성이었습니다.

1. 별들의 전쟁

우리가 보통 '별'이라면 보통 사람들은 감히 가까이할 수 없는 아주 높은 계급에 있는 사람들을 말합니다. 군대에서 장군은 승용차 앞에 별 판을 붙인 차를 타고 다니는데, 그 차를 보면 길에서도 군인들이 경례하고 부대 정문에서는 헌병이 차렷 자세로 크게 구호를 외치면서 경례합니다. 또 보통 축구나 테니스 경기에서 세계 랭킹 1위나 2위 또는 유명한 선수들이 나와서 대결하게 되면 이것을 별들의 경기라고 합니다.

마찬가지로 하솔 나라가 이스라엘 백성을 공격할 때, 이 전쟁은 별들의 전쟁이라고 말할 정도로 당시 유명했던 장군이나 왕들은 모두 다 참전했던 것 같습니다. 오직 이스라엘 백성만 전혀 이름도 없는 오합지졸들이 모여서 전쟁하러 나갔던 것입니다.

5:19-20, "왕들이 와서 싸울 때에 가나안 왕들이 므깃도 물 가 다아낙에서 싸웠으나 은을 탈취하지 못하였도다 별들이 하늘에서부터 싸우되 그들이 다니는 길에서 시스라와 싸웠도다"

성경에는 모든 것을 다 기록하지 않고 생략하는 경우가 많이 있습니다. 이번에도 우리는 하솔 왕 야빈만 자기 부하 시스라를 데리고 이스라엘을 공격한 줄 알았는데, 여기에 보니 실제로는 가나안 땅의 유명한 왕과 장군들이 전부 나와서 이스라엘을 공격했던 것입니다. 그래서 이 다볼산 전투는 므깃도 산 전투라고 하기도 합니다. 히브리어로 '산'은 '할'이라고 하므로, 므깃도의 산은 히브리어로 '할 므깃도'인 것입니다. 이 '할 므깃도'가 요한계시록에서는 '아마겟돈'으로 나오게 됩니다. 이스라엘 백성이 시스라의 군대와 싸우기 전에 이미 하늘에서 별들이 전쟁해서 시스라를 이겼습니다. 아마 하나님이 보내는 검은 구름이 별들을 다 이겼던 것 같습니다. '아마겟돈 전쟁'은 인류 역사 끝에 일어나는 큰 전쟁을 말하는 것이 아니라 하나님을 믿지 않고 적대시하는 나라나 왕들이 하나님의 백성을 전부 다 죽이려고 공격하는 것을 말합니다.

사실 얼마 전까지 세계적으로 퍼졌던 코로나 팬데믹도 일종의 교회를 말살시키려는 영적인 아마겟돈 전쟁입니다. 교회마다 팬데믹으로 치명적인 타격을 입었지만 이제 코로나는 약해지고 교회는 다시 모이고 있습니다. 우리는 사탄과의 전쟁에서 이긴 것입니다. 일제강점기 때 일본 경찰은 제암리에서 예수 믿는 사람들을 전부 예배당에 몰아넣고 문을 잠그고 예배당에 불을 질러서 그 안에 사람들을 전부 불에 타 죽게 했던 것입니다. 이런 악독한 전쟁이 바로 아마겟돈 전쟁입니다.

만약 하솔 왕이나 가나안 왕들이 이번 전쟁에서 이겼다면 이스라엘 남자들은 전부 칼이나 창으로 찔러 죽였을 것입니다. 그런데 이스라엘 백성은 여자 사사 드보라가 지휘하는데 많은 사람이 자기만 살겠다고 도망쳤습니다. 당시 유명했던 왕들과 가나안 장군들이 다 나와서 이스라엘을 공격했는데, 므깃도 물가 다아낙에서 엄청나게 싸웠던 것 같습니다. 그러나 이 스타급 장군들은 므깃도의 물가에서 이스라엘 백성의 목은 고사하고 은 조각조차도 빼앗지 못했던 것입니다. 이 전쟁은 진짜 별들의 전쟁이었기 때문입니다. 아마 전쟁이 시작되기 하루 전날 밤이었던 것 같습니다. 이때는 건기여서 절대로 비가 오지 않을 때였습니다. 그러니까 밤하늘에는 별들이 총총 박혀 있었습니다. 모든 가나안 왕들과 장군들은 자신의 월등하게 높은 군사력만 믿고 내일이 오면 얼마나 많은 이스라엘 사람을 죽이며 얼마나 많은 재물을 약탈할 것인가를 생각하고 술을 마신 후 기분 좋게 잠을 자고 있었습니다.

그런데 그 시간에 벌써 하늘에서 별들과 싸우는 세력이 있었습니다. 그것은 바로 별들을 밀어내는 하나님의 구름이었습니다. 밤에 어디선가 구름이 밀려오면서 구름과 별들이 싸우고 있었던 것입니다. 별들은 별 나름대로 "지금은 건기야. 구름이 나타날 때가 아니라구. 우리는 비킬 수 없어!"라고 버티고 있었습니다. 그랬더니 구름들은 별들에게 "너희들이 하나님의 명령을 거역하려고 그래? 우리는 하나님의 명령을 받고 할 일이 있어서 급히 오는 거야!"라고 하면서 별들을 밀어내고 있었던 것입니다. 그래서 하늘에서부터 별들이 싸우고 있었습니다. 결국 별들은 엄청난 구름의 파워를 이기지 못해서 밀려나기 시작하더니 나중에는 별이 하나도 보이지 않게 되었습니다. 온 하늘은 소리도 없는 구름으로 가득 채우게 되었습니다. 이 구름은 모두 시스라의 철 병거와 싸우기 위해서 하나님의 명령을 받고 몰려온 구름 부대였습니다. 이 구름 부대는 시커먼 구름이었고 엄청난 물과 번개와 천둥을 담고 있었습니다. 그러나 사람들은 밤이었기에 이 엄청난 구름이 밀려오고 별들이 사라지는 것을 보지 못했습니다.

이스라엘 백성은 전쟁이 터지기 하루 전까지 시스라의 철 병거 소리와 가나안 왕들의 말 발굽소리에 정신이 다 녹는 것 같았습니다.

5:22, "그 때에 군마가 빨리 달리니 말굽 소리가 땅을 울리도다"

시스라의 철 병거는 쇠로 되어 있었기 때문에 달리면 마치 기차 바퀴가 달리는 것 같았습니다. 그리고 가나안 왕들이나 장군들의 수많은 말이 달리는 말발굽 소리는 천지를 울리는 것 같았습니다. 이스라엘 백성은 모두 다볼산 위에서 '우리 모두 다 철 병거 바퀴와 말발굽에 다 밟혀 죽겠구나'라고 생각하면서 벌벌 떨면서 한숨도 자지 못했던 것입니다. 그러나 아침이 되었을 때 놀라운 일이 일어나기 시작했습니다. 그것은 바로 하나님께서 급히 부르신 구름에서 쏟아지는 폭우였습니다. 엄청난 비가 쏟아지면서 마치 하늘을 쪼개듯이 번개가 치고 천둥이 울렸습니다. 천둥소리가 얼마나 큰지 사람들의 귀가 터지는 것 같았고 먼 곳에 있는 시내산까지 울렸다고 했습니다.

5:21, "기손 강은 그 무리를 표류시켰으니 이 기손 강은 옛 강이라 내 영혼아 네가 힘 있는 자를 밟았도다"

하늘에서 비가 억수같이 쏟아지니까 다볼산 아래 흐르던 기손 강은 금방 범람해 버렸고 하솔이나 가나안 군인들의 숙소나 텐트나 사람들이나 양식이나 동물들은 다 강물에 휩쓸려 떠내려갔습니다. 그런데 여기서 놀라운 것은 드보라의 영혼이 힘 있는 자를 밟았다는 것입니다.

"내 영혼아 네가 힘 있는 자를 밟았도다"

드보라는 가나안 왕이나 군대를 이길 수 없었습니다. 그래서 자꾸 마음이 약해졌습니다. 그러나 드보라는 자신을 깨웠습니다. "깰지어다 깰지어다 드보라여 깰지어다." 드보라는 자꾸 약해지려는 자기 영혼을 깨서 무엇을 했을까요? 그는 기도했습니다. 그는 두려움 가운데 기도하며 어느 순간 마음이 편안해지면서 시스라의 철 병거가 하나도 무섭지 않게 되었습니다. 드보라는 그때가 바로 자기 영혼이 힘 있는 자를 밟은 때라고 생각했습니다. 그리고 하나님의 응답이 나타났습니다. 그것은 바로 구름이었고 폭우였습니다.

우리에게 가장 중요한 것은 이렇게 위급한 때에 어떻게 하면 우리의 영혼이 강한 자를 이길 수 있느냐 하는 것입니다. 이것은 한순간에 되는 것이 아닙니다. 우리는 지속적으로 말씀을 듣고 기도하는 훈련을 해야 합니다. 기도만 해서도 안 되고 말씀을 듣기만 해서도 안 됩니다. 또 혼자 인터넷으로 설교를 들으면 함께 기도하는 부분이 약하게 됩니다. 그래서 교인들은 함께 모여서 말씀을 듣고 기도해야만 합니다. 우리는 작은 은혜, 작은 기도의 응답, 작은 병의 치료를 무시하면 안 됩니다. 왜냐하면 이것이 바로 하나님 은혜의 시작이기 때문입니다.

그런데 이때 영원히 저주받는 마을이 있습니다. 그것은 메로스의 마을입니다.

5:23, "여호와의 사자의 말씀에 메로스를 저주하라 너희가 거듭거듭 그 주민들을 저주할 것은 그들이 와서 여호와를 돕지 아니하며 여호와를 도와 용사를 치지 아니함이니라 하시도다"

메로스는 다볼산에서 아주 가까운 곳에 있는 제법 큰 도시였던 것 같습니다. 그들은 얼마든지 다볼산에 와서 하나님의 군대를 도울 수 있었고 시스라의 군대를 칠 수 있었습니다. 그러나 그들은 이스라엘이 이길 것이라고는 생각하지 못했습니다. 그래서 메로스 사람들은 시스라의 부하나 가나안 족속들이 도망치는 것을 보고서도 가만히 있었습니다. 나중에 이들이 다시 와서 자기들을 칠 것이 두려웠기 때문입니다.

2. 숨은 승리자

어떤 사람들은 자기가 하루 종일 온 힘을 다해서 싸워서 전쟁을 이겼다고 생각했는데 엉뚱하게도 전혀 무명의 사람이 공을 세워서 1등을 하거나 엄청난 상금을 받는다면 약이 오를 것입니다. 이와 마찬가지로 이스라엘 장군 바락은 처음부터 끝까지 용감하게 시스라의 군대와 싸웠습니다. 그래서 많은 적을 죽이고 사로잡았습니다. 그의 몸은 비에 젖고 땀으로 젖고 적의 피로 붉게 물들었습니다. 그러나 드보라는 바락이 상을 받지 못할 것이라고 했습니다.

그 이유는 무엇입니까? 드보라가 바락에게 군사 만 명을 데리고 다볼산으로 가라고 할 때 바로 순종하고 갔으면 되는데 그는 그렇게 하지 못하고 사족을 달았습니다. 즉 "당신이 우리와 함께 가면 나는 가겠고 당신이 우리와 함께 가지 않으면 나는 가지 않겠습니다."라고 조건을 달았던 것입니다. 하나님의 종은 하나님의 말씀에 조건을 달면 안 됩니다. 하라고 하면 하는 것이고 하지 말라고 하면 하지 말아야 합니다. 그러나 바락은 이번 전투는 아무래도 승산이 없으니까 드보라가 같이 가서 기도를 해주어야 하겠다고 생각한 것 같습니다. 그러나 바락은 이 말 한마디 때문에 상을 다 잃어버리게 됩니다. 그리고 그 상은 엉뚱한 여인에게 돌아가게 됩니다.

5:24, "겐 사람 헤벨의 아내 야엘은 다른 여인들보다 복을 받을 것이니 장막에 있는 여인들보다 더욱 복을 받을 것이로다"

겐 사람들은 모세의 장인 이드로의 후손이었고 유목민이었습니다. 그런데 이들은 원래 미디안 광야가 고향인데 모세가 같이 가자고 해서 가나안 땅까지 따라왔습니다. 그들이 이스라엘 백성을 따라온 것은 하나님 말씀의 남은 찌꺼기라도 듣기 위해서였습니다. 모세는 장인 이드로에게 우리를 따라오면 하나님의 은혜를 나누어주겠다고 했습니다. 겐 족속은 이스라엘 백성은 아니지만 그들을 광야에서 안내했고 그들도 만나를 먹었으며 모세의 설교를 들었습니다. 그런데 겐 족속은 유목민을 끝까지 고집해서 집을 짓지 않았습니다. 그들은 자기들이 집을 짓고 정착하면 타락하게 된다고 생각했기 때문입니다. 그리고 그들은 어떤 일이 있어도 포도주를 입에 대지 않았습니다. 포도주를 마시면 취해서 타락하게 된다고 생각했기 때문입니다. 그런데 그들도 이스라엘 백성 때문에 하나님을 믿었습니다. 그러나 이스라엘 백성보다 더 순수하게 하나님을 믿었습니다.

이스라엘이 사느냐 죽느냐를 결정하는 므깃도의 전쟁에서 최고의 영웅은 바로 이 겐 족속의 '야엘'이라는 여인이었습니다. 그녀는 이스라엘 백성보다 더 순수한 신앙을 가지고 있었기 때문입니다. 그래서 야엘은 비록 이방인이고 유목민이지만 결정적인 순간에 이스라엘을 도왔기 때문에 이번 전쟁에서 최고의 영웅이 되었습니다. 그래서 드보라는 이 세상 어떤 화려한 장막에 사는 귀부인보다 이 야엘이 복을 받을 것이라고 했습니다.

악독한 시스라는 이스라엘 백성을 다 죽이고 여자들을 다 사로잡아 오려고 했는데, 새벽부터 쏟아진 폭우로 모든 군대의 철 병거가 진흙탕에 빠져 버렸습니다. 또 이스라엘 백성이 몰려오니까 그들과 싸우다가 도저히 견딜 수 없으니까 철 병거와 부하들을 버리고 홀로 걸어서 도망쳤습니다. 그가 기진맥진해서 도망치다가 보니까 앞에 유목민이 사는 텐트가 보였습니다. 그 앞에 한 여인이 서 있는데 겐 족속이라고 했습니다. 겐 족속은 하솔과는 서로 싸우지 않기로 협정을 맺은 족속이었습니다. 그래서 시스라는 이제 살았다고 생각했습니다. 시스라는 안심하고 야엘의 천막에 들어가서 드러누우면서 목이 너무 마르니까 물이나 좀 달라고 했습니다. 그랬더니 이 유목민 여자는 친절을 베풀어서 그늘에 식혀 놓은 시원한 우유를 한 바가지 떠 주었습니다. 시스라는 한숨 자고 또 도망쳐야겠다고 생각해서 야엘에게 "내가 한숨 잘 테니까 누가 와서 나를 본 적이 있느냐고 물으면 없다고 해라"고 부탁했습니다. 그랬더니 야엘은 걱정하지 말라고 대답했습니다. 그러고는 자기 집에서 가장 귀한 이불을 꺼내어서 시스라에게 덮어주었습니다. 시스라는 야엘의 친절에 깊이 잠에 빠져들었습니다.

야엘은 이스라엘 백성은 아니고 또 시스라의 나라와는 평화협정이 있었지만, 그녀는 하나님을 믿는 여자였습니다. 그래서 야엘은 하나님을 믿는 이스라엘을 괴롭히는 적은 바로 나의 적이라고 생각했습니다. 야엘은 이스라엘 백성을 찾아가서 당신들이 찾는 시스라가 우리 텐트에 있다고 알려주기만 해도 큰 공을 세울 수 있었습니다. 그러나 자기가 가는 동안에 시스라가 잠에서 깨어나 도망치면 아무 소용이 없을 것으로 생각했습니다. 그래서 야엘은 시스라를 자기가 직접 처치하기로 했습니다. 그리고 야엘은 평소에 장막 칠 때 말뚝을 박는 말뚝과 방망이를 들고 시스라가 자는 텐트 안으로 들어왔습니다.

5:25-26, "시스라가 물을 구하매 우유를 주되 곧 엉긴 우유를 귀한 그릇에 담아 주었고 손으로 장막 말뚝을 잡으며 오른손에 일꾼들의 방망이를 들고 시스라를 쳐서 그의 머리를 뚫되 곧 그의 관자놀이를 꿰뚫었

도다"

야엘은 자기에게 온 기회를 놓치지 않았습니다. 그는 시스라를 도망치지 못하게 하고 다시는 이스라엘 백성을 괴롭히지 못하도록 말뚝으로 땅에 누워있는 옆머리를 말뚝으로 박아서 즉사하게 했습니다. 바로 이것이 여성의 무서운 점입니다. 여성은 한번 결심하면 전혀 사랑하지 않으면서도 사랑하는 것처럼 할 수 있습니다. 그런데 남자들은 그 말만 믿고 방심했다가 머리에 말뚝이 박히는 것입니다. 그래서 친절할 이유가 없는 여성이 친절할 때는 이제 내가 함정에 걸려들고 있다는 것을 알아야 합니다.

5:27, "그가 그의 발 앞에 꾸부러지며 엎드러지고 쓰러졌고 그의 발 앞에 꾸부러져 엎드러져서 그 꾸부러진 곳에 엎드러져 죽었도다"

여기에서 드보라는 시스라가 꾸부러지고 엎드러졌다는 말을 계속하고 있습니다. 그 이유는 이스라엘 백성 중 어느 누구도 이 악한 시스라가 죽으리라고는 생각하지 못했기 때문입니다. 그래서 시스라는 진짜 죽었고 진짜 엎드려졌으며 진짜 죽었다는 말을 계속하고 있는 것입니다. 이것은 그만큼 믿을 수 없는 일이 일어났기 때문입니다.

3. 시스라의 부도난 효도

시스라가 이스라엘 백성에게는 그렇게 악하게 굴었지만 자기 어머니에게는 효자였던 것 같습니다. 그래서 시스라는 전쟁만 마치면 집에 가서 어머니에게 인사했고, 늘 가장 좋은 전리품을 어머니에게 드리면서 효도했던 것 같습니다. 그런데 시스라의 어머니는 그날은 예감이 좀 좋지 않았습니다. 아마 꿈자리가 좀 사나웠을 수도 있었고 보통 때보다 시스라가 늦게 오니까 마음이 불안했던 것 같습니다. 그 래서 시스라의 어머니는 창문을 내다보면서 '오늘은 우리 아들이 왜 이렇게 늦게 오는가?' 하면서 불안해하고 있습니다.

> 5:28. "시스라의 어머니가 창문을 통하여 바라보며 창살을 통하여 부르 짖기를 그의 병거가 어찌하여 더디 오는가 그의 병거들의 걸음이 어찌 하여 늦어지는가 하매"

　어머니들은 자식이 아무리 나이 들어도 밖에 나갈 때 "아가야, 꼭 차 조심해라"고 주의를 줍니다. 그때 "예, 알겠습니다"라고 해야지, "어머니, 제가 몇 살이라고 그런 소리를 하십니까?"라고 핀잔을 주면 그 어머니는 삐지게 되는 것입니다. 시스라의 어머니는 비도 내리고 천둥도 치는데 아들이 빨리 오지 않으니까 전쟁에 질 리는 없지만 마 차가 고장 났는가 하면서 불안해했습니다.
　그때 지혜로운 시녀가 센스 있게 대답했습니다.

> 5:30. "그들이 어찌 노략물을 얻지 못하였으랴 그것을 나누지 못하였으 랴 사람마다 한두 처녀를 얻었으리로다 시스라는 채색 옷을 노략하였 으리니 그것은 수 놓은 채색 옷이리로다 곧 양쪽에 수 놓은 채색 옷이 리니 노략한 자의 목에 꾸미리로다 하였으리라"

　시스라의 어머니도 아주 탐욕스러웠습니다. 그래서 시스라가 이 스라엘과의 전쟁에서 아마 노략물이 너무 많아서 서로 나누느라고 늦 는 모양이라고 대답했습니다. 그리고 그 어머니는 모든 군인이 이스 라엘 처녀 한두 명은 잡았을 것이고, 시스라는 채색 수를 놓은 옷을 이 어미를 위해서 차지하고 자기 목에도 양쪽에 수놓은 채색옷을 걸 고 나타날 것으로 생각했습니다. 그러나 시스라는 그날 밤에 집에 돌아오지도 못했고, 어머니에게 아무 선물도 주지 못했습니다. 그 이유는 그가 야엘의 말뚝에 박혀서 죽었기 때문입니다.

드보라는 자기가 아는 하나님을 선포하고 있습니다.

> 5:31, "여호와여 주의 원수들은 다 이와 같이 망하게 하시고 주를 사랑하는 자들은 해가 힘 있게 돋음 같게 하시옵소서"

주의 원수는 바로 하나님의 종과 그 백성을 업신여기고 대적하는 자들입니다. 그들은 당장은 이기는 것 같고 유리한 것 같지만 결국 비참하게 망할 것입니다. 그 대신 하나님의 말씀을 믿고 아무 군소리 없이 따르는 자는 태양같이 빛나게 될 것입니다. 바락 같이 하나님의 말씀에 조건을 달지 말고, 야엘 같이 연약한 여자이지만 적을 물리치고 최고의 상을 받는 성도들이 다 되시기 바랍니다.

큰 용사여

삿 6:1-24

놀이공원에 가보면 우리나라에서 예전에 청룡열차라 했고, 영어로는 롤러코스터라고 하는 놀이기구가 있습니다. 이 기구는 굉장히 빠른 속도로 높은 데서 내려오다가 다시 올라가기도 하고 어떤 때는 옆으로 비틀기도 해서 꼭 떨어질 것 같은데 떨어지지 않고 정신없이 올라갔다 내려갔다 하다가 멈추어 섭니다. 저도 오래전에 놀이공원에 가서 이 기구를 탔는데 재미는 없고 죽을 것만 같아서 왜 비싼 돈을 주고 이런 짓을 해야 하나 하는 생각만 들어서 빨리 내리고 싶었습니다. 그런데 제 아내는 바이킹이라고 그네처럼 올라갔다 내려갔다 하는 놀이기구를 타는 것을 좋아했는데, 얼마나 그 기구를 타고 싶었던지 품에 안고 있던 아기를 관리하는 아저씨에게 맡겨놓고 그 기구를 타고 난 후에 얼굴에 웃음꽃이 활짝 피었다고 합니다. 그래서 제가 아내에게 아무리 엄마가 놀이기구를 타고 싶어도 어린 아기를 다른 사람에게 맡겨두고 타는 법이 어디 있느냐고 하니까 아내는 한 번 더 타고 싶다고 했습니다. 옛날 이스라엘 백성이나 오늘 우리 신앙의 문제도 지속해서 올라가지 못하고 항상 롤러코스터를 탄다는 점입니다.

그래서 새해가 되면 기도회도 가지고 기도도 열심히 하다가 2월이나 3월이 되면 그 신앙의 열심이 사라지고 세상 사람과 같아져 버린다는 것입니다.

얼마 전 우리나라에서 〈국제시장〉이라는 영화가 상영되었습니다. 국제시장은 부산에 있는 일명 깡통시장이라고 하는데, 북에서 피난 내려온 사람들이 미군 부대에서 나온 캔으로 된 과자나 통조림 같은 것을 싸게 파는 시장이었습니다. 한때 부산에는 피난민이 얼마나 많았던지 거의 산꼭대기까지 판잣집 같은 것을 만들어서 살았습니다. 사람들이 노숙자나 피난민 생활을 한다는 것은 너무나도 고생스러운 일입니다. 그런데 이스라엘 백성에게는 이상한 주기나 패턴이 있었습니다. 그것은 이스라엘 백성이 하나님을 잘 믿고 신앙이 부흥되면 다른 나라들이 공격하거나 괴롭히지도 못하므로 아주 잘살게 되는데 그러면 꼭 딴짓한다는 것입니다. 이스라엘 백성은 하나님을 버리고 다른 민족들과 어울리고 그들을 따라가느라고 우상 숭배까지 하고 음란한 생활을 하는데 그 결과 노숙자가 되고 피난민이 되어서 엄청나게 고생하게 됩니다. 이때 이스라엘 백성은 자신이 하나님의 특별한 백성이라는 점을 빨리 깨달아야 하는데, 그것을 깨닫지 못하고 고생을 많이 했습니다.

이스라엘 백성이 절대로 잊을 수 없는 시대는 기드온 시대라고 할 수 있습니다. 그러나 그때 이스라엘 백성은 모두 산이나 바위 같은 데서 노숙하는 피난민들이었습니다. 그들은 너무 헐벗고 먹을 것이 없으니까 죽기 싫어서 하나님께 부르짖으면서 기도하였는데, 하나님의 응답이 있었습니다. 그것은 너희들의 형편과 처지는 상대방이 강해서 그런 것이 아니라 너희가 하나님을 버리고 세상을 따라가며 우상을 섬겨서 그렇게 되었다는 경고의 음성이었습니다.

1. 밑바닥 인생

이스라엘 백성은 한때 잘 살았는데 자꾸자꾸 못살게 되더니 어느 순간 미디안 족속이 쳐들어와서 그들을 전부 집에서 다 쫓아내고 알거지로 만들어 버렸습니다. 그래서 이스라엘 백성은 모두 노숙자나 피난민 신세가 되었습니다.

6:1-2, "이스라엘 자손이 또 여호와의 목전에 악을 행하였으므로 여호와께서 칠 년 동안 그들을 미디안의 손에 넘겨 주시니 미디안의 손이 이스라엘을 이긴지라 이스라엘 자손이 미디안으로 말미암아 산에서 웅덩이와 굴과 산성을 자기들을 위하여 만들었으며"

이스라엘 백성은 다른 이방인들과 똑같이 생겼습니다. 그들도 육체의 정욕을 가지고 있고 세상의 좋은 것을 받아들이고 세상의 잘생긴 사람과 사랑도 하고 결혼도 하고 싶었습니다. 이스라엘 백성은 이방인과 달라야 할 이유가 하나도 없었습니다. 그런데 하나님은 이스라엘 백성에게 너희는 하나님의 택함 받은 백성이라고 하시면서 오래전에 있었던 출애굽 때 일을 잘 기억하라고 하셨습니다. 그리고 세상 사람들과 사귀지 말고 그들의 종교를 섬기지 말고 오직 하나님 율법의 말씀만 지키라고 하셨습니다. 이스라엘 백성은 이 말씀이 이해되지 않았습니다. 우리가 세상 사람들과 어울려 살면 얼마든지 더 잘 성공할 수 있고, 세상에 이스라엘의 영향력도 드러낼 수 있을 텐데, 왜 하나님은 우리를 종교의 노예로 만드시는가 하는 점이 잘 이해되지 않았습니다. 그래서 이스라엘에서 똑똑하고 잘 사는 사람들은 하나님의 율법의 울타리를 넘어서 세상으로 가서 세상 사람들과 어울리기 시작했습니다. 이스라엘 백성도 인간이기 때문이었습니다.

'이스라엘 백성은 인간입니까? 아니면 신의 백성입니까?' 이것이 문제였습니다. 우리가 자신을 다른 사람이 보는 눈, 즉 객관적으로만 보아도 절대로 죄를 짓지 않습니다. 그러나 우리는 너무나도 자신을 주관적으로 보는 바람에 제멋대로 행동하게 되는 것입니다. 이스라엘 백성은 하나님의 복을 받는 것은 좋았지만 하나님의 백성으로 하지 말아야 할 일이 너무 많다는 것은 싫었습니다. 그래서 그들은 하나님 앞에서 악을 행했습니다. 그러나 그들은 세상을 따라갈수록 점점 자신의 정체성을 잃어버리게 되었고, 생각하지도 못했던 미디안 군사들이 쳐들어오는 바람에 모두 산이나 바위나 웅덩이 같은 데로 피해서 사는 노숙자가 되어버렸습니다.

'미디안'은 사막에 사는 족속인데, 실제는 사막에서 낙타를 타고 다니며 여러 나라를 공격해서 약탈하는 사막의 도둑 떼였던 것입니다. 이스라엘 백성이 들판에서 농사를 지으려고 해도 미디안 족속이 올라와서 온 들판에 텐트를 치고 낙타를 풀어놓아서 공격함으로 이스라엘은 무려 칠 년간이나 농사를 전혀 짓지 못했습니다. 그들은 겨우 산에서 열매나 풀 같은 것을 뜯어 먹으면서 살았던 것입니다. 그러나 이제는 산에 풀이나 열매 같은 것도 없어지니까 이스라엘 백성은 죽을 수밖에 없었습니다.

그때 이스라엘 백성은 드디어 하나님께 부르짖으면서 기도했습니다. 즉 "하나님, 한 번만 우리를 살려주시면 다시는 딴생각하지 않고 하나님만 잘 믿겠습니다"라고 약속한 것입니다. 그랬더니 하나님은 두 가지로 반응하셨습니다. 하나는 선지자를 보내서 이스라엘 백성이 그렇게 될 수밖에 없었던 원인을 가르쳐주셨습니다. 그것은 하나님께서 이스라엘 백성을 애굽에서 이끌어내고 가나안 땅을 주시면서 가나안 땅의 신을 섬기지 말라고 경고하셨지만 그들이 듣지 않아서 이렇게 되었다고 했습니다. 이스라엘 백성은 하나님의 택함 받은 백성이었던 것입니다. 이스라엘 백성이 이 정체성을 잃어버렸을 때 그들은 망해서 밑바닥까지 떨어지게 되었습니다.

2. 하나님이 찾아오신 용사

하나님은 이스라엘 백성에게 말씀만 하시고 끝내시는 분이 아니십니다. 하나님께서 우리에게 말씀을 주실 때는 반드시 우리에게 살길을 열어주십니다. 그래서 우리가 하나님의 말씀을 들을 때 하나님의 말씀이 아무리 우리에게 잘못했다고 책망하셔도 그 꾸지람은 우리를 살리는 말씀입니다. 그 이유는 하나님은 또 다른 사람의 마음을 움직이셔서 행동하게 하시기 때문입니다.

이번에 튀르키예에서 큰 지진이 일어나서 이만 명 이상이 죽었는데 이 보도를 보고 전 세계에서 구조대와 구호품을 보내서 돕고 있습니다. 우리나라도 구조대를 급파했는데 그들은 가자마자 4명의 생명을 살렸다고 합니다. 어떤 여자 간호장교 대위는 코로나 때도 방역한다고 고생했는데 이번에도 또 지원해서 현장에서 다친 사람들을 구조하고 있다고 합니다. 이들이 진정한 간호사요 진정한 군인이라고 생각하게 되었습니다.

하나님은 이스라엘 백성이 부르짖을 때 한편으로는 선지자를 보내셔서 하나님의 말씀을 전해서 그들을 깨닫게 하셨고, 다른 한편으로는 하나님의 천사가 직접 이스라엘의 한 용사를 찾아가서 사명감을 주셨던 것입니다.

6:11-12, "여호와의 사자가 아비에셀 사람 요아스에게 속한 오브라에 이르러 상수리나무 아래에 앉으니라 마침 요아스의 아들 기드온이 미디안 사람에게 알리지 아니하려 하여 밀을 포도주 틀에서 타작하더니 여호와의 사자가 기드온에게 나타나 이르되 큰 용사여 여호와께서 너와 함께 계시도다 하매"

구약 성경에 나오는 여호와의 사자는 특별한 분을 말할 때가 많습니다. 그분은 보통 천사가 아닌 하나님의 아들이 사람의 모양으로 나타날 때가 많습니다. 기드온을 찾아온 사람은 그냥 보통 사람인 것 같았습니다. 그는 아마도 먼 길을 걸어오신 것 같이 다리가 아파서 요아스의 땅에 있는 어떤 도토리나무 그늘에 앉으셨습니다. 그때 요아스의 아들 기드온은 미디안 사람에게 빼앗기지 않으려고 숨겨 놓았던 밀을 포도주 틀에서 껍데기를 까고 있었습니다. 포도주 틀은 땅을 어느 정도 파서 그 안을 물이 새지 않게 나무 같은 것으로 때우고, 포도를 거기에 넣어서 사람들이 발로 밟아서 포도 열매를 터트린 후 포도즙이나 포도주를 만드는 틀을 말합니다. 기드온은 그 안에 들어가서 아무도 모르게 밀 껍질을 절구 같은 곳에 넣어서 빻고 있었습니다. 이스라엘 백성이 칠 년 동안 농사를 하지 못했으니까 얼마나 아껴 숨겨놓은 밀 알곡이겠습니까? 기드온은 아무도 보는 사람이 없다고 생각해서 밀알을 까고 있었는데, 자신의 행동을 보고 있는 분이 있었습니다.

하나님의 사자는 기드온에게 너무 놀라운 말씀을 전했습니다. 그것은 "큰 용사여 여호와께서 너와 함께 계시도다"라는 말씀이었습니다. 기드온은 결코 큰 용사가 아니었습니다. 그는 자기중심적이었고 소심한 사람이었습니다. 그는 온 이스라엘 백성이 굶어 죽고 있는데 자기만 밀을 감추어 두고 혼자 먹으려 하고 있었습니다. 그리고 미디안 사람들과 싸우려고 하지 않고 숨어 있었습니다. 기드온은 그분에게 "저는 너무나도 작은 므낫세 지파 사람이고, 저희 집도 미약한 요아스 집안이고, 저는 저희 식구 중에서 가장 힘이 없고 소극적인 사람입니다."라고 대답했습니다.

사실 하나님께서도 기드온을 부르실 때 '큰 용사야'라고 부르실 것이 아니라 '이 이기주의자야. 온 이스라엘은 굶주리고 있는데 너 혼자 몰래 밀을 먹으려고 하느냐?' 하고 책망하셔야 할 것 같습니다. 그러나 하나님은 이렇게 이기적이고 소극적인 기드온에게 '큰 용사'

라고 하셨습니다. 이것이 바로 하나님께서 기드온을 보시는 정체성이었습니다. 하나님이 기드온을 강한 용사로 보신 이유가 있습니다. 그 이유는 그가 바로 성경을 성경대로 믿는 사람이었기 때문입니다.

기드온은 "하나님께서 너와 함께 하시도다"라고 했을 때 아니라고 하면서 "하나님이 함께하시면 우리가 이렇게 망할 수 없고 출애굽할 때 기적은 다 어디 갔느냐?"고 따져 물었습니다.

6:13, "기드온이 그에게 대답하되 오 나의 주여 여호와께서 우리와 함께 계시면 어찌하여 이 모든 일이 우리에게 일어났나이까 또 우리 조상들이 일찍이 우리에게 이르기를 여호와께서 우리를 애굽에서 올라오게 하신 것이 아니냐 한 그 모든 이적이 어디 있나이까 이제 여호와께서 우리를 버리사 미디안의 손에 우리를 넘겨 주셨나이다 하니"

기드온은 놀랍게도 출애굽의 기적을 믿는 사람이었습니다. 다시 말해서 모세 때 홍해가 갈라졌으면 지금도 갈라져야 하고, 여호수아 때 태양이 멈추었으면 지금도 멈추어야 한다고 믿었던 사람입니다. 기드온은 오늘날로 치면 아주 내성적이고 이기적이고 소심한 사람이었습니다. 그에게는 힘도 없고 집안의 후원도 기대할 수 없었습니다. 아무도 기드온을 인정해 주는 사람이 없었습니다. 그러나 하나님이 기드온을 큰 용사로 보신 것은 그가 성경을 믿는 사람이었기 때문입니다. 이것은 오늘 우리에게도 마찬가지입니다. 성경을 살아있는 하나님의 말씀으로 그대로 믿는 자는 하나님 앞에서 큰 용사입니다. 내가 힘이 없고 돈도 없고 집안도 밀어주는 사람이 없어도 성경을 믿는 자는 큰 용사입니다.

그리고 하나님의 사자는 "내가 너와 함께할 것이니까 너는 수많은 미디안족을 한 사람 치듯 할 것"이라고 하셨습니다. 한 사람을 친다는 것은 일대일로 싸운다는 뜻인데, 기드온은 사실 미디안 사람과 일대일로 붙어도 이길 자신이 없었습니다. 그러나 하나님이 보시는 기드온은 큰 용사였습니다. 우리는 우리 자신을 하나님의 큰 용사로 생각하십니까? 아니면 노숙자나 피난민으로 생각하고 있습니까? 성경을 성경대로 믿는 사람은 하나님이 큰 용사로 보시는 것입니다.

3. 불이 있는 예배

기드온 미디안 사람과는 일대일로 붙어도 이길 자신이 없었습니다. 왜냐하면 미디안 족속은 사막의 깡패요, 살인자들이요, 도둑 떼이기 때문입니다.

이제 기드온은 어떻게 해야 합니까? '하나님의 종은 찾아오셨지, 자기는 능력이 없지, 도대체 어떻게 해야 합니까?' 기드온은 하나님의 종을 대접이라도 해야겠다고 생각한 것 같습니다. 그래서 기드온은 하나님의 사자에게 두 가지를 요구했습니다. 하나는 "당신이 하시는 말씀이 하나님의 말씀이라는 증거를 보여 달라"는 것이었습니다. 그리고 또 하나는 "내가 당신께 예물을 드리려고 하오니 준비하는 동안 가시지 말고 기다려 주시겠느냐?"는 것이었습니다. 하나님의 사자는 기드온에게 내가 기다릴 수는 있지만 음식을 먹지는 않겠다고 하셨습니다.

이때 기드온은 이기적인 마음을 버리고 상당히 풍성한 음식을 준비해서 하나님의 사자에게 가지고 왔습니다.

6:19, "기드온이 가서 염소 새끼 하나를 준비하고 가루 한 에바로 무교병을 만들고 고기를 소쿠리에 담고 국을 양푼에 담아 상수리나무 아래 그에게로 가져다가 드리매"

기드온이 "염소 새끼 하나"를 잡아서 요리해 왔는데 이것은 혼자 먹을 수 있는 분량이 아닙니다. 아무리 염소 새끼라 해도 다섯 명이나 열 명은 먹을 수 있는 분량입니다. 그리고 "가루 한 에바"라고 했는데 '에바'는 아주 큰 통입니다. 한 에바로 떡을 구웠다면 스무 명 이상이 먹을 수 있을 분량입니다. 그리고 고기를 따로 소쿠리에 담고 국까지 준비해서 하나님의 사자에게 가지고 와서 드렸습니다. 이것을 보면 기드온이 자기를 찾아온 분에 대하여 상당히 혼란을 겪고 있는 모습을 볼 수 있습니다.

예수님의 제자들도 예수님을 보니까 자기들과 하나도 다른 것이 없는 인간이었습니다. 그러나 그는 병자들을 치료하시고 귀신 들린 자에게서 귀신을 쫓아내시며 바람과 바다를 잔잔하게 하셨던 것입니다. 제자들이 보기에 예수님이 어떤 때는 하나님의 아들 같았고, 어떤 때는 위대한 랍비 같은 생각이 들었습니다. 그래서 베드로는 예수님을 "주는 그리스도시요 하나님의 아들이십니다"라고 고백했습니다. 또 막달라 마리아나 여인들은 예수님을 "랍비"라고 불렀습니다.

이와 마찬가지로 기드온이 하나님의 사자를 보니까 외모는 분명히 사람이었습니다. 그러나 그가 말씀하시는 권세는 하나님 사자의 권세였습니다. 기드온은 일단 하나님의 사자를 사람으로 생각했습니다. 그래서 그가 힘을 내어서 하나님의 말씀을 전하실 수 있도록 많은 음식을 준비했습니다. 그 인색한 기드온이 염소 새끼 한 마리를 잡고 가루도 한 에바 즉 한 말 정도로 무교병을 굽고 국도 양푼에 담아서 가지고 왔던 것입니다.

그때 하나님의 사자는 염소 고기와 무교병을 옆에 있는 반석 위에 올려놓으라고 하셨습니다. 그리고 기드온이 끓여온 국을 그 고기와 무교병 위에 부으라고 하셨습니다. 기드온은 왜 이 음식을 잡수시지 않고 이렇게 하시나 궁금해하면서도 순종했습니다. 그때 하나님의 사자가 가지고 있던 지팡이를 고기와 무교병에 대니까 바위에서 불이 나오면서 고기와 국에 젖은 무교병과 국물을 다 태워버리고, 하나님의 사자는 사라졌습니다. 그때 비로소 기드온은 자기를 찾아온 분이 사람이 아니라 하나님의 천사나 천사보다 더 높은 분임을 알고는 자신이 죽는다고 생각하여 벌벌 떨었습니다. 이스라엘 백성은 하나님의 천사를 보면 죽는다고 믿었기 때문입니다. 그러나 하나님께서 이번에는 기드온의 마음에 "안심하라. 너는 죽지 않는다"고 말씀하셨습니다.

그러면 왜 하나님의 사자는 그렇게 기드온이 헌신적으로 준비해온 음식을 불로 태워버리셨을까요? 그것은 하나님의 용사가 되려면 마음에 하나님에 대한 열정이 있어야 하는데, 기드온은 칠 년이 넘도록 뜨거운 불이 있는 예배를 경험해보지 못했기 때문입니다. 기드온이 생각하는 하나님의 일은 이스라엘 백성끼리 만나서 음식을 먹고 이야기하고 회의하는 것이었습니다. 그러나 하나님의 나라는 먹는 것과 마시는 것에 있지 않았습니다. 하나님의 나라는 불이 있는 예배에서 시작했습니다. 기드온은 자기가 바친 음식이 하나님의 제물로 변하면서 하나님의 사자가 자기를 찾아온 줄 알았을 뿐 아니라, 마음에 뜨거운 열정이 생기게 되었고, 더욱이 마음으로 하나님의 말씀을 들을 수 있게 되었습니다. 처음에 기드온은 하나님의 사자가 직접 찾아오셔서 말씀해도 잘 알아듣지 못했습니다. 그러나 불이 있는 예배를 드린 후에는 마음에 말씀하시는 하나님의 음성도 들을 수 있게 되었던 것입니다. 하나님은 기드온에게 "네가 죽지 아니하리라"고 말씀하셨습니다.

우리는 성경을 하나님의 말씀으로 믿어야 합니다. 출애굽 때 하나님은 지금도 살아계십니다. 우리는 마음이 침체해서는 안 됩니다. 열정의 불이 붙어야 합니다. 그리고 하나님이 내 마음에 하시는 말씀을 잘 들으실 수 있기를 바랍니다.

10

우상을 부수라

삿 6:25-40

어떤 집에서 엄마와 초등학생 아들이 심한 냉전을 벌이고 있었습니다. 그 원인은 오직 하나, 엄마가 아들이 사달라고 하는 스마트폰을 사주지 않아서 아들이 화가 났기 때문입니다. 아들은 학교에서 반 아이들이 다 가지고 있는 스마트폰을 자기도 사달라고 했는데, 엄마는 아들이 게임만 하고 공부를 제대로 하지 않을까 봐 '안 된다'고 했습니다. 이에 아들은 엄마의 그 거절을 이해하지 못했던 것입니다. 그래서 엄마는 너무 속이 상해서 방송국에 편지를 보내서 상담을 부탁했습니다. 그랬더니 상담하는 선생님이 "어머니가 생각하시는 것이 옳지만, 지금은 교육환경이 옛날과는 다르고 특히 어머니의 가치관을 아들에게 그대로 요구하는 것은 무리가 됩니다"라고 대답했다고 합니다. 아이들이 스마트폰으로 게임만 하는 것이 아니라, 친구들과 카톡도 하는데 이것이 아주 중요한 친구들 사이의 소통 수단이 되는 것입니다. 좌우간 스마트폰이 이 엄마와 아들 사이를 가로막고 있었습니다.

어떤 사람이 알코올 중독자라면 그 사람은 술을 끊지 않는 이상 정상적인 삶을 살 수 없습니다. 이 사람이 술을 끊으면 금단증세가 나타나는데 그때는 술을 마시고 싶어서 미치게 됩니다. 그래서 혼자서는 술을 끊기 힘들고 금주 훈련소 같은 데 가서 합숙하면서 끊어야 합니다. 또 이 사람이 술을 끊고 정상적인 생활을 하다가도 친구들의 꾐에 빠져서 술을 한 방울이라도 마시게 된다면 이 사람은 술에 대한 절제력을 완전히 잃어버리게 될 것입니다. 이것은 도박이나 마약은 물론이고 점치는 것도 마찬가지입니다. 이 모든 것은 사람을 중독시키기 때문에 사람을 정상적으로 살기 어렵게 만듭니다.

이스라엘 백성에게는 알코올이나 도박이나 마약 중독보다 더 무서운 것이 있었습니다. 그것은 바로 우상 중독이었습니다. 이스라엘 백성이 우상 중독에 빠지게 되면 이 우상의 진노로 죽게 된다는 두려움에 빠지게 되고, 모든 것을 우상의 뜻대로 하게 됩니다. 그때 하나님과 이스라엘 백성 사이의 생명수 관은 막히게 되어서 이스라엘은 병들어 죽게 됩니다. 이것은 마치 화장실의 변기가 막힌 것처럼 변은 내려가지 않고 오히려 화장실 전체를 더럽히게 되는 것과 같습니다.

옛날 기드온 때 이스라엘 백성은 바알과 아세라라고 하는 우상 숭배에 빠져서 무려 칠 년 동안이나 온갖 오물을 다 뒤집어쓰고 노숙자나 피난민 생활을 하고 있었습니다. 이때 이스라엘 백성이 잘한 행동은 하나님께 부르짖은 것입니다. "하나님! 우리는 우상 중독자들입니다. 우리도 이제 인간답게 살고 싶습니다. 제발 우리를 치료해 주십시오!"라고 소리를 질렀습니다. 그때 하나님의 사자가 기드온을 찾아가서 기드온을 용사로 삼으시고, 그에게 첫 임무를 주셨습니다. 하나님이 이스라엘을 구원하시는 데 사용하신 용사는 강한 자가 아니라 이스라엘에서 가장 약한 사람이었습니다.

1. 기드온의 첫 번째 임무

6:25-26, "그 날 밤에 여호와께서 기드온에게 이르시되 네 아버지에게 있는 수소 곧 칠 년 된 둘째 수소를 끌어 오고 네 아버지에게 있는 바알의 제단을 헐며 그 곁의 아세라 상을 찍고 또 이 산성 꼭대기에 네 하나님 여호와를 위하여 규례대로 한 제단을 쌓고 그 둘째 수소를 잡아 네가 찍은 아세라 나무로 번제를 드릴지니라 하시니라"

하나님은 기드온에게 첫 임무를 주셨습니다. 그것은 군사나 양식을 모으는 것도 아니고, 무기를 준비하는 것도 아니었습니다. 하나님이 기드온에게 첫 번째 주신 사명은 아버지 집에 있는 바알과 아세라의 우상을 부수라는 것이었습니다. 그러나 이것은 쉬운 일이 아니었습니다. 물론 기드온은 바알과 아세라 우상을 섬기지 않았습니다. 그러나 기드온의 아버지나 온 동네 삼촌이나 사촌 형들이나 동네 사람들이 전부 우상 숭배에 중독되어 있었습니다. 그래서 그들은 이 바알이나 아세라 우상을 제대로 섬기지 않으면 모두 죽는다고 생각하고 있었습니다. 아마 기드온은 우상에게 제사를 드릴 때마다 동네 사람들에게 미움을 받았을 것입니다. "저 놈이 제사에 빠지는 바람에 우리가 이렇게 고생하는 거야. 저런 놈은 죽어 없어져야 해"라고 비난했을 것입니다. 이런 형편에서 기드온이 바알이나 아세라 우상을 부수어 버리면 동네 사람들은 다 미쳐버려서 기드온을 죽이려고 할 것입니다. 교회 다니는 청년 중에서 집에서 제사를 드릴 때 함께 제사드리지 않고 빠지면 아버지나 삼촌이나 사촌 형이 화를 내면서 조상의 은덕도 모르는 상놈이라고 욕을 할 것입니다.

이스라엘 백성에게 도박과 마약은 바로 우상 숭배였습니다. 이것들은 아무것도 아니지만 하나님으로부터 오는 은혜를 막아서 이스라엘 백성을 망하게 했습니다. 하나님은 기드온에게 다른 어떤 것보다도 바알과 아세라 우상을 때려 부수는 일을 먼저 하라고 하셨습니다. 그리고 그 우상이 있던 곳에 아버지의 소를 잡아서 하나님께 새로운 제사를 드리라고 명령했습니다. 우상들은 아버지 집 마당에 세워져 있었고 또 거기에 죽여서 제사 드릴 소도 아버지의 소였기 때문에 기드온은 굉장히 부담스러웠습니다. 아마 기드온이 그렇게 한다면 아버지와 원수가 될 것입니다. 그 당시 이스라엘 사람들은 모두 좀비였고 미쳐 있었습니다. 기드온은 과연 이 일을 내가 할 수 있을까 고민하다가 낮에는 도저히 할 자신이 없어서 밤에 종 열 명을 데리고 가서 눈을 딱 감고 바알 신상과 아세라 신상을 부수어버렸습니다.

그리고 그가 또 해야 할 한 가지 일은 아버지의 칠 년 된 둘째 수소를 잡아서 하나님께 제사를 드리는 것이었습니다. 여기서 우리가 도무지 이해되지 않는 것이 있습니다. 일단 기드온은 제사장이 아니기 때문에 제사를 드릴 자격이 없었다는 것입니다. 제사는 레위 지파 제사장만이 드릴 수 있었습니다. 아무나 하나님께 제사를 드리다가는 하나님의 진노를 살 수 있었습니다. 그리고 다른 소도 아니고 하나님은 왜 기드온의 아버지의 '칠 년 된 둘째 소'를 죽여서 제사를 드리라고 했을까 하는 점입니다.

우리가 알아야 할 것은 제사장이 없을 때는 신앙을 가진 사람이 그 집의 제사장이라는 사실입니다. 그래서 어떤 때는 부인이 제사장일 때가 있고, 어떤 때는 아들이 제사장일 때가 있고, 어떤 때는 유치부 어린이가 제사장일 때도 있는 것입니다. 하나님은 그들이 드리는 예배를 받으십니다. 옛날 영국 웨일즈에 하웰 해리스라는 유명한 신앙인이 있었습니다. 그러나 그 사람은 성공회 목사가 아니었기 때문에 설교를 할 수 없었습니다. 그래서 그는 병자나 사람들 앞에서 신앙 서적을 읽어주었습니다. 그런데 너무 많은 사람이 은혜를 받아서 모여들었고 나중에는 야외에서 몇천 명이 모인 앞에서 설교하기도 했습니다. 그는 제사장이었던 것입니다.

그리고 두 번째 수수께끼는 아버지의 '칠 년 된 둘째 소'를 잡아서 제사를 드리라는 것이었습니다. 여기서 우리가 알 수 있는 것은 기드온의 아버지에게는 적어도 소가 두 마리 이상 있었다는 사실입니다. 그런데 왜 첫째 소가 아니고 둘째 소였을까요? 우리는 보통 소라고 하면 누렁이 혹은 검둥이라고 하고 누가 몇 살이냐고 물으면 다섯 살이나 일곱 살이라고 이야기합니다. 왜 번제로 드릴 소가 아버지의 둘째 소인지, 그리고 일곱 살 된 소인지는 알 수 없습니다. 단지 추측할 수 있는 것은 기드온의 아버지도 하나님께 드리는 제사를 칠 년 동안 중단했고 그 전에 바쳐야 할 이 소가 아직도 죽지 않고 살아 있었다는 것입니다.

그러나 기드온은 소심하고 겁이 많아서 낮에는 이 일을 하지 못하고 한밤중에 아무도 보는 사람이 없을 때 종 열 명을 데리고 가서 하나님이 시키신 일을 해치웠습니다. 그리고 기드온은 도망쳐 와서 집에 숨어 있었습니다. 왜냐하면 좀비들이 몰려올 것이기 때문입니다. 우리가 하나님의 은혜와 축복을 받으려면 하나님과 나 사이에 걸림돌이 없어야 합니다. 우리는 그 우상을 처부수어야 합니다. 그리고 우리는 중단된 예배를 회복해야 합니다. 하나님의 말씀을 읽어야 하고 기도해야 합니다. 그렇지 않으면 아무리 열심을 내서 공부하고 일해도 아무 소용이 없습니다.

2. 기드온의 행동에 대한 반응

기드온이 밤중에 바알 신상과 아세라 신상을 부순 일은 그 마을에 엄청난 파문이 일어나게 했습니다. 이것은 마치 종교개혁이 일어나기 전에 마르틴 루터가 비텐베르크 성당 문에 95개조 질문을 붙인 것과 같은 일이라고 할 수 있습니다. 마르틴 루터 때 교황청에서는 사람들에게 면죄부를 팔았습니다. 사람들이 면죄부를 사기 위해 헌금함에 돈을 철렁 넣는 순간 연옥에서 고생하는 아버지나 어머니가 천국으로 올라가게 된다는 것입니다. 물론 지금은 그렇게 가르치지 않습니다. 그 대신 기도나 공로가 부족한 사람은 연옥에 있는데, 가족이나 누군가가 기도하면 천국으로 올라갈 수 있다고 가르칩니다.

기드온이 바알과 아세라 상을 부수니까 역시 예상했던 대로 친척과 동네 사람들이 좀비처럼 몰려와서 기드온의 아버지에게 기드온을 내놓으라고 하면서 기드온을 죽여야 한다고 주장했습니다. 그렇지 않아도 우리가 바알에게 제대로 제사를 드리지 않아서 복을 받지 못하는데 완전히 바알 제단을 파괴해 버렸으니까 이제 우리 모두는 다 바알의 진노로 죽을 것이라고 떠들었습니다.

> 6:31, "요아스가 자기를 둘러선 모든 자에게 이르되 너희가 바알을 위하여 다투느냐 너희가 바알을 구원하겠느냐 그를 위하여 다투는 자는 아침까지 죽임을 당하리라 바알이 과연 신일진대 그의 제단을 파괴하였은즉 그가 자신을 위해 다툴 것이니라 하니라"

그런데 놀라운 것은 기드온 아버지의 사고방식이었습니다. 기드온의 아버지도 지금까지 바알과 아세라를 섬긴 중독자였지만, 어젯밤 기드온이 드린 제사로 정신이 들었습니다. 그래서 기드온의 아버지 요아스는 동네 사람들에게 호통쳤습니다. "바알이 신이라면 자기가 알아서 자기를 지켜야지, 왜 남의 나라의 신을 우리가 지켜주어야 한단 말이냐? 오늘 바알을 지켜야 한다고 더 떠드는 사람이 있으면 내가 그 사람을 죽이겠다!"고 소리를 질렀습니다. 기드온의 아버지가 정신을 차려서 바른 소리를 하니까 마을 사람들은 찍소리도 하지 못하고 돌아가고 말았습니다. 이것은 기드온이 아버지의 중단된 제사를 회복했을 때 아버지가 무지에서 깨어나게 된 것을 보여줍니다.

우리에게도 때때로 교회 다니지 않는 부모님이 바른 말씀을 하실 때가 있습니다. 결혼해야 하는데 점이 좋지 않게 나온다든지, 혹은 사주가 맞지 않다고 하면서 반대하시다가 어느 날 갑자기 그렇게 반대하시던 분이 "결혼은 그런 미신에 따라 하는 것이 아니라, 진정으로 사랑하는 사람과 해야지"라고 하신다면 이것은 하나님께서 부모님의 정신을 돌아오게 하신 것입니다.

제 아버지는 기독교를 싫어하셔서 한평생 교회를 가신 적이 없고 우리 친척 중에서도 교회 문턱을 넘어선 사람이 없었습니다. 그런데 제가 결혼할 때 예수 믿는 처녀와 결혼한다고 하니까 당연한 듯이 좋아하셨고, 교회에서 결혼식을 한다고 해서 오케이 하셨습니다. 제가 교회에서 결혼식을 하는 바람에 평생 교회 가 본 적이 없던 우리 일가 친척들이 전부 교회에 오셔서 예배를 드렸습니다. 이런 일은 우리 가문에 처음 있는 일이었습니다. 나중에 기도할 때 찍은 사진을 보니까 신부 측 사람들은 모두 눈을 감고 기도하는데 신랑 측 사람들은 기도할 줄 모르니까 전부 눈을 뜨고 있더라고 했습니다. 그래서 저는 결혼식 하는 장소도 중요하다고 생각합니다. 교회를 한 번도 가 보지 않은 사람들이 교회에 오게 되는 계기가 되기 때문입니다. 그리고 우리 친척 중에 예수 믿는 사람들이 생기게 되었습니다.

기드온의 아버지 한 사람이 정신을 차리니까 온 동네 사람들은 물러갔습니다. 그리고 이스라엘 안에 기드온이 바알 제단을 부수었는데도 죽지 않았다는 소문이 퍼지기 시작했습니다. 그랬더니 이스라엘 백성은 지금까지 자기들이 믿고 있었던 것이 미신이라는 사실을 깨닫게 되었습니다. 그래서 이스라엘 여기저기서 바알 상과 아세라 상을 부수는 운동이 일어나게 되었습니다. 그때부터 사람들은 기드온이 바알과 싸워서 이겼다고 해서 "여룹바알"이라고 부르게 되었습니다. 여기서 '여룹'은 히브리어 '야르'에서 나온 말인데, 싸운다는 뜻입니다. 기드온은 바알과 싸우는 사람이었던 것입니다. 지난 칠 년 동안 우상 때문에 꽁꽁 얼어붙었던 이스라엘에 이제는 봄이 오려고 하고 있었습니다.

그때 이스라엘이 자유를 얻고 축복받는 것을 시기하는 마귀가 가만히 있지 않았습니다. 그래서 미디안은 수많은 군사를 끌고 요단강을 건너와서 이스라엘 백성을 다 죽이려는 전쟁을 하려고 했습니다. 이때 이스라엘 백성 중에는 우리가 아무 말하지 않고 바알을 섬기면 되는데 괜히 하나님을 믿으려고 하다가 다 죽게 생겼다고 생각하는 사람도 있었을 것입니다. 그러나 자기를 잃은 상태에서 아무 일 없이 남이 시키는 대로 사는 것은 사는 것이 아닙니다. 이것은 이미 죽은 것입니다. 이스라엘 백성은 이번 기회에 살아나야 했습니다. 그러나 기드온에게는 그렇게 할 힘이 없었습니다.

3. 하나님이 주시는 확신

기드온은 성격이 활달하고 외향적인 사람이 아니었습니다. 오히려 기드온은 정반대였습니다. 기드온은 내성적인 데다가 겁이 너무 많았고 시내를 건널 때도 돌다리를 몇 번씩 두들겨야 건너는 소극적인 사람이었습니다. 기드온은 아버지 집에 있는 바알 제단을 파괴하는 것도 겁이 나서 낮에 하지 못하고 밤에 한 사람이었습니다. 그런데 미디안 족속들은 이스라엘 백성이 자기 정체성을 찾지 못하도록 다 죽이려고 수많은 군사들이 쳐들어왔습니다. 기드온은 지금까지 한 것이라고는 하나님의 말씀에 따라 바알과 아세라 상을 부수고 아버지 소 한 마리로 제사드린 것밖에 없었습니다. 그런데 미디안 사람들은 구름 떼같이 쳐들어오고 이스라엘 백성도 용기를 내기 시작하는데 기드온은 어떻게 할 수 없었습니다. 그래서 기드온은 일단 나팔을 불었습니다. 그랬더니 자기 지파인 므낫세 지파 사람도 몰려들었고, 묵묵히 하나님의 말씀에 순종하는 스불론과 납달리 지파 사람들도 몰려들 었습니다. 그러나 기드온은 절대로 이 해변에 모래처럼 많은 미디안 족속을 물리칠 자신이 없었습니다. 기드온은 어디론가 도망치고 싶었 을 것입니다.

6:37, "보소서 내가 양털 한 뭉치를 타작 마당에 두리니 만일 이슬이 양 털에만 있고 주변 땅은 마르면 주께서 이미 말씀하심 같이 내 손으로 이스라엘을 구원하실 줄을 내가 알겠나이다 하였더니"

기드온은 타작마당에서 하나님께 기도하면서 하나님께 매달렸습 니다. 기드온에게 자기가 가지고 있던 양털 뭉치가 있었습니다. 그래 서 그것으로 기드온은 하나님께 함께하시는 증표를 요구했습니다. "하나님, 정말 하나님이 우리와 함께하셔서 전쟁에 이기게 하실 것이 면 이 양털에만 이슬이 내리고 땅에는 이슬이 내리지 않게 해 주십시 오"라고 기도했습니다. 아마 기드온은 속으로 '어떻게 양털에만 이 슬이 내릴 수 있겠어? 이슬이 내린다면 온 땅에 다 내리겠지.' 라고 생 각했는지도 모릅니다. 그러나 그다음 날 타작마당에는 이슬이 내리 지 않았고, 그 대신 양털 뭉치에만 이슬이 흠뻑 내렸는데 그것을 짜보 니까 그릇에 가득했습니다. 이때 기드온은 '어라. 하나님이 내 기도 를 들으시는가 보다' 라고 생각했습니다. 그렇지만 기드온은 이것이 우연의 일치라고 생각했습니다. 즉 '무슨 이상 현상이 생겨서 양털에 이슬이 생긴 것이지 하나님이 내 기도를 들으실 리가 없어.' 라는 불 신앙이 생겼던 것입니다. 그래서 기드온은 또 하나님께 기도했습니 다. "하나님, 만일 하나님께서 제 기도를 들으시고 저와 함께하신다 면 이번에는 양털에만 이슬이 내리지 않고 땅에만 이슬이 내리게 해 주십시오" 라고 했습니다. 그다음 날 아침 기드온이 타작마당에 나가 보니까 온 땅은 이슬이 내려서 축축한데 양털 뭉치만 뽀송뽀송했습니다. 하나님은 진짜 기드온의 기도를 듣고 계셨던 것입니다.

그러면 왜 하필 기드온은 양털로 하나님을 시험했을까요? 아마 기드온은 전쟁을 앞두고 완전히 모든 감각이 죽었던 것 같습니다. 하나님은 눈에 보이지도 않고 귀에 들리지도 않았습니다. 기드온은 마치 자폐증에 걸린 사람처럼 시커먼 구멍만 눈앞에 보였던 것입니다. 그런데 그런 기드온에게 감각이 있고 의사소통이 가능한 곳은 딱 한 군데 있었는데 바로 그의 손바닥이었습니다. 기드온은 자신의 감각이 있는 손바닥으로 하나님을 느낄 수 있기를 원했던 것입니다.

자폐증에 걸린 아이들은 눈앞에 아무것도 보이지 않기 때문에 소리를 지르고 난동을 부릴 때가 있습니다. 그것은 의사소통이 되지 않아서 그런 것입니다. 헬렌 켈러는 보이지도 않고 들리지도 않고 말도 하지 못했습니다. 그러나 그의 손바닥의 감각은 있었기 때문에 설리번 선생님은 그의 손에 물을 부어주면서 'water' 라고 써 주었습니다. 그리고 따뜻한 햇볕이 비치는데 데리고 가서 손바닥에 'sun' 이라고 써 주었습니다. 결국 그 선생님은 보지도 못하고 듣지도 못하고 말하지도 못하는 헬렌 켈러와 의사소통을 했던 것입니다.

우리는 이 악한 세상에서 할 수 있는 것이 아무것도 없습니다. 그리고 악한 세력은 우리를 노예로 만들고 자아를 잃어버리게 만듭니다. 그러나 작은 것부터 기도해 보시기 바랍니다. 손바닥으로 하나님을 느끼시고, 발바닥으로 하나님을 느끼시기 바랍니다. 저는 설교 준비하는 중에, 또 설교하면서 언제나 하나님을 느낍니다. 하나님은 우리에게 은혜 주시기를 원하시고 축복 주시기를 원하십니다. 단지 우리의 두려움이 그것을 막고 있고, 하나님이 기뻐하시지 않는 것이 축복을 막고 있을 뿐입니다. 오늘 하나님이 기뻐하시지 않는 것이 있으면 다 부수어 버리고 하나님의 작은 응답에서 시작하시기 바랍니다.

11

하나님의 군대 선발

삿 7:1-14

우리나라에서는 일정한 나이가 되면 모든 남자는 군대 가야 합니다. 어떤 신문 칼럼에서는 군대야말로 우리나라의 평등에 크게 기여한다고 주장했습니다. 왜냐하면 우리나라는 부자나 가난한 자나, 공부를 많이 한 자나 적게 한 자나, 인기 있는 사람이나 없는 사람이나 모두 다 똑같이 군대에 가서 훈련받고 나라를 위해서 근무하기 때문입니다. 그래서 우리나라의 인기 있는 어떤 탤런트가 해병대에 입대하니까 그의 여성 팬들 이만 명인가가 포항 훈련소에 몰려가서 일정 기간 못 보는 것을 안타까워하기도 했습니다. 심지어는 얼마 전에 세계적인 인기를 끄는 BTS 맏형이 드디어 조용히 군대에 입대하기도 했습니다.

　최근 러시아가 우크라이나와 전쟁을 하면서 군인이 많이 죽어서 수가 부족하니까 공장이나 기숙사 같은 데서 젊은이들을 닥치는 대로 붙들어서 군복을 입혀 전쟁터에 보내고, 심지어는 교도소의 죄수들까지 뽑아서 전쟁터에 보낸다고 합니다. 전쟁터에서는 신병이라든지 훈련을 제대로 받지 못한 군인은 전투도 제대로 하지 못할 뿐 아니라 총에 맞아 죽을 가능성이 아주 높습니다. 교도소에 있다가 전쟁터에 가서 살아남은 한 병사는 자신들은 '총알받이'였다고 증언하기도 했습니다. 이와 같이 전쟁에서 이기려면 군인을 잘 선발하는 것이 아주 중요합니다.

이스라엘 백성은 다른 나라 사람들을 따라가려고 바알과 아세라 우상을 섬기면서 무려 칠 년 동안이나 노숙자나 피난민 생활을 했습니다. 그러다가 드디어 기드온이 하나님의 명령으로 바알의 제단을 헐고 아세라 상을 부수어 버리니까 미디안 원수들이 수많은 병사들을 몰고 이스라엘로 쳐들어왔습니다. 이들은 이스라엘 백성을 완전히 멸절시키려고 출동한 것이었습니다. 즉 이스라엘 땅에 미디안 나라를 세우려고 한 것입니다. 한 민족이 다른 민족을 완전히 죽이는 것을 인종청소라고 합니다. 이번 기회에 미디안은 이스라엘 백성을 완전히 쓸어버리려고 계획한 것이었습니다.

그러나 이스라엘 백성은 이제야 하나님을 믿기를 원해서 간구했습니다. 그래서 하나님께서는 기드온에게 나팔을 불게 하셔서 미디안과 전쟁할 이스라엘 백성을 자진해서 모이게 했습니다. 그때 이스라엘 백성은 3만 2천 명이 기드온이 있는 곳에 모여들었습니다. 13만 5천 명 대 3만 2천 명의 싸움이었습니다(8:10). 이스라엘은 이 싸움에서 절대로 이길 수가 없습니다. 이스라엘 백성은 전멸을 당할 수밖에 없었습니다.

1. 완전한 영광을 하나님께

드디어 이스라엘 백성과 미디안 사람들은 전쟁하기 위하여 서로 마주 보고 진을 치게 되었습니다.

7:1, "여룹바알이라 하는 기드온과 그를 따르는 모든 백성이 일찍이 일어나 하롯 샘 곁에 진을 쳤고 미디안의 진영은 그들의 북쪽이요 모레 산 앞 골짜기에 있었더라"

이스라엘을 여행하다 보면, 이스라엘 구석구석에 물이 나오는 샘이 있는 곳을 발견하게 됩니다. 이런 샘들은 솟아나는 물량이 많아서 큰 웅덩이를 만들고 시내가 되어서 흘러갑니다. 이스라엘 백성은 '하롯 샘' 부근에 3만 2천 명이 진을 쳤습니다. 물론 적은 숫자는 아니지만, 미디안의 13만 5천 명에 비하면 너무나도 적었습니다. 미디안은 이스라엘의 북쪽 넓은 평원에 진을 치고 있었습니다. 성경에는 골짜기라고 했지만 실제로는 아주 넓은 평지입니다. 기드온은 바알의 제단을 헐라는 하나님의 말씀에 순종한 후 마음속에 하나님이 하시는 음성을 듣기 시작했습니다. 우리 성도님도 하나님께 예배드리면서 하나님이 우리 마음에 하시는 말씀을 들을 수 있기를 바랍니다.

하나님은 전쟁을 앞두고 기드온에게 말씀하셨는데, 이것이 도무지 하나님의 말씀인지 아닌지 알 수 없었습니다. 하나님께서는 기드온에게 너희 숫자가 너무 많아서 전쟁에 이기면 모두 자기가 잘 나서 이겼다고 생각할 것이라고 하시면서 모인 백성을 많이 돌려보내야겠다고 말씀하신 것입니다.

7:2, "여호와께서 기드온에게 이르시되 너를 따르는 백성이 너무 많은 즉 내가 그들의 손에 미디안 사람을 넘겨 주지 아니하리니 이는 이스라엘이 나를 거슬러 스스로 자랑하기를 내 손이 나를 구원하였다 할까 함이니라"

사실 기드온이 나팔을 불었을 때 모여든 이스라엘 백성은 너무 적은 숫자였습니다. 지금 전 민족이 사느냐 죽느냐 하는데 겨우 3만 2천 명이 무엇입니까? 한 삼십만 명은 몰려와야 미디안을 밀어내고 다시 일어설 수 있을 것입니다. 그러나 하나님은 이 3만 2천 명도 너무 많다고 말씀하셨습니다. 하나님은 기드온에게 너희가 3만 2천 명으로 미디안과 싸워 이기면 틀림없이 너희들이 싸움을 잘해서 미디안을 이겼다고 자랑하고 하나님께 영광을 돌리지 않을 것이 틀림없다고 하셨습니다. 여기서 우리가 알 수 있는 것은 하나님은 우리가 평소에 나누는 말이나 대화를 다 듣고 계신다는 사실입니다. 옆에 하나님이 안 계신다고 생각해서 허세를 부리고 자기만 잘난 체하는 것은 모두 하나님께 돌아갈 영광을 도둑질하는 것입니다. 우리는 아무리 큰일을 하고 큰 성공을 거두었다고 하더라도 마음속으로만 기뻐하고 잠잠히 있으면서 하나님께 영광이 돌아가게 해야 하는 것입니다.

하나님께서는 이번에 이스라엘의 위기를 통하여 완전한 영광을 받기를 원하셨습니다. 하나님은 이스라엘도 영광을 받고, 기드온도 영광을 받고, 하나님도 조금 영광을 받는 나누어 먹기식의 영광이 아니라 온전한 100퍼센트의 영광을 받으시기를 원하시는 것입니다.

그래서 하나님께서는 지금 모인 3만 2천 명도 너무 많으니까 전투하는 이스라엘 백성을 더 줄이라고 말씀하셨습니다. 전쟁을 하게 되면 죽어가는 인원만큼 군인을 새로 보충해야 전쟁을 계속할 수 있습니다. 3만 2천 명도 단번에 다 죽을지 모르는데 하나님은 이 인원도 많다고 줄이라고 하시니까 이것을 하나님의 말씀으로 들어야 할까요, 아니면 다른 잘못된 음성이라고 들어야 할까요? 기드온은 갈등하지 않을 수 없었습니다. 우리는 때로는 병에 걸리거나 혹은 경제적인 어려움에 빠졌을 때 하나님을 믿고 의지함에도 불구하고 사정이 점점 더 어려워질 때가 있습니다. 그때 우리는 하나님의 능력을 의심할 것이 아니라 하나님께서 완전한 영광을 받으시기를 원하시는구나 하고 생각해야 합니다.

하나님께서는 기드온으로 하여금 이스라엘 백성에게 전쟁하기를 두려워하는 자는 이곳을 다 떠나라고 말씀하게 하셨습니다.

7:3, "이제 너는 백성의 귀에 외쳐 이르기를 누구든지 두려워 떠는 자는 길르앗 산을 떠나 돌아가라 하라 하시니 이에 돌아간 백성이 이만 이천 명이요 남은 자가 만 명이었더라"

기드온의 나팔에 모인 이스라엘 백성 중에는 기왕 전쟁하러 나왔으니까 한번 붙어 보자 하고 생각하는 사람들도 있었지만, 미디안 군대가 너무 많은 것과 그들이 아주 거친 싸움꾼들이기 때문에 싸우기도 전에 벌벌 떠는 사람들이 많이 있었습니다. 아무리 용감한 군인들도 상륙작전을 하기 전이나 비행기에서 낙하산을 타고 뛰어내리기 전에 벌벌 떠는 사람들이 많이 있습니다. 그리고 전쟁터에서는 어떻게 해서든지 운이 좋아야 총에도 맞지 않고 대포에 맞지 않아서 부상을 입지 않고 집으로 돌아갈 수 있는 것입니다.

하나님께서는 기드온에게 두려워 떠는 자는 이 길르앗 산을 떠나게 하라고 말씀하신 것입니다. 여기서 길르앗 산이라고 했는데, 아마 북부 이스라엘에 있는 산의 이름인 것 같습니다. 그래서 기드온이 두려워 떠는 자는 집으로 돌아가라고 하니까 무려 2만 2천 명이 돌아가고 남은 자는 만 명밖에 되지 않았습니다. 죽는 것이 두렵고 가족이 보고 싶은 사람들이 한 명 두 명 빠지기 시작하더니 3분의 2나 되는 사람들이 돌아가 버렸습니다. 그런 가운데 만 명이라도 자기 자리를 지키고 있는 것이 대단했습니다. 이제 기드온은 만 명을 데리고 열 배가 넘는 미디안 사람들과 싸워야만 했습니다. 하나님의 종들은 적과 싸우기 전에 먼저 자기 안에 있는 두려움이나 절망감과 싸워서 이겨야 합니다. 두려움을 이기는 것이 믿음이기 때문입니다.

아무리 하나님의 말씀이라고 해도 기드온은 도대체 무슨 생각으로 두려워 떠는 자를 집으로 돌아가라고 했을까요? 그것도 하나님께서 기드온의 마음에 하신 말씀인데 기드온이 하나님의 말씀을 잘못 들을 수도 있지 않습니까? 그러나 기드온은 이미 양털 뭉치로 하나님이 함께하시는 것을 확인했습니다. 그래서 기드온의 믿음은 하나님의 뜻이라면 최악의 경우까지 내려가도 따라가겠다는 결심이 있었던 것입니다.

2. 하나님의 말씀을 따라간 결과

미디안과 싸우겠다고 모인 이스라엘 백성이 얼마나 대단한 사람들입니까? 그들이 속으로 떨고 있고 두려워하고 있다고 해도 일단 싸우러 나왔다는 것은 대단한 용기입니다. 저는 교회에서 설교하다 보면 늦게 오신 분들도 얼마나 반가운지 모릅니다. 그분들이 집에서 늦게 출발했는지, 아니면 주차장을 찾느라고 뺑뺑 돌다가 늦는지 모르겠지만, 집에 가지 않고 예배당에 들어와서 하나님의 말씀을 반이라도 듣고 가는 것이 그냥 집에 가버리는 것보다 얼마나 대단한 일입니까? 그런데 어떤 정의로운 목사님은 교인들이 늦게 오지 말라고 예배가 시작되면 문을 잠가버리는 교회도 있습니다.

이때 전쟁터에는 사람의 숫자가 중요하니까 두려워 떨든 용기가 있든 한 사람이라도 남아 있는 것이 중요합니다. 그런데 그다음 하나님의 말씀은 기드온에게 거의 절망적이었습니다. 하나님께서는 만 명의 이스라엘 백성도 많다는 것입니다. 만약 이스라엘 백성이 만 명으로 미디안을 물리친다면 모두 자기들이 잘해서 이겼다고 하면서 자랑할 것입니다. 그래서 하나님은 또 그들을 테스트하라고 하셨습니다.

이스라엘 백성이 모인 곳은 샘이 있는 곳인데, 그 샘에서 물이 많이 흘러서 시내를 이루고 있었습니다. 하나님께서는 기드온에게 시내로 내려가서 그들에게 물을 마시게 하라고 명령하셨습니다. 아마 그들은 더운 날씨에 돌아간 숫자와 남아 있는 숫자를 헤아린다고 오전 시간을 다 보냈을 것입니다. 그리고 목이 굉장히 말랐을 것입니다. 하나님께서는 그때에 물을 마시게 하라고 하셨습니다. 이것이 하나님의 시험이었습니다. 하나님은 기드온에게 그들이 물 마시는 모습을 자세히 보라고 말씀하셨습니다. 그리고 하나님께서는 어떤 사람들을 데리고 싸우러 갈 것인지 말씀하시지 않았습니다.

만 명이나 되는 사람들이 시냇가에 가서 물을 마시는데 대부분은 물가에 엎드려서 물에 입을 대고 벌컥벌컥 마셨습니다. 그리고 아주 소수의 사람들만 물가에 쪼그리고 앉아서 앞을 보면서 손으로 홀짝홀짝 물을 떠서 마셨습니다. 이들은 물을 실컷 마시지 못하고 겨우 입안만 적셨을 뿐입니다. 하나님께서는 기드온에게 물을 마실 때 무릎을 꿇고 입을 대고 벌컥벌컥 마신 사람들과 쪼그리고 앉아서 손으로 물을 떠서 홀짝홀짝 마신 사람들을 따로 세우라고 하셨습니다. 그들을 헤아려 보니까 엎드려서 벌컥벌컥 마신 사람들은 9천7백 명이었습니다. 이것은 그만큼 날이 더웠고 모두 목이 말라서 물 마시는데 정신이 없었다는 것을 의미합니다. 그리고 겨우 3백 명의 사람들만 쪼그리고 앉아서 손으로 물을 떠서 홀짝홀짝 마셨습니다. 하나님께서는 기드온에게 내가 이 물을 손으로 떠서 홀짝홀짝 마신 3백 명과 싸울 테니까 9천7백 명은 돌려보내라고 말씀하셨습니다. 이제 이스라엘 백성은 모두 다 돌아가고 3백 명만 남게 되었습니다.

왜 하나님께서는 물을 마실 때 땅에 엎드려서 입에 물을 대고 마음껏 물을 마시는 사람들을 돌려보내고 무릎 꿇고 앉아서 손으로 물을 떠서 마시는 사람들만 남게 하셨을까요? 우리는 그 이유를 잘 알 수 없습니다. 그런데 유대 랍비들은 이것을 해석하기를 무릎을 꿇고 물을 마신 사람들은 바알 앞에 무릎을 꿇은 적이 있기 때문이라고 했습니다. 그러나 바알에게 무릎을 꿇는 것과 물을 마실 때 무릎을 꿇는 것은 다른 문제라고 봐야 할 것입니다.

또 어떤 분은 이스라엘 백성이 전쟁하러 나와서 적이 오는 것을 살피지 않고 물 마시는 데만 정신을 다 파는 것은 신중하지 못했던 행동이고, 거기에 비해 비록 물은 많이 마시지 못하지만 물을 손으로 떠서 사방을 살피면서 마시는 사람은 조심스러운 사람이라고 주장합니다. 일리가 있는 주장이라고 생각합니다. 그래서 땅에 엎드려서 입으로 마음껏 물을 마신 사람은 지금 목표와 수단을 잘 모르고 있는 사람이라고 볼 수 있습니다. 즉 목표는 물을 마시는 것이 아니라 미디안과 싸우는 것인데 이들은 물 마시는 데만 정신을 다 팔았던 것입니다. 우리는 언제 무엇을 하든지 목표를 잊지 말아야 합니다. 그리고 수단이 되는 것은 과감하게 포기할 수도 있어야 합니다.

좌우간 기드온은 하나님 말씀에 순종하는 바람에 전쟁하기도 전에 최악의 상태에 빠지고 말았습니다. 그래도 전쟁하겠다고 온 사람이 3만 2천 명이었는데 하나님은 거의 다 돌려보내라 하시고, 물을 손으로 떠서 먹은 3백 명으로 싸우겠다고 말씀하셨습니다. 이 3백 명과 싸우겠다는 것은 제대로 전쟁하는 것이 아니라 억울한 개죽음밖에 안 되는 것입니다. 기드온이 처음부터 하나님을 의지한 결과는 최악이었습니다.

우리는 때때로 철저하게 하나님을 의지했는데도 불구하고 최악의 결과에 빠질 때가 간혹 있습니다. 병원에서 암은 재발하고 전이되었다고 합니다. 아이는 학교 시험에 떨어졌습니다. 남편은 정년퇴직하고 난 후에 새로 시작한 일에 실패하고 우울증까지 오게 되었습니다. 또 아이는 아파서 학교에도 가지 못하고 병원에 갔는데 병명을 모르겠다고 합니다. 남편은 뇌 질환으로 수술을 받아야 하고 협심증으로 쓰러졌는데 병원에서는 가능성이 없다고 합니다. 우리는 하나님을 의지했는데 왜 이런 최악의 결과가 나왔을까요? 우리는 알지 못합니다. 그러나 하나님은 100% 완전한 영광을 받으시려고 우리를 최악의 상태까지 가게 하시는 것입니다.

3. 하나님이 주시는 위로

기드온이 아무리 믿음이 좋다고 하지만 그도 사람이었습니다. 손으로 물을 떠먹은 3백 명으로 미디안의 13만 5천 명과 싸운다고 하는 것은 미친 짓이며 자살행위나 다름없었습니다. 기드온은 일단 하나님의 말씀에 순종했지만 그의 마음속에는 불쑥불쑥 하나님에 대한 의심이 생겼습니다. 도대체 하나님은 왜 3백 명만 남겨서 우리를 다 죽게 하려고 하실까? 아무리 하나님이 전능하시다고 해도 전쟁은 우리가 해야 하는 것인데, 왜 이런 식으로 사람들을 돌려보내실까 하는 의심이 생겼을 것입니다.

7:9, "그 밤에 여호와께서 기드온에게 이르시되 일어나 진영으로 내려가라 내가 그것을 네 손에 넘겨 주었느니라"

하나님께서는 기드온의 마음을 잘 알고 계셨습니다. 그가 일단 하나님의 말씀에 순종하기는 했지만 그의 마음은 두렵고 떨림으로 가득차 있다는 것을 아셨습니다. 그래서 하나님은 전쟁하기 전날 저녁에 기드온에게 말씀하셨는데, 그것은 기드온에게 미디안의 진영에 몰래 내려가 보라는 것이었습니다. 그리고 혼자 가기 두려우면 네 부하 부라를 데리고 가라고 하셨습니다. 그래서 기드온은 밤에 몰래 미디안의 진영에 숨어 들어가서 미디안 진영을 염탐했습니다. 기드온이 직접 눈으로 보니까 정말 미디안 진영은 어마어마했습니다. 미디안 족속들은 야만족이므로 맨땅에 누워서 자는데 메뚜기 수십만 마리가 날라와서 빈틈없이 앉아 있는 것처럼 잠을 자고 있었습니다. 그리고 미디안 사람들이 타고 온 낙타가 얼마나 많은지 바다의 모래같이 깔려 있었습니다(12절). 이것이 기드온이 본 현실이었습니다. 그런데 기드온을 따르는 군사는 3백 명밖에 되지 않았습니다. 그렇다고 해서 기드온이 모세나 엘리야 같은 능력 있는 사람이 아니었습니다. 거기에 비해 미디안 군사들은 그야말로 새까맣게 들판에서 누워 있었습니다. 그리고 낙타가 얼마나 많은지 바다의 모래같이 따로 모아놓았습니다. 기드온은 말씀과 현실 사이에 엄청난 차이가 있는 것을 깨달았습니다. 기드온이 현실을 보고 느낀 것이 무엇입니까? 그것은 진짜 우리가 다 죽는다는 것이었습니다.

그런데 기드온이 좀 더 가까이 미디안 진영에 가보니까 두 병사가 잠을 자지 않고 깨어서 이야기하고 있었습니다. 한 병사는 자기가 밤에 꾼 꿈 이야기를 했습니다. "내가 보니까 이스라엘에서 보리떡 한 덩어리가 굴러오는데 그것이 미디안 진영까지 굴러와서 한 장막을 치니까 장막이 폭삭 무너져 버리더라. 이게 무슨 꿈일까?" 그때 그 꿈 이야기를 들은 미디안 병사는 "그 꿈은 진짜야. 보리떡이 굴러온다는 것은 요아스의 아들 기드온의 칼날로 미디안 진영을 부수고 모두 다 죽인다는 뜻이야"라고 대답했습니다. 그러니까 이 두 병사는 부들부들 떨면서 "우리는 기드온의 칼날에 다 죽겠는데"라고 말했던 것입니다. 이때 기드온의 마음속에 확신이 들었습니다. 그것은 하나님이 '이번 전쟁에 나와 함께 하신다'는 확신이었습니다.

기드온은 미디안 진영에서 병사가 꿈에 말한 '보리떡'에서 확신을 얻었습니다. 그 이유는 기드온 자신이 지금까지 보리떡같이 보잘 것없는 인생을 살아왔기 때문입니다. 기드온은 보리떡같이 잘난 데가 없었고 힘센 장사 같은 사람도 아니었고 유명했던 적이 한 번도 없었습니다. 보리떡은 바로 기드온 자신의 자아상이었던 것입니다. 그런데 어떻게 미디안 병사가 그런 것을 알고 자기 꿈까지 꾸겠습니까? 이것은 하나님께서 미디안 병사의 꿈 안에까지 들어가서서 그런 꿈을 꾸게 하신 것이었습니다.

제가 이것을 잘 아는 이유는 제가 바로 그런 인생을 살아왔기 때문입니다. 저는 진짜 보리떡 같은 인생을 살아왔습니다. 보리떡을 우리

식으로 말하면 '개떡'이 됩니다. 저는 대학에 들어갈 때까지 정상적인 코스를 살지 못했습니다. 만약 집안이 조금만 정상적이었다면 서울대 더 좋은 학과에 들어가서 고시도 합격하고 미국 유학도 했을 것입니다. 그러나 항상 제 인생은 제가 바라는 데서 몇 퍼센트 모자랐습니다. 그리고 더 멋지고 세련된 삶을 한 번도 살아보지 못했습니다. 저는 왜 제 인생은 이렇게 멋진 삶을 살지 못하고 항상 개떡 같은 인생을 살았을까 생각했습니다. 그때 하나님은 제 마음에 분명히 '그렇지 않았더라면 나는 너를 쓸 수 없었을 것이라'고 말씀하셨습니다. '네가 지금까지 이렇게 살아온 것은 내가 그렇게 했다'고 말씀하셨습니다. 하나님이 저를 지금까지 이렇게 살아오게 하신 것입니다.

우리 성도들도 속으로는 나는 더 멋진 인생을 살아야 한다고 생각하는 사람들이 많을 것입니다. 그런데 집에 돈이 없어서 좋은 학교에 가지 못하고, 더 나은 직장에 다니지 못하고, 마음에 드는 사람과 결혼하지도 못하고 천덕꾸러기같이 살았다는 아쉬움이 있는 분들이 많으실 것입니다. 그것은 하나님께서 그렇게 하신 것입니다. 하나님이 그렇게 하시지 않으면 우리는 하나님의 손에 절대로 잡힐 사람들이 아닙니다. 왜냐하면 우리는 그야말로 겉으로는 잘 믿는 체하면서 실제로는 뺀질이 중의 뺀질이이기 때문입니다.

우리 인생이 최악의 상태까지 갔다면 그것은 하나님께서 하신 것입니다. 우리는 보리떡 인생인 것을 감사해야 합니다. 그러나 기독교가 자꾸 생크림 케이크같이 세련되려고 하기 때문에 능력이 나타나지 않는 것입니다. 보리떡과 칼날은 어울리지 않습니다. 보리떡은 둔하고 칼날은 예리합니다. 그런데 하나님은 보리떡을 사용하셔서 칼날이 되게 하시는 것입니다. 우리는 일부러 세련된 것처럼 할 필요가 없습니다. 우리가 있는 모습 이대로 나갈 때 세상은 우리를 두려워하게 되고 세상의 장막은 무너지게 되는 것입니다.

12

불가능한 공격

샷 7:15-2

가끔 군인 중에서는 불가능한 전투를 해야 하는 경우가 있습니다. 요즘 6·25 때 전사하신 군인의 유해를 발굴해 보면 끝까지 총 쏘는 자세로 죽어서 해골이 된 시신을 보게 됩니다. 이런 시신은 보기만 해도 가슴이 뭉클하고 얼마나 그 당시의 전쟁이 치열했는지 상상할 수 있습니다.

임진왜란 때 이순신 장군은 백의종군 중에 삼군수군 통제사로 임명을 받습니다. 이순신 장군이 좌수영에 가보니까 배들은 다 깨어져서 열두 척밖에 없었고 살아남은 수군도 별로 없었습니다. 그러나 이순신은 선조에게 "아직 신에게는 열두 척의 배가 있나이다. 이 배가 있는 이상 절대로 왜적이 전라도로 침범하지 못하도록 막겠나이다"라고 장계를 올립니다. 그리고 결국 그 열두 척으로 명량에서 승리하게 됩니다. 이순신이 그 많은 왜적을 물리칠 수 있었던 것은 끊임없이 연구했기 때문입니다. 그가 보니까 왜군들은 상대방의 배에 올라타서 칼싸움으로 전투를 했습니다. 그래서 이순신은 일본 배가 가까이 오기 전에 주로 대포나 활을 쏘아서 공격했습니다. 그리고 일본 배들이 육지에 정박해 있으면 후퇴하는 것처럼 바다로 유인해서 싸웠습니다. 그러나 이순신 장군은 선조가 너무 의심이 많고 시기심이 많아서 자기가 전쟁에 이겨도 죽일 줄 알고, 마지막 전쟁이 되는 노량에서 갑옷을 입지 않고 북을 두들기면서 부하들을 독려하다가 왜적이 쏜 총에 맞아 죽습니다.

우리는 우리의 믿음이 얼마나 엄청난 능력을 가지고 있는지 모를 때가 많습니다. 그 이유는 그 믿음을 실제적인 능력으로 전환하는 방법을 잘 모르기 때문입니다. 모세는 홍해를 갈랐습니다. 여호수아는 여리고 성을 무너뜨리고 태양과 달을 멈추게 했습니다. 엘리야는 하늘 문을 닫아서 삼 년 반 동안 비가 오지 않게 했습니다. 예수님은 우리에게 "만일 너희에게 믿음이 겨자씨 한 알 만큼만 있어도 산을 명하여 여기서 저기로 옮겨지라 하면 옮겨질 것이요"(마 17:20)라고 말씀하셨습니다.

기드온은 지금 삼백 명만 데리고 13만 5천 명이나 되는 미디안 군사들과 싸워야 했습니다. 기드온은 지금 하나님에 대한 믿음을 가지고 있습니다. 그러나 그가 모르는 것은 어떻게 이 믿음이 기적으로 전환될 수 있느냐 하는 것이었습니다. 그리고 그 방법을 알고 기적을 행한 사람은 아무도 없었습니다. 그들이 모두 끝까지 하나님의 말씀을 붙들고 죽음을 무릅쓰고 순종한다면 엄청난 능력이 나타날 것입니다.

1. 무장을 하지 않은 용사들

기드온은 미디안 진영에 몰래 숨어들어 갔다가 미디안 군사 두 명이 하는 꿈 이야기를 들었습니다. 그중에서 기드온에게 확신을 준 것은 보리떡이 굴러가서 장막을 쳐서 넘어뜨린다는 말이었습니다. 보리떡은 기드온의 자아상이었습니다. 그는 지금까지 못난 겁쟁이로 살아왔습니다. 그러나 기드온이 그런 겁쟁이로 살아온 것은 하나님께서 지금 그를 쓰시려고 그렇게 하신 것입니다. 기드온은 이 말을 통해서 자신의 인생이 하나님의 손에 달려 있다는 것을 알았습니다. 기드온은 이것을 깨닫는 순간 용기가 생기게 되었습니다. 기드온은 자기를 기다리고 있는 삼백 명에게 돌아가서 "일어나라. 하나님께서 미디안 전체를 우리 손에 넘기셨다"고 말했습니다.

기드온은 그때까지 지금은 출애굽 때 홍해가 갈라지는 기적이 일어나지 않는지, 왜 지금은 여리고 성이 무너지지 않는지, 그런 하나님의 능력은 도대체 어디로 갔는지 의문이었습니다. 그런데 기드온은 하나님의 말씀이 깨달아지고 하나님의 말씀이 자기 인생을 끌고 왔다는 사실이 믿어지는 순간, 하나님의 능력이 아직도 살아있다는 것을 믿게 되었습니다. 그래서 삼백 명에게 이런 자신의 확신을 심어주었습니다. 믿음도 전염되는 특성이 있습니다. 한 사람이 믿음에 굳게 서면 다른 사람도 믿음에 서게 됩니다. 기드온이 하나님의 말씀으로 담대해지니까 삼백 명의 용사도 담대해졌습니다.

군인은 전쟁하려면 무기를 반드시 챙겨야 합니다. 그리고 자기 몸을 보호할 수 있는 방패나 투구를 써야 합니다. 그러나 하나님은 기드온이 뽑은 삼백 명에게 칼이나 창이나 방패를 가지지 못하게 하셨습니다. 하나님은 그들을 전혀 무장도 하지 않고 전쟁터에 보내는데, 왜 그렇게 하느냐고 묻는 사람이 한 명도 없었습니다.

7:16, "삼백 명을 세 대로 나누어 각 손에 나팔과 빈 항아리를 들리고 항아리 안에는 횃불을 감추게 하고"

하나님께서는 삼백 명에게 칼과 창과 활을 들고 싸우는 대신에 나팔과 항아리와 횃불을 가지고 가게 하셨습니다. 항아리는 그 횃불을 사람들의 눈에 보이지 않게 감추는 용도였습니다. 그러니까 지금 미디안과 전쟁하러 가는 군사들이 모두 물 뜨러 가는 사람처럼 항아리를 하나씩 들었고, 마치 밤에 어디 놀러 가는 것처럼 나팔을 하나씩 들고 있었습니다. 이것은 누가 봐도 이해되지 않는 정신없는 행동이었습니다. 그런데 기드온은 이 삼백 명을 세 대로 나누어서 백 명씩, 백 명씩 가게 했습니다. 결국 이 삼백 명이 13만 5천 명을 포위하는 것이었습니다. 사실 캄캄한 밤이니까 아무것도 보이지 않았습니다. 그래서 기드온은 우선 자기와 함께한 백 명에게 "너희들은 일절 다른 것은 생각하지 말고 내가 하는 그대로만 따라서 하라"고 명령했습니다. 그리고 다른 이백 명에게도 그들이 횃불은 볼 수 있고 나팔 소리는 들을 수 있으니까 너희들도 보고 듣는 그대로만 따라 하라고 명령했습니다.

> 7:17-18, "그들에게 이르되 너희는 나만 보고 내가 하는 대로 하되 내가 그 진영 근처에 이르러서 내가 하는 대로 너희도 그리하여 나와 나를 따르는 자가 다 나팔을 불거든 너희도 모든 진영 주위에서 나팔을 불며 이르기를 여호와를 위하라, 기드온을 위하라 하라 하니라"

그들은 아무것도 생각할 필요가 없었습니다. 그들은 횃불과 항아리를 들고 미디안 진영 가까이 가서 기드온과 같이 있는 군사들이 하는 대로 하면 되었습니다.

기드온의 부대는 횃불을 가지고 있었습니다. 그런데 그들은 횃불을 항아리 안에 감추었습니다. 지금도 전 세계에 성경을 무료로 공급하는 단체가 있는데, '기드온 협회' 입니다. 그 협회의 심볼은 항아리 위에 횃불이 있는 표시입니다. 어느 호텔을 가더라도 서랍만 열면 성경책을 볼 수 있고, 학교나 공산권 같은 데도 성경책을 무료로 나누어 주고 있습니다. 특히 중국 같은 공산권에 성경을 가져갈 때는 밀수하듯이 몰래 가져가는데 들켜서 감옥에 가는 형제들도 있습니다. 그들이 공산권이나 회교권에 성경을 가지고 갈 때는 모두 목숨을 걸고 짐 안에 숨겨서 가져갑니다.

결국 기드온과 삼백 명의 용사들이 들었던 횃불은 무엇을 의미합니까? 그것은 바로 어둠을 밝히는 하나님의 말씀이라는 것입니다. 미디안 군대는 대단한 것 같지만 그들은 모두 바퀴벌레나 쥐같이 모두 어두운 데서 활동하는 마귀의 자식들이었던 것입니다. 그들은 어두운 데서는 활개를 치지만 빛만 비춰면 전부 다 맥을 추지 못하고 숨습니다. 거기에다가 나팔은 무엇을 의미합니까? 이것은 하나님의 말씀을 외치는 것입니다. 이스라엘 백성은 하나님의 말씀을 나팔로도 외치고 자신의 입으로도 직접 외쳤습니다. 그리고 그들이 외치는 소리는 "하나님을 위하고 기드온을 위하라"는 함성이었습니다. 이들은 미디안 군인들이 완전히 무너질 때까지 나팔을 불고 함성을 질렀습니다. 그리고 횃불을 꺼낸 후 항아리를 모두 일제히 부수게 했습니다. 이것은 물론 미디안 군대가 깨어지는 소리가 되었습니다. 그러나 이스라엘 백성도 자신을 깨뜨림으로 죽음을 무서워하지 않는 결단을 내리는 것이었습니다. 하나님의 백성이 죽는 것을 두려워하지 않으면 사탄의 세력은 깨어지게 되어 있습니다. 하나님의 백성이 소리를 지르면 기적이 일어나게 됩니다.

드디어 기드온과 그와 함께한 백 명이 미디안 진영까지 가까이 갔습니다. 그리고 그들은 보초가 교대할 때까지 기다렸습니다. 왜냐하면 보초가 교대할 때는 지키는 사람이 아무도 없는 뻥 뚫린 시간이기 때문입니다. 그래서 보초 한 명의 역할이 얼마나 중요한지 모릅니다. 보초가 깨어서 자기 자리를 굳게 지키고 있었으면 이스라엘 백성이 많지 않은 인원이라는 사실을 알았을지 모릅니다. 그러나 미디안 보초들이 교대하느라고 진영을 지키는 자들이 아무도 없었습니다. 바로 그 시간에 기드온과 그 백 명은 나팔을 불었습니다. 그리고 횃불을 모두 들고 항아리를 깨면서 소리를 질렀습니다. "여호와를 위하여! 기드온을 위하여!" 그랬더니 다른 이백 명도 이들이 하는 행동을 멀리서 보고 그대로 따라 했습니다. "여호와를 위하여! 기드온을 위하여!"라는 말은 '우리는 하나님만 믿는다. 그리고 기드온의 말을 믿는다'는 뜻을 가지고 있습니다. 삼백 명은 기드온의 말을 하나님의 말씀으로 믿었던 것입니다.

그런데 나중에 보면 "여호와와 기드온의 칼이다"라고 외치고 있습니다.

7:20, "세 대가 나팔을 불며 항아리를 부수고 왼손에 횃불을 들고 오른손에 나팔을 들어 불며 외쳐 이르되 여호와와 기드온의 칼이다 하고"

왜 이스라엘 백성은 처음에는 "여호와를 위하여 기드온을 위하여"라고 외치라고 했는데, 나중에 "여호와와 기드온의 칼이다"라고 소리를 질렀을까요? 아마 그들은 처음에는 "여호와를 위하여, 기드온을 위하여"라고 소리를 쳤을 것입니다. 그러나 그들은 소리치는 가운데 이 소리가 하나님의 칼날로 변하는 것을 보았던 것입니다. 즉 여호와의 말씀은 미디안을 치는 칼날이었습니다. 히브리서에서는 "하나님의 말씀은 살아 있고 활력이 있어 좌우에 날선 어떤 검보다도 예리하여 혼과 영과 및 관절과 골수를 찔러 쪼개기까지 하며"(히 4:12)라고 했습니다. 우리가 하나님의 말씀에 순종해서 소리지를 때 이 소리는 원수의 혼과 골수를 쪼개는 칼이 되는 것입니다.

2. 삼백 명이 순종한 결과

기드온과 그 삼백 명의 용사가 한 일은 오직 나팔을 불고 횃불을 들고 소리를 지른 것밖에 없었습니다. 그러나 아주 큰 골짜기 안에서 밤에 잠을 자고 있던 미디안 사람들에게는 이 소리가 증폭되어서 엄청난 폭발음같이 들렸던 것 같습니다. 미디안 사람들에게는 이 소리가 산이 무너지는 소리 같았고, 어떤 큰불이 자기들을 향하여 쳐들어오는 것 같았습니다. 그리고 삼백 명의 용사가 외치는 소리는 모든 미디안 사람의 가슴을 찌르고 뇌를 찔렀습니다. 거기에다가 항아리까지 '와장창' 하고 깨어지는 소리는 모든 미디안 진영이 무너지는 소리로 들렸던 것 같습니다. 그러니 미디안 사람들은 모두 패닉 현상에 빠지면서 앞이 잘 보이지 않았습니다. 미디안 사람들이 엉겁결에 칼을 빼어 들고 섰을 때 자기들 주위에는 전부 적들이 서 있는 것으로 보였습니다. 그래서 미디안 군사들은 자기가 살기 위해서 옆에 있는 동료들을 칼로 쳐 죽이기 시작했습니다.

> 7:21, "각기 제자리에 서서 그 진영을 에워싸매 그 온 진영의 군사들이 뛰고 부르짖으며 도망하였는데"

기드온과 삼백 용사들은 자기 자리에서 움직이지 않고 그대로 서서 계속 나팔을 불고 횃불을 들고 소리를 질렀습니다. 그랬더니 미디안 군사 13만 5천 명이 미치고 말았습니다. 그들은 이리 뛰고 저리 뛰고 소리를 지르면서 같은 편끼리 칼로 찌르고 창으로 찔러서 죽였습니다.

> 7:22, "삼백 명이 나팔을 불 때에 여호와께서 그 온 진영에서 친구끼리 칼로 치게 하시므로 적군이 도망하여 스레라의 벧 싯다에 이르고 또 답밧에 가까운 아벨므홀라의 경계에 이르렀으며"

이스라엘 백성이 외치는 소리는 미디안의 13만 5천 명을 미치게 하는 능력이 있었습니다. 하나님은 우리를 구원하실 때 늘 같은 방법을 사용하시지 않습니다. 오히려 하나님은 그때그때마다 전혀 다른 기적을 사용하셔서 우리를 구원하시기 때문에 우리는 끝까지 하나님이 하시는 섭리를 기다려야 합니다. 이번 같은 경우에는 미디안 군사 13만 5천 명이 미치는 것으로 이스라엘을 구원하신 것입니다. 미디안 군사들은 자기 진영 안에서 서로를 죽였습니다. 얼마나 많은 미디안 군사들이 서로를 죽였는가 하면 진영 안에서 12만 명을 죽였습니다. 미디안 군사들은 옆에 있는 군사들을 이스라엘 군사로 생각해서 죽였는데 결국 자기편을 다 죽인 것이었습니다. 하나님 말씀의 능력은 살아 있었습니다. 단지 우리는 그 하나님의 능력을 현실적인 힘으로 바꾸는 방법을 모를 뿐입니다. 그러나 그것을 아는 사람은 아무도 없습니다. 우리는 단지 죽을 각오를 하고 하나님의 말씀을 붙들고, 그것이 안 되면 죽을 생각을 해야 합니다. 우리에게는 미래가 없습니다. 우리의 미래는 오직 하나님뿐입니다.

그래서 우리가 미디안 진영을 부수려면 우리의 항아리도 부수어야 합니다. 이 항아리는 걱정 근심의 항아리이고 미래에 대한 두려움의 항아리입니다. 지금 우리에게 중요한 것은 내가 지금 살아 있다는 것이고 내 귀에 하나님의 말씀이 들리고 있다는 사실입니다. 우리는 횃불을 들어야 합니다. 우리는 이제 감추어 놓았던 믿음을 들어서 사용해야 합니다. 우리는 각자의 나팔을 불어야 합니다. 찬송을 부르는 사람은 찬송을 부르고, 기도하는 사람은 기도하고, 설교하는 사람은 설교해야 합니다. 그리고 우리는 하나님의 이름이, 그리고 하나님의 말씀이 칼날이 되어서 하나님을 대적하고 성도들의 생명을 위협하는 자들의 심장과 골수에 꽂히도록 외쳐야 합니다. 하나님의 백성이 합심하여 외칠 때 하나님의 기적이 일어납니다.

제자들은 예수님과 함께 배를 타고 갈릴리 호수를 건너가다가 광풍을 만났습니다. 이 광풍은 원어로 보면 바다 지진으로 되어 있습니다. 이것은 바다가 꺼지고 갈라지는 것이었습니다. 예수님이 탄 배는 완전히 그 호수 속으로 빨려 들어가는 것이었습니다. 제자들은 모두 패닉 상태에 빠져서 예수님을 깨웠습니다. "선생님이여 우리가 죽게 된 것을 돌보지 아니하시나이까"(막 4:38). 그때 예수님은 잠에서 깨셔서 바람과 바다를 잔잔하게 하시면서 제자들에게 "어찌하여 이렇게 무서워하느냐? 너희가 어찌 믿음이 없느냐"라고 책망하셨습니다. 우리는 이 말씀이 이해가 잘되지 않습니다. 갑자기 바다가 꺼지고 배가 곤두박질친다면 무서워하지 않을 사람이 어디에 있습니까? 그리고 왜 예수님은 제자들에게 믿음이 없다고 책망하셨을까요? 사실 그때 호수가 미친 것은 맞는 말이었습니다. 그는 예수님도 알아보지 못했고 믿음을 가진 자도 알아보지 못했습니다. 그러나 제자들은 너무 무서워해서는 안 되었던 것입니다. 제자들의 생명은 예수님께 달려 있었습니다. 그들은 마치 예수님이 안 계시고 예수님이 아무것도 할 수 없는 것처럼 무서워했던 것입니다. 우리는 어떤 무서운 일이 닥쳐도 두려움과 싸워야 합니다. 하나님은 우리를 충분히 배려하고 계시기 때문입니다. 하나님은 우리에게 가장 좋은 것을 주시려고 기다리고 계시기 때문입니다.

이스라엘 백성을 다 죽이고 거기에 미디안의 나라를 세우려고 쳐들어왔던 미디안 군사들은 진영 안에서 12만 명이 죽었습니다. 그리고 그중에서 살아남은 자들은 요단강을 건너 도망을 치려고 요단강 쪽으로 몰려갔습니다.

3. 모든 이스라엘을 부름

기드온과 그 삼백 용사는 자기 이름을 나타내려고 하는 생각이 없었습니다. 그들이 생각하는 것은 오직 하나님의 이름과 이스라엘 백성이 사는 것이었습니다. 그래서 기드온은 자기들이 이 엄청난 일을 행했지만 그것을 자랑하려고 하지 않았습니다. 그래서 기드온은 미리 돌려보냈던 이스라엘 백성과 다른 모든 이스라엘 사람을 불러서 하나님이 우리에게 기회를 주셨을 때 확실하게 미디안을 끝장내 버리려고 생각했습니다.

　7:23, "이스라엘 사람들은 납달리와 아셀과 온 므낫세에서부터 부름을 받고 미디안을 추격하였더라"

　기드온은 자기 부하 심복 몇 사람을 불러서 가까이에 있는 이스라엘의 지파 아셀과 납달리와 므낫세에 가서 나팔을 불라고 했습니다. 이것은 잠자고 있는 이스라엘을 깨우는 나팔 소리였습니다. "지금 하나님이 우리에게 큰 승리를 주셨다. 지금은 우리가 자고 있을 때가 아니라 일어나서 싸워야 할 때다. 모두 자리에서 일어나서 남은 미디안 사람들을 치라"고 지시했습니다. 한 부서에서 열심을 내면 옆에 있는 부서에서도 열심을 내야 합니다. 그들은 더 이상 잠들어 있으면 안 되고 모두 일어나서 하나님의 나팔을 불고 기도하고 하나님의 말씀으로 소리를 질러야 하는 것입니다.

　기드온은 사자들을 에브라임 산지에 보내서 그들로 하여금 요단강을 지켜서 도망가는 모압 사람들을 치라고 했습니다.

　7:24, "기드온이 사자들을 보내서 에브라임 온 산지로 두루 다니게 하여 이르기를 내려와서 미디안을 치고 그들을 앞질러 벧 바라와 요단 강에 이르는 수로를 점령하라 하매 이에 에브라임 사람들이 다 모여 벧 바라와 요단 강에 이르는 수로를 점령하고"

　아마도 미디안 사람들이 수로를 점령하게 되면 다시 이스라엘을 공격할 가능성이 많았던 것 같습니다. 그래서 기드온은 잠을 자다가 일어난 에브라임 사람들에게 모압 사람들보다 더 빨리 달려서 벧 바라와 요단 강에 이르는 수로를 지키라고 했습니다. 아마도 이때 북부 이스라엘 사람들은 벧 바라에 큰 수로가 있었고 요단 강물을 끌어서 쓰고 있었던 모양입니다. 그리고 이 수로를 빼앗기만 하면 이스라엘은 다시 불리해질 수 있었습니다. 에브라임 지파는 기드온의 말을 듣고 미디안 군사들보다 먼저 가서 수로를 지키는 데 성공했습니다.

그리고 이번에 이스라엘을 공격한 미디안의 큰 두 족장이 있었는데, 한 사람은 오렙이고 다른 한 사람은 스엡이었습니다. 그런데 이들은 이미 자기들이 이스라엘을 차지한다고 믿고 오렙은 큰 바위 하나에 자기 이름을 붙여서 오렙 바위라고 불렀습니다. 그리고 스엡은 아주 큰 포도주 틀에 자기 이름을 붙여서 스엡 포도주 틀이라고 불렀습니다. 이것은 이제 이스라엘은 완전히 자기 것이라는 뜻이었습니다. 그러나 에브라임 지파는 오렙과 스엡을 사로잡았습니다. 그리고 오렙이 자기 이름으로 지은 바위에 끌고가서 거기서 칼로 쳐서 죽였습니다. 그리고 스엡은 자기 이름으로 지은 포도주 틀에 가서 거기서 칼로 쳐 죽였습니다. 이것은 하나님의 나라를 함부로 차지하려고 자기 이름을 붙이지 말라는 경고의 뜻입니다. 이것은 교회도 마찬가지입니다. 교회는 하나님의 것이기 때문에 함부로 자기 이름을 붙이거나 자기 사업을 하려고 해서는 안 됩니다. 이스라엘을 영원히 차지하려고 했던 오렙과 스엡은 자기가 이름을 붙인 멋진 바위와 포도주 틀에서 죽임을 당했습니다.

우리의 믿음에는 우리가 알지 못하는 엄청난 위력이 있습니다. 이것은 핵무기보다 더 강하고 쓰나미나 지진보다 더 강하고 암보다 더 강한 것입니다. 단지 우리는 그 능력을 전환하는 방법을 모르는 것뿐입니다. 우리는 좀 더 하나님의 말씀에 무조건적일 필요가 있습니다. 그리고 인내심을 가지고 끝까지 참으시기 바랍니다. 그러면 다시 한 번 성령의 불바람이 우리와 우리 교회에 불게 될 것입니다.

13

단 한번의 기회
삿 8:1-21

사람에게는 평생 단 한 번의 기회가 주어졌는데 그 기회를 잘 살리는 바람에 크게 성공한 사람이 있습니다. 얼마 전에 서울 음대 교수 출신의 한 성악가가 85세의 나이로 죽었습니다. 그 후 신문에 그의 생애를 소개하는 글이 실렸습니다. 그는 어렸을 때 돌보아 주거나 도와주는 사람 없이 자라야 했습니다. 초등학교 어렸을 때는 서울 변두리에서 옥수수나 군고구마를 팔기도 하고, 중고등학교 때는 덩치 큰 아이들과 어울려서 불량배처럼 살기도 했습니다. 그러다가 교회를 나가게 되었는데 성가대에서 노래를 너무 잘하니까 목사님이 "너는 음대를 가야 한다"고 말씀하신 것입니다. 이것이 그에게 한 번의 찬스였습니다. 그런데 그때는 이미 너무 준비되어 있지 않아서 일 년 동안 준비했는데 어느 연대 교수가 무료로 레슨을 시켜주었다고 합니다. 그는 그다음 해에 서울 음대에 합격했습니다. 그리고 먹고살아야 하니까 오페라에서 불러주는 대로 다니면서 서울 음대를 10년 만에 졸업하게 됩니다.

그때 그에게 미국의 버클리 음대에서 제안이 오기를 무슨 오페라를 하는데 주연으로 한 번만 와서 노래를 부르라는 것이었습니다. 이 사람은 미국에 유학 가서 공부해야 했는데 마침 그 음대에서 한번 와서 노래를 부르고 가라는 것이었습니다. 이것이 그의 생애에서 두 번째 기회였습니다. 그는 미국에 한번 가면 또 다른 기회가 생길지 모른다고 생각하고 미국에 가서 오페라에서 노래를 불렀습니다. 그런데 그가 너무 노래를 잘하니까 버클리 음대에서는 그에게 장학금을 주면서 입학까지 시켰습니다. 그는 그 후 줄리아드 음대에서도 공부하고 뉴욕의 유명한 오페라에서 주연을 많이 맡았습니다. 그리고 후에 모교인 서울 음대 교수로 오게 되었습니다. 그때까지만 해도 성악은 아주 귀족적 성향이 많았는데 이 사람은 우리나라에서 일반 가수와 같이 노래를 불러서 대중의 호응을 많이 받기도 했습니다.

원래 기드온은 소심하고 겁이 많은 사람이었습니다. 그는 도저히 이스라엘의 지도자가 될 수 없었습니다. 그러나 하나님께서 기드온에게 기회를 주셨습니다. 미디안 족속 13만 5천 명이 쳐들어왔을 때, 하나님은 그들을 물리치라고 하셨습니다. 기드온이 하나님의 말씀대로 순종하니까 삼백 명으로 13만 5천 명의 대군을 물리쳤습니다. 기드온과 삼백 명의 용사들이 나팔을 불고 횃불을 들고 소리를 질렀을 때 미디안 군사들은 서로 미쳐서 칼로 찔러 죽이는 바람에 자멸하고 말았습니다. 그러나 아직 미디안 군사 중에서 만 오천 명이 살아서 요단강을 건너 도망쳤습니다. 기드온은 다른 이스라엘 백성처럼 12만 명을 죽인 것으로 충분한 영웅이 될 수 있었습니다. 그는 어마어마한 전리품을 챙겨서 부자가 될 수도 있었습니다.

그러나 아직도 이스라엘에서 도망친 만 오천 명의 미디안 패잔병들이 있었습니다. 기드온은 이것이 하나님이 자신에게 주신 두 번째 찬스라고 생각했습니다. 만약 여기서 기드온이 전리품에 욕심내거나 머뭇거리게 되면 다시는 미디안 군사들을 잡지 못할 것입니다. 그러나 만 오천 명도 적은 숫자가 아니었습니다. 기드온에게 있는 병사는 삼백 명밖에 되지 않았습니다. 삼백 명으로 만 오천 명을 이길 수 있을까요? 기드온은 하나님을 믿었습니다. '삼백 명으로 13만 5천 명도 이겼는데 만 오천 명이야, 하나님에게 무슨 계획이 또 있을 거야.' 이렇게 생각하고 기드온은 삼백 명의 용사들을 데리고 만 오천 명의 미디안 군대를 추격해서 죽이기로 했습니다.

1. 에브라임 지파의 시비

이제 기드온은 일분일초가 아까웠습니다. 시간을 지체하면 지체할수록 미디안 군대는 더 멀리 도망가 버리기 때문입니다. 만약 미디안 군사들이 사막으로 들어가 버리면 기드온도 그들을 잡을 수 없을 것입니다. 이 중요한 시점에 에브라임 지파가 말도 안 되는 이유로 기드온에게 시비를 걸었습니다.

8:1, "에브라임 사람들이 기드온에게 이르되 네가 미디안과 싸우러 갈 때에 우리를 부르지 아니하였으니 우리를 이같이 대접함은 어찌 됨이냐 하고 그와 크게 다투는지라"

에브라임 지파는 아주 독특한 성격을 가진 지파였습니다. 그들은 항상 이스라엘 안에서 최고가 되어야 하고, 자기들의 뜻에 조금이라도 맞지 않거나 자기들의 의견이 무시당하면 소리를 지르고 싸우는 지파였습니다. 사실 기드온이 미디안을 공격한 것은 하나님의 비밀작전이었습니다. 하나님께서는 100%의 영광을 받으시기 위하여 싸우겠다고 나온 이스라엘 백성 3만 2천 명을 다 돌려보내고 삼백 명만 남게 하셨습니다. 그런데 에브라임 지파는 "왜 너희가 미디안을 치러갈 때는 우리에게 알리지 않고 우리에게 나중에 뒤처리나 하게 하느냐?"

하면서 기드온과 다투려고 했습니다. 에브라임 지파가 그렇게 미디안과 전쟁에 자신이 있었으면 지난 7년 동안 미디안과 싸우든지 할 것이지, 그때는 죽은 듯이 가만히 있다가 기드온이 미디안을 물리치고 나니까 자기들을 무시했다고 화를 내면서 기드온에게 시비를 걸었던 것입니다.

여기에 보면 "크게 다투는지라"라고 했습니다. 에브라임 사람들은 이번 일을 절대로 그냥 넘어가지 않겠다고 벼르고 아예 기드온과 싸우려고 했던 것입니다. 그러나 기드온은 에브라임 지파와 싸울 시간이 없었고 그 모든 과정을 설명할 수도 없었습니다. 그들은 남들에 대한 생각이나 배려라고는 조금도 없었습니다. 이때 기드온은 화가 나니까 에브라임과 싸울 수도 있었습니다. 그렇지 않으면 지금까지 과정을 설명할 수도 있었을 것입니다. 그러나 이 모든 것은 결국 자존심 싸움이고 시간 낭비였습니다.

이때 기드온은 다시 한번 자신을 낮추었습니다. "우리가 너희에게 늦게 알린 것은 정말 미안하게 생각한다. 우리는 나팔만 불고 소리만 질렀을 뿐이고, 너희들은 미디안의 두 장군 오렙과 스엡을 잡아 죽였으니까 너희가 한 것과 우리가 한 것은 비교가 되지 않는다. 우리는 시작했을 뿐인데 너희들이 전쟁을 마쳤으니까 너희들이 더 큰 일을 했다"고 칭찬해 주었습니다. 그러면서 포도를 가지고 비유를 들어서 설명했습니다. "에브라임의 끝물 포도가 아비에셀의 만물 포도보다 낫지 아니하냐." 무엇이든지 과일은 첫 과일이 가장 맛이 있습니다. 그런데 에브라임은 워낙 사람들이 우수하니까 에브라임의 끝물 포도라도 아비에셀 즉 자기들의 만물 포도보다 맛있다고 했습니다.

사실 에브라임 지파가 기드온과 싸우려고 한 것은 자기들이 뒤에 왔기 때문에 전리품을 차지하는 데 불리할까 봐 시비를 건 것이었습니다. 그런데 기드온은 순순하게 너희들이 전쟁을 끝낸 것이나 마찬가지라고 하면서 사실 전리품을 다 가지라고 한 것이었습니다. 이때 에브라임 지파는 기드온이 더 위대하다고 인정해 주고 전리품도 마음대로 가지라고 해주니까 화가 풀렸습니다. 그리고 에브라임의 눈에는 엄청나게 쌓여있는 적들이 두고 간 전리품들이 보였습니다. 그래서 그들은 더 이상 기드온과 싸우지 않고 전리품을 챙기느라고 정신이 없었습니다. 같은 이스라엘이라 하더라도 믿음에 따라서 이렇게 엄청난 차이가 있었습니다. 정작 싸울 때는 가만히 있다가 나중에 일이 다 끝나고 난 후에는 자기가 다 한 것처럼 생색을 내는 사람들이 있는 것입니다.

그런데 기드온에게는 그들과 싸울 시간이 없었습니다. 기드온에게는 이루어야 할 목적이 있었기 때문입니다. 그 목적은 오직 한 가지 하나님이 기회를 주셨을 때 미디안을 뿌리 뽑아야 한다는 생각이었습니다. 사실 이것이 말은 쉽지만 실제로는 어려운 이야기입니다. 사람들은 작은 것 하나라도 손해 보지 않고 자기 것을 챙기려고 하지, 수고는 수고대로 하고 욕만 얻어먹는 짓은 하지 않으려고 하기 때문입니다. 그러나 기드온은 철저하게 목표를 위하여 달려가는 사람이었습니다. 그는 에브라임 지파와 싸워서 이겨봐야 의미가 없다는 것을 알았습니다. 기드온에게는 많은 전리품도 중요하지 않았습니다. 그에게 중요한 것은 오직 하나 하나님이 기회를 주셨을 때 그 기회를 놓치지 않는 것이었습니다. 그래서 기드온은 에브라임 지파에게 잘못한 것이 없지만, 사과하고 눈앞에 쌓여있는 엄청난 전리품도 포기했습니다.

예수님께서는 "온유한 자는 복이 있나니 그들이 땅을 기업으로 받을 것임이요"(마 5:5)라고 하셨습니다. 여기서 "온유한 자"는 그냥 유순한 사람을 말하는 것이 아닙니다. 그에게는 더 중요한 목표가 있으므로 다른 것을 가지고 싸우지 않는 사람입니다. 자존심이라든지 주도권이나 물질적인 이익 같은 것으로 싸우지 않습니다. 그러나 그는 자신이 가장 중요하게 생각하는 것에 있어서는 양보가 없습니다. 즉 그때는 사자같이 덤벼들어서 이 기회를 움켜쥐는 것입니다.

2. 거부당하는 기드온과 삼백 명

다른 장군들 같으면 만 오천 명이나 되는 적을 추격하려면 거기서 군사를 보강해야 했을 것입니다. 누구든지 그렇게 했을 것입니다. 삼백 명으로는 절대로 만 오천 명을 이길 수 없기 때문입니다. 그러나 기드온은 그렇게 하지 않았습니다. 그러면 또 시간이 걸릴 것이고 지금 딴 사람들은 전리품을 챙기는데 정신이 없었기 때문입니다.

기드온은 처음부터 자기를 믿고 함께 했던 삼백 명을 데리고 만 오천 명이나 되는 미디안 군대를 추격했습니다. 더욱이 이 삼백 명은 밤새도록 한숨도 자지 못했고 떡도 먹지 못했습니다. 군대에서 가장 무서운 적은 배고픔이라고 합니다. 군인이 전쟁할 때 며칠 자지 못하는 것은 각오해야 합니다. 전쟁은 밤낮이 없기 때문입니다. 기드온은 군대를 보강하지 않았습니다. 아마 이것은 기드온이 이번 전쟁을 통해서 하나님께 영광을 돌리려고 하면 끝까지 하나님의 말씀대로 되는지 시험해 보자는 생각이 들었기 때문일 것입니다. "하나님은 한 번만 기적을 행하시는 분이 아니시다. 하나님은 또 우리를 위해서 기적을 행하실 것이다"는 것을 믿은 것입니다.

기드온과 삼백 명이 요단강을 건너가니까 다행히 거기에는 '숙곳'이라는 이스라엘 성이 있었습니다. 기드온과 삼백 명은 거기서 떡을 좀 얻어서 허기를 해결하고 미디안을 추격할 생각이었습니다.

8:5, "그가 숙곳 사람들에게 이르되 나를 따르는 백성이 피곤하니 청하건대 그들에게 떡덩이를 주라 나는 미디안의 왕들인 세바와 살문나의 뒤를 추격하고 있노라 하니"

지금 기드온이 하고 있는 일이 얼마나 중요합니까? 이제 이스라엘은 7년 만에 미디안의 지배에서 벗어나려고 하고 있습니다. 기드온은 오직 자기처럼 하나님의 말씀을 절대적으로 믿는 삼백 명과 함께 미디안의 남은 군사를 추격하는데 아무것도 먹지 못해서 전부 지쳐 있었습니다. 그래서 기드온은 당연히 이스라엘 성에서 도움을 받을 줄 알았습니다. 또 인원도 삼백 명밖에 되지 않기 때문에 많은 떡이나 고기가 필요한 것도 아니었습니다. 그러나 숙곳의 지도자들은 기드온과 그를 따르는 삼백 명이 만 오천 명이나 되는 미디안을 이기는 것은 불가능하다고 생각했습니다. 이들은 얼마 전에 미디안의 패잔병들이 도망치는 것을 보고도 그대로 있었습니다. 그런데 이들을 추격하는 이스라엘 군사는 너무 적은 수였습니다. 그래서 이들은 괜히 기드온을 도왔다가 나중에 미디안이 다시 와서 자기에게 보복할 것이 걱정되었습니다.

그래서 그들은 아주 못된 말로 기드온을 공격했습니다. "너희들은 지금 당장 세바와 살문나를 잡은 것처럼 큰소리를 치는데, 너희들은 그 숫자를 가지고는 미디안을 이기지 못한다. 그래서 우리는 너희에게 떡을 줄 수 없다"고 했습니다. 이것은 기드온과 삼백 명에게 큰 실망이었습니다. 같은 이스라엘 백성이고 숫자도 얼마 안 되니까 당연히 도와줄 줄 알았는데, 그들은 이기적이고 사악했습니다. 그래서 기드온은 숙곳 사람들에게 "우리는 지금 들가시와 찔레에 찔려가면서 미디안을 추격하는데 너희들은 손에 물도 묻히지 않고 구경만 하려고 하니까, 우리가 세바와 살문나를 잡아가지고 올 때 너희들의 살을 가시와 찔레로 찢어 놓겠다"고 경고했습니다.

기드온과 삼백 명이 숙곳에서 조금 더 가니까 다행스럽게도 이스라엘 성이 또 하나 있었는데, 그것은 마지막 성이었습니다. '브누엘'이라는 성인데, 망대가 있는 성이라는 뜻이었습니다. 브누엘은 최전방에 있으므로 적이 쳐들어오는 것을 가장 먼저 알아서 이스라엘에게 알려주는 성이었습니다. 그러나 브누엘 사람들도 미디안 패잔병이 도망치는 것을 그냥 보기만 했습니다. 기드온이 브누엘에 와서 브누엘 사람들에게 숙곳에서 했던 것 같이 "우리가 세바와 살문나를 쫓는데 너무 지쳐 있으니까 떡을 좀 달라"고 요청했습니다. 그랬더니 브누엘 사람들의 반응도 숙곳 사람들과 똑같았습니다. "너희가 지금 세바와 살문나를 잡은 것처럼 큰소리를 치는데 너희들은 그 근처에도 가지 못할 것이다. 우리는 나중이 귀찮아서 너희에게 떡을 주지 못하겠다"고 하면서 모욕하는 말을 했습니다. 이때 기드온은 브누엘 사람들에게 "우리가 세바와 살문나를 잡아가지고 올 때 너희 망대를 헐 것이라"고 경고했습니다. 브누엘 사람들에게는 망대의 자격이 없었기 때문입니다. 망대는 적이 쳐들어오는 것을 제일 먼저 발견해야 하고 가장 먼저 적과 싸워야 할 사람들인데, 그들은 망대만 가지고 있지 전혀 망대의 기능을 하지 않았기 때문입니다.

기드온은 하나님을 믿었기 때문에 같은 이스라엘 백성으로부터 무시를 당했고 전혀 도움도 받지 못했습니다. 그는 세바와 살문나를 잡아가지고 올 때 브누엘의 망대를 헐겠다고 선포했습니다.

3. 기드온의 승리 비결

기드온과 삼백 명에게 궁금한 것은 지금 도망치고 있는 미디안의 만 오천 명이 아직도 패닉에 빠져 있을까 하는 점이었습니다. 이들이 아직도 겁에 질려 있고 정신이 거의 나가 있다면 싸워서 승산이 있겠지만, 이들이 도망치면서 제정신이 들었다면 삼백 명으로 만 오천 명을 이긴다는 것은 불가능할 것입니다.

그런데 기드온이 만 오천 명을 이길 수 있는 하나님의 비결이 있었습니다. 그것은 기드온이 놀랍게도 아무도 다니지 않는 비밀 통로를 발견했기 때문입니다.

8:11, "적군이 안심하고 있는 중에 기드온이 노바와 욕브하 동쪽 장막에 거주하는 자의 길로 올라가서 그 적진을 치니"

여기서 가장 중요한 것이 "장막에 거주하는 자의 길"입니다. 이것은 바로, 유목민들이 몰래 다니는 비밀 통로였습니다. 이 길을 기드온이 유목민에게서 들었던지, 아니면 누군가가 보고 기드온에게 알려준 것 같습니다. 미디안의 패잔병들은 이제 광야에 거의 다 왔기 때문에 모두 안심하고 엎어져서 자고 있었습니다. 이때 기드온은 삼백 명에게 용기를 주기를 "우리가 피곤하면 적도 피곤하고, 우리가 배가 고프면 적도 배가 고프다. 그러나 우리에게는 하나님의 능력이 있다. 두려워하지 말라"고 격려했습니다. 기드온과 삼백 명은 유목민이 다니는 비밀 통로로 몰래 올라가서 엎어져 있고 잠자고 있는 미디안 군대를 덮쳤습니다. 그래서 기드온은 미디안 장수 세바와 살문나를 사로잡고 만 오천 명을 죽였습니다.

기드온은 세바와 살문나를 잡고 돌아오면서 숙곳의 아이를 하나 붙들었습니다. 기드온은 그 아이에게 숙곳의 지도자들의 이름을 다 적으라고 하니까 아이가 77명의 이름을 적었습니다. 기드온은 숙곳에 가서 모든 백성을 모아놓고 너희들이 우리를 업신여기기를 "어떻게 세바와 살문나가 너희 손에 있다고 떡을 달라고 하느냐고 조롱하였는데 여기에 세바와 살문나가 있다"고 하면서 지도자들 77명의 명단을 불러서 그들을 들가시와 찔레로 때려서 피투성이로 만들었습니다. 그리고 기드온은 망대가 있는 브누엘에 가서 망대를 헐고 그곳 사람들을 다 죽였습니다. 그들은 이스라엘의 최전방에 있는 자들로서 임무를 다하지 않았기 때문입니다.

그리고는 세바와 살문나를 처형하게 되었습니다. 기드온이 세바와 살문나에게 "너희들이 죽인 자들이 어떤 자들이었느냐?"고 물으니까 "모두 너같이 생기고 전부 왕자 같았다"고 했습니다. 기드온은

"그들이 바로 이스라엘이고 하나님의 백성이라"고 하면서 "너희가 만일 그들을 살려주었더라면 나도 너희를 살려줄 수 있었겠지만, 너희가 고귀한 자를 죽였기 때문에 너희들을 살려둘 수 없다"고 했습니다. 기드온은 처음에 자기 아들에게 세바와 살문나를 칼로 쳐 죽이라고 했지만 아이가 어려서 무서워서 죽이지 못했습니다. 적의 장군들이 어린아이의 칼에 죽는 것은 엄청난 수치였습니다. 결국 기드온이 직접 세바와 살문나를 죽이고 그들의 낙타에서 초승달 모양의 장식을 떼어서 기념으로 가졌습니다. 초승달 모양의 장식품 하나가 기드온의 전리품이었습니다.

하나님의 백성에게는 이 세상 살아가면서 하나님께서 기회를 주실 때가 있습니다. 이것은 단 한 번 있는 기회입니다. 이때 다른 사람들과 말싸움할 시간도 없고 먹는 것 가지고 다툴 수도 없습니다. 하나님이 부흥의 기회를 주시고 사탄을 이길 기회를 주셨을 때 그 기회를 놓치면 안 됩니다.

우리 모두 큰 목표를 가지고 살아가시기 바랍니다. 그래서 하나님이 어떤 기회를 주시더라도 살려내어서 하나님께 큰 영광을 돌려드리시기를 바랍니다.

14

포기하지 못한 것

삿 8:22-35

한때 우리나라에서 존경받던 목사님이 계셨습니다. 그분은 우리 나라에서 가장 큰 교회 중 하나를 목회하고 계셨습니다. 이 목사님은 설교를 시작하면서 "하나님 우리 아버지'라고 기도하는데 그 음성만 들어도 은혜 될 때가 많았습니다. 그러나 이분은 은퇴하고 난 뒤에 교회를 너무 사랑해서 그 교회를 포기하지 못했습니다. 그래서 그분은 신임 목사를 내쫓고 결국 나이가 든 자기 아들을 신학 공부하게 한 후에 억지로 그 큰 교회를 맡게 했습니다. 그로 인해 그 교회는 다툼과 분쟁이 그치지 않았습니다. 어느 날 이 노 목사님은 구십이 넘어서 휠체어를 타고 기자회견을 했습니다. 그분은 아들에게 무리하게 교회를 물려준 것은 큰 잘못이라고 고백했습니다. 그러나 그때는 이미 교회가 큰 상처를 입고 난 후였습니다. 그분이 교회를 사랑하는 것은 좋지만 교회를 포기하지 못했기 때문에 교회는 하나님의 은혜를 잃어버리게 되었고 많은 교인은 그 싸우는 교회를 떠나게 되었습니다.

우리나라 제주도의 해녀는 세계적으로 유명합니다. 해녀가 바다에서 들어가서 건져내는 전복이나 멍게, 해삼의 수입이 상당하다고 합니다. 그렇게 실력이 좋은 해녀도 가끔 바다에서 사고가 나서 죽는 경우가 있다고 하는데, 그것은 모두 욕심 때문이라고 합니다. 경험이 적은 해녀가 바다에 들어가서 숨을 참고 전복이나 해삼을 땄는데 물 위로 올라오려고 하면 저 아래에 더 크고 좋은 것들이 보이는 것입니다. 그래서 저것까지 따고 올라가야겠다고 해서 시간을 지체하면 그만 숨이 차서 사고가 난다고 합니다. 그래서 해녀들의 철칙은 물 위로 올라가게 되었을 때 아무리 크고 좋은 것이 보여도 포기하고 올라가야 한다는 것입니다.

사람마다 자기가 너무 사랑하고 아끼기 때문에 도저히 포기할 수 없는 것들이 있습니다. 그런데 그것을 끝까지 포기하지 못하고 집착하는 바람에 결국 아주 좋지 않은 이미지를 주게 되고, 한평생 쌓아올린 존경심이나 신뢰를 다 잃고, 심지어는 자신의 목숨까지 잃는 경우가 간혹 있습니다.

기드온은 정말 아무것도 없는 빈손으로 이스라엘을 멸절시키려고 온 미디안 병사 13만 5천 명을 완전히 패배시킨 장수였습니다. 그러고서도 기드온은 미디안 사람들이 남긴 전리품에 욕심내지 않았습니다. 그는 자기가 죽인 세바와 살문나가 타고 다니던 낙타의 목에 걸려 있던 초승달 모양의 장식품을 떼어서 가졌을 뿐입니다. 이때 기드온의 인기는 절정이었습니다. 이스라엘 백성은 기드온을 너무 좋아한 나머지 기드온에게 이스라엘의 왕이 되어달라고 부탁했습니다. 그러나 기드온은 그것까지 포기했습니다. 이 세상에 왕이 되어달라고 하는데도 포기하는 사람은 많지 않을 것입니다. 그러나 후에 기드온은 다른 두 가지를 포기하지 못했습니다. 그것 때문에 기드온의 존경과 신뢰는 거의 다 깎이고 말았습니다.

1. 이스라엘의 왕이 되라는 요구

기드온이 전리품 같은 것에는 욕심을 내지 않고 끝까지 미디안 패잔병을 쫓아가서 그들을 모두 다 죽이고 돌아왔을 때, 이스라엘 백성은 기드온을 새로운 눈으로 보게 되었습니다. 처음에 이스라엘 백성은 기드온이 도저히 미디안의 13만 5천 명을 물리치지 못할 것으로 생각했습니다. 그러나 기드온은 이상하게 삼백 명만 뽑아 칼이나 창을 가지지 않고 나팔과 횃불과 항아리만 들고 나가서 미디안 군사 13만 5천 명을 박살 내었습니다. 미디안 사람들이 남긴 전리품은 어마어마했습니다. 그러나 기드온은 그 많은 전리품을 쳐다보지도 않았습니다. 기드온은 에브라임 지파가 시비를 걸고 싸우려고 하는데도 자세를 낮추며 사과했습니다. 그리고 먹지도 못하고 자지도 못한 상태에서 만 오천 명이나 되는 미디안 도망병들을 추격했습니다. 결국 기드온은 유목민이 다니는 길을 찾아내어서 쉬고 있던 미디안의 패잔병 만 오천 명을 죽이고 그 우두머리 세바와 살문나를 잡아와서 죽였습니다.

이스라엘 백성이 승리하고 돌아온 기드온에 대하여 가진 기대와 존경은 엄청났습니다. 그래서 이스라엘 백성이 기드온에게 할 수 있는 요구는 기드온을 자기들의 왕으로 삼는 것밖에 없다고 생각했습니다. 그래서 이스라엘 백성은 모두 기드온에게 몰려와서 "우리의 왕이 되어 달라"고 요구했습니다. 그리고 "당신만 우리의 왕이 되는 것이 아니라, 당신의 아들과 당신의 손자까지 우리의 왕이 되어서 우리를 다스려 달라"고 간청했습니다.

8:22, "그 때에 이스라엘 사람들이 기드온에게 이르되 당신이 우리를 미디안의 손에서 구원하셨으니 당신과 당신의 아들과 당신의 손자가 우리를 다스리소서 하는지라"

이때 기드온에 대한 이스라엘 백성의 지지는 절대적인 것이었기 때문에, 기드온이 OK만 하면 기드온은 만장일치로 이스라엘의 왕이 될 수 있었을 것입니다. 그리고 이스라엘 백성은 "우리는 당신에게만 충성을 바치는 것이 아니라 당신의 아들과 당신의 손자에게까지 충성을 다하겠다"고 약속했습니다. 왕이 된다는 것은 얼마나 대단한 일입니까?

그러나 기드온은 한마디로 이스라엘 백성의 제안을 거부했습니다. 기드온은 이스라엘 백성에게 너희들의 왕이 되지 않을 것이라고 했습니다. 그리고 나의 아들이나 나의 손자도 이스라엘을 다스리지 않을 것이라고 했습니다. 기드온은 이스라엘의 왕은 오직 하나님이시기 때문에 하나님이 이스라엘을 다스릴 것이라고 대답했습니다. 이스라엘의 왕은 다른 나라의 왕과는 달랐습니다. 다른 나라는 나라 자체가 왕의 것이므로 왕은 자기 마음대로 나라를 다스릴 수 있었습니다. 그러나 이스라엘의 왕은 하나님이셨습니다. 그리고 이스라엘에 설사 왕이 있다 하더라도 그것은 이스라엘 백성이 세울 수 있는 것이 아니었습니다. 이스라엘의 왕은 하나님이 기름을 부어서 세워야 왕이 될 수 있었습니다. 그래서 기드온이 이스라엘 백성의 제안을 받고 왕의 자리를 수락한다면 하나님을 제쳐놓고 자기가 하나님의 자리에 앉게 되는 것입니다.

나중에 이스라엘에 왕이 생깁니다. 그러나 이 왕들도 이스라엘이 자기 나라가 아니었습니다. 이스라엘 백성은 하나님의 양 떼이고 왕은 그들의 목자였습니다. 왕은 양들을 푸른 초장과 맑은 물가로 데리고 가서 먹이면 양들은 살이 찌고 좋은 털을 만들고 새끼를 낳습니다. 오늘의 목사도 교회가 자기의 것이 아닙니다. 그리고 교회는 회사같이 무슨 프로젝트를 만들어 키우거나 사업을 하는 곳이 아닙니다. 목사는 교인들을 하나님의 말씀으로 잘 먹이면 교인들이 기도하게 되고 부흥이 일어나며 복을 받게 되는 것입니다. 그래서 기드온은

"이스라엘을 다스리는 하나님이 계신데 왜 내가 이스라엘의 왕이 되어야 하느냐? 그것은 하나님이 알아서 하실 일이다"라고 하면서 자기는 절대로 왕이 되지 않겠다고 했습니다. 그래서 기드온은 왕에 대한 욕심이 없었기 때문에 이스라엘 백성의 요청을 거절할 수 있었습니다. 기드온이 자신은 물론 자기의 아들이나 손자도 이스라엘을 다스리지 않고 하나님께서 너희를 다스릴 것이라고 하는 말은 이스라엘의 놀라운 신앙이었습니다. 기드온은 이 말 한마디로 그의 믿음을 나타내었습니다.

2. 기드온이 포기하지 못한 것

요즘 정년퇴직을 하는 분들이 많습니다. 이제는 노인 인구가 많아지니까 신문에서 많이 다루는 것 같습니다. 어떤 분은 한평생을 직장에서 근무하다가 그만두니까 할 일이 없어지게 된 것입니다. 그가 인생에 가장 좋았을 때는 직장에 다닐 때였습니다. 그러나 이제는 그가 할 수 있는 일이 없었습니다. 무슨 일을 새로 배우려고 해 봤지만 그것도 쉬운 일이 아니었습니다. 어떤 대기업체 간부까지 했던 분도 일을 그만두니까 할 일이 없어서 아파트나 상가의 경비원으로 일을 하고 있었습니다. 그는 그 일도 그만두라고 할까 봐 걱정이라고 했습니다.

기드온은 한번 큰 전쟁을 하고 난 후 왕이 되지 않겠다고 했으니까 이제 그도 역시 은퇴해야만 했습니다. 기드온은 이제 평범한 사람으로 돌아와야 했습니다. 그런데 기드온은 미디안과 싸우면서 참 놀라운 체험을 했습니다. 기드온은 처음에 하나님의 사자가 찾아왔는데도 모르고 음식을 대접하려고 염소 새끼 고기와 떡과 국을 가져왔다가 하나님의 사자가 그 음식들을 바위 위에 두고 그 위에 국을 부은 후 지팡이를 대니까 갑자기 그 음식에 불이 붙었습니다. 그때 기드온은 하나님의 제사가 그렇게 무서운지 처음 경험했습니다. 기드온은 자기가 죽을 줄 알고 벌벌 떨었습니다. 그러나 하나님은 기드온에게 "여호와 샬롬"이라고 하시면서 "너는 죽지 않을 것이라"고 했습니다. 그런데 이 제사를 드린 후에 기드온은 더 놀라운 체험을 하게 되었습니다. 그것은 그의 귀에 하나님의 음성이 들리기 시작한 것이었습니다. 마치 그의 귀에 이어폰을 낀 것처럼 하나님의 음성이 들렸습니다. 그래서 하나님은 양털로 하나님이 임재하는 것을 시험하게도 하셨고, 또 이스라엘 백성이 3만 2천 명이 싸우러 몰려왔을 때도 돌려보내게 하셨습니다. 그리고 남은 삼백 명이 13만 5천 명의 미디안 군대와 싸울 때도 하나님은 음성으로 나팔과 횃불과 항아리를 가지고 미디안 진영으로 가라고 말씀하셨던 것입니다. 그리고 기드온이 미디안의 세바와 살문나와 만 오천 명의 패잔병을 추격할 때도 그의 귀에 하나님의 말씀이 계속 들렸던 것입니다. 결국 기드온이 전쟁에서 완전하게 승리할 수 있었던 것은 그가 바로 그의 귀에 들리는 하나님의 음성이 지시하는 대로 했기 때문입니다.

그런데 기드온은 전쟁이 끝난 후에 하나님의 음성이 들리지 않는 것이 두려웠습니다. 그는 다른 욕심은 다 버렸지만 하나님의 음성만은 계속 듣고 싶었습니다. 기드온은 여기에 보통 집착한 것이 아니었습니다. 그래서 기드온은 이스라엘 백성이 하나님의 음성을 들을 수 있는 방법이 무엇인지 알아내었는데, 그것은 바로 제사장의 에봇이라는 앞치마를 입고 하나님의 뜻을 묻는 것이었습니다. 제사장의 앞치마에는 우림과 둠밈이라는 보석이 있었는데, 그것이 하나님의 뜻을 말해주었던 것입니다. 기드온은 하나님의 음성을 직접 듣는 것이 너무나도 좋았기 때문에 그것만은 포기하고 싶지 않았습니다.

그래서 기드온은 자기가 은퇴한 후에도 하나님의 말씀을 듣고 사람들을 가르쳐주고 싶었습니다. 그래서 기드온은 이스라엘 백성에게 요구했습니다. "내가 너희에게 한 가지 요구할 것이 있는데 그것은 너희들이 탈취한 미디안의 물건 중에서 귀고리를 전부 나에게 주었으면 좋겠다"라고 했습니다. 왜 기드온이 다른 것도 아니고 이방인들이 끼고 있던 귀고리를 달라고 했을까요? 이것은 기드온도 하나님의 말씀을 계속 듣는 방법을 몰라서 이방인들이 하는 방법에 따라갔던 것입니다. 즉 그는 이방인들의 귀고리가 하나님의 음성을 듣는 데 도움이 될 것으로 생각한 것입니다. 이것은 그가 일시적으로는 하나님의 음성을 들었지만 계속 듣는 방법을 배우지 못해서 그런 행동을 한 것입니다.

하나님의 음성을 계속 들으려고 하면 율법을 계속 듣고 묵상해야 합니다. 그러다 보면 하나님의 영감이 임하면서 하나님의 음성이 들리기 시작합니다. 그러나 기드온은 이런 방법을 몰랐기 때문에 이스라엘 백성이 탈취한 귀고리를 달라고 했던 것입니다. 그러니까 이스라엘 백성은 기꺼이 귀고리를 모아서 주었습니다. 그때 이스라엘 백성이 기드온을 위하여 얼마나 많은 귀고리를 모았던지 그 무게가 금 칠천칠백 세겔이라고 했습니다. 그 외에도 초승달 장식도 있었고 낙타 목에 둘렀던 사슬도 있었습니다. 여기서 우리는 기드온이 왜 세바와 살문나를 죽인 후 낙타 목에 걸린 초승달 장식을 떼서 가졌는지 짐작할 수 있습니다. 전쟁이 끝난 후에 기드온에게서 하나님의 영감이 떠났던 것입니다. 그리고 그는 그저 평범한 사람으로 돌아가게 되었습니다. 이것이 기드온에게는 미칠 듯이 답답했던 것입니다.

사울 왕 같은 경우에도 처음에는 하나님의 영감이 있었는데 나중에 그가 말씀에 불순종하니까 영감이 떠나버렸습니다. 그러니까 사울 왕의 우울증과 히스테리가 너무 심해지게 되어서 결국 그는 무당을 찾아가서 사무엘의 음성을 들으려고 했습니다. 물론 그는 사무엘의 음성을 무당을 통해서 들었습니다. 그러나 그것은 사무엘의 음성이 아니고 악령의 소리였습니다(삼상 28:3-25).

청교도 시대에 한 목사님이 있었는데, 그분은 설교를 잘하지 못했습니다. 그런데 어느 날 이분이 잠을 자고 나니까 달라져 있었는데, 그에게 성령의 영감이 임해 있었던 것입니다. 그래서 그 후부터 이분은 사자 같이 설교했고 그가 설교할 때마다 많은 사람이 회개했습니다. 그러다가 몇 년 지난 후 이분에게서 영감이 떠나가게 되었습니다. 그 후부터 또다시 평범한 설교를 하다가 인생을 마쳤다고 합니다. 아마 하나님의 종들 중에서 능력이 어떤 때는 임했다가 어떤 때는 임하지 않으면 자기 스스로도 미치칠 것 같습니다.

기드온은 다시 평범한 사람이 되어 버렸습니다. 그런데 그는 하나님의 말씀은 계속 듣고 싶어서 자기 마음대로 에봇을 만들었습니다. 그것은 미디안 사람들이 가졌던 귀고리를 가지고 이스라엘 제사장이 입던 앞치마를 만든 것입니다. 그는 금으로 앞치마를 만들어서 아마 옷걸이 같은데 입혀서 세워둔 것 같습니다. 그랬더니 그때부터 이스라엘 백성은 이 기드온이 만든 에봇에 하나님의 영감이 있다고 생각해서 모여들기 시작했습니다. 그래서 이제는 기드온의 집이 우상 숭배의 중심지가 되어 버렸습니다. 사람들은 그 금 에봇 앞에 음식을 바치기도 하고, 두 손을 모아 빌고 절을 하기도 했습니다. 기드온이 아무리 이스라엘 백성에게 가라고 해도 그들은 가지 않고 계속 모여들었습니다.

하나님의 백성이 타락하는 단계가 있는데, 처음에 교회를 나가지 않으면 담배부터 피웁니다. 그다음에는 술을 마십니다. 그리고 그다음에는 도박하든지 음란에 빠질 것입니다. 어떤 경우에는 교회를 다니면서도 음란한 관계를 가지는 사람들도 있습니다. 이것은 전부 회개하면 됩니다. 모든 것을 버리고 빈 손들고 주님께 나아오면 됩니다. 그러나 이스라엘 백성은 타락하면 바로 우상 숭배를 했습니다. 그들은 하나님과 언약한 관계이기 때문에 우상 숭배하는 것 자체가 음란이었습니다. 그리고 그다음에는 실제로 이방인들과 음란한 행동을 했습니다. 그리고는 그 함정에서 빠져나오지 못했습니다. 기드온은 하나님의 음성이 들리지 않으면 다시 차근차근하게 율법을 공부하고 묵상했어야 하는데, 한꺼번에 옛날의 음성을 다시 들으려고 하다가 이스라엘 백성을 타락시키는 일을 하게 되었던 것입니다.

3. 기드온의 많은 아들들

사람들은 무엇인가 열등감을 느끼면 그것을 더 보충해서 자신의 열등한 부분을 채우려고 합니다. 기드온이 가장 열등감을 느꼈던 부분은 자기 집이 너무 힘이 없다는 것이었습니다. 기드온의 집이 힘없는 이유는 자식들이 적었기 때문입니다. 그래서 기드온은 자기 집을 아주 크게 해야겠다는데 욕심을 가졌습니다. 그래서 기드온은 집에 돌아가자마자 부인을 많이 두고 자식들을 많이 두었습니다.

8:30, "기드온이 아내가 많으므로 그의 몸에서 낳은 아들이 칠십 명이었고"

기드온은 자기 집을 정말 큰 집으로 만들었습니다. 그래서 기드온이 낳은 아들만 해도 칠십 명이었습니다. 기드온이 아들을 칠십 명 낳으려면 부인이 도대체 몇 명이 있어야 했을까요? 여자 한 명이 두 명씩 낳는다고 해도 서른 명이 넘는 부인이 있어야 했을 것입니다. 심지어 이스라엘 여자만으로는 성이 풀리지 않아서 세겜에 있는 이방 여인을 첩으로 두었는데, 그에게서 아비멜렉이라는 아들이 생기게 됩니다.

기드온이 큰 승리를 거두고 난 후에 왕이 되는 것을 거부하는 것까지는 좋았지만 하나님의 음성을 듣지 못하니까 우상 숭배에 빠지고 음란에 빠지고 말았습니다. 결국은 이 칠십 명의 아들들이 아비멜렉이라는 첩의 아들에 의해서 한 명 빼놓고는 모두 한꺼번에 죽임을 당하고 맙니다.

우리가 하나님의 뜻대로 하지 않은 것은 끝에 가서 결과가 좋지 못합니다. 결국 기드온이 늙어서 죽으니까 이스라엘 백성은 모두 내놓고 우상 숭배를 하게 되었고, 그들을 미디안의 손에서 건져내신 하나님까지 다 잊어버리고 말았습니다. 그들은 목숨을 걸고 이스라엘을 미디안의 손에서 구원한 기드온도 잊어버렸고, 그의 집도 기억하지 않았습니다. 이스라엘 백성은 원래 타락했던 상태로 돌아가고 말았던 것입니다. 그리고 다음 장에서 보겠지만, 결국 기드온의 첩의 아들이 엄청난 사고를 치고야 맙니다.

한때 잘해도 끝까지 잘하지 못하면 그가 남긴 모든 것이 우상 숭배가 되고 자손들이 타락하는 수단이 될 수 있습니다. 끝까지 자신의 갈 길을 잘 달려가는 것은 참 어렵습니다. 그러나 사도 바울은 자기가 달려갈 길을 다 달려갔다고 고백하고 있습니다(딤후 4:7). 우리는 마라톤을 하고 있습니다. 결승점까지 잘 달리시기를 바랍니다.

15

돌연변이

삿 9:1-21

가끔 우리는 '돌연변이'라는 말을 할 때가 있습니다. 이것은 원래 정상적으로는 그런 자식이 태어날 수 없는데 이상한 변이를 일으켜서 부모를 전혀 닮지 않은 후손이 태어나는 것을 말합니다. 예를 들어서 새까만 백조가 나온다든지, 하얀 호랑이가 나온다든지 하면 돌연변이라고 하든지 아니면 이런 자식이 태어날 가능성은 백만분의 일이라는 식으로 말을 합니다.

그러나 가끔 돌연변이 중에는 좋은 돌연변이도 있습니다. 우리나라에 유명한 목사님이 있습니다. 이분은 원래 사업을 했는데 도박에 심하게 빠져서 매일 새벽에 집에 들어오다가 어느 날 아내가 일기장을 쓰다가 잠든 것을 보았습니다. 아내의 일기장에 자살할까 하는 이야기가 있는 것을 보고 정신을 차려서 그 후에 신앙생활을 착실히 하고 늦게 신학을 한 후에 목사가 되었습니다. 이분은 두 번 교회를 개척하셨는데 절대로 예배당을 짓지 않았습니다. 처음 교회는 여고 강당을 빌려서 목회했는데 천 명 이상 모이는 큰 교회가 되었습니다. 그는 교인들에게 딱 십 년만 목회하겠다고 약속했고, 정말 십 년이 되었을 때 그 교회를 사임했습니다. 그리고 두 번째 교회를 개척했는데, 양화진에 있는 외국인 선교사 기념관에서 목회했습니다. 그 교회도 몇천 명이 모일 정도로 큰 교회가 되었습니다. 그런데 이분의 아들 중에 돌연변이가 생겨났습니다. 셋째 아들이 가수가 되었는데, 어느 방송국에서 주최한 무명가수대회에서 일등을 하고 유명하게 되었습니다. 이 아들은 아버지보다 더 유명한 사람이 되었습니다.

우리 교회도 좋은 돌연변이가 있는데, 한 청년은 영화배우가 되어서 지금 막 이름이 뜨고 있습니다. 물론 우리 교회 청년들이 못생긴 것은 아니지만 영화배우 할 수준은 아닌데 돌연변이가 일어난 것입니다. 또 어떤 한 자매는 제가 유아세례를 주었던 자매인데, 돌연변이를 일으켜서 미스코리아로 뽑혔습니다. 물론 일등으로 뽑힌 것은 아니지만 상위권으로 뽑혔습니다. 이런 예들은 좋은 돌연변이라고 할 수 있습니다.

그러나 돌연변이 중에는 나쁜 돌연변이도 있습니다. 사람들은 우리나라 제5공화국 군사정권은 돌연변이로 생긴 정권이라고 생각합니다. 즉 정상적으로는 이런 정권이 생길 수 없는데, 야망을 가진 군인들이 쿠데타를 일으켜서 정권을 잡은 것입니다. 그들은 이 과정에서 민주화를 요구하는 많은 광주 시민을 학살하는 일을 주도하기도 했습니다. 그때가 우리나라 경제가 좋았다고 하지만 군사 쿠데타로 우리나라 민주주의는 한 50년 이상 후퇴하게 됩니다.

이스라엘의 영웅 기드온이 죽은 후에 이스라엘에도 이런 돌연변이가 등장하게 됩니다. 그는 기드온이 이방 여자에게 가서 낳은 아비멜렉이라는 아들이었습니다.

1. 기드온이 뿌린 씨

원래 기드온은 아주 평범한 사람이었습니다. 평범하다 못해 아주 소심하고 겁이 많은 사람이었습니다. 그런데 기드온의 특징 중 하나는 그가 성경을 믿는 사람이었다는 사실입니다. 그는 모세의 기적을 믿었고 여호수아의 기적을 믿었습니다. 그런데 이스라엘에 그 능력이 없어진 것을 보고 매우 괴로워했습니다. 하나님은 그 기드온을 아시고 기드온을 찾아가셔서 그에게 사명을 주셨습니다. 기드온은 오직 삼백 명의 이스라엘 백성을 데리고 13만 5천 명이나 되는 미디안 사람을 쳐부수었습니다. 이스라엘 백성은 이 엄청난 승리를 거둔 기드온을 열렬하게 환영했고, 기드온에게 이스라엘의 왕이 되어달라고 요구했습니다. 그러나 기드온은 왕이 되지 않겠다고 했습니다. 왜냐하면 이스라엘의 왕은 하나님이시기 때문입니다. 그럼에도 이스라엘 안에서 기드온의 인기는 그야말로 하늘을 찌를 듯했습니다. 기드온은 이제 옛날의 평범한 기드온으로 돌아가야 하는데 너무나도 인기가 높은 나머지 평범한 기드온으로 돌아갈 수 없었습니다.

그런데 전쟁이 끝난 후 기드온에게 나타난 현상은 더 이상 하나님의 말씀이 들리지 않는다는 사실이었습니다. 기드온은 옛날같이 하나님의 음성을 듣고 싶어서 백성이 이방 족속에게서 빼앗은 귀고리로 제사장의 에봇을 만들었지만, 하나님의 음성은 들리지 않았습니다. 결국 기드온은 점점 정욕적인 삶으로 빠지게 되었습니다. 기드온은 부인을 적어도 20명 이상을 둔 것 같습니다. 기드온은 하나님의 말씀이 들리지 않으니까 성적으로 타락하게 된 것입니다. 그러니까 기드온은 아들만 70명이 있었습니다. 기드온은 그것으로도 만족하지 못해서 세겜에 가서 이방 여인과 관계해서 아비멜렉이라는 아들까지 두었습니다. 그런데 바로 이 아비멜렉이 나쁜 돌연변이었습니다.

우리는 여기서 아무리 훌륭한 하나님의 종이라 하더라도 하나님의 말씀이 들리지 않으면 미신적인 신앙이나 정욕적인 생활에 빠지게 되고, 그 결과 세상적인 돌연변이가 생기게 된다는 사실을 알아야 합니다. 아무리 믿음이 좋은 기드온이라 하더라도 하나님의 말씀이 들리지 않으니까 결국 정욕적인 생활에 빠지게 되어서 많은 여인과 성관계를 맺게 되고 많은 아들을 두었습니다. 70명의 아들이니까 얼마나 많습니까? 그런데 그것도 만족하지 못해서 이방 여자와 관계해서 아들을 낳았는데 바로 이 아들이 돌연변이 변종이었습니다.

기드온의 70명의 아들들은 이스라엘 여인들의 아들이었으므로 기본적으로 마음속에 하나님께 대한 믿음이 있었습니다. 그런데 이 이방 여인의 아들 아비멜렉은 마음속에 열등감과 반항 의식과 야망으로 가득 차 있었습니다. 아마 기드온의 70명의 아들들은 착실한 사람들이었지만, 아비멜렉을 이방 여인의 아들이라고 해서 같은 기드온의 아들로 인정하지 않았던 것 같습니다. 그래서 아비멜렉은 어렸을 때부터 기드온의 아들들에게 따돌림당했고 마음속에 열등감과 분노와 야망으로 가득 차게 되었습니다.

"뿌린 대로 거둔다"는 말이 있습니다. 부모가 말씀대로 잘살면 신앙이 좋은 아들들이 생기지만, 부모가 정욕적으로 살면 자식들 가운데 돌연변이를 일으켜서 아주 반항적이고 사고만 치는 자식이 생기게 되는 것입니다. 우리나라에서도 어머니는 그렇게 신앙이 좋으신 권사님인데, 아들은 돌연변이를 일으켜서 강의할 때마다 기독교와 교회를 향해 욕을 하고 궤변을 쏟아내는 학자가 있습니다. 이 사람은 원래 신학교를 나온 전도사였습니다. 그런데 얼마 전에 또 기독교에 대해 강의하면서 자기 어머니를 생각해서 강의한다고 했습니다. 이 사람을 보면 머리는 좋은 것 같은데 마음속에는 학문의 열등감과 기독교에 대한 나쁜 감정이 꽉 차 있는 것을 볼 수 있습니다.

2. 아비멜렉의 야망

이방 여인의 아들인 아비멜렉은 어느 정도 자랐을 때, 아버지 기드온이 옛날 이스라엘 백성으로부터 왕으로 추대를 받았지만 거절했다는 사실을 알게 되었습니다. 이것이 아비멜렉에게는 이해되지 않았습니다. 백성이 만장일치로 아버지를 왕으로 추대하는데 아버지는 무슨 이유로 그것을 거절한다는 말입니까? 그런데 이것은 기드온의 아들들도 다 마찬가지였습니다. 이 70명의 아들들도 아버지의 가르침을 받아서 왕이 될 생각은 꿈에도 갖고 있지 않았습니다. 아비멜렉은 아버지나 형들이나 모두 바보라고 생각했습니다. 그래서 아비멜렉은 자기가 이스라엘의 왕이 될 결심을 했습니다.

왕이라는 것은 자기 혼자의 힘으로 될 수 있는 것이 아니기 때문에 아비멜렉은 이방 여인인 자기 어머니의 족속을 찾아갔습니다. 이들은 모두 세겜 족속이었고 이방인들이었습니다. 기드온은 세겜 족속을 찾아가서 그들에게 충동질했습니다. 그는 "나는 너희들과 똑같은 세겜 족속이다. 그런데 이스라엘 백성은 우리가 이방인이라고 차별하는데 한번 생각을 해보라"고 했습니다. 그러면서 "기드온의 아들 70명이 모두 왕이 되어서 너희들을 다스리는 것과 같은 동족인 나 한 사람이 왕이 되는 것 중에 어느 것이 너희에게 좋겠느냐?"고 했습니다. 사실 이 말은 거짓말입니다. 기드온의 아들 70명 중에 어느 누구도 왕이 되고 싶어 하는 아들은 없었기 때문입니다. 그러나 아비멜렉은 거짓말로 세겜 족속과 기드온의 아들들 사이를 이간질했습니다. 세겜 족속이 가만히 생각해 보니까 자기들의 피가 흐르고 있는 아비멜렉이 왕이 되면 정치를 훨씬 자기들에게 유리하게 할 것 같았습니다. 그래서 세겜 족속은 동족의 피가 섞인 아비멜렉을 좋게 생각해서 거사 자금을 대주었습니다.

9:4, "바알브릿 신전에서 은 칠십 개를 내어 그에게 주매 아비멜렉이 그 것으로 방탕하고 경박한 사람들을 사서 자기를 따르게 하고"

여기 "바알브릿"이라고 했는데, '브릿'은 언약을 말합니다. 세겜 족속은 이스라엘의 지배를 받으면서도 여전히 바알을 섬기고 있었습니다. 세겜 사람들은 바알 신전에 바친 돈을 신전 안에 보관하고 있다가 분노와 야망으로 가득 찬 아비멜렉에게 은 70개를 주었습니다. 은 70개는 많은 돈은 아니지만, 요즘 말로 용역은 살 수 있는 돈이었던 것 같습니다. 아마도 세겜 족속은 기드온의 아들들이 70명이니까 한 명 해치우는데 은 한 개로 잡고, 70개를 주었는지도 모릅니다. 아비멜렉은 그 은 70개로 세겜의 불량배들을 사서 자기 부하로 삼고 70명의 형제를 죽일 기회를 찾았습니다.

드디어 아비멜렉은 이 불량배 용역들을 데리고 무슨 일이 일어나고 있는지 전혀 모르는 오브라 자기 고향에 있는 형제 70명을 덮쳐서 모조리 잡았습니다. 그리고 거기에 있는 큰 바위 위에서 한꺼번에 다 죽여 버렸습니다. 이것을 보면 아비멜렉이 얼마나 분노에 차 있었고 얼마나 기드온의 아들들을 미워했는지 알 수 있습니다.

그런데 우리가 이것을 보면 이해되지 않는 것이 있습니다. 아무리 아비멜렉이 열등감이나 야망을 가지고 있는 못된 놈이라고 하지만, 어떻게 이스라엘의 믿음의 영웅 기드온의 아들 특히 죄도 없는 아들 70명을 한꺼번에 그것도 한자리에서 죽게 할 수 있을까요? 하나님이 살아계신다면 아비멜렉이 70명을 죽이지 못하도록 지켜주셔야 하는 것이 아닐까요? 우리는 이런 일이 우리 주위에서도 심심찮게 일어나는 것을 볼 수 있습니다. 핼러윈 날이라고 해서 이태원에 갔던 청년들이 어떻게 157명이나 한꺼번에 깔려서 죽을 수 있습니까? 그중에는 분명히 교회 다니는 이들도 있었을 것입니다. 미국에서는 정신이 이상한 학생들이 학교에 총을 들고 들어가서 학생이나 선생님을 총으로 쏘아죽이고 자기도 자살하든지 총에 맞아 죽는 소식을 흔히 듣습니다. 어떻게 이런 일이 일어날 수 있습니까? 우리는 이 모든 이유를 다 알지 못합니다. 그러나 분명한 것은 이 세상에 분명히 사탄이 있어서 이 세상 사람이나 하나님의 백성을 공격한다는 사실입니다.

이 70명의 기드온의 아들을 사탄이 틈을 뚫고 공격한 것입니다. 이 기드온의 아들들은 악한 자들은 아니었지만 아버지 때부터 중단되었던 하나님의 음성을 듣지 못했다는 사실입니다. 아무리 하나님의 백성이라 하더라도 하나님의 음성을 듣지 못하면 상황 파악을 하지 못하고 죽음의 길에 빠질 수 있습니다. 그래서 하나님의 백성에게 가장 중요한 것은 하나님과의 통신이 회복되는 것입니다. 그것이 바로 하나님의 말씀을 듣는 법을 다시 익혀야 하는 것입니다. 이때 기드온의 아들 70명은 아버지의 명성으로 잘살고 있었지만, 아마도 영적으로 잠들어 있었던 것 같습니다. 그래서 아비멜렉이 기습했을 때 다 죽었던 것입니다.

기드온이 백성의 요구대로 왕이 되었더라면 아비멜렉이 감히 왕이 될 생각을 하지 못했을 텐데, 기드온은 하나님의 말씀대로 순종하는 바람에 70명의 아들들이 다 죽은 것입니다. 그러나 우리는 미래 일을 알 수 없습니다. 분명한 것은 마귀는 우리가 생각하는 이상으로 악하다는 사실입니다. 그리고 이런 일이 일어나지 않도록 평소에 깨어 있고 부흥이 일어나야 한다는 사실입니다. 그래서 하나님의 백성에게 가장 위험한 것은 낙심하는 것이고, 침체되는 것이고, 신앙이 식어있는 것입니다.

아비멜렉은 배다른 형제 70명을 몽땅 잡아 죽이고 스스로 왕이 되었습니다. 실제로 아비멜렉은 우선 이스라엘 전체의 왕이 되지는 못하고 세겜의 이방인들과 밀로 지역의 왕이 되었습니다.

9:6. "세겜의 모든 사람과 밀로 모든 족속이 모여서 세겜에 있는 상수리

나무 기둥 곁에서 아비멜렉을 왕으로 삼으니라"

아비멜렉은 그렇게 되고 싶었던 왕이 되었습니다. 그러나 그는 그 과정에 아무 죄가 없는 자기 형제 70명을 죽여야 했습니다. 그런데 아비멜렉은 70명을 다 죽인 줄 알았는데, 사실은 69명밖에 죽이지 못했습니다. 막내아들 요담은 다른 곳에 있었는지 아니면 덩치가 작아서 담 밑에 있는 구멍으로 도망쳤는지, 그 한 사람 요담은 놓치고 말았습니다. 아비멜렉은 차별을 받았다고 해서 같은 형제를 전부 다 죽이고 왕이 되었습니다. 대개 이런 사람들 눈에는 권력을 잡을 수 있는 구멍이 보입니다. 그러나 그것은 유혹입니다. 자신의 꿈을 실현해도 남을 해치지 말고 정상적인 방법으로 되어야 아름다운 것이지, 다른 사람을 죽이고 남의 눈에 피눈물을 흘리고 목적을 이루는 것은 자신에게도 비극이고 다른 사람들에게 비극입니다.

3. 요담의 예언

70명의 형제 중에 죽지 않고 살아서 도망친 막내아들의 이름은 요담이었습니다. 그는 아비멜렉을 피하여 도망치기 전에 세겜에 있는 그리심 산 위에 올라가서 세겜 사람들을 불렀습니다. 그는 세겜 사람들에게 "너희는 내 말을 들어야 한다. 그래야 하나님도 너희 기도를 들으실 것이라"고 소리쳤습니다. 그러니까 많은 세겜 사람이 그리심 산 밑에 모여서 요담의 이야기를 들었습니다.

요담은 비유를 들어서 이야기했습니다. 어떤 숲에서 나무들이 왕을 뽑기로 했습니다. 그런데 나무들이 무엇 때문에 왕을 뽑겠습니까? 그들은 모두 하늘에서 내리는 빗물을 받아먹고 햇빛을 받아서 잘 자라고 열매 맺으면 되는 것이지, 나무에게 무슨 왕이 필요합니까? 그러나 그 숲의 나무들은 별나서 왕을 뽑기로 했습니다. 그래서 왕이 된 나무는 다른 나무를 지배하고 자기는 최고의 나무가 되어서 칭찬도 받고 다른 나무의 숭배를 받기로 했습니다.

그래서 나무들은 가장 먼저 감람나무를 찾아가서 왕이 되어 달라고 했습니다. 그랬더니 감람나무는 "내가 열매로 기름을 짜서 성전의 불도 밝히고 사람들의 병도 치료하고 음식으로 사용하는데, 그 사명을 버리고 무엇 때문에 왕이 되어서 나무들 위에서 잘난 체하겠느냐?"고 하면서 거절했습니다. 감람나무는 나무의 왕이 되면 참 좋을 것 같은데 그렇게 우쭐거리는 것보다는 자기 사명이 더 중요하다고 주장했습니다.

그다음에 나무들은 무화과나무를 찾아가서 왕이 되어달라고 했습니다. 그랬더니 무화과나무는 무슨 소리를 하느냐고 하면서 "내 열매가 얼마나 사람들에게 도움이 되고 특히 배고픈 사람들에게 양식이 되는데, 그런 사명을 버리고 나무들 위에서 잘났다고 우쭐거리겠느냐?"고 반문하면서 거절했습니다.

그래도 나무들은 포기하지 않고 포도나무를 찾아가서 왕이 되어 달라고 했습니다. 그랬더니 포도나무는 "내 열매가 얼마나 사람들에게 맛있는 열매를 주고 그것으로 담은 포도주가 얼마나 귀한 일을 하는데, 내가 무엇 때문에 내 사명을 버리고 나무들 위에서 권력을 잡고 우쭐거리겠느냐?"고 하면서 거절했습니다.

결국 나무들은 할 수 없이 가시나무를 찾아가서 "우리 왕이 되어 달라"고 부탁합니다. 그러자 가시나무는 그렇지 않아도 열등감과 분노가 많은데 당장 되겠다고 하면서 그 대신 너희들은 내 가시 밑으로 다 들어와야 한다고 했습니다. 가시나무 밑으로 들어가면 얼마나 많이 찔리고 고통받겠습니까? 그러나 가시나무는 자기 그늘 밑에 들어오지 않으면 불이 가시나무에서 나와서 숲을 다 태워버릴 것이라고 협박했습니다. 사실 가시나무는 왕이 될 자격이 없습니다. 그러나 가시나무는 잘 난 체하고 싶어서 자격도 안 되는데 왕이 되겠다고 했습니다. 이 자격 없는 자가 바로 아비멜렉입니다.

여기서 중요한 사실은 모든 나무는 아무것도 하지 않는 것 같지만 나름대로 다 사명을 가지고 있다는 사실입니다. 감람나무는 기름으로 불을 붙여서 어둠을 밝게 하고, 무화과나무는 맛있는 열매를 사람들에게 제공하고, 포도나무는 포도주로 사람들의 마음을 기쁘게 했습니다. 가시나무도 얼마든지 사람들에게 기쁨이 될 수 있습니다. 다른 나무들을 지키는 담이 되면 되는 것입니다. 그러나 가시나무는 왕이 되어서 모든 왕 중에서 최고가 되려고 했습니다.

우리 모두에게도 사명이 있습니다. 평범한 직장인도 있고 교수도 있고 학교 선생님도 있고 장사하시는 분도 있고 옷 만드시는 분도 있고 농사를 짓는 분도 있습니다. 여인 중에는 직장을 가진 분도 있고 전업주부로 가족을 돌보고 모든 이야기를 들어주는 사람도 있습니다. 목사는 자기가 맡은 부서에서 설교하면 되고, 여전도사님들은 심방을 하고 어려운 자를 돌보면 됩니다. 이것이 우리가 왕으로 이 세상을 돕는 것입니다. 그러나 사람 중에는 자기가 최고가 되어야 직성이 풀리는 사람이 있습니다. 교회 중에서도 큰 교회가 되어야 하고 목사 중에서도 가장 유명한 목사가 되어야 직성이 풀리는 것입니다. 우리는 모두 최고가 되어야 할 이유가 없습니다. 교회 안에서도 각자가 맡아서 할 일이 있습니다. 모든 나무 위에서 '우쭐거린다'고 했습니다. 즉 모든 나무가 정치인이 되고 왕이 되고 대통령이 될 필요가 없는 것입니다. 대통령도 하나님이 주신 많은 사명 중의 하나입니다.

9:16, "이제 너희가 아비멜렉을 세워 왕으로 삼았으니 너희가 행한 것이 과연 진실하고 의로우냐 이것이 여룹바알과 그의 집을 선대함이냐 이것이 그의 손이 행한 대로 그에게 보답함이냐"

이 비유를 들어 요담은 세겜 사람을 책망했습니다. "세겜 사람 너희들도 미디안 사람들에게 종이 되어서 인질처럼 살았을 때 우리 아버지가 죽을 각오를 하고 싸워서 그들을 물리치고 너희에게 자유를 주었는데, 너희는 아비멜렉이 너희 집안 사람이라고 그가 충동질하는 말을 듣고 은인인 기드온의 아들 70명을 죽이고 아비멜렉을 왕으로 삼은 것이 과연 하나님께서 기뻐하시는 뜻이라고 생각하느냐?"고 물었습니다. 그리고 "만일 너희가 아비멜렉을 왕으로 삼은 것이 진실하고 의로운 일이면 너희들도 새 왕으로 기뻐할 것이고 아비멜렉도 너희들을 인하여 기뻐할 것이라"고 했습니다. "그런데 만일 너희들이 한 행위가 옳지 않고 진실하지 않으면 아비멜렉에게서 불이 나와서 너희들을 태워죽일 것이고 또 세겜 사람과 밀로 사람들에게서도 불이 나와서 아비멜렉을 태워죽일 것이라"고 경고했습니다. 그리고 요담은 아비멜렉이 잡으러 오려고 하니까 그리심산에서 도망쳐서 브엘이라는 곳에서 숨어 살았습니다.

사람 중에는 분노와 열등감으로 일을 해서 유명해지고 성공하는 사람들이 있습니다. 그러나 그 사람의 마음에는 불이 있어서 언제든지 다른 사람의 마음에 화상을 입힙니다. 그러면 결국 다른 사람도 그를 미워해서 분노의 불이 나와서 그를 태우게 되는 것입니다. 사람들의 마음속에 있는 분노는 끓는 불과 같습니다. 이것을 다른 사람에게 쏟아부으면 다른 사람의 마음이 홀랑 다 타게 됩니다. 그런데 사람 중에는 그것을 참는 사람이 있습니다. 그렇게 참는 사람은 자기 속이 홀랑 타서 나중에 우울증이나 화병으로 고생하다가 죽습니다.

요즘은 모든 사람이 마음속에 분노를 품고 살아가고 있습니다. 그래서 진정으로 아무도 믿지 않고 아무도 좋아하지 않습니다. 그리고 기회만 있으면 입에서 나쁜 분노의 말을 쏟아냅니다. 그러면 그 말을 들은 사람은 심장이 상해서 온갖 병이 생기고 어느 날 돌연사를 하든지 자살하게 됩니다. 그래서 예수님께서는 살인에 대한 말씀을 하시면서, 누구든지 다른 사람에게 화를 내어서 말을 하는 자는 재판을 받게 되고 바보라든지 무시하는 자는 지옥 불에 들어가게 된다고 했습니다(마 5:21-22).

우리 속에 들어 있는 분노를 식히는 방법은 자기 스스로 자가 치료를 해야 합니다. 즉 하나님이 주신 은혜나 베푸신 기적을 생각하면서 자기 자신을 설득하는 것입니다. 주님이 오실 때 우울증이라도 있고 심장병이라도 있고 암 수술한 흔적이라도 있어야 예수님을 맞이하지, 그런 것 하나 없이 자기 하고 싶은 대로 다하고 자기 할 말 다 하고 어떻게 주님 앞에 나아가겠습니까? 요즘 전쟁이나 지진이 일어나서 수많은 사람이 죽고, 사람들 마음에 분노가 가득 차고 자살하는 사람들이 이렇게 많은 것을 보면 주님 오실 때가 가까워지는 것 같습니다.

우리 모든 크리스천에게는 전부 소중한 사명이 있습니다. 우리가 하나님께 예배드리는 것 자체가 세상 사람들에게 엄청난 도움이 됩니다. 우리에게서 흘러 나간 생수가 이 세상 사람들의 마음을 치료하게 됩니다. 우리는 하나님의 음성을 듣지 못하면 안 됩니다. 우리가 하나님의 말씀을 놓치면 아무리 사람이 많아도 떼죽음을 당할 수 있습니다. 언제나 하나님의 말씀에 귀를 기울이고 안심하지 말고 자신의 사명을 잘 지키는 성도들이 다 되시기를 바랍니다.

16

악을 뿌린 결과

삿 9:22-57

농부는 밭에 씨를 뿌린 대로 거두게 됩니다. 밭에 콩을 심으면 콩이 생기게 되고, 감자를 심으면 감자를 거두게 됩니다. 이것은 사람의 마음도 마찬가지입니다. 사람의 마음에 미움이나 원한을 심으면 복수나 살인이라는 악한 열매가 맺히게 됩니다.

유명한 작가 헤밍웨이는 아버지가 의사였습니다. 그런데 어머니가 너무 기독교를 광신적으로 믿었습니다. 그래서 헤밍웨이의 어머니는 매일 억지로 성경을 읽게 하고 가정 예배를 드리게 하고 쉬지도 않고 잔소리를 퍼부었습니다. 그리고 어머니는 헤밍웨이를 딸로 키우고 싶었는지 두 살 정도까지 여자 옷을 입혀서 키웠다고 합니다. 헤밍웨이의 아버지는 부인의 잔소리를 견디다 못해서 권총으로 자살합니다. 헤밍웨이도 어머니가 너무 싫어서 가출하게 됩니다. 그리고 그는 이태리에서 앰뷸런스 장교를 모집할 때 지원해서 그곳에 가서 앰뷸런스 장교가 되어서 근무하게 됩니다. 그는 거기서 폭탄 파편을 다리에 맞아서 입원하게 되는데, 그것이 《무기여 잘 있거라》라는 작품의 계기가 됩니다. 그는 실제로 병원에서 한 간호사를 사귀지만, 후에 그 간호사는 헤밍웨이를 버리고 이태리 귀족에게 시집을 가버립니다. 그래서 헤밍웨이는 작품 속에서 남자 장교와 같이 보트를 타고 스위스로 도망간 여자를 아기 낳다가 죽게 만듭니다. 헤밍웨이는 결혼을 여러 번 하는데 9살 많은 여자, 8살 많은 여자와 결혼하고 또 이혼합니다. 첫 번째 여자와 이혼한 이유는 그 여인이 아기를 낳겠다고 했기 때문이라고 합니다. 두 번째 부인과는 자기가 쓴 원고를 기차에서 다 잃어버렸기 때문에 이혼합니다. 세 번째 부인은 자기보다 어린 여자 기자였는데 기자로 돌아가겠다고 해서 떠나버립니다. 헤밍웨이는 '마더 콤플렉스'가 심했습니다. 그래서 그는 매일 포도주를 한 병 이상 마셨고 결국 사냥하는 엽총으로 자신의 생을 마감하게 됩니다.

루마니아의 전 대통령 차우체스쿠는 북한식으로 독재하다가 폭동이 일어나게 되고 결국 대통령직에서 물러나서 외국으로 도망치려다가 들켜서 부부가 모두 총에 맞아 죽게 됩니다. 그것은 자기가 뿌린 씨를 거둔 것이었습니다. 구소련의 스탈린도 엄청나게 많은 사람을 죽였습니다. 그런데 어느 날 그가 심근경색으로 쓰러져서 바닥에 쓰러졌을 때, 그가 바닥에 쓰러진 모습을 보고서도 주위에 있던 사람이 그를 너무 무서워해서 바로 눕히거나 응급처치를 하지 않았습니다. 그가 평소에 사람들을 너무 많이 죽였기 때문입니다. 그래서 고위 당정 회의를 열어서 스탈린을 병원에 데리고 가기로 결정했을 때는 이미 그는 죽어 있었습니다. 그 역시 평소에 자기가 뿌렸던 씨를 죽음이라는 열매로 거둔 것입니다.

기드온은 이스라엘의 민족 영웅이었습니다. 그러나 아무리 기드온이라도 하나님의 말씀을 듣지 못하니까 정욕에 빠져서 여러 아내를 두고 아이를 낳았는데 아들이 무려 70명이나 되었습니다. 그리고 그것으로도 만족하지 못해서 세겜에 있는 이방 여자와 관계해서 이방인의 피를 가진 아비멜렉을 낳게 됩니다. 바로 이 아비멜렉이 악의 씨였고, 이스라엘에 엄청난 악을 뿌리게 됩니다.

1. 하나님이 보내신 악한 영

아비멜렉은 기드온의 서자였습니다. 그러나 그는 머리가 아주 좋았고 야망이 불타는 사람이었습니다. 아비멜렉은 그때 이스라엘 백성의 심리 상태를 잘 알고 있었습니다. 당시 이스라엘 백성은 왕이 없으므로 나라 행정이나 국방이 무방비 상태였습니다. 그래서 이스라엘은 적이 쳐들어온 후에야 비로소 누군가가 나팔을 불어서 군사를 모아서 싸우니까 백성은 항상 불안했습니다. 그래서 그들은 기드온에게 이스라엘의 왕이 되어달라고 요구했지만 기드온은 거절했습니다. 왜냐하면 이스라엘의 왕은 하나님이시기 때문입니다. 그러나 하나님은 항상 모든 것에 발동이 늦게 걸리시기 때문에 이스라엘 백성은 하나님이 왕이신 것이 불안했습니다. 그 틈을 타서 아비멜렉은 자기가 왕이 되기로 결심했습니다.

아비멜렉이 왕이 되려고 하니까 기드온의 아들 70명이 걸림돌이 되었습니다. 그래서 아비멜렉은 우선 기드온의 아들 70명을 제거하기로 결심했습니다. 아비멜렉은 서자였기 때문에 자신의 이 약점을 장점으로 이용하기로 했습니다. 그래서 그는 먼저 자기 피가 섞인 세겜 사람들을 찾아가서 "나는 너희들과 같은 족속이다. 기드온의 아들 70명이 왕이 되어 너희들을 다스리는 것과 너희 형제인 나 혼자 너희를 다스리는 것 중에 어느 것이 너희에게 유익하겠는지 생각하라"고 하며 선동했습니다. 이때 세겜 사람들은 기드온과 이스라엘을 배반하고 아비멜렉을 지지했습니다.

이스라엘은 세겜 사람들을 이방인이라고 해서 학대하지도 않았고 오히려 기드온은 세겜 사람들을 미디안의 노예 상태에서 해방해 주었습니다. 그러나 세겜 사람들은 아비멜렉의 선동에 넘어가서 자기들의 신전에 있는 은 70개를 주었는데, 아비멜렉은 그 돈으로 불량배 용역을 고용해서 기드온의 아들 70명을 다 붙들어서 한 바위 위에서 죽여

버렸습니다. 그때 막내아들 요담만 도망을 치는 데 성공했는데, 요담은 그리심 산꼭대기에서 세겜 사람들을 불러 놓고 "너희들이 한 일이 옳으면 너희와 아비멜렉이 잘 지내겠지만, 지금 너희들이 한 일이 악한 짓이면 아비멜렉에게서 불이 나와서 너희를 태우고 또 너희와 밀로에서도 불이 나와서 아비멜렉을 태울 것이라"고 예언했습니다. 그리고 요담은 아비멜렉에게 붙들리지 않으려고 도망쳐서 숨어 살았습니다.

아비멜렉은 머리가 좋았습니다. 그는 처음에는 세겜 사람들을 찾아가서 "나는 세겜 사람이다"라고 해서 지원을 받았고, 그다음에는 이스라엘 백성을 찾아가서 "나는 기드온의 아들이다. 너희들이 전에 우리 아버지에게 왕이 되어 달라고 했지?"라고 주장하며 또 이스라엘의 왕 노릇을 했습니다. 아비멜렉은 왕이 된 후에는 세겜 족속을 완전히 따돌리고 이스라엘 사람 행세를 하였습니다. 세겜 사람들의 왕 노릇을 해 봐야 그들은 숫자도 적고 별 볼일이 없었기 때문입니다. 그래서 일단 이스라엘의 왕이 된 후에는 기드온의 아들 행세를 했습니다. 아마도 이때 이스라엘 백성은 아비멜렉이 형제 70명을 죽인 사실을 몰랐던 것 같습니다. 이 점에 있어서 아비멜렉은 머리가 잘 돌아가는 사람이었습니다. 그러나 문제는 그가 왕이 되기 위해서 형제들을 다 죽인 사실이었습니다. 왕이나 대통령이 되는 것은 좋은데 정권을 차지하고 유지하기 위해서 사람을 많이 죽이면 반드시 그 벌을 받게 되어 있습니다. 하나님은 사람들이 행한 대로 갚으시기 때문입니다.

아비멜렉은 이스라엘 왕이 되어서 3년을 다스렸습니다. 그러나 아비멜렉은 철저하게 세겜 사람들을 따돌리고 이스라엘 사람들에게만 잘 보이려 했습니다. 결국 이것 때문에 세겜 사람들의 불만이 터졌습니다. 그런데 왜 하나님께서는 아비멜렉이 형제들 70명이나 죽이고 왕이 되었는데 3년간이나 내버려 두셨을까요? 그것은 하나님께서 모든 사람에게 이스라엘에 이런 사람도 있다는 것을 똑똑히 보이시려는 것입니다. 그래서 하나님께서는 때때로 악한 사람들이 높은 자리에 있을 때 당장 죽게 하시지 않고 오랫동안 자기 하고 싶은 대로 하게 하실 때가 있습니다.

또 다른 한 편 하나님께서는 아무리 악을 행한 자라도 일정 기간 회개할 수 있는 시간을 주십니다. 그러나 엄청난 악행을 행한 자는 자기 욕심에 눈이 멀어서 하나님이 자신의 모든 행동을 다 보고 계신다는 사실을 생각하지 못합니다. 악한 사람의 가장 큰 약점은 사람들의 눈을 거짓으로 속일 수 있지만 하나님은 모든 것을 다 보고 계신다는 사실입니다. 만일 아비멜렉이 하나님이 기다리신 3년 동안 양심의 가책을 느껴서 하나님 앞에 회개하고 모든 죄를 자복했더라면 살 수 있는 길이 생겼을지도 모릅니다. 그러나 아비멜렉은 하나님이 보지 못하신다고 생각해서 사람들의 눈만 속이려고 했던 것입니다.

> 9:23, "하나님이 아비멜렉과 세겜 사람들 사이에 악한 영을 보내시매 세겜 사람들이 아비멜렉을 배반하였으니"

하나님은 3년 동안 참고 계시다가 드디어 사탄에게 아비멜렉과 세겜 사람들을 몰락시키는 것을 허락하셨습니다. 이것을 하나님께서 세겜 사람들에게 악한 영을 보내었다고 말씀하고 있습니다. 악한 영이 세겜 사람들의 마음속에 들어가니까 그들은 아비멜렉에게 배반당했다고 생각하게 되었습니다. 처음에는 아비멜렉이 자기들을 찾아와서 같은 동족이라고 하면서 도와달라고 하기에 거금을 주어서 왕이 되게 했는데, 왕이 되고 나니까 자신들을 완전히 무시하고 오직 이스라엘 백성에게 잘 보이려고 정치하고 있었습니다. 그래서 세겜 사람들은 아비멜렉에게 우리를 알아달라는 뜻으로 사고를 치기 시작했습니다. 그것은 세겜 부근의 산꼭대기에 세겜 사람들이 숨어 있다가 사람들이 지나가면 강도 짓을 해서 물건이나 돈이나 옷을 강탈해 버리는 일이었습니다. 그래서 물건이나 나귀와 옷을 빼앗긴 사람들은 아비멜렉에게 와서 자기들이 강도당했다고 신고했습니다. 그러나 아비멜렉은 그들을 잡을 수 없었습니다. 왜냐하면 아비멜렉에게는 약점이 있었기 때문입니다.

아비멜렉은 형제 70명을 다 죽인 살인자였습니다. 그리고 그는 세겜 사람들과 짝짜꿍이 맞아서 왕이 되었습니다. 아마 아비멜렉이 세겜 사람들을 붙들어 감옥에 넣으면 그들은 아비멜렉의 비밀을 폭로할 것입니다. 그러니까 그는 자기가 지은 죄가 있었기 때문에 아무리 세겜 사람들이 강도짓을 해도 막을 수 없었습니다. 그래서 아비멜렉은 왜 세겜의 강도들을 잡지 않느냐고 따져도 아무 할 말이 없었습니다. 그래서 그는 저절로 무능한 사람이 될 수밖에 없었습니다. 사람이 과거에 무슨 죄를 지은 적이 있으면 다른 사람의 불의를 보고도 뭐라고 할 수 없습니다. 그 사람을 건드렸다가는 자신의 숨은 죄가 들통나기 때문입니다.

2. 아비멜렉의 완전 범죄

아비멜렉이 자신의 지은 죄를 영구히 감추는 방법은 세겜 사람들의 입을 봉하는 것이었습니다. 결국 그것은 돈으로도 되지 않고 세겜 사람들을 다 죽이는 수밖에 없었습니다. 아비멜렉은 그럴 기회를 노리고 있는데 드디어 세겜 사람들이 아비멜렉에게 반기를 들기 시작했습니다.

어느 날 세겜에 가알이라는 사람이 들어왔는데, 그는 아비멜렉에 대하여 아주 반역적이었습니다. 요즘말로 하면 안티 아비멜렉이었던 것입니다. 그는 세겜에 와서 슬슬 사람들을 선동해서 아비멜렉에 대하여 반대 여론을 조성하기 시작했습니다. 세겜 사람들은 그렇지 않아도 아비멜렉이 자신들을 이용만 하고 따돌리는 것이 불만이었는데, 가알이 아비멜렉을 비방하고 돌아다니니까 거의 모든 세겜 사람들이 아비멜렉을 반대하는 쪽에 서게 되었습니다.

그때 마침 세겜은 포도 따는 계절이 되어서 모든 세겜 사람들이 포도를 따서 포도주 틀에서 발로 밟고 포도즙을 마시면서 즐거워하고 있었습니다. 그때 가알과 세겜 사람들은 아비멜렉을 저주했습니다. 그때 술취한 김에 가알이 나와서 일장연설을 했습니다. 그는 세겜 사람들에게 "아비멜렉이 누구냐? 그는 기드온의 아들이 아니냐? 그는 완전한 세겜 사람이 아니다. 그런데 우리가 왜 아비멜렉을 섬겨야 하며 기드온을 섬겨야 하느냐? 이 세겜에서 아비멜렉의 심복은 시장인 스불 밖에 없다"고 하면서 선동했습니다. 그러면서 "우리는 원래 이 세겜의 조상인 하몰을 섬겨야지, 아비멜렉을 섬긴다는 것은 말도 안 된다"라고 했습니다. 그리고는 아비멜렉을 향해서 군사를 더 뽑아서 싸우러 오라고 큰소리를 쳤습니다. 아비멜렉은 자기만 악한 짓을 하면 될 줄 알았는데 아비멜렉에게도 가시 노릇하는 사람이 생겼던 것입니다. 이렇게 아비멜렉은 3년이 지나면서 골치 아픈 일이 자꾸 생기기 시작했습니다. 아비멜렉은 악한 짓을 해서 자기가 원하는 것을 다 이루었지만 이제는 자기를 밀어주었던 세겜 사람들과 사이가 나빠지게 되었습니다.

그런데 세겜의 책임자로 있던 스불이 보니까 정말 세겜에서는 자기 말고는 전부 반 아비멜렉파로 변해버렸습니다. 그래서 스불은 몰래 자기 부하를 아비멜렉에게 보내어 가알이라는 사람이 세겜에 와서 세겜 사람들을 전부 선동해서 반 아비멜렉파로 만들었다고 하면서 이번 포도주 파티 때 가알이나 세겜 사람들은 당신과 나를 욕하고 저주하고 난리가 났었다고 알려주었습니다. 그리고 세겜 사람 중에는 이미 당신 편은 아무도 없으니까 모두 다 죽여도 된다고 알려주었습니다. 그러면서 스불은 아비멜렉에게 대낮에는 공격하기 어려우니까 밤에 와서 밭에 매복하고 있다가 아침에 사람들이 전부 포도를 따기 위해서 성 밖으로 나갈 때 공격하면 바구니밖에 없으니까 전부 다 죽일 수 있다고 했습니다.

그래서 아비멜렉은 세겜 사람들이 몽땅 자기를 배반했다는 소리를 들으니까 화가 머리끝까지 나서 군사들을 데리고 밤에 세겜으로 출동해서 밭에 매복하고 있었습니다. 아침이 되어서 가알과 스불은 성문 입구에 서서 성 밖을 내다보고 있는데, 그때 아비멜렉과 군사들이 일어나서 포도 따는 사람을 치러오고 있었습니다. 그때 스불은 자기 정체를 드러내면서 저것은 아비멜렉의 군대니까 지금 당장 나가서 아비멜렉과 싸워 네 용맹을 보여달라고 했습니다. 그래서 가알은 성 밖에 나가서 세겜 사람들 앞에서 아비멜렉의 군대와 포도원에서 싸웠습니다. 그러나 세겜 사람들은 포도 따러 나왔다가 갑자기 전쟁을 하니까 이길 수 없었습니다. 그래서 세겜 사람들이 엄청나게 죽고 부상도 당했지만 겨우 세겜 성안으로 도망쳐서 목숨을 건졌습니다. 더 이상 아비멜렉이 세겜 성을 공격할 수 없었습니다.

그래서 아비멜렉은 세겜 사람들을 속이기 위해서 후퇴하는 척했습니다. 세겜 사람들이 그다음 날 성 위에서 보니까 아비멜렉의 군대는 보이지 않았습니다. 그래서 아비멜렉이 물러간 줄 알고 전부 또 바구니를 들고 포도를 따러 나왔습니다. 그러나 멀지 않은 곳에 아비멜렉의 군대가 숨어 있었습니다. 세겜 사람들이 거의 전부 포도를 따러 성에서 나오니까 아비멜렉은 군대를 세 부대로 나누어서 한 부대는 바로 성으로 가서 성문을 지키고, 다른 두 부대를 포도밭에서 포도 따는 사람들을 죽이기 시작했습니다. 세겜 사람들은 아비멜렉의 부대를 보고 성으로 도망치는데 성문에는 또 아비멜렉의 군대가 지키고 있어서 이리 도망가고 저리 도망쳤지만 모두 다 아비멜렉 군대의 손에 다 죽고 말았습니다. 결국 아비멜렉은 세겜 성을 점령하고 세겜 사람들을 다 죽이고 성을 허물고 거기에 소금을 뿌렸습니다. 소금을 뿌리는 것은 정화의 의미가 있습니다. 즉 다시는 세겜에 자기를 반항하는 자는 생기지 못한다는 뜻입니다. 세겜 사람들은 불의한 자를 돕는 바람에 돈은 돈대로 주고 포도밭은 포도밭대로 망치고 사람들은 다 죽고 말았습니다.

3. 아비멜렉의 치욕적인 죽음

아비멜렉은 포도 따러 나온 세겜 사람들을 다 죽이는 데 성공했습니다. 그런데 세겜 사람들이 다 죽은 것은 아니고 망대에도 많은 사람이 있었는데, 이들은 엘브릿 신전의 보루로 도망쳐 있었습니다. 여기서 엘브릿은 '신과의 언약' 이라는 뜻인데, 바알 브릿과 비슷한 신전인 것 같습니다. 아비멜렉은 분노에 차 있었기 때문에 눈에 보이는 것이 없었습니다. 그래서 부하들을 데리고 가까이 있는 산에 가서 나무를 베어왔습니다. 그리고 자기가 시범을 보인다고 왕이 직접 벤 나무를 어깨에 메고 신전 입구로 가서 나무를 기대었습니다. 그리고 부하들에게 그 위에 벤 나무를 다 세워놓으라고 한 뒤에 아비멜렉은 그 나무에 불을 질러서 망대의 모루에 들어간 사람들을 전부 다 태워 죽였습니다. 기드온의 막내아들 요담이 예언하고 도망치면서 아비멜렉에게서 불이 나와서 세겜 사람들을 태워죽일 것이라고 했는데 과연 아비멜렉의 불은 맹렬한 불이었습니다. 그래서 세겜 망대로 피한 모든 사람들 어린아이나 여자나 할 것 없이 다 불에 타 죽었습니다. 그러나 아비멜렉의 분노는 더 이상 절제되지 않았습니다. 사람이 한번 분노의 영에 사로잡히면 그때부터는 눈에 보이는 것이 없고 자기 분노를 다 쏟아놓기 전에는 중지가 되지 않습니다.

아비멜렉은 데베스 사람들이 또 자기를 반대한다는 것을 알았습니다. 아마도 이 사람들은 처음에 자기를 지지했던 밀로 사람들인 것 같습니다. 아비멜렉은 데베스까지 가서 진을 치고 데베스를 점령했습니다. 그래서 데베스에서 살아남은 사람들은 또 데베스에 있는 망대로 도망가서 문을 잠그고 그 안에 숨어 있었습니다. 옛날 이런 망대는 속이 커서 한 천 명 정도도 들어갈 수 있었습니다. 아비멜렉은 이미 망대를 한번 불태워 봤기 때문에 이번에 데베스에 있는 망대도 자기가 시범을 보이면서 어깨에 나무를 베어서 문 앞에 세워두었습니다.

> 9:52–53, "아비멜렉이 망대 앞에 이르러 공격하며 망대의 문에 가까이 나아가서 그것을 불사르려 하더니 한 여인이 맷돌 위짝을 아비멜렉의 머리 위에 내려 던져 그의 두개골을 깨뜨리니"

그런데 거기에서 아비멜렉은 전혀 생각하지도 못한 일이 일어났습니다. 그것은 망대 안에 피한 데베스 여인 가운데 우리가 어차피 전부 다 불에 타 죽는데, 아비멜렉이 망대 문 가까이 왔을 때 공격이나 한번 해보자고 해서 자기가 아끼는 맷돌 한 짝을 들어서 아비멜렉에게 던졌습니다. 그런데 놀랍게도 그 맷돌이 아비멜렉의 머리에 정통으로 맞아서 아비멜렉의 두개골이 깨어졌습니다. 그때 군인에게 가장 수치스러운 일은 여인의 손에 죽는 것이었습니다. 아비멜렉은 자기가 더 이상 살 수 없다는 것을 깨닫고 빨리 부하를 불러서 자기를 칼로 찔러 죽이라고 했습니다. 천하의 아비멜렉이 여자 손에 죽었다고 소문나는 것이 싫었기 때문입니다. 그래서 부하가 칼로 아비멜렉을 찌르니까 아비멜렉은 그 자리에서 죽어버렸습니다. 그리고 전쟁은 끝나버렸습니다. 이 전쟁은 처음부터 의심의 전쟁이었고 불신의 전쟁이었기 때문입니다. 이 세상에 우연이라는 것은 없습니다. 아비멜렉은 데베스 사람들을 죽이려고 앞장섰지만 어떤 여인이 던진 맷돌에 그의 머리가 정통으로 맞았던 것입니다. 아마 평소 같으면 무거운 맷돌로 사람의 머리를 맞추려고 해도 어려울 것입니다.

아비멜렉은 머리가 참 좋고 야망이 큰 사람이었는데 끝에 가서 아차 하는 순간에 여인이 던진 맷돌에 머리가 정통으로 맞아 죽은 것입니다. 그래서 사람이 아무리 머리가 좋고 운이 좋다고 해도 하나님이 버리시면 생각하지도 못한 돌이 날아와서 머리가 깨어지게 되는 것입니다. 아비멜렉이 이렇게 죽은 것은 그가 왕이 될 욕심으로 형제 70명을 죽였기 때문이고, 세겜 사람들이 그렇게 멸망한 것은 아비멜렉의 악한 짓을 도와주었기 때문입니다. 하나님이 그들의 머리에 악행을 갚아주셨고 요담의 저주가 그들에게 응하였던 것입니다.

요즘 우리가 보는 현실은 음모 술수가 판을 치는 세상입니다. 절대로 악한 자를 도와주지 마시기 바랍니다. 돈은 한 푼도 주시지 말아야 합니다. 우리는 미련하게 다른 사람의 저주를 머리에 뒤집어쓸 필요가 없습니다. 우리는 분노의 불이나 의심의 싸움에 끼어들 필요가 없습니다. 기드온이 처음 하나님의 사자를 만났던 마음이 진짜 신앙심입니다. 그때 기드온은 겸손했고 진실했고 하나님을 두려워했습니다. 자식들이 세상적으로 성공하는 데 만족하지 마시고 신앙의 사람들이 되는 것을 기뻐하시기 바랍니다.

17

추락한 상태

삿 10:1-18

요즘 우리 사회는 사람으로 치면 높은 절벽에서 추락한 사람과 같습니다. 저는 그 근거로 세 가지를 들 수 있겠습니다.

그중 첫째는 우리나라 어른들이 좌파니 우파니 하면서 머리 터지도록 싸우는 동안에 마약이 청소년 사이에 엄청나게 퍼졌다는 사실입니다. 심지어 서울 강남 학원가에서는 어떤 여성들이 지나가는 학생에게 머리가 맑아지는 음료수라고 하면서 마약이 든 음료수를 무료로 나누어 주었다는 것입니다. 어느 신문에서는 마약상이 고3 학생인데 어른 여섯 명을 고용해서 마약을 팔다가 붙들렸다고 했습니다. 작년에만 마약을 하다가 걸린 사람들의 숫자가 1만 8천4백여 명이라고 합니다. 이것은 정말 엄청난 숫자입니다. 청소년들이 마약 하는 나라에는 미래가 있을 수 없습니다.

그리고 또 하나는 어린이들이 없어지고 있다는 사실입니다. 우리는 그동안 저출산으로 지방에 있는 대학들이 문을 닫고 있다는 뉴스를 많이 보았습니다. 누군가가 벚꽃이 피는 순서대로 대학이 없어질 것이라고 해서 저는 벚꽃을 보지 않기로 했습니다. 그러나 더 심각한 것은 초등학교였습니다. 올해(2023년) 초등학교 중에서 신입생이 1명도 없는 학교가 145개교나 되었습니다. 그리고 10명 미만인 학교가 1,587개교였습니다. 이것은 전국 초등학교 숫자(6,163개교)의 4분의 1이 되는 숫자입니다. 어린이들이 없어지는 나라에 미래가 있을 수 없습니다. 이것은 교회도 마찬가지입니다. 주일학교가 없는 교회가 너무 많습니다. 구약 이사야서에 보면 하나님께서 이스라엘 백성을 망하게 하실 때 어린아이의 웃음소리가 없어지고 청년들이 결혼하는 광경을 볼 수 없을 것이라고 했습니다.

마지막 세 번째는 우리나라에 꿀벌이 없어졌다는 사실입니다. 한 해(2023년) 동안 꿀벌이 사십억 마리가 없어졌다고 합니다. 그런데 꿀벌이 없으면 꿀만 얻지 못하는 것이 아니라 식물들이 수정할 수 없습니다. 그래서 요즘은 농사짓는 사람들이 양봉하는 사람들에게 벌을 빌려달라고 난리라고 합니다. 사람들이 열심히 농사를 짓는데 벌이 없어서 수정하지 못하면 그 해 농사는 망치고 마는 것입니다.

기드온 이후에 아비멜렉이라는 악한 자가 나타나 왕이 되었습니다. 그러나 악한 정권은 오래가지 못합니다. 아비멜렉은 초반에는 정치를 잘하는 것 같았는데 3년쯤 지나니까 처음에 자기를 지지했던 세겜 사람들과 아비멜렉의 관계가 틀어지기 시작했습니다. 결국은 아비멜렉과 세겜 사람들 사이에 피비린내 나는 전쟁이 일어나서 세겜 사람들이 다 죽게 됩니다. 그리고 아비멜렉의 통치에 불만을 품고 있던 데베스 사람들도 공격했는데 그들도 자기들 신전의 망대로 도망치게 됩니다. 그러나 아비멜렉은 데베스의 신전 망대를 불로 태우려고 성에 너무 가까이 가서 나무를 쌓으려고 하다가 망대에 피한 한 여인이 던진 맷돌에 머리를 맞아서 두개골이 깨어져 죽습니다.

그런데 그 후에 이스라엘 전체는 도덕적으로나 정신적으로 추락해서 만신창이가 되고 맙니다. 하나님을 섬기던 이스라엘이 타락하니까 세상의 모든 종교를 다 끌어들여서 섬겼습니다. 그 결과 이스라엘은 결국 전쟁에 빠지게 됩니다. 주위에 있는 나라들은 이스라엘을 우습게 알고 동쪽과 서쪽 양쪽의 강한 나라로부터 공격을 받아서 나라 전체가 전쟁터가 되고 말았습니다. 전쟁은 정말 지긋지긋하고 참혹한 것입니다. 이런 삶의 밑바닥에서 이스라엘 백성은 하나님께 부르짖었습니다. 그러니까 하나님도 너무 마음이 상하셔서 나는 너희의 기도를 들어주지 않겠다고 말씀하셨습니다.

1. 이스라엘의 작은 사사

아비멜렉이 돌연변이를 일으켜서 갑자기 이스라엘의 왕이 된 후에 이스라엘은 다시 사사 체제로 돌아가게 되었습니다. 그러나 이스라엘 백성에게 바른 말씀이 없으니까 이스라엘은 더 이상 하나님을 신뢰하지 않게 되었습니다. 그들이 하나님을 믿지 않으니까 자기가 믿고 싶은 아무 신이나 믿는 것이었습니다. 아비멜렉 이후에 '돌라'라는 사사가 이스라엘의 사사가 되었습니다.

그러나 돌라에게는 어떤 특이한 것이 없었습니다. 어떻게 보면 그는 23년간 사사 자리나 잘 지켰다고 볼 수 있습니다.

> 10:1-2, "아비멜렉의 뒤를 이어서 잇사갈 사람 도도의 손자 부아의 아들 돌라가 일어나서 이스라엘을 구원하니라 그가 에브라임 산지 사밀에 거주하면서 이스라엘의 사사가 된 지 이십삼 년 만에 죽으매 사밀에 장사되었더라"

우리가 사사기를 보면 큰 위기에서 이스라엘을 구원한 사사들이 있습니다. 예를 들면 드보라, 기드온, 에훗, 삼손 같은 사사들입니다. 이들은 큰 사사라고 합니다. 그러나 본문에 나오는 돌라 같이 사사로 활동하기는 했는데 대단한 것이 아닌 인물들은 작은 사사라고 합니다. 가끔 절에 가면 큰스님이 있고 작은 스님이 있습니다. 큰스님은 오래 종교 생활을 하신 분으로 주지 스님이라든지 방장스님 같은 분을 말합니다. 그리고 작은 스님은 중이긴 한데 아직 배우고 있는 중을 말합니다. 이스라엘의 큰 사사는 큰 구원을 이룬 위대한 사사를 말합니다. 이것은 하나님께서 그 사람을 그렇게 쓰신 것입니다. 또 그런 사람에게는 그만한 믿음이 있었습니다.

그러나 작은 사사는 별로 한 일이 없는 사사를 말합니다. 돌라는 사사 생활을 힘들게 한 것을 알 수 있습니다. 그의 출신은 잇사갈 지파로 별 볼 일 없는 출신이었습니다. 그런데 그가 사사로 활동하던 곳은 이스라엘에서 가장 자존심이 높은 에브라임 지파였습니다. 에브라임 지파는 무엇이든지 자기가 일등을 하지 않으면 어느 지도자든지 물고 늘어지면서 시비를 걸었습니다. 요즘으로 말하면 지방 출신이 서울의 유명한 큰 교회의 목회자가 된 것과 같습니다. 아마 돌라는 사사 자리를 지키는 것만 해도 어려웠을 것입니다. 그래도 돌라는 23년간 에브라임에서 사사 자리를 지켰습니다.

제가 이 지역에 와보니까 너무나도 많은 교회에서 목사를 뽑은 후 설교가 마음에 들지 않는다고 해서 내보내는 모습을 보았습니다. 처음 목사를 뽑을 때는 젊고 탤런트같이 생기고 말도 잘 들을 것 같아서 뽑았는데 뽑고 나니까 설교를 너무 못하고 교회 안에 불만이 생기고 나중에는 분쟁이 생겨서 결국은 목사를 나가게 하는 것입니다. 이런 일을 한두 번 겪으면 교인들은 목사나 교회에 대한 신뢰가 없어지기 때문에 교회가 부흥하기 어렵습니다.

돌라 이후에 사사가 된 사람은 '야일'이었습니다. 이 사람은 사사라는 자리를 이용해서 본격적으로 치부한 것 같습니다. 그는 목회자라기보다는 사업가 스타일이었습니다. 그는 길르앗에서 22년 동안 사사 역할을 감당했습니다.

10:3-4, "그 후에 길르앗 사람 야일이 일어나서 이십이 년 동안 이스라엘의 사사가 되니라 그에게 아들 삼십 명이 있어 어린 나귀 삼십을 탔고 성읍 삼십을 가졌는데 그 성읍들은 길르앗 땅에 있고 오늘까지 하봇야일이라 부르더라"

야일은 아주 수완이 뛰어났던 사람이었던 것 같습니다. 그는 사사를 22년 동안 했는데 얼마나 수완이 뛰어났던지 아들을 30명이나 두었습니다. 그러니까 이 사람은 아내가 아마 10명은 넘었을 것입니다. 그는 얼마나 사업을 잘했던지 돈을 많이 벌어서 성읍을 30개나 가졌고, 아들 30명은 모두 자가용 나귀를 타고 다녔습니다. 자식들 모두에게 나귀를 사주고 성읍을 사줄 정도면 이 사람이 얼마나 부자였는지 알 수 있습니다. 원래 사사가 무슨 돈이 있습니까? 그러나 이 사람은 아주 수완이 좋았던 것 같습니다. 결국 야일에게 사사는 하나님의 말씀을 가르치는 자리가 아니고 하나의 직업이었고 사업하는 곳이었던 것입니다.

우리나라도 목회자 중에 얼마나 말을 잘하고 사람들이 듣기 원하는 말을 감동적으로 하는지, 엄청난 교인이 몰려들고 헌금도 많이 해서 교회를 크게 짓고 또 전국에 땅을 여기저기 사서 땅 부자라는 소리를 듣는 이들이 있습니다. 그런 사람들은 나중에 물러나게 될 때 그 엄청난 교회의 재산을 남에게 주기 싫어서 아들에게 물려주거나 물려준 다음에도 수렴청정하듯이 매사에 간섭하다가 교회에 큰 분쟁을 일으키기도 합니다. 로이드 존즈 목사는 이런 사람들을 목회자라고 하지 않고 강단꾼이라고 했습니다. 즉 목회 자리를 통해 자기 돈을 버는 사람이라는 것입니다.

2. 하나님께 대한 반항

간혹 나라나 어떤 종교 단체에 대하여 썩는다는 표현을 많이 합니다. 정치인들이 이권에 개입해서 천문학적인 돈을 챙긴다면 그 정치인은 썩었다고 말합니다. 또 종교인들도 처음의 순수한 마음을 버리고 노름하러 다니거나 성적으로 타락한 짓을 하면 썩었다고 말합니다. 그런데 그 당시 이스라엘은 지도자가 썩어 있었습니다. 그래서 이스라엘 전체는 이방 종교의 쓰레기장이 되었고, 별 희한한 종교들이 다 들어와서 이스라엘의 모든 부분을 차지하고 있었습니다.

10:6, "이스라엘 자손이 다시 여호와의 목전에 악을 행하여 바알들과 아스다롯과 아람의 신들과 시돈의 신들과 모압의 신들과 암몬 자손의 신들과 블레셋 사람들의 신들을 섬기고 여호와를 버리고 그를 섬기지 아니하므로"

이스라엘 백성의 신앙이 식으니까 그냥 식기만 한 것이 아니라 하나님께 대하여 반항하는 마음이 생겼습니다. 이것이 보통 하나님의 백성이 타락하는 순서입니다. 즉 하나님 백성의 신앙이 식으면 일단 목회자나 교회에 대하여 부정적이 됩니다. 그래도 직성이 풀리지 않으면 세상의 친구와 어울리게 되고 한 걸음 더 나아가서 하나님의 계명을 깨트리고 하나님이 싫어하는 짓을 하게 됩니다. 그래서 교회에서 자기 마음에 들지 않는 것이 있으면 소리를 지르고 목회자를 비판하고 나중에는 돈 문제도 일으키고 뇌물도 받고 못된 짓은 골라서 다하게 됩니다.

이스라엘 백성의 신앙이 식으니까 하나님께 반항하는 마음이 생겼습니다. 즉 하나님은 눈에 보이지도 않고 우리에게 복도 주시지 않고 율법은 무슨 소리인지도 모르겠고 재미도 없다고 불평하게 되는 것입니다. 그리고 하나님에 대한 반항심으로 하나님이 싫어하는 행동을 다 하게 됩니다. 그들은 하나님께서 우상 숭배하는 것은 가장 싫어하신다는 사실을 알고 있었습니다. 그래서 이스라엘 백성은 언제나 자기들을 괴롭히고 지배했던 나라들의 모든 종교와 귀신을 다 끌고 와서 숭배했습니다. 그들은 하나님이 가장 싫어하는 바알과 아스다롯 신을 공개적으로 숭배했고, 그들의 원수인 아람과 시돈과 모압과 암몬의 신들을 섬겼습니다. 더욱이 모압과 암몬의 신은 아주 지독한 신으로 아이들을 태워서 제사하는 종교였습니다. 즉 살인의 종교였던 것입니다.

이스라엘 백성은 자기들의 가시인 블레셋의 신도 섬겼습니다. 아마 이스라엘 백성은 원수인 블레셋이나 암몬이나 모압의 신을 섬기면 그 나라 사람들이 같은 신을 섬기니까 인정해 줄줄 알았던 모양입니다. 그러나 그것이야말로 순진한 생각이었습니다. 세상 사람들이 그리스도인을 가장 두려워할 때는 그들이 바른 신앙을 지키고 오직 하나님만 섬길 때입니다. 그런데 예수 믿는다고 하면서 방탕하고 노름도 같이하면 세상 사람들은 이미 그를 업신여기게 됩니다.

여기에 보면 이스라엘 백성이 여호와의 목전에서 악을 행했다고 했는데, 뒤에 가면 그들이 여호와를 버렸다고 기록하고 있습니다. 이스라엘 백성은 자기들이 다른 나라의 신들을 섬기면 하나님의 마음이 굉장히 아프고 괴로우실 것이라고 생각해서 이방신을 숭배했습니다. 그런데 우리 인간이 하나님께 반항하고 하나님의 가슴을 아프게 하면 하나님이 손해를 보실까요, 아니면 반항하는 우리가 손해를 볼까요? 가장 손해를 보는 사람은 반항하는 자신입니다. 이것은 우리 신앙에 있어서도 마찬가지입니다. 우리가 하나님께 반항하고 하나님의 말씀을 거역하면 할수록 자기 손해입니다.

사도 바울은 예수를 믿기 전에 예수님을 미워해서 예수 믿는 사람들을 잡아서 감옥에 가두고 그들에게 예수 믿는 것을 부인하기를 강요했습니다. 그는 집집마다 다니면서 예수 믿는 사람들을 잡아내었습니다. 그런데 그는 다메섹으로 예수 믿는 사람들을 잡으러 갈 때 예수님이 태양보다 더 밝은 모습으로 그에게 나타나셨습니다. 그는 그 환한 빛에 눈이 멀어버렸습니다. 그때 그는 그분에게 "주여, 누구십니까?"라고 물었습니다. 그때 예수님은 "나는 네가 박해하는 예수"라고 하시면서 "그래, 가시채를 뒷발질하는 것이 어떠냐?"고 말씀하셨습니다. 어떤 사람이 성질난다고 철조망을 발로 마구 차면 그의 발은 피투성이가 될 것입니다. 천지를 지으시고 우리에게 생명을 주신 하나님 앞에서 우리가 반항한다고 해봐야 하나님에게 어떤 상처를 줄 수 있겠습니까? 우리가 하나님께 반항하는 것은 우리 손해일 뿐입니다.

3. 이스라엘이 반항한 결과

이스라엘 백성은 평소에 늘 자기들을 괴롭히고 공격하던 나라의 신들을 섬기면 그들이 자기들을 좀 봐줄 줄 알았습니다. 그러나 그 나라 사람들은 이스라엘이 여호와 섬기는 것을 가장 두려워했습니다. 그런데 반대로 이스라엘 백성이 자기 신들을 섬기니까 이스라엘을 더 우습게 알고 그들을 괴롭히게 되었습니다.

10:7-8, "여호와께서 이스라엘에게 진노하사 블레셋 사람들의 손과 암몬 자손의 손에 그들을 파시매 그 해에 그들이 요단 강 저쪽 길르앗에 있는 아모리 족속의 땅에 있는 모든 이스라엘 자손을 쳤으며 열여덟 해 동안 억압하였더라"

이스라엘 백성이 하나님께 반항한 결과 그들은 더욱더 악한 나라의 억압을 받게 되었는데, 그들은 아예 이스라엘에 상주하면서 가축과 곡식은 물론 여자나 아이들을 빼앗아 갔던 것입니다. 그리고 길르앗에 있는 이스라엘 백성은 아예 사람 취급도 하지 않고 죽였습니다.

> 10:9, "암몬 자손이 또 요단을 건너서 유다와 베냐민과 에브라임 족속과 싸우므로 이스라엘의 곤고가 심하였더라"

이스라엘 백성이 하나님을 믿지도 않고 자기 마음대로 이방신을 섬겼을 때 온 나라는 전쟁터가 되었습니다. 서쪽에서는 블레셋 사람들이 공격하여 이스라엘 본토를 불 지르고 요단강을 건너가서 길르앗 사람들까지 죽였습니다. 그리고 동쪽에서는 암몬 족속이 요단 동쪽에 있는 길르앗 사람들을 지배하면서 요단강을 건너가서 이스라엘 백성과 싸웠습니다. 그래서 블레셋 사람은 서쪽에서부터 동쪽까지, 암몬 족속은 동쪽에서 서쪽까지 이스라엘을 쳐부수었습니다. 그러니까 이 두 가지를 합치면 X자가 되는 것입니다. 하나님은 이스라엘이 이제 없다고 판단하셨으니 이스라엘 백성의 고생은 너무나도 심했습니다.

이때 이스라엘 백성은 너무 어려우니까 다시 하나님을 생각하게 되었습니다. 이스라엘 백성의 머릿속에 들어있는 생각 하나는 하나님께 부르짖으면 하나님이 자기들을 구원해 주신다는 것이었습니다. 그래서 이스라엘 백성은 모두 하나님께 울면서 부르짖었습니다. "하나님, 지금 우리 고생이 너무 심합니다. 우리가 하나님을 버리고 우상을 섬김으로 범죄했습니다. 우리를 제발 구원해 주십시오."

그런데 놀랍게도 하나님의 대답은 '노'였습니다. 즉 하나님께서는 부르짖는 이스라엘 백성에게 "내가 이제 너희를 구원하지 않겠다"고 대답하셨던 것입니다. 하나님은 지금까지 이스라엘 백성이 아무리 어려워도 부르짖기만 하면 찾아오셔서 해결해 주셨습니다. 이스라엘이 애굽 사람들과 아모리 사람들과 암몬 족속과 블레셋 사람들에게 고통당할 때 부르짖기만 하면 구원하여 주셨습니다. 또 시돈 사람과 아말렉 사람들과 마온 사람들의 손에서 구원해 주셨습니다.

그런데 이스라엘 백성은 하나님이 아무리 구원해 주셔도 조금만 시간이 지나면 또 하나님을 버리고 이방신을 섬겼기 때문에, 하나님은 이제는 더 이상 너희에게 속지 않겠다고 하시면서 너희들이 섬기고 있는 신들에게 가서 구원해 달라고 빌어라고 말씀하셨습니다. 그러니까 이스라엘 백성은 하나님께 매달렸습니다. "하나님, 저희도 낯짝이 있지, 감히 하나님께 복을 달라는 소리는 못 하겠습니다. 그리고 원수들을 이기게 해 달라고도 못 하겠습니다. 그러나 전쟁에서 우리를 구원하여 주십시오. 우리가 너무나도 고통받고 있습니다."라고 간청했습니다. 이스라엘 백성은 하나님이 자기들을 돕지 않겠다고 대답하셨지만, 일단 부르짖는 바람에 하나님의 말씀을 들었습니다. 비록 좋지는 않지만 일단 하나님과 통화가 된 셈이었습니다.

이때 이스라엘 백성은 망할 각오를 하고 일단 자기들이 섬기던 우상을 없앴습니다. 물론 우상을 다 없앤 것은 아니고 일부를 없앴을 것입니다. 그리고 하나님께 대한 예배를 회복했습니다. 그러나 하나님의 구원은 나타나지 않았습니다. 오히려 암몬 족속들은 더 많은 군인이 몰려와서 이스라엘 백성을 완전히 죽이려고 했습니다. 그리고 길르앗 사람들에게는 이들을 지휘할 수 있는 사람조차 없었습니다. 그러나 하나님은 한 사람을 준비하고 있었습니다. 하나님은 돕지 않는다고 하셔도 도우시고 구원하시는 분이십니다. 우리는 하나님에게 반항하면 할수록 손해입니다. 우리는 하나님을 버리지 말고 끝까지 하나님께 매달리시기를 바랍니다.

18

쫓겨난 자

삿 11:1-11

이 세상에서 가장 불쌍한 사람이 있다면 집에서 버림을 받거나 집에서 쫓겨난 사람일 것입니다. 옛날 우리나라에서는 적자와 서자의 차별이 심해서 서자는 아무리 머리가 뛰어나도 과거 시험을 칠 수 없었고 사람다운 대접을 받을 수 없었습니다. 요즘도 집이 너무 가난하다든지 결혼하지 않은 미혼모가 임신해서 아기를 낳게 되면 아기를 버리든지 아니면 해외에 입양시킬 때가 많습니다. 우리나라에도 아시아계 여자들이 많이 시집와서 다문화 가정 아이들이 많이 자라고 있고, 부산 같은 경우에는 러시아 계통의 혼혈아들이 많이 자라고 있다고 합니다.

그런데 오늘 본문에는 이스라엘의 사사 중에서 출생 배경이 나빠서 집에서 쫓겨난 사람이 나옵니다. 그는 서자일 뿐만 아니라 기생의 아들이었는데, 하나님께서 이 사람의 믿음을 보시고 귀하게 쓰셨습니다. 그 사람은 바로 입다입니다. 입다는 기생의 아들이라고 해서 집과 동네에서 쫓겨났습니다. 그는 한번 쫓겨난 후 고향에 돌아올 줄 꿈에도 몰랐습니다. 그러나 하나님은 입다를 축복하셔서 이스라엘의 지도자로 삼으셨고 그는 당당하게 길르앗 땅으로 돌아오게 되었습니다. 그리고 암몬과의 큰 전쟁에서 이스라엘을 구함으로 위대한 지도자가 되었습니다.

1. 기생의 아들 입다

입다는 기생의 아들로 세상에 태어났습니다. 입다는 그의 아버지가 신앙이 없어져서 이방 신전에 다니면서 거기에 있는 기생과 관계해서 세상에 태어나게 되었습니다. 이 당시 이스라엘 백성은 기생을 너무나도 천하게 생각했는데, 그 기생의 아들이니까 입다가 얼마나 또래 아이들이나 어른들로부터 업신여김당하면서 자랐는지 알 수 있습니다. 한마디로 말해서 입다는 어렸을 때부터 '불가촉천민'(untouchable) 취급을 받았던 것입니다.

11:1, "길르앗 사람 입다는 큰 용사였으니 기생이 길르앗에게서 낳은 아들이었고"

여기서 입다를 "큰 용사"라고 했습니다. 이것은 나중에 입다가 큰 전쟁에서 이스라엘을 구하여 이스라엘의 영웅이 되는 것을 말합니다. 그는 하나님 앞에서 아주 큰 그릇이 되었습니다. 그러나 그의 어린 시절은 비참하기 짝이 없었습니다. 입다의 아버지는 길르앗이었습니다. 길르앗은 요단강 동쪽의 이스라엘 땅을 말하는데, 아버지 이름이 길르앗인 것을 보면 아버지의 가족이 길르앗에서 얼마나 부자였고 대표적인 집안이었다는 것을 짐작할 수 있습니다. 그러나 입다의 아버지는 별로 신앙이 좋지 못했습니다. 그래서 그는 기생을 찾아가서 관계해서 입다를 낳게 되었습니다.

여기서 기생이라는 말은 창녀와 같은 의미인데, 대개 이 당시 창녀는 이방 신전에 속해 있었습니다. 즉 바알이라든지 아세라든지 이방 신전에서는 사람들을 끌기 위해서 창녀를 두었습니다. 그래서 여기 기생은 그냥 술이나 파는 신분이 아니라 '콰데샤'라고 해서 말로는 '거룩한 여자'라는 뜻이지만 무당이나 마찬가지였습니다. 쉽게 말해서 입다는 요즘으로 표현하면 무당의 아들로 태어나서 자랐던 것입니다. 이 당시 이방 신전의 기생은 창녀였고 그들은 점을 치거나 굿을 하는 무당이었던 것입니다. 무당의 아들이므로 그 누구도 제대로 된 아이로 생각하지 않았을 것입니다.

입다의 성장 과정은 성경에 나오지 않지만, 이야기식으로 꾸며보면 이렇게 생각해 볼 수 있을 것입니다. 아마 입다의 어머니는 처음에 입다에게 아버지가 누구인지 말하지 않았던 것 같습니다. 그런데 성경에는 나오지 않지만 아이가 어느 정도 자라자 너의 아버지가 길르앗이라고 하면서 입다가 그의 아들이라는 증표를 주었던 것 같습니다. 그래서 입다는 어머니가 돌아가신 후 증표 하나만 들고 아버지 길르앗을 찾아갔습니다. 길르앗은 자기가 기생에게 주었던 증표를 보고 입다가 아들임을 알았고 그래도 양심이 있어서 입다를 자기 집에서 키웠습니다. 그때부터 입다는 집에서 천덕꾸러기였습니다. 그는 종처럼 일을 해야 했고 때로는 어른이나 삼촌들에게 두들겨 맞기도 하고, 그 마을의 어른들은 아예 입다를 쳐다보지도 않았던 것입니다. 그리고 본 부인에게서 아들들이 태어난 후에는 입다에 대한 차별이 더욱 심해지게 되었습니다.

11:2, "길르앗의 아내도 그의 아들들을 낳았더라 그 아내의 아들들이 자라매 입다를 쫓아내며 그에게 이르되 너는 다른 여인의 자식이니 우리 아버지의 집에서 기업을 잇지 못하리라 한지라"

여기서 놀라운 사실은 아버지 길르앗이나 동네 사람이나 입다의 형제들은 신앙이 없었지만, 입다는 아버지 집에 와서 그렇게 괄시받으면서도 철저하게 신앙적이었다는 사실입니다. 입다는 동네에서 성경을 가르쳐주는 레위 랍비를 찾아가면 그의 말씀을 들었고 마치 하나님의 말씀을 빨아들이듯이 배웠습니다. 입다의 아버지나 동네 사람이나 가족들도 신앙이 없었는데, 어떻게 입다는 그렇게 하나님의 말씀을 사랑하고 하나님의 말씀대로 살려고 노력할 수 있었을까요? 그것은 하나님께서 입다를 사랑하셔서 입다의 마음을 하나님의 말씀으로 이끄셨기 때문입니다. 그리고 입다에게는 다른 선택의 여지가 없었을 것입니다. 그에게 하나님의 말씀은 피난처요 삶의 의미였습니다. 하나님은 가족이나 동네 사람들로부터 온갖 멸시받는 입다에게 말씀 사모하는 마음을 주셨습니다.

세월이 지난 후에 보니까 길르앗의 본 부인의 아들들은 재산이나 밝히고 세상적으로 타락한 생활을 하는데 비해서, 입다는 하나님을 철저하게 믿으니까 본 부인이나 아들들이나 그 지방의 유지들은 이런 식으로 나가다가는 입다가 길르앗의 아들이 되어서 모든 재산을 다 차지하겠다고 생각하게 되었습니다. 그래서 온 집안사람들과 그 지역의 장로들은 입다를 그 동네에서 추방하기로 결정했습니다. 그래서 입다는 자기가 그렇게 좋아하는 하나님의 말씀을 더 배우지도 못하고 가족이나 동네 어른들에게 쫓겨나는 신세가 되었는데, 그들은 입다가 다시 돌아오지 못하도록 그에게 돌을 던졌습니다.

2. 이방 땅에서 일어난 부흥

길르앗 땅에서 쫓겨난 입다는 갈 데가 없었습니다. 그는 더 이상 이스라엘 땅에는 갈 수 없었습니다. 그리고 그는 돈이나 땅도 없었고, 여분의 옷도 없는 거지 신세였습니다. 그는 배가 고픈 것을 참아가면서 다른 사람들의 집에서 떡이나 물을 얻어 먹어가면서 발길이 닿는 대로 걸어갔습니다. 입다는 밤이 되면 나무 밑이나 다른 사람들의 밭에 있는 지푸라기 같은 것을 모아서 덮고 잠을 잤습니다. 그러나 이 세상에 그를 따뜻하게 맞이하는 집은 한 집도 없었습니다. 입다는 이 세상을 살아가는 것이 막연했고 이 세상에서 살아갈 소망이 없었습니다.

입다가 굶어가면서 찾아간 곳은 길르앗 위쪽에 있는 돕이라는 땅이었습니다. 아마 입다는 거기서 어떤 사람의 종이 되어서 살았을 것입니다. 그러나 그곳은 이방 땅이었기 때문에 입다에 대한 차별이 없었습니다. 그러나 입다는 그곳에서 열심히 기도하고 열심히 하나님의 말씀을 묵상하고 다른 종이나 가난한 사람들에게 가르쳤습니다. 그러니까 사람들이 입다를 찾아가기만 하면 위로받고 어려움이 해결되고 하나님의 은혜를 받으니까 입다에 대한 소문이 퍼지기 시작했습니다. 그래서 이스라엘 백성 중에서 빚으로 쫓겨난 자들이나 도저히 살 곳이 없는 사람들은 모두 입다에게 몰려오기 시작했습니다. 입다는 자기 자신이 쫓겨난 사람이었기 때문에 이 갈 곳 없는 사람들을 따뜻하게 맞이해 주었고 그들에게 줄 것이 없으니까 하나님의 말씀으로 가르쳤습니다. 그러나 이상하게 하나님의 종들은 하나님의 말씀으로 다른 사람들을 가르치기만 하면 먹을 것이 생깁니다.

11:3, "이에 입다가 그의 형제들을 피하여 돕 땅에 거주하매 잡류가 그에게로 모여 와서 그와 함께 출입하였더라"

여기서 "잡류"라는 것은 그야말로 어중이떠중이를 말하는 것입니다. 요즘으로 치면 거처 없이 그냥 돌아다니는 거지들이라고 할까요? 아니면 노숙자라고 할까요? 그런데 입다는 거처가 없어서 떠돌아다니는 사람들의 안식처가 되어 주었습니다. 그리고 입다는 그들에게 줄 것이 없으니까 하나님의 말씀을 주었습니다. 그러니까 그 많은 사람이 어떻게 해서든지 살아갔습니다.

입다에게는 하나님께서 주신 두 가지 능력이 있었습니다. 하나는 하나님의 말씀을 잘 알고 가르치는 능력이었습니다. 다른 이스라엘 사람들은 우상 숭배나 하고 죄나 지으면서 살아가는데 입다는 죽으라고 하나님의 말씀만 붙드니까 돕 땅에 부흥이 일어났습니다. 사람들은 모두 '입다에게 가면 살 수 있다'는 생각을 가지게 되었습니다. 왜냐하면 입다에게는 하나님이 함께하셨기 때문입니다.

입다가 가졌던 또 하나의 능력은 사람들을 지휘하는 능력이었습니다. 사실 어중이떠중이들이 갑자기 늘어나니까 주위에서는 이들을 싫어하는 사람들이 많이 있었습니다. 그래서 주위 사람들이 몽둥이나 무기를 가지고 이 잡류들을 쫓으려고 공격해 오면 입다는 기가 막히게 작전을 짜서 다 막아내었던 것입니다. 그래서 입다는 자기에게 찾아온 사람들에게 정신적인 면에서 하나님의 말씀으로 도움을 주었고, 주위 사람들이 이들을 쫓아내고 잡아가려고 무기를 들고 공격해 오면 작전이나 힘으로 그들을 쫓아내었던 것입니다. 그래서 입다가 있는 지역은 이스라엘보다 더 안전한 곳이 되었고 유일하게 부흥이 일어나는 곳이 되었습니다.

3. 이스라엘에 닥친 위기

이스라엘 백성의 신앙이 흐트러지고 그들이 이방 우상을 다 따라가며 섬겼을 때 주위에 있는 나라들은 이스라엘을 자기들의 밥으로 생각했습니다. 왜냐하면 하나님께서 그들을 아주 싸구려로 팔아넘기셨기 때문입니다. 그렇지 않아도 길르앗 땅에 군침을 흘리던 암몬 족속은 이번 기회에 길르앗 사람들을 완전히 죽여서 그 땅을 차지하기로 결심하고 그 땅을 공격해왔습니다. 즉 길르앗 땅에 전쟁이 터진 것입니다. 이때 길르앗의 장로들이 모여서 이스라엘 백성을 지휘할 만한 사람을 찾으니까 단 한 사람도 없었습니다. 이스라엘 백성은 전부 자기 이익이나 챙기고 우상의 신전에 가서 기생이나 만나고 자기 잘난 체만 했지, 실제로 군대를 지휘해서 적과 싸울만한 사람은 아무도 없었던 것입니다. 이것은 이스라엘 백성의 우상 숭배가 가져온 결과였습니다.

11:4-5, "얼마 후에 암몬 자손이 이스라엘을 치려 하니라 암몬 자손이 이스라엘을 치려 할 때에 길르앗 장로들이 입다를 데려오려고 돕 땅에 가서"

암몬 족속은 이스라엘 백성을 다 죽이려고 전쟁하러 왔는데 이스라엘에는 지도자가 될 만한 그릇이 없었습니다. 이때 길르앗 장로들이 그나마 아주 잘한 생각이 있었습니다. 그것은 우선 길르앗 안에는 이스라엘을 구원할 만한 힘과 능력을 가진 자가 없다는 결론을 내린 것입니다. 만일 장로들이 이런 결단을 내리지 않고 돈이나 힘이 있다고 해서 이 사람을 시키고 저 사람을 시켰더라면 이스라엘 백성은 모두 전멸을 면치 못했을 것입니다. 그들은 기분으로 남을 봐주어서 장군을 시킬 수가 없었습니다. 왜냐하면 이것은 자기들이 사느냐 죽느냐 하는 문제가 달려 있었기 때문입니다.

그래서 길르앗 장로들은 두 번째로 이스라엘 안에서 정말 하나님이 쓰시는 사람이 있는지 찾아보았습니다. 하나님께서 함께하시는 사람에게는 부흥이 일어나고 악한 자를 막아낼 수 있는 힘과 용기가 있습니다. 그러나 이미 이스라엘 안에는 하나님의 부흥의 불길이 꺼져서 영적인 분위기가 싸늘했습니다. 그런데 오직 이방 땅 돕 땅에 입다가 있는 곳에는 비록 잡류들이지만 부흥이 일어나고 있고, 입다는 어떤 족속이든지 공격하면 이 잡류들을 지휘해서 공격을 막아낸다는 사실을 알아냈습니다. 그리고 길르앗 장로들이 잘한 일은 지도자를 뽑을 때 그의 출신이나 과거 같은 것을 전혀 생각하지 않고 오직 하나님의 능력이 그에게 있느냐 없느냐만 보았다는 것입니다.

길르앗 장로들이 아무리 살펴보아도 이번 전쟁에서 군대를 지휘해서 전쟁을 맡길만한 사람은 입다 밖에 없었습니다. 왜냐하면 이미 그에 대한 소문이 길르앗 안에 퍼지고 있었기 때문입니다. 장로들은 입다를 생각해 보았습니다. 입다는 기생 아들이라고 해서 자기들이 쫓아낸 사람이었습니다. 옛날에 쫓아내고서 이제 그가 필요하다고 다시 오라는 것은 체면이 서지 않았습니다. 그러나 그들은 이것이 체면 문제가 아니라는 것을 알았습니다. 그리고 길르앗 장로들은 우리가 한번 믿고 대장으로 세웠으면 일체 간섭하거나 잔소리하지 않고 모든 것을 그에게 맡기고 그를 길르앗의 장관으로 임명해야 한다는 것이었습니다. 그래서 장로들은 파격적으로 돕 땅을 찾아가서 입다에게 자기들의 장군이 되어 달라고 요청했습니다.

그러나 입다는 길르앗 장로들의 진실성을 믿을 수 없었습니다. 왜냐하면 옛날에 그가 그렇게 하나님을 사랑하고 하나님의 말씀을 배울 때 그들은 정말 비참할 정도로 입다를 길르앗에서 쫓아내었기 때문입니다. 한번 다른 사람을 쫓아낸 사람들은 또 그런 짓을 할 가능성이 큽니다. 그뿐만 아니라 입다는 돕이라는 곳에서 그야말로 갈 곳이 없는 잡류들과 같이 살았을 뿐, 정식으로 큰 전쟁을 해본 경험이 없었습니다. 그래서 입다는 자기는 길르앗의 장군이 될 수 없다고 거절했습니다.

11:7, "입다가 길르앗 장로들에게 이르되 너희가 전에 나를 미워하여 내 아버지 집에서 쫓아내지 아니하였느냐 이제 너희가 환난을 당하였다고

어찌하여 내게 왔느냐 하니라"

그때 길르앗 장로들이 분명하게 말했습니다. 입다 당신이 우리의 장군이 되어서 암몬 족속과 싸워주면 우리는 당신의 모든 출생이나 과거를 생각하지 않고 당신을 계속 길르앗의 지도자로 삼겠다고 했습니다. 즉 그 당시 총독은 없었으니까 모든 길르앗 사람들의 머리가 되게 하겠다고 약속했던 것입니다.

결국 하나님의 종은 어느 곳에 있어도 하나님은 다 드러나게 하십니다. 그래서 예수님께서 우리가 등불을 켜는 것은 통 안에 두기 위해서가 아니라 등경 위에 두기 위함이라고 하셨습니다. 그리고 산 위에 있는 동네가 숨겨질 수 없다고 했습니다(마 5:14-15). 평소에는 이 사람 저 사람이 다 자기가 잘났다고 큰소리치지만, 진짜 사람들이 필요할 때가 되면 모두 다 숨어버리고 그 어려움과 싸워서 자기들을 지켜줄 사람이 없는 것입니다. 그래서 하나님께서 단련시키신 사람은 반드시 하나님이 쓰시게 되어 있습니다.

입다는 다시 살아서 고향에 돌아갈 수 있으리라고는 꿈에도 생각하지 못했습니다. 입다는 한평생 이 돕 땅에서 어중이떠중이로 살다가 죽는다고 생각했습니다. 그러나 갑자기 길르앗 장로들이 찾아와서 머리가 되어 암몬 족속과 싸워주면 다시는 입다를 쫓아내지 않고 그를 계속 길르앗의 장관으로 모시겠다고 약속까지 했습니다.

입다는 그 말을 믿을 수 없어서 다시 장로들에게 물어보았습니다. "너희가 나를 고향에 데리고 가서 암몬 족속과 싸우게 할 때 하나님이 도우셔서 하나님이 암몬 족속을 내게 넘겨서 이기게 하시면 너희가 나를 너희 머리로 삼겠느냐?" 그랬더니 길르앗 장로들이 "하나님이 증인이 되시거니와 우리는 당신을 배반하지 않겠다"고 대답했습니다. 드디어 입다는 그동안의 떠돌이 생활을 끝내고 당당하게 길르앗 고향으로 돌아가게 되었습니다. 즉 아무리 입다를 무시하고 쫓아내고 꼴 보기 싫어해도 하나님께서 돌아오게 하시면 당당하게 돌아오게 되는 것입니다.

우리는 입다처럼 때때로 자신의 형편과 처지가 비참할 수 있습니다. 우리는 금수저를 물고 난 것이 아니고 나무젓가락만 물고 나왔을 수도 있습니다. 그러나 남들이 놀고 세상을 따라간다고 해서 따라갈 필요가 없습니다. 왜냐하면 세상은 하나님의 위대한 사람을 만들지 못하기 때문입니다. 하나님의 말씀으로 충만하고 사람을 두려워하지 않을 때 하나님은 그를 위대하게 쓰시는 것입니다. 우리 모두 자신의 현재나 과거의 상태를 잊어버리고 하나님의 손에 붙들리는 성도들이 다 되시기를 바랍니다.

믿음의 의심

삿 11:12-40

가끔 유원지에 가보면 번지 점프하는 사람들이 있습니다. 제 생각으로는 남자가 많을 것 같은데, 놀랍게도 젊은 여성들이 더 많은 것을 보게 됩니다. 번지 점프는 아주 높은 데서 발에 밧줄을 매달고 뛰어내리는 것입니다. 그런데 그 비용도 절대 싸지 않습니다. 사람들은 돈을 주고 그 높은 데 올라가서 목숨을 걸고 뛰어내리는 것입니다. 젊은 사람들은 높은 데서 뛰어내리는 스릴을 즐기는 것입니다. 그런데 가끔 번지점프를 하겠다고 돈도 주고 높은 데 올라갔는데, 막상 뛰어내리려고 내려다보니까 밑이 까마득한 것이 꼭 죽을 것 같아서 결사적으로 못 뛰어내리겠다고 직원의 발을 잡고 늘어지거나 울고불고 난리를 치면 결국 내려올 수밖에 없습니다. 이것은 준비는 다 되어 있는데 그 당사자가 갑자기 너무 겁이 나서 뛰어내리지 못하는 것입니다.

성경에도 그냥 믿기만 하면 되는데 마지막에 의심이 생겨서 망한 사람들이 나옵니다. 가룟 유다는 거의 끝까지 예수님을 따라왔는데 예수님이 십자가에 못 박혀 죽으신다고 하니까 의심이 들면서 스승을 배신하고 말았습니다. 세례 요한의 아버지 사가랴도 가브리엘 천사가 직접 와서 "네 아내 엘리사벳이 아기를 낳게 될 것이라"고 했을 때 믿어버리면 되는데 결정적인 순간에 믿지 못하고 의심하는 바람에 아내가 아기를 낳을 때까지 말을 못하게 됩니다(눅 1:20).

입다는 기생이 낳은 아이라고 해서 멸시와 천대를 받다가 결국 자기 집과 지방에서 쫓겨나게 됩니다. 그러나 입다는 사람들이 자기를 무시하고 업신여겼지만 하나님을 열심히 믿었습니다. 결국 입다는 길르앗 위쪽에 있는 이방 땅 돕까지 가게 되었습니다. 그리고 거기서 처음에는 종으로 여러 가지 일을 했을 것입니다. 그러나 입다는 거기서도 하나님께 열심히 기도하고 말씀을 묵상하고 다른 가난하고 억울한 사람들에게 하나님의 말씀을 전하니까 소문이 좋게 나면서 그가 있는 곳에 많은 사람이 몰려들게 되었습니다.

입다는 두 가지 능력을 가지고 있었습니다. 하나는 사람들에게 하나님의 말씀을 잘 가르치는 능력이었습니다. 그리고 다른 하나는 자기에게 온 약한 사람들의 보호자가 되어서 지켜주는 능력이었습니다.

1. 암몬 왕과 싸우는 입다

길르앗 사람이나 입다의 가족은 입다를 쫓아낸 후에 마치 눈에 있는 가시가 뽑힌 것처럼 좋아했습니다. 입다의 아버지나 형제나 그 지방의 지도자들은 전부 이방 신을 섬기고 음란한 짓을 했기 때문입니다. 길르앗 사람들은 하나님을 버리고 자기 마음대로 살면 행복할 줄 알았는데 엄청난 재난이 찾아오게 되었습니다. 그것은 길르앗 아래에 있는 강대국인 암몬이 쳐들어온 것입니다. 암몬은 지금의 요르단입니다. 암몬 군대가 길르앗과 전쟁을 치르고자 하는 계획은 초토화 작전이었습니다. 즉 사람이나 양이나 풀 하나 남기지 않고 그 땅을 전부 멸망시키는 것이었습니다. 그제야 길르앗 장로들은 정신을 차려서 하나님께 도와달라고 기도도 하고, 길르앗 안에 암몬을 대항하여 싸울 만한 장군을 찾았는데 한 명도 없었습니다. 그래서 이스라엘 전체에서 길르앗의 지도자가 될 만한 사람을 찾았는데 없었습니다. 그런데 자기들이 그 지역에서 쫓아냈던 입다에 대해서는 좋은 소문만 들렸습니다. 즉 입다는 하나님을 잘 섬기고 불쌍한 갈 곳 없는 사람들을 잘 돌보아주고 있다는 소문이었습니다. 결국 길르앗 장로들은 자존심을 다 버리고 입다를 찾아가서 그에게 우리의 장군이 되어서 암몬과 싸워서 이기면 우리의 장관으로 삼겠다고 약속했습니다. 입다가 그들의 말을 의심하니까 장로들은 절대로 약속을 어기지 않겠다고 거듭 약속을 확인했습니다.

이제 드디어 입다는 자기가 거느리던 어중이떠중이들과 길르앗 사람들을 뽑아서 암몬 군대와 싸우게 되었습니다. 그런데 옛날에는 무조건 전쟁을 시작하는 것이 아니라 이 전쟁이 정당성이 있느냐 하는 것을 사신을 보내어서 따지고 난 후에 자기 신에게 기도하고 전쟁을 치렀습니다.

입다는 암몬 왕에게 사신을 보내어서 "왜 너희들은 우리 땅에 갑자기 쳐들어와서 전쟁하려고 하느냐?"고 물었습니다. 그랬더니 암몬 왕은 사신에게 원래 "이 땅은 우리 땅인데 너희들이 애굽에서 나오면서 차지해 버렸기 때문에 우리가 그 땅을 도로 찾으려고 한다"고 대답했습니다.

여기서 입다의 유명한 연설이 나옵니다. 이 입다의 답변을 보면 그가 얼마나 하나님의 말씀을 믿었고 성경을 잘 알았는지 알 수 있습니다.

입다는 암몬 왕이 거짓말한다는 사실을 성경을 통해서 너무나 잘 알고 있었습니다. 이스라엘은 절대로 모압이나 암몬 땅을 침략한 적이 없었습니다. 오히려 하나님은 모압이나 암몬은 이스라엘과 친척이기 때문에 절대로 싸우지 말라고 말씀하셨습니다. 그래서 이스라엘은 에돔이나 암몬 왕에게 "우리에게 그 땅을 통과하게만 허락해 달라. 우물물을 마시면 물값까지 다 주겠다"고 했지만 그들은 절대로 안 된다고 했습니다. 그래서 이스라엘은 암몬과 모압 땅을 삥 둘러서 요단 동편으로 왔는데, 거기는 시혼이라는 나라가 있었습니다. 그들은 아모리 족속이었습니다. 하나님께서 이스라엘 백성에게 치라고 한 곳은 바로 아모리 사람들의 땅이었습니다. 그리고 모압과 암몬도 아모리 사람들을 쫓아내고 거기에 자기들의 왕국을 세운 것이었습니다. 모세와 이스라엘 백성은 자기 힘으로 도저히 이길 자신이 없었지만 무조건 하나님의 말씀만 믿고 죽을힘을 다해서 싸워 시혼 왕과 사람들을 다 죽이고 그 땅을 차지했던 것입니다. 이것이 정확한 역사적 사실입니다. 그러니 암몬 왕의 주장은 사실이 아니었습니다.

그래서 입다는 암몬 왕을 꾸짖었습니다. 출애굽 때 모압 왕 발락은 발람이라는 선지자를 불러서 이스라엘을 저주하려고 했지만 싸우려고 하지는 않았다고 말합니다. 그러면서 너희는 왜 발락보다 못하냐고 했습니다. 즉 하나님의 백성이면 잘났든 못났든 겁을 낼 줄 알아야 하는데 왜 너는 겁이 없느냐는 것입니다. 그리고 이 땅이 진짜 암몬 땅이면 일찌감치 너희 땅이라고 주장해야지, 삼백 년 동안 가만히 있다가 이제야 너희 땅이라고 주장하는 것이 말이 되느냐고 따졌습니다. 그리고 입다는 하나님께 기도드렸습니다. "하나님, 우리는 죄를 짓지 않았습니다. 우리는 남의 땅을 함부로 차지하려고 하지 않았습니다. 여호와여, 오늘 이스라엘과 암몬 자손 중에서 판단하여 주옵소서." 그러나 암몬 왕은 이미 힘으로 이스라엘 땅을 빼앗으려고 마음먹었기 때문에 입다의 말을 듣고서도 전쟁을 시작하려고 했습니다.

2. 입다의 마음에 든 의심

입다는 결국 길르앗의 장군이 되어서 암몬 족속과 싸우게 되었지만, 전쟁하기 전에 갑자기 입다는 자신감이 없어지게 되었습니다. 입다는 암몬 족속의 수많은 군대를 보니까 이길 수 있는 자신감이 없어졌던 것입니다. 그리고 자기 자신을 보니까 내세울 것이 하나도 없는 기생의 아들이고, 자기가 거느리고 있는 군대도 떠돌이 잡류들과 우상이나 섬기는 믿음 없는 길르앗 사람들이었습니다. 그래서 입다는 과연 내가 이 사람들을 데리고 전쟁에서 이길 수 있을까 하는 의심이 생기게 되었습니다. 이럴 때 지도자들이 많이 생각하는 것은 도망치는 것입니다.

입다는 하나님께서 자신의 기도를 꼭 들어주시게 하려면 그냥 기도하면 안 되고 무엇인가 특별한 약속을 해야 할 것 같았습니다. 이것이 바로 입다의 신앙이 그렇게 훌륭함에도 불구하고 그의 믿음 밑바닥에 깔려 있는 찌꺼기 본성이었던 것입니다. 입다는 그냥 하나님이 자기를 세우셨으면 아무 생각하지 말고 죽으면 죽는다고 생각하고 공격하면 되는데 자신의 출신을 생각했던 것입니다. 그래서 사람의 출신이 중요합니다. 기생의 아들이라든지 옛날 깡패였다가 목사가 되었다든지 하면 화가 나거나 어려움이 생겼을 때 종종 옛날 본성이 나오게 되는 것입니다. 그래서 가톨릭에서는 자기가 담대하게 하나님께 기도하지 못하고 성모 마리아나 숭고한 업적을 남긴 성인들에게 기도해서 예수님에게 말씀을 잘해달라고 부탁하는 것입니다. 이것은 그야말로 미신적인 생각입니다.

입다는 하나님께 한 가지 서원 기도를 했습니다. 그것은 하나님과의 일종의 거래였습니다. 입다는 만일 자기가 암몬 군대를 이기고 승리해서 돌아오면 자기 집에서 가장 먼저 나오는 사람을 죽여서 하나님께 번제물로 바치겠다고 서원한 것입니다.

그런데 하나님은 신실하셨습니다. 입다에게 성령이 임하게 하셨습니다. 그러니까 입다의 군대도 성령이 임했는데 모두 어마어마한 힘을 가지게 되었습니다. 입다가 군대를 이끌고 암몬을 치는데 그야말로 파죽지세였습니다. 하나님께서 암몬을 입다의 손에 넘겨주시므로 암몬의 온 땅을 무찌르고 결국 암몬 자손은 입다에게 항복하게 되었습니다.

11:32-33, "이에 입다가 암몬 자손에게 이르러 그들과 싸우더니 여호와께서 그들을 그의 손에 넘겨 주시매 아로엘에서부터 민닛에 이르기까지 이십 성읍을 치고 또 아벨 그라밈까지 매우 크게 무찌르니 이에 암몬 자손이 이스라엘 자손 앞에 항복하였더라"

아로엘은 암몬의 수도였습니다. 그리고 다른 지명들은 잘 몰라도 길르앗 군대가 정복한 성읍이 무려 이십 개였다는 것은 입다가 완전한 승리를 거두었다는 뜻입니다. 입다에게 성령이 임하니까 모든 이스라엘 군대도 성령의 능력이 임하면서 암몬을 완전히 굴복시켰던 것입니다.

3. 통곡하는 입다

입다는 전쟁에 이기고 의기양양해서 모든 군대를 이끌고 미스바에 있는 자기 집으로 돌아왔습니다. 이날 입다는 너무 기뻤고 온 이스라엘은 완전 축제 분위기였습니다. 입다가 온 얼굴에 웃음을 머금고 자기 집으로 갔을 때 그 집에서 가장 먼저 입다를 맞이하러 나온 사람은 입다의 무남독녀 딸이었습니다. 그 딸은 아무것도 모르고 아빠의 승리를 축하하기 위하여 소고를 들고 춤을 추면서 나왔습니다. 그때 입다는 자기가 전쟁 나가기 전에 하나님께 한 서원이 생각났습니다. 즉 그는 자기 집에서 가장 먼저 나오는 자를 죽여서 하나님께 번제로 바치겠다고 서원했던 것입니다. 입다는 이런 약속을 할 필요가 없었습니다. 그냥 하나님의 말씀을 믿고 나가서 싸우면 되는데 그 말씀을 믿지 못해서 시키지도 않은 서원을 해버렸던 것입니다. 구약 시대에는 하나님의 이름으로 서원한 것은 죽을지라도 취소할 수 없었습니다.

아마 입다는 자기 집에서 종이 먼저 나오든지 아니면 집에서 키우는 동물이 나올 것으로 생각했는지 모릅니다. 그러나 가장 먼저 나온 사람은 입다의 무남독녀 딸이었습니다.

11:34-35, "입다가 미스바에 있는 자기 집에 이를 때에 보라 그의 딸이 소고를 잡고 춤추며 나와서 영접하니 이는 그의 무남독녀라 입다가 이를 보고 자기 옷을 찢으며 이르되 어찌할꼬 내 딸이여 너는 나를 참담하게 하는 자요 너는 나를 괴롭게 하는 자 중의 하나로다 내가 여호와를 향하여 입을 열었으니 능히 돌이키지 못하리로다 하니"

입다는 가장 기쁜 날 자기 옷을 찢으면서 통곡해야만 했습니다. 가장 먼저 딸이 튀어나왔기 때문입니다. 그래서 우리가 하나님의 중요한 일을 할 때 내가 잘났든지 못났든지 하나님을 믿어야 합니다. 그렇지 않으면 이렇게 사탄이 틈을 타는 것입니다. 입다는 딸이 기뻐서 나오는 것을 보고 "너는 나를 참담하게 하는 자요, 나를 괴롭게 하는 자 중의 하나로다"라고 하면서 통곡했습니다. 입다는 가장 영광스러워야 할 날에 가장 참담한 사람이 되어버렸습니다. 그는 딸을 죽여서 하나님께 번제로 바쳐야 했기 때문입니다. 사실 하나님은 사람을 죽여서 바치는 인신 제사를 받지 않으십니다. 이것은 암몬 족속이나 하는 짓입니다. 입다는 전혀 하나님의 뜻에 맞지 않는 서원을 했던 것입니다. 이런 잘못된 서원은 취소할 수 없을까요? 구약 시대에는 취소할 수 없었습니다. 물론 신약 시대에는 예수님이 그런 죄까지 담당하셨기 때문에 취소할 수 있습니다. 그러나 혼자 취소하거나 지키지 마시고 목회자와 먼저 꼭 상담하시기 바랍니다. 이것은 내가 감당할 수 없는 것을 목회자를 통해서 해결 받는 것입니다.

이때 입다의 딸의 놀라운 믿음을 볼 수 있습니다. 입다의 딸은 아버지에게 하나님께 한 서원을 취소하지 말라고 했습니다. 왜냐하면 하나님은 그 기도를 들으시고 대적 암몬의 손에서 이스라엘을 구원하셨기 때문입니다. 입다의 딸은 아버지가 어떤 기도를 드렸든지 간에 하나님이 그 기도를 들어주셔서 길르앗 사람들이 모두 살게 되었다는 것을 믿었습니다. 그래서 입다의 딸은 아버지에게 아버지가 서원한 것을 그대로 지키라고 했습니다.

왜 하나님은 이스라엘 승리의 날에 입다의 딸 때문에 기뻐하지 못하게 하셨을까요? 그것은 암몬과의 전쟁은 끝났지만 이스라엘 백성 안에 벌어지는 전쟁은 이제 시작이기 때문입니다. 그들의 우상 숭배와 성적인 부패와 하나님에 대한 불신앙은 아직 남아 있기 때문입니다. 그래서 하나님은 이스라엘에게 기뻐하지 못하게 하셨습니다.

입다의 딸은 아버지께 한 가지만 부탁했습니다. 그것은 자기가 결혼도 하지 못한 처녀로 죽는 것이 너무 안타까우므로 아버지에게 두 달만 시간을 주셔서 친구들과 산에 가서 통곡하고 기도하게 해 달라고 요청했습니다. 그래서 입다의 딸은 친구들과 같이 산에 올라가서 처녀의 몸으로 죽어야 하는 것에 대하여 울면서 기도했던 것 같습니다. 즉 자기들이 죽어야 하는데 입다의 딸이 죽어서 자기들은 모두 살게 된 것입니다. 그래서 이스라엘의 처녀들은 두 달 동안 산에서 울면서 기도하는 수련회를 했던 것입니다. 만약 이때 입다의 딸의 마음이 변해서 다른 데로 도망쳤으면 어떻게 되었을까요? 그렇게 되면 딸은 살지 몰라도 하나님의 영광은 가리게 됩니다. 우리에게 중요한 것은 내가 사느냐 죽느냐보다 하나님의 영광이 가려지지 않는 것입니다.

하나님이 입다를 사용하셔서 암몬을 이기게 하셨고 이스라엘 백성은 죽을 뻔하다가 모두 살았고 입다의 딸은 하나님의 영광을 위하여 기꺼이 죽었다는 것입니다. 결국 입다의 딸의 두 달 동안의 기도는 길르앗 사람들의 영적 부흥이 일어나게 했던 것입니다.

우리 교회 교인 중에도 딸이 돌아가신 분들이 있습니다. 너무나도 예쁘고 똑똑했던 딸이 어느 날 갑자기 하늘나라로 간 것입니다. 어떤 딸은 교통사고로 돌아가고, 어떤 딸은 뇌출혈로 돌아가고, 어떤 자매는 정말 억울하게 어떤 사람이 사무실을 막고 불을 지르는 바람에 돌아갔습니다. 저는 이들을 잊을 수 없습니다. 이들은 우리 모두에게 경고하고 있습니다. 즉 세상을 너무 좋아하지 말라는 경고입니다. 그리고 우리를 생각하면서 무조건 슬퍼하지 말고 영적인 부흥을 위해서 함께 기도하자는 것입니다.

입다의 딸은 두 달 만에 내려와서 죽어서 하나님께 바쳐졌습니다. 그리고 길르앗 사람들은 입다의 딸의 죽음을 생각하면서 해마다 나흘씩 애곡했습니다. 입다의 딸은 아버지보다 더 위대했습니다. 입다는 이스라엘의 육신을 건져냈지만, 입다의 딸은 자신의 죽음을 통해서 길르앗 사람들의 영혼을 구원했던 것입니다.

우리는 하나님이 내 기도를 듣지 않으실까 걱정해서 억지로 서원할 필요가 없습니다. 우리는 그냥 하나님의 말씀만 믿고 나가면 되는 것입니다. 하나님은 아주 신실한 분이십니다. 우리가 기도한 것 이상으로 들어주실 것입니다. 입다의 딸은 젊은 처녀로 죽는 것을 두려워하지 않았습니다. 결혼하지 않은 처녀가 죽으면 얼마나 아까운 일입니까? 그러나 입다의 딸은 하나님의 영광이 더 중요했습니다. 그리고 이런 기회를 통해서 자기 친구들과 함께 기도하는 것을 더 중요하게 생각했습니다. 하나님은 아무리 보잘것없는 사람도 쓰십니다. 자신을 부족하다고 생각해서 낙심하지 마시고 하나님의 말씀만 믿고 나가시기를 바랍니다.

20

탐욕의 결과
삿 12:1-15

야생동물 중에서 멧돼지는 자기 욕심만 생각하고 마구 덤벼들어서 농사지은 고구마를 헤쳐서 다 먹어버리고 사과밭에 들어가 나무를 다 부러트려 버리고 심지어는 도시까지 내려와 사람을 들이받거나 물어서 중상을 입히는 경우가 있습니다. 서울 어느 곳에서는 멧돼지가 술집에 들어가서 술 마시는 사람 허벅지를 무는가 하면 사람들이 잡으러 오니까 한강을 헤엄쳐서 건너가기도 했습니다. 시골에서는 밭에서 일하는 농부를 물어서 중상 입히는 일까지 있었습니다. 그래서 앞뒤 가리지 않고 자기 생각대로 밀어붙이는 사람을 멧돼지 '저(猪)' 자를 사용해서 '저돌적인 사람'이라고 합니다. 이렇게 멧돼지는 농민들에게 너무 피해를 주기 때문에 정부에서는 사냥꾼들에게 멧돼지 사냥을 하게 하거나 멧돼지 틀을 두어서 멧돼지를 잡게 합니다.

옛날에 어떤 대기업은 도산하는 작은 기업들을 그야말로 저돌적으로 인수 합병해서 없는 분야가 없는 대기업을 만들었습니다. 자동차에서부터 시작해서 조선, 건설, 중공업, 가전제품, 종합상사 등 엄청난 규모의 기업으로 발전해서 재계 랭킹 2위까지 되었습니다. 그 기업 이미지는 좋았습니다. 그러나 그 기업이 그렇게 단기간에 커질 수 있었던 이유는 도산한 작은 기업들을 아주 싼값에 합병했기 때문이었습니다. 그런데 IMF가 찾아오게 되니 그 기업의 부채는 눈덩이 구르듯 커지게 되었습니다. 그 기업은 공적 자금 수백억을 까먹고도 회생하기가 어려웠습니다. 그래서 정부는 그 재벌기업을 해체해 버렸습니다.

교회도 그런 교회들이 많이 있습니다. 평범한 목회로 만족하지 못하고 초대형 교회를 만들어서 세계 일등이 되어야 만족하는 목사들이 있다는 것입니다. 이들은 그 엄청난 교회 규모와 돈을 이용해서 정치인들을 만나거나 설교하며, 큰 건물을 짓고도 만족하지 못합니다. 서울에서는 큰 교회가 하나 성공하면 교인들이 그 교회로 옮겨가서 그 주위에 있는 수십 개의 교회들이 없어지거나 교인들이 많이 줄어들게 됩니다. 그러나 저돌적인 목사들은 다른 교회가 입는 피해는 생각하지 않습니다. 저돌적인 사람은 다른 사람들보다 머리가 뛰어나고 힘이 있기 때문에 성공합니다. 그러나 그들은 성공하는 과정에서 다른 사람들에게 많은 피해를 줍니다. 그리고 나중에는 자기 자신도 망하고 마는 것입니다.

이스라엘 중에서 이렇게 저돌적인 지파는 에브라임 지파였습니다. 그들은 항상 자기들이 1등이 되어야 하고, 최고로 좋은 것을 차지해야 한다고 생각했습니다. 그리고 누군가가 자기들을 알아주지 않으면 따지고 싸우려고 했습니다. 그러나 그들은 너무 지나친 탐욕을 부리다가 망하게 됩니다.

1. 에브라임 지파의 탐욕

에브라임 지파는 하나님의 특별한 축복을 받은 지파였습니다. 그래서 야곱은 죽기 전에 요셉의 두 아들 므낫세와 에브라임을 자기 다리 사이에 세우고 축복했는데, 이때 에브라임이 작은 아들임에도 불구하고 오른손을 올려서 축복했습니다. 하나님의 오른손과 왼손 사이에는 엄청난 차이가 있습니다.

에브라임 지파는 가나안 땅을 정복할 때 제비를 뽑았는데 주로 산지가 많은 땅을 제비 뽑게 되었습니다. 그래서 그들은 여호수아를 찾아가서 우리는 산지가 많은 땅을 제비 뽑았기 때문에 다시 제비를 뽑아야 한다고 주장했습니다. 그때 여호수아는 너희들은 사람들이 많으니까 산지를 개발하든지 아니면 원주민의 땅을 싸워서 더 차지하라고 하면서 돌려보냈습니다.

또 기드온이 미디안을 이겼을 때 엄청난 전리품들이 있었는데, 그때 에브라임 지파는 그 전리품을 적게 갖게 될까 봐 기드온을 찾아가서 "왜 미디안과 싸울 때 우리에게 먼저 연락하지 않고 네 마음대로 싸웠느냐?"고 시비를 걸었습니다. 그러면서 우리는 너와 싸우겠다고 기드온을 협박했습니다. 그때 기드온은 전리품을 가지는 데는 관심 없었고 도망친 미디안 족속 만 오천 명을 추격하는 것이 더 중요했으므로 에브라임 지파에게 너희들이 한 공이 더 크다고 하면서 전리품을 다 가지라고 하니까 군소리 없이 전리품을 챙겨서 돌아갔습니다.

그런데 이번에 입다가 암몬 족속을 이겼을 때는 에브라임 지파의 욕심이 너무 심했습니다. 에브라임은 길르앗 땅을 전부 다 차지하려고 아예 4, 5만 명이 전부 무기를 들고 요단강을 건너 쳐들어왔습니다. 에브라임 지파는 입다가 자기가 책임지는 사람들을 지키는데 얼마나 용감한 사람인지 몰랐습니다. 우리 속담에도 '과유불급(過猶不及)'이라는 말이 있는데, 너무 지나친 것은 조금 모자라는 것보다 못할 때가 많다는 뜻입니다. 사람은 무엇인가 지나치지 않게 적당한 것이 좋은데 너무 지나치게 욕심을 부리거나 너무 지나치게 날뛰다가는 결국 역풍을 맞게 되는 것입니다.

> 12:1, "에브라임 사람들이 모여 북쪽으로 가서 입다에게 이르되 네가 암몬 자손과 싸우러 건너갈 때에 어찌하여 우리를 불러 너와 함께 가게 하지 아니하였느냐 우리가 반드시 너와 네 집을 불사르리라 하니"

에브라임 지파는 입다나 길르앗 사람들을 너무 우습게 생각했습니다. 입다는 기생의 아들이었고 거기에다가 길르앗에서 쫓겨나서 형편없는 떠돌이들과 어울려 살 사람이었습니다. 그리고 길르앗 사람들이 어떻게 암몬을 이겼는지는 모르겠지만 그들은 지도자를 구하지 못해서 입다 같은 부족한 사람을 지도자로 세운 힘이 없는 족속이라고 생각했던 것입니다. 만약 이번에 입다가 암몬을 이기지 못했으면 길르앗 족속들은 다 죽은 것이나 마찬가지였습니다. 그래서 에브라임 지파는 이번 기회에 무기를 가지고 길르앗을 건너가 그 땅을 차지해 버리자고 생각했던 것입니다. 사실 어떤 의미에서는 입다가 길르앗이 위기에 처했을 때 자기를 쫓아내었던 길르앗에 돌아와서 암몬과 싸워서 그 땅을 지킨 것은 굉장히 축하할 일이었습니다. 그러나 에브라임 지파는 길르앗이 암몬을 이긴 것에 배가 아팠고 어떻게 해서든지 입다를 쫓아내고 길르앗 땅을 빼앗으려고 했던 것입니다.

길르앗 땅은 지금으로는 골란고원 지대인데, 화산지대로 땅이 비옥해서 풀과 나무가 잘 자라서 목축하기에 매우 좋은 곳입니다. 에브라임 지파는 길르앗 사람들이 전쟁을 마치고 아직 정신을 차리지 못했을 때 쳐들어가서 그들의 땅을 빼앗아야겠다고 생각했습니다. 에브라임 지파 사람들은 자신의 딸이 죽고 아직도 마음에 아픔이 남아 있는 입다를 찾아가서 "네가 암몬과 싸우러 갈 때 우리에게 허락도 받지 않고 갔으니까 반드시 너와 네 집 식구들을 불에 태워 죽이겠다"고 적대감을 드러내었습니다.

그때 입다는 사실대로 이야기했습니다. "나와 내 백성이 암몬 자손들과 크게 싸울 때 너희에게 연락했지만 너희들은 도와주지도 않았고 아무 반응도 없었다. 그래서 내가 죽을 각오를 하고 암몬 땅에 건너가서 암몬 족속과 싸우니까 하나님이 불쌍히 여기서서 우리를 이기게 하셨는데, 너희들은 어찌해서 오늘 나와 싸우려고 하느냐?"고 했습니다. 그러나 에브라임 지파 사람들은 입다의 말을 듣지 않았습니다. 그들은 "그럴 리가 없다. 너는 우리를 따돌리고 공을 차지해서 혼자 유명해지고 길르앗의 장관이 되려고 했다"고 주장하면서 자꾸 싸우려고 했습니다. 입다는 "분명히 너희 에브라임 지파에게 도와달라고 이야기했는데 너희들이 꿈쩍도 하지 않다가 전쟁이 끝나니까 나타나서 우리를 무시했다고 하는 것은 말도 되지 않는다"고 반박했습니다.

그런데 에브라임 지파 사람들은 길르앗 사람들이 도저히 참을 수 없는 모욕을 주었습니다. 그것은 바로 길르앗 사람들은 원래 에브라임 지파에서 도망쳤는데 지금 그 땅을 불법으로 차지하고 있다는 것이었습니다.

12:4하, "이는 에브라임의 말이 너희 길르앗 사람은 본래 에브라임에서 도망한 자로서 에브라임과 므낫세 중에 있다 하였음이라"

길르앗 사람들은 므낫세 지파 사람들이었고, 에브라임과 형제 지파였습니다. 그러나 그들은 길르앗 사람들은 도망자들이기 때문에 길르앗을 차지할 자격이 없다고 주장했습니다. 거짓말을 해도 적당하게 해야지, 에브라임은 말도 되지도 않는 논리를 가지고 억지를 부렸습니다. 결국 싸움이 벌어지게 되었습니다. 그러나 입다는 큰 용사였고 하나님이 쓰시는 사람이었습니다. 입다는 길르앗 군대와 힘을 합쳐서 에브라임 지파를 무찔렀는데 에브라임 지파는 입다에게 패해서 도망치기 바빴습니다.

에브라임 지파가 생각하지 못한 것이 무엇입니까? 그들은 다른 사람들도 다 행복할 자격이 있다는 것을 생각하지 않고 자기들만 잘 살면 된다고 생각했던 것입니다. 이 세상 모든 사람은 다 행복할 자격이 있습니다. 다른 사람의 행복을 인정해 주는 것이 기독교의 정신입니다.

2. 에브라임 사람들을 찾아내라

입다와 길르앗 사람들이 칼을 들고 에브라임 사람들을 공격하니까 그들은 입다와 길르앗 사람들을 감당할 수 없었습니다. 그래서 그들은 길르앗 땅을 차지하는 것을 포기하고 도망치기 시작했습니다. 입다는 에브라임 사람들이 도망치는 것을 보고 이것을 차단하기 위해서 군대를 요단 나루턱에 보내었습니다. 그리고 요단강을 건너가려고 요단 나루턱으로 오는 사람들을 붙잡아서 그들을 심문했습니다. 에브라임 사람들은 길르앗 사람들과 같은 이스라엘 백성이고 같은 말을 쓰고 같은 옷을 입기 때문에 길르앗 사람들과 구별이 잘되지 않았습니다. 에브라임 사람들이 모두 도망쳐서 요단강 나루턱을 건너가려고 할 때 그들과 길르앗 사람을 구별할 수 없었습니다. 그러나 입다는 바보가 아니었습니다. 입다는 에브라임 지파 사람들이 어떤 단어를 발음할 수 없다는 사실을 알았습니다. 그래서 그것으로 에브라임 사람들을 구별해 내었습니다.

우리나라도 경상도 진주 쪽 사람들은 발음이 안 되는 것이 있습니다. 그중에 '경'자 발음이 되지 않습니다. 그래서 '경제'라고 해야 하는데 그분들은 꼭 '갱제'라고 발음하는 것입니다. 한번은 진주에서 예배드리는데 예쁘게 생긴 여학생이 사회를 보았습니다. 그 자매는 시작하면서 "우리 모두 갱건하게 묵도를 하겠습니다."라고 했습니다. 그래서 예배 마친 후에 그 학생이 찾아왔기에 '경건하게'가 발음이 안 되느냐고 물으니까 그렇지 않아도 자기는 교대생인데 발음 때문에 고민이 많다고 했습니다. 경상도 사람들은 '개구리'를 '깨구리'라고 합니다. 여자가 '아기를 낳고'라고 해야 하는데 '아기를 놓고'라고 합니다. 저는 처음 서울에 올라가서 놀림을 많이 받았습니다. 제가 말을 하는 중에 '아기를 놓았다'라고 하니까 사람들이 "아기를 어디에 놓았단 말이야?"라고 하면서 저를 놀렸습니다.

그런데 에브라임 사람들은 영어로 '쉬(sh)' 발음을 하지 못했습니다. 그들은 '시(s)' 발음밖에 하지 못했던 것입니다. 에브라임 사람들이 얼마나 탐욕스러웠는지 길르앗 땅을 차지하려고 몰려온 사람 중에서 요단 나루턱에서 4만 2천 명이 붙들려 죽었습니다. 그러니까 요단강을 건너온 에브라임 사람들은 5만 명쯤 된다는 이야기입니다. 입다의 군인들은 요단강을 건너오려고 몰려 온 사람들을 한 사람, 한 사람을 붙들고 '쉽볼렛'이라고 발음하라고 했습니다. '쉽볼렛'은 시내라는 뜻입니다. 그런데 에브라임 사람들은 '쉬' 발음이 되지 않아서 '십볼렛'이라고 했습니다. 그 발음을 하는 사람을 전부 다 잡아서 죽였는데 무려 4만 2천 명이나 죽임당했습니다.

저돌적이었던 에브라임 지파 사람들이 '쉬' 발음 하나 하지 못해서 4만 2천 명이 죽었습니다. 우리는 자기 일만 생각할 것이 아니라 내가 이렇게 하면 다른 사람들이 피해를 보지 않을까 하는 생각을 해야 합니다. 그리고 언제나 나의 약점은 무엇인지 생각하고 보완해야 합니다. 무조건 자기의 강점만 저돌적으로 밀어붙이면 생각하지도 못한 약점에 걸려서 망하게 됩니다.

3. 원점으로 돌아간 이스라엘 사사들

이스라엘이 영적으로 침체했을 때는 반드시 이스라엘의 말씀 사역자들인 사사들이 직업주의에 빠져서 말씀보다는 돈벌이에 치중해서 돈벌이하는 모습을 볼 수 있습니다. 기드온 이후에 사사들의 타락은 그 정도가 아주 심했습니다. 그래서 야일 같은 사람은 성읍을 30개나 가졌고 아들 30명이 나귀를 타고 다녔습니다. 그 바람에 결국 서쪽에서는 블레셋이 쳐들어오고, 동쪽에서는 암몬 족속이 쳐들어와서 이스라엘의 전 국토는 전쟁터가 되었습니다. 그런데 입다가 죽고 난 후에 이스라엘 사사들의 타락은 더욱더 심했습니다.

'입산' 이라는 사사는 아들 30명과 딸 30명을 두었는데, 그는 이들을 모두 하나님을 믿지 않는 이방인들과 결혼시켰습니다. 즉 아들 30명은 이방에서 여자들을 데려왔고 딸들은 모두 이방 나라로 시집을 보내어서 아주 '글로벌' 한 집안이 되었던 것입니다. 며느리들은 모두 다른 나라에서 시집와서 이 나라 말과 저 나라 말을 썼고, 이 신, 저 신 닥치는 대로 섬겼습니다. 또 사위들도 전부 이방 민족들이니까 생긴 것도 틀리고 언어도 다르고 종교도 달랐습니다.

'세계교회협의회(World Council of Churches, WCC)' 라는 단체가 있습니다. 이 단체는 말로는 기독교라고 하는데, 거기에 가보면 목사도 있고 중도 있고 무당도 있고 점쟁이도 있고 모든 종교가 다 모여 있습니다. 그래서 기도를 마칠 때도 예수님, 부처님, 신령님, 마호메트님, 여러 신들의 이름으로 기도를 마감합니다. 요즘은 백악관에서 기도할 때도 '예수님의 이름' 으로 기도하면 안 됩니다. '모든 신들의 이름' 으로 기도하든지, 아니면 '예수님, 마리아, 부처님, 알라, 그리고 모든 신들의 이름' 으로 기도해야 하는 것입니다. 사실 이런 기도에는 '아멘' 도 할 수 없습니다. '아멘, 나무아미타불, 알라, 신령님' 이라고 해야 합니다.

입산은 사사라는 직책을 이용해서 돈을 많이 벌었습니다. 그 돈으로 아내를 수십 명 두고 아들 딸 30명을 모두 이방 족속과 결혼시켰습니다. 우리나라에도 목사직을 이용해서 큰 성공을 거둔 분들이 있습니다. 이분들은 설교를 하더라도 오직 축복만 이야기합니다.

그리고 '엘론'이라는 사람이 사사가 되었는데, 그는 큰돈은 벌지 못하고 십 년 동안 그저 자리를 지키는 사사로 마쳤던 것 같습니다.

그 후에 '압돈'이라는 사사가 나옵니다. 그는 또 엄청난 치부를 했습니다. 그에게는 아들이 40명이 있었고 손자가 30명이나 있었는데, 모두 나귀를 타고 다녔습니다. 그래서 그 집에는 나귀가 70마리나 있었습니다. 그 나귀를 유지하려면 나귀를 잡고 끄는 종도 있어야 합니다. 그러나 압돈은 이런 부의 성공으로 이스라엘을 구원하지 못했습니다. 왜냐하면 그는 돈이나 밝히는 목회자였기 때문입니다. 진정한 목회자는 모세나 엘리야같이 하나님의 능력을 가져야 하는데, 이들은 모두 성공하고 부자가 되려고 했던 것입니다.

지금 우리 사회는 이런 사사들의 시대와 비슷합니다. 기업이나 교회나 정치인들이나 모두 저돌적으로 덤벼들어야 이긴다고 생각합니다. 그러나 성경은 "욕심이 잉태한즉 죄를 낳고 죄가 장성한즉 사망을 낳느니라"(약 1:15)고 했습니다. 우리 모두 바른 목회자와 바른 성도와 교회의 모습을 찾을 수 있기를 바랍니다.

영웅의 탄생

삿 13:1-25

이 세상에 영웅이 나타나면 사람들은 열광합니다. 영웅은 보통 사람이 가지지 못한 능력으로 적을 물리쳐서 백성을 위기에서 구원해 주기 때문입니다. 베토벤이 쓴 교향곡 중에서 3번이 〈영웅〉입니다. 이 곡은 '에로이카' 라고도 하는데, 베토벤이 나폴레옹의 활약상을 보고 드디어 유럽에 평화를 가져올 영웅이 나타났다고 하면서 흥분해서 지은 곡이라고 알려져 있습니다. 그래서 베토벤은 이 3악장 앞에 '보나파르트를 위하여'(fur Bonaparte)라고 썼다고 합니다. 그러나 얼마 지나지 않아서 나폴레옹이 대관식을 하는 것을 보고, 베토벤은 그가 진정한 영웅이 아니라 야망으로 가득 찬 욕심쟁이임을 알고는 '보나파르트를 위하여' 라고 쓴 겉장을 찢어버렸다고 합니다. 실제로 나폴레옹은 프랑스 혁명을 이용해서 권력을 잡고는 유럽 전체를 전쟁터로 만들어서 수백만 명의 젊은 군인을 죽게 했습니다.

우리나라 일제강점기 때 일본에 혼쭐을 내고 앞으로 우리나라가 반드시 독립한다는 서곡을 알려준 영웅들이 있습니다. 그중 한 사람이 안중근 의사이고, 또 하나가 3.1운동의 참가자들이었습니다. 안중근 의사는 일본에서 가장 야망적인 인물이었던 이토 히로부미를 총으로 쏘아 죽였습니다. 그리고 3.1 운동은 철저한 비폭력 운동으로 우리나라가 일본의 속국이 아니며 민족의 독립을 원한다는 것을 전 세계에 알린 사건이었습니다. 이때 유관순양은 비참할 정도로 일본 경찰의 고문을 당하여 죽임당했습니다. 물론 우리나라 해방은 이들의 죽음 이후에 몇십 년이 걸려서 이루어졌지만 이 정신은 우리 민족의 정신을 깨웠고 살아있게 했습니다.

이스라엘 백성은 이방의 고통에서 벗어나 좀 살게 되면 그들은 반드시 하나님의 말씀을 버리고 타락해서 우상숭배에 빠지고 타락한 생활을 함으로써 다른 나라의 지배를 받았습니다. 이 당시 이스라엘의 가장 강한 적은 블레셋과 암몬이었는데, 암몬 족속은 기생의 아들 입다가 싸워서 박살을 내었습니다. 그러나 아직 남아 있는 강대국 블레셋은 너무나도 강해서 이스라엘은 감히 블레셋 군대를 쫓아내지 못했습니다. 그때 하나님은 한 영웅이 태어나게 하셨는데, 바로 삼손입니다. 그러나 삼손도 완전히 블레셋을 쫓아내지는 못하고 죽었지만, 이스라엘 백성의 마음속에 '우리는 하나님의 백성이다. 우리는 반드시 블레셋을 쫓아내고 이스라엘을 회복한다' 는 정신을 심어주었습니다.

1. 오염되지 않은 사람들

음식을 먹을 때 가장 위험한 것이 상한 음식을 모르고 먹는 것입니다. 특히 여름철에 상한 음식인 줄 모르고 찌개나 회를 먹었다가 배가 아파서 먹은 것을 다 토하고 응급실에 실려가서 주사를 맞고서야 겨우 진정되는 사람들이 있습니다. 그런데 상한 음식보다 더 위험한 것이 독이 있는 음식을 먹는 것입니다. 어떤 분은 독버섯이 들은 줄 모르고 음식을 먹었다가 온몸에서 열이 나고 고생하다가 돌아가신 분도

21 청중의 탄생   217

있었습니다. 이스라엘 백성이 정신적으로 타락했을 때, 그들은 상한 음식과 같았습니다. 그들은 식중독에 걸려서 배가 아파서 고생하고 있었고 그들을 따라간 사람들도 모두 식중독에 걸려서 힘을 내지 못하고 있었습니다. 더욱이 그들이 숭배하고 있었던 바알과 아세라 신은 독버섯이었습니다. 그래서 이스라엘 백성 중에서 어느 누구도 힘을 낼 수 있는 사람이 없었습니다.

이스라엘은 이미 썩어서 부흥의 불이 꺼진 지 오래되었습니다. 그 당시 이스라엘은 절대로 부흥이 일어날 수 없는 죽은 나라였습니다. 그런데 하나님께서는 놀랍게도 그 부패한 이스라엘 가운데 오염되지 않은 한 부부를 남겨주셨습니다. 그 사람의 이름은 나이 많은 마노아와 그의 아내였습니다. 마노아와 그의 부인은 순수한 이스라엘의 정신을 지키고 있었습니다.

13:1, "이스라엘 자손이 다시 여호와의 목전에 악을 행하였으므로 여호와께서 그들을 사십 년 동안 블레셋 사람의 손에 넘겨 주시니라"

이스라엘 백성은 하나님 앞에서 아무 가치 없는 쓰레기 같았습니다. 그래서 하나님은 이스라엘 백성을 완전히 싸구려 헐값으로 블레셋에 넘겨주어서 블레셋의 식민지가 되었습니다. 그러나 하나님께서는 이스라엘을 위하여 전혀 오염되지 않은 한 가정을 준비해 놓으셨습니다.

13:2-3, "소라 땅에 단 지파의 가족 중에 마노아라 이름하는 자가 있더라 그의 아내가 임신하지 못하므로 출산하지 못하더니 여호와의 사자가 그 여인에게 나타나서 그에게 이르시되 보라 네가 본래 임신하지 못하므로 출산하지 못하였으나 이제 임신하여 아들을 낳으리니"

소라 땅은 이스라엘 중에서 블레셋 땅에 아주 가까웠습니다. 그런데 마노아가 속한 단 지파는 아주 불행한 지파였습니다. 여호수아 때 이스라엘 백성이 자기들 땅을 배정받으려고 제비 뽑을 때, 단 지파는 하필이면 블레셋 땅을 뽑았습니다. 그 당시 블레셋 사람들은 군대가 있고 특히 병거를 가지고 싸웠기 때문에 변변한 무기가 없는 단 지파로서는 도저히 블레셋을 쫓아낼 수 없었습니다. 그래서 단 지파는 이백 년이 넘도록 그 땅을 차지하지 못하고 산에서 움막 생활을 하고 있었습니다. 단 지파가 믿음을 가지고 무모할지도 모르지만 블레셋과 한번 붙어 보았으면 좋았을 텐데, 그들은 지레 겁을 집어먹고 아예 산에서 내려오지 못했던 것입니다.

그러나 하나님은 이 단 지파를 위해서 엄청난 계획을 준비해 놓고 계셨습니다. 그것은 바로 삼손이라는 엄청난 힘을 가진 사람이었습니다. 하나님께서는 이스라엘 전체에서 썩지 않고 깨끗한 사람을 찾아보니까 나이 들어서 부부만 살고 있는 마노아 부부 밖에 없었습니다. 그런데 마노아의 아내는 불임이어서 그 집에는 아기가 없었습니다. 그래서 그들은 후손이 없는 상태에서 살다가 죽을 생각을 하고 있었습니다. 마노아 부부는 하나님의 말씀을 지킨다고 자식을 기다리다가 자식 없이 늙어 죽게 되었습니다. 그러나 하나님은 그들 부부를 아시고 그들에게 가장 좋은 선물을 주시려고 하셨습니다. 그것은 바로 삼손이라는 엄청난 힘을 가진 아들이었습니다.

우리는 때때로 하나님을 믿기 때문에 결혼이 안 되기도 하고 직장이 없기도 하고 아기가 없을 수도 있습니다. 그러나 하나님을 믿어서 손해 본 것은 손해가 아닙니다. 왜냐하면 하나님이 이 세상에서 최고 좋은 것으로 갚아주실 것이기 때문입니다. 그러므로 우리는 예수 믿어서 성공하지 못하고 돈도 많이 벌지 못한 것에 대해서 너무 슬프게 생각하지 마시기 바랍니다. 하나님은 그 모든 것을 다 알고 계시기 때문입니다. 하나님은 가장 좋은 것으로 갚아주실 것입니다.

2. 여호와의 사자가 전해준 기쁜 소식

하나님의 사자는 마노아의 아내를 만나서 하나님의 놀라운 계획을 전해주었습니다. 그것은 하나님께서 삼손이 태어나기 전에 그 어머니부터 하나님 앞에서 깨끗한 사람이 되기를 원하셨기 때문입니다. 그래서 하나님의 사자는 마노아의 아내에게 명령했습니다.

13:4-5, "그러므로 너는 삼가 포도주와 독주를 마시지 말며 어떤 부정한 것도 먹지 말지니라 보라 네가 임신하여 아들을 낳으리니 그의 머리 위에 삭도를 대지 말라 이 아이는 태에서 나옴으로부터 하나님께 바쳐진 나실인이 됨이라 그가 블레셋 사람의 손에서 이스라엘을 구원하기 시작하리라 하시니"

하나님의 사자는 먼저 앞으로 태어날 아기의 어머니에게 포도주나 독주를 마시지 말라고 했습니다. 왜냐하면 임산부가 먹거나 마시는 것은 태아에게 영향을 줄 수 있기 때문입니다. 여기에서 '독주'라는 것은 요즘 사람들이 마시는 폭탄주를 말하는 것이 아니라, 집에서 담그는 곡주를 말합니다. 아마 옛날 사람들은 집에서 포도주 외에도 곡주를 담가서 마셨던 것 같습니다. 하나님께서는 태어날 아기가 어머니 뱃속에서부터 깨끗하게 구별되어서 오염되지 않은 사람으로 하나님께 사용되기를 원하셨습니다.

또 하나님께 바쳐진 '나실인'이 될 것이라고 했는데, 나실인은 '바쳐졌다, 구별되었다'는 뜻입니다. 그래서 나실인은 집안을 위해서 사는 사람이 아니라 하나님을 위해서 사는 사람이었습니다. 그중에서는 성전에서 봉사하는 사람도 있었고, 또 이스라엘을 위하여 전쟁을 하는 사람도 있었습니다. 그리고 나실인은 평생 나실인으로 지내는 사람도 있었지만, 정해진 기간 동안만 나실인으로 지내는 사람도 있었습니다. 이런 사람은 하나님의 은혜가 너무 감사해서 하나님의 은혜에 보답하기 위해서 하나님께 봉사하는 사람을 말합니다.

예를 들어서 어떤 집 아들에게 입영 영장이 나오게 되면 군에 입대하는 그날부터 그 아들은 국가에 바쳐진 사람이 됩니다. 또 가끔 다른 나라에서 봉사하고 싶은 사람 중에는 '해외 봉사단' 같은 데나 '국경 없는 의사회' 같은 곳에서 몇 년간 봉사하기도 합니다. 다른 사람들은 돈 벌고 성공하는 시간에 돈도 별로 받지 못하고 죽음의 위기에서 봉사하는 이런 사람들의 정신은 다른 사람들의 정신을 깨어있게 만듭니다.

우리 교회에도 이런 부부가 있습니다. 모두 의사인데 의사 선교사로 헌신해서 예멘에서 봉사했습니다. 그런데 예멘의 병원이 기습당해서 의사나 자원봉사자가 살해 위협을 받으니까 국가에서 그곳을 떠나라고 해서 지금 다른 곳에서 봉사하고 있습니다. 부부가 모두 돈도 벌지 못하고 죽을 수도 있는 위험한 곳에서 환자를 치료한다는 것은 대단히 위대한 일이지만 사명감으로 그 일을 감당하고 있습니다.

요즘 어머니들은 자식을 위해서 포도주나 다른 술은 끊을 수 있어도 아마 커피는 끊지 못할 것입니다. 그래서 엄마 중에서는 "나, 나실인 엄마 하는 거 사표 내겠어요."라고 하는 분이 있을지 모르겠습니다. 하여튼 하나님은 마노아의 아내에게 아주 오랜 시간을 기다리게 하셨습니다.

그런데 하나님께서는 블레셋 사람들이 얼마나 강한지 이 나실인도 완전히 블레셋을 몰아내지 못하고, 몰아내기 시작할 것이라고 했습니다. 장차 태어날 아기도 블레셋에 치명적인 상처를 주겠지만 완전히 블레셋을 이기지는 못할 것이라고 했습니다. 단지 이스라엘을 구원하기 시작할 것이라고 했던 것입니다.

그런데 마노아의 아내는 천사 같은 사람이 갑자기 나타나서 아이를 낳게 된다고 하며, 포도주나 독주를 마시지 말고 아이의 머리를 자르지 말라고 하면서 그 아이가 나실인이 될 것이라고 하니까 정신이 없었습니다. 그래서 여호와의 사자가 떠나가자마자 남편에게 뛰어가서 하나님의 사람이 내게로 찾아왔는데 내가 보기에는 하나님의 사자 같더라고 하면서, 자기가 아기를 낳는다고 하고 그동안 포도주나 독주를 마시지 말라고 했다는 말을 전했습니다. 그리고 그 아이는 태어나면서부터 죽을 때까지 하나님께 바쳐진 나실인이 될 것이라고 했는데, 내가 너무 정신이 없어서 그 사람의 이름도 물어보지 못했다고 이야기했습니다.

아내의 말을 전해 들은 마노아는 하나님의 은혜를 사모하는 마음이 있었습니다. 그래서 마노아는 '하나님이 아내에게만 말씀하시고 나에게는 아무 말씀도 하시지 않으셨는데 나는 참을 수 없다. 나는 하나님께 나에게도 똑같은 말씀을 듣게 해 달라고 해야겠다'고 생각했습니다. 이것은 바로 거룩한 질투심이었습니다. 교회에서 다른 교인이 큰 은혜를 받았다고 하면 무심하게 넘어가는 사람이 있는가 하면, 어떤 사람은 '왜 그 사람만 은혜를 받는 거야? 나도 그 사람 같은 은혜를 받아야 돼'라고 하면서 하나님께 자기에게도 같은 은혜를 달라고 하는 기도하는 사람이 있을 것입니다.

마노아는 하나님의 말씀을 듣고 은혜 받는 것에서 아내에게 지는 것을 원치 않았습니다. 그래서 마노아는 하나님께 간절하게 기도했습니다. "하나님, 왜 하나님께서는 제가 없을 때 아내에게 중요한 말씀을 주십니까? 저도 아이를 어떻게 키워야 하는지 알아야 하니까 그분을 한번만 더 보내어주셔서 저도 말씀을 듣게 해 주십시오"라고 간구했습니다. 하나님은 마노아의 이 기도를 들으시고 처음 그 천사를 다시 보내어 주셨습니다. 그러나 이번에도 마노아는 없고 그 아내만 밭에서 일하고 있었습니다. 마노아의 아내는 남편이 얼마나 하나님의 말씀을 듣고 싶어 하는 줄 알았기 때문에 여호와의 사자에게 조금 기다려 달라고 하고는 남편에게 뛰어가서 "지난번에 나를 찾아왔던 그 천사 같은 사람이 또 나타났다"고 했습니다. 그러니까 마노아가 그 자리에서 벌떡 일어나서 아내 뒤를 따라서 천사가 나타난 곳으로 달려갔습니다.

3. 하나님이 베푸신 표적

마노아는 여호와의 사자를 보았을 때 "당신이 지난번에 이 여인에게 말씀하셨던 분이십니까?"라고 물었습니다. 그랬더니 여호와의 사자는 "내가 그 사람이다"라고 대답했습니다. 그때 마노아는 아이를 어떻게 키워야 하는지 저도 알고 싶으니까, 자기에게도 아이를 어떻게 키워야 하는지 말씀해 달라고 부탁했습니다. 여호와의 사자는 그의 아내에게 했던 말을 똑같이 마노아에게 해주었습니다. 즉 아이에게 포도주나 독주를 마시게 하지 말고 머리에 삭도를 대어서 자르지 말라고 했습니다. 그때 마노아는 천사에게 "저에게 명령하신 것을 다 지키겠습니다"라고 약속했습니다.

그런데 이때 경건한 자들은 하나님의 종으로부터 말씀을 들으면 꼭 하나님의 종을 대접하는 관습이 있었습니다. 그러나 마노아는 아직 자기에게 말씀하시는 분이 천사인 줄 몰랐습니다. 그는 이 천사가 단지 선지자인 줄 알았던 모양입니다. 마노아는 여호와의 사자에게 잠시 기다려주실 수 있느냐고 하면서 귀한 염소 새끼를 요리해서 천사에게 대접하려고 했습니다. 그러나 여호와의 사자는 마노아에게 "네가 기다리라고 하면 기다리겠지마는 나는 음식을 먹지 않는다. 무엇인가 바칠 것이 있으면 하나님께 번제로 바치라"고 했습니다.

마노아는 여호와의 사자에게 "당신의 이름이 무엇입니까?"라고 묻고는 "당신의 말씀대로 이루어져서 아기를 낳게 되면 당신을 존귀히 여기겠습니다"라고 말했습니다. 그러자 여호와의 사자는 마노아에게 "왜 내 이름을 묻느냐?"고 했는데, 그것은 '내 말이 하나님의 말씀인 것을 그냥 믿으면 되는데 꼭 내 이름을 알 필요가 있느냐?' 라는 뜻입니다. 우리가 하나님의 말씀을 들으면 하나님의 말씀으로 받아들이면 되는 것이지, 사람에 대하여 알려고 하지 말라는 뜻입니다. 그러면서 자신의 이름을 알려주었습니다. "내 이름은 기묘자"라고 했습니다. "기묘"라는 말은 '원더풀' 이라는 뜻입니다. 즉 아주 놀라운 분이시라는 것입니다. 그런데 천사 중에는 '기묘' 라는 이름을 가진 천사가 없습니다. '기묘' 는 하나님 아들의 별명입니다. 그래서 이사야는 "그의 이름은 기묘자라, 모사라, 전능하신 하나님이라, 영존하시는 아버지라, 평강의 왕이라 할 것임이라" (사 9:6)고 했습니다.

마노아가 염소 새끼와 다른 음식물을 가지고 오니까 여호와의 사자는 그것을 먹지 않고 바위 위에 놓으라고 했습니다. 마노아는 여호와의 사자가 시킨 대로 염소 새끼 요리와 음식물을 바위 위에 놓으니까 여호와의 사자가 기적을 행했습니다. 그것은 바위 위에서 하늘로 불꽃이 솟아 올라가는데, 염소 새끼와 음식물을 태운 것은 물론이고 그 여호와의 사자가 불꽃을 타고 하늘로 올라갔던 것입니다. 하나님의 사자는 불과 하나가 되어서 하늘로 올라가셨습니다. 즉 그분은 하나님의 사자이면서 또한 제물과 하나가 되셨던 것입니다.

하나님은 마노아의 궁금증을 불로써 응답해 주셨습니다. 그리고 그를 찾아온 천사는 그냥 천사가 아니고 기묘라는 별명은 가진 하나님의 아들이었습니다. 그는 불과 함께 하늘로 올라가셨습니다. 얼음같이 냉랭하게 얼어붙어 있던 이스라엘에 드디어 하나님의 아들께서 불을 붙이셨던 것입니다.

마노아는 그제야 비로소 "우리가 하나님을 보았으니 우리는 반드시 죽는다"라고 하면서 벌벌 떨었습니다. 그러나 이럴 때는 아내가 남편보다 더 현명한 것 같습니다. "여보, 만일 하나님이 우리를 죽이려고 하셨다면 이런 불이 있는 제사를 받지도 않으셨을 것이고, 이런 말씀을 우리에게 주시지도 않으셨을 것이라"고 했습니다. 여인의 믿음이 더 논리적이고 상식적이었습니다. 그리고 그 말씀 그대로 마노아의 아내는 임신하게 되었고 날이 찼을 때 아기를 낳았습니다. 그리고 아기 이름을 삼손이라고 지었습니다. '삼손' 이라는 이름은 '태양' 이라는 뜻입니다. 이제 어둠의 그늘에 앉아서 벌벌 떨고 있는 이스라엘에 하나님의 빛이 비취게 된다는 뜻이었습니다.

하나님은 오염되지 않은 순수한 사람을 찾고 계십니다. 그래서 우리가 하나님을 믿기 때문에 시간에 손해 보고 결혼에 손해 보고 물질에 손해 보는 것은 절대로 손해가 아닙니다. 그리고 하나님이 말씀하시면 하나님의 말씀으로 믿어야 합니다. 자꾸 이름을 물어본다든지 대접하는 데 신경 쓰면 안 되는 것입니다. 하나님은 불로써 증표를 보여주셨습니다. 하나님은 우리를 죽게 하시는 분이 아닙니다. 말씀을 들으면서 우리의 마음이 따뜻해지면 이미 하나님께서 그 증거를 보여주신 것으로 믿으시기 바랍니다.

지도자가 없는 시대

삿 1:1-21

오래전에 우리 교회 처녀가 제주도로 시집을 갔습니다. 그 자매는 성가대도 열심히 봉사했고 인물도 잘생긴 처녀였습니다. 그 결혼식을 위해서 주례로 교회 부목사님을 보내었는데 갔다 오더니 혀를 내두르는 것입니다. 그래서 왜 그러느냐고 했더니 "제주도에서는 잔치를 세 번 해야 한다고 합니다. 한 번은 하객들을 위해서 하고, 또 한 번은 신부 측 사람들을 위해서 하고, 또 한 번은 신랑 측 사람들을 위해서 잔치를 꼭 해야 한다고 합니다"라고 했습니다. 그래서 제가 제주도 서귀포에 연합부흥회가 있어서 설교하러 갔다가 그곳에서 오래 목회한 목사님께 "제주도에서는 잔치를 세 번 한다는 것이 사실입니까?" 물었습니다. 그랬더니 그 목사님은 사실이라고 하면서 제주도 사람들은 결혼식보다 그 세 번의 잔치가 더 중요하다고 강조했습니다. 만약 잔치를 세 번 하지 않으면 그들의 결혼식은 아주 시시한 결혼식이 되고 두고두고 욕을 먹는다는 것입니다.

결혼은 쉬운 일이 아닙니다. 그래서 우리나라에서는 결혼을 '인륜지대사(人倫之大事)'라고 합니다. 부모님이 좋아하는 사람이 다르고,

본인이 좋아하는 사람이 다릅니다. 그리고 사람 중에는 결혼하고 나니까 결혼 전에 생각했던 것과 많이 다른 사람도 있다고 합니다. 특히 요즘은 사탄이 사람들의 마음을 많이 타락하게 해서 불륜으로 가정이 깨어지는 경우도 많습니다. 사탄은 어떻게 해서든지 가정을 깨려고 하고 사람들로 하여금 죄짓게 만들려고 합니다. 그래서 요즘 목사가 가장 조심해야 하는 부분이 바로 이혼에 대한 설교입니다. 왜냐하면 이혼 때문에 상처를 입고 아직도 그 상처가 치료되지 않아서 마음 아파하는 사람들이 많기 때문입니다. 좌우간 결혼은 사랑하는 사람과 해야 하고 믿을 수 있는 사람과 해야 합니다.

삼손은 아버지 마노아와 그의 아내가 늙어서 낳은 아들이었습니다. 삼손은 태어날 때부터 나실인이었으므로 포도나 포도주를 먹을 수 없었고, 머리카락을 자를 수 없었고, 죽은 시체를 만질 수도 없었습니다. 그리고 삼손은 부모가 너무 나이 많아서 대화도 잘되지 않았고, 친구들과 어울리지 못하고 늘 혼자 들판에서 놀았던 것 같습니다. 삼손의 집은 소라였는데, 소라와 에스다올 사이에서 혼자 놀면서 자랐던 것 같습니다. 그런데 언제인가 삼손에게는 하나님의 영이 임하기 시작했습니다. 그래서 하나님의 음성을 듣기도 하고 하나님에게 말을 하기도 하고 어떤 힘이 생기는 것 같기도 했습니다. 그러다가 나이 들어 청년이 되니까 가까이에 있는 블레셋 마을 딤나라는 곳에 가서 블레셋 아가씨를 사귀기 시작했습니다. 삼손은 거기에서 마음에 드는 아가씨를 만나서 사랑하고 결혼까지 하기로 마음먹었습니다.

1. 삼손의 체험

삼손은 부모님을 찾아가서 결혼하겠다고 했습니다. 그러자 나이드신 부모님은 너무 반가워서 "그래, 신부는 어떤 여자냐?"라고 물었습니다. 그런데 삼손이 결혼하려고 하는 여자가 영 부모님의 마음에 들지 않았습니다. 이스라엘 백성은 할례받지 않은 사람들을 들짐승 취급했습니다. 삼손의 부모님은 태어날 때부터 하나님께 바쳐진 나실인 삼손이 하나님을 믿지도 않고 이스라엘의 원수인 블레셋 사람의 딸과 결혼한다고 하니까 영 마음에 들지 않았던 것입니다.

그런데 성경에는 삼손이 블레셋 여자와 결혼하는 목적이 정말 그 여자를 사랑해서 하는 것이 아니라, 틈을 봐서 블레셋 사람을 치려고 하는 것인데 부모님은 그런 하나님의 뜻을 몰랐다고 기록하고 있습니다. 그러면 삼손은 딤나에 있는 그 블레셋 처녀를 정말 사랑하는 마음 없이 오직 블레셋 사람들과 시비를 걸어서 싸우려고 결혼식을 하려고 했을까요? 그 점이 좀 애매한 부분인데, 삼손은 두 가지 마음이 다 있었던 것 같습니다. 일단 삼손은 친구가 없었는데 블레셋 아가씨와 사귀니까 좋았던 것 같습니다. 아마 삼손은 그 아가씨를 완전히 속이고 결혼하려는 것은 아니었던 것 같습니다. 삼손은 결혼식은 결혼식대로 하면서 블레셋 사람들 속에 들어가서 무슨 핑곗거리가 생기면 블레셋 사람들을 치려고 했던 것이 아닐까 하는 생각이 듭니다.

삼손은 어떻게 부모님을 설득했는지 모르지만 결혼 승낙을 받아 내었습니다. 사실 부모는 다 큰 아들을 이길 수 없습니다. 아마도 덩치 큰 녀석이 늙은 부모님 앞에서 "제가 그 여자를 좋아한다니까요. 그 여자하고 결혼하지 않으면 저는 죽어버리든지 집을 나가버리겠어요!"라고 협박하니까 결국 부모는 삼손에게 져서 "그래, 네 결혼이니까 우리가 너를 어떻게 이기겠느냐? 네가 알아서 해라"고 승낙한 것 같습니다.

14:3, "그의 부모가 그에게 이르되 네 형제들의 딸들 중에나 내 백성 중에 어찌 여자가 없어서 네가 할례 받지 아니한 블레셋 사람에게 가서 아내를 맞으려 하느냐 하니 삼손이 그의 아버지에게 이르되 내가 그 여

자를 좋아하오니 나를 위하여 그 여자를 데려오소서 하니라"

여기 "형제"는 '단' 지파를, "내 백성"은 '이스라엘 백성'을 말합니다. 삼손의 부모는 어떻게 해서든지 삼손이 이스라엘의 하나님을 믿는 처녀를 아내로 구해야 한다고 했습니다. "이스라엘에 여자들이 많은데 하필이면 이방 여자를 아내로 데려오려고 하느냐?"고 하면서 반대했습니다. 그러나 삼손은 "이스라엘에는 마음에 드는 여자가 하나도 없고 내가 블레셋 그 여자를 좋아한다니까요!" 하면서 우겨대었던 것 같습니다.

옛날에 부산의 어느 선교 단체에 한 자매가 있었는데, 선교 단체의 간사와 여러 명이 같이 성경 공부를 하게 되었습니다. 그 간사 형제는 사람이 너무 깨끗하고 복음의 열정이 있었지만, 심한 척추 장애인이었습니다. 그런데 그 자매가 척추 장애인 간사와 결혼한다고 하자 그 처녀의 부모는 난리가 났습니다. 우리 딸은 인물도 좋고 공부시켜서 명문대까지 들어가서 교사를 하려고 하는데, 무엇이 부족하다고 장애인과 결혼하려고 하는가 하면서 결사반대했습니다. 그러나 그 자매는 '사람은 중심이 중요하지, 외모가 무엇이 중요한가?' 라고 생각해서 결혼 날짜도 정하고 결혼식에 가려고 했습니다. 그러니까 그 부모는 딸이 결혼식에 가지 못하도록 방에 집어넣고 문을 잠가버렸습니다. 그 자매는 결혼식에 가기 위해서 창문으로 탈출해서 결혼식장에 가서 그 형제와 결혼식을 하고야 말았습니다. 그 자매는 결혼 생활 가운데 많은 어려움이 있었지만 남편을 훌륭한 목회자로 키워내었고 학교 교사 일도 훌륭하게 해내었습니다.

14:5-6, "삼손이 그의 부모와 함께 딤나에 내려가 딤나의 포도원에 이른즉 젊은 사자가 그를 보고 소리 지르는지라 여호와의 영이 삼손에게 강하게 임하니 그가 손에 아무것도 없이 그 사자를 염소 새끼를 찢는

것 같이 찢었으나 그는 자기가 행한 일을 부모에게 알리지 아니하였더라"

삼손은 일단 부모의 승낙을 받고는 부모님과 함께 블레셋 딤나로 내려가게 되었습니다. 그때 삼손은 어떤 체험을 하게 되었습니다. 삼손은 부모님과 떨어져서 먼저 가고 있었던 것 같습니다. 그러다가 목적지인 딤나에 거의 다 가서 포도원 옆을 지나가는데, 사자 한 마리가 숨어 있다가 덤벼들려고 소리를 질렀습니다. 여기에 보면 "젊은 사자"라고 했는데, 어린 사자는 아니고 아직 성장이 다 안 된 사자인 것 같습니다. 젊은 사자가 소리를 지르는 순간 삼손은 이상하게 자기에게 엄청난 힘이 생기는 것을 느꼈습니다. 그래서 삼손은 사자에게 덤벼들어서 사자를 깔고 앉았습니다. 그랬더니 사자가 삼손의 힘에 눌려서 힘을 쓰지 못하는 것입니다. 그러자 삼손은 사자의 입을 잡고 사자를 찢어 죽였습니다. 삼손은 염소 새끼보다 훨씬 큰 사나운 젊은 사자를 종이 찢듯이 찢어서 죽여 버렸던 것입니다. 이때 삼손은 무엇인가를 체험했습니다. 우선 하나님이 이 일과 함께하신다는 것이었습니다. 삼손은 자기 멋대로 결혼하는 것 같았는데 사실은 하나님이 함께하시는 일이었습니다. 그리고 삼손은 자기에게 하나님의 영이 임하면 사자 정도는 찢어 죽일 힘이 생긴다는 것을 알았습니다.

삼손은 사자를 한 마리 죽여 놓고도 부모님에게 한마디 하지 않고 딤나에 가서 자기가 좋아하는 여자를 만나서 부모에게도 보여드렸는데, 부모님은 마음에 들었는지 알 수 없지만 삼손은 그 여자가 마음에 들었습니다.

14:7, "그가 내려가서 그 여자와 말하니 그 여자가 삼손의 눈에 들었더라"

삼손이 이 블레셋 여자를 싫어한 것은 아니었습니다. 삼손은 이스라엘 사람들보다는 블레셋 사람들과 더 가까웠는지도 모릅니다. 우리는 아무도 도와주지 않는 가운데 혼자 하나님이 일을 할 때가 있습니다. 그때 사람들은 부정적인 이유만 말하기도 하고 그 일을 할 수 없는 일들이 일어나게 되기도 합니다. 그러나 하나님은 나만 아는 방법으로 하나님께서 도우신다는 증표를 보여주십니다.

2. 삼손의 결혼식

날이 지나서 이제 드디어 삼손의 결혼식 날이 되었습니다. 삼손은 좋은 옷을 입고 부모님을 모시고 다시 딤나로 내려가게 되었습니다. 그러다가 삼손은 자기가 죽인 그 사자가 어떻게 되었는지 궁금했습니다. 그 사자를 죽인 것이 삼손의 첫 경험이었기 때문입니다. 원래 나실인은 시체를 가까이하면 안 됩니다. 그러나 삼손은 너무 호기심이 생겨서 죽은 사자를 보러 갔습니다. 가보니 사자의 사체는 썩지 않고 딱딱하게 굳어 있었고, 벌이 거기에 집을 짓고 꿀을 채웠는데 그 사체 안에 꿀이 잔뜩 들어 있었습니다. 삼손은 꿀이 너무 맛있는 것이었기에 꿀이 먹고 싶어서 그릇이나 옷 같은 데 퍼 담았습니다. 그리고 그 꿀을 부모님께 드리고 자기도 길을 가면서 계속 먹었습니다. 나이 드신 부모님은 삼손에게 어디서 이렇게 귀한 꿀을 찾았는지 물었지만 삼손은 아무 대답도 하지 않았습니다. 삼손은 나실인이므로 사자의 죽은 사체에서 나온 꿀을 먹어서는 안 되었기 때문입니다.

드디어 삼손의 결혼식이 블레셋 땅 딤나에서 열렸는데, 그 당시 블레셋의 관습은 신랑에게 들러리가 반드시 있어야 했습니다. 그러나 삼손은 부모님만 따라갔기 때문에 들러리 할 친구가 없었습니다. 그래서 신부 쪽에서 자기들이 아는 블레셋 청년 30명을 구해 와서 삼손의 친구가 되게 했습니다. 결혼 잔치를 일주일간 하는데, 삼손은 그냥 잔치만 하면 재미가 없으니까 블레셋 친구들을 골탕 먹이기 위해서 그들에게 어려운 수수께끼를 내기로 했습니다.

14:12-13, "삼손이 그들에게 이르되 이제 내가 너희에게 수수께끼를 내리니 잔치하는 이레 동안에 너희가 그것을 풀어 내게 말하면 내가 베옷 삼십 벌과 겉옷 삼십 벌을 너희에게 주리라 그러나 그것을 능히 내게 말하지 못하면 너희가 내게 베옷 삼십 벌과 겉옷 삼십 벌을 줄지니라 하니 그들이 이르되 네가 수수께끼를 내면 우리가 그것을 들으리라 하매"

그런데 삼손이 내는 이 수수께끼에는 상금이 아주 높았습니다. 즉 삼손의 블레셋 친구가 30명인데 이 수수께끼를 맞히면 그들 모두에게 신사복과 속옷까지 한 벌씩 다 해주겠다는 것입니다. 그러나 만일 그들이 수수께끼를 풀지 못하면 한 사람 한 사람이 전부 삼손에게 신사복 한 벌씩 만들어 주어야 했습니다. 이것은 상당한 금액이 걸려 있는 수수께끼였습니다. 드디어 삼손은 수수께끼를 내었습니다.

"자, 내가 너희에게 수수께끼를 내겠다. 먹는 자에게서 먹는 것이 나오고 강한 자에게서 단 것이 나왔느니라. 자, 이 수수께끼를 7일 안에 풀어서 내게 말하라."

이것은 삼손이 포도원 옆에서 사자를 죽이고 나중에 그 사체에 벌이 꿀을 만든 것을 모르면 절대로 풀 수 없는 수수께끼였습니다. 블레셋 사람들은 처음에 이 수수께끼가 쉬운 것 같았는데 생각하면 생각할수록 아리송했습니다. "먹는 자는 무엇일까? 사람이겠지? 그런데 사람에게서 어떻게 먹는 것이 나올 수 있을까? 엄마가 아기를 낳는 것일까? 엄마도 먹고 아기도 먹으니까? 그런데 아니야, 강한 자라고 했어. 엄마가 무엇이 강해? 그리고 어떻게 아기가 달 수 있어?" "강한 자는 우리 블레셋 사람일까? 아니면 사자나 곰일까? 그런데 어떻게 그런 것의 몸에서 단 것이 나올 수 있어?" 이들은 7일이 지나도록 그 수수께끼를 풀지 못했습니다.

삼손이 블레셋 친구들 30명을 골탕 먹이려고 수수께끼를 낸 것은 잘한 일인지 몰라도 삼손에게도 허점이 있었습니다. 그것은 그가 나실인의 규례를 깨고 사체를 가까이했다는 점입니다. 그리고 사자 사체에서 나온 꿀을 먹은 것입니다. 아마도 삼손은 지금까지 포도주를 먹지 못하고 시체를 가까이하지 못하는 나실인의 규례를 잘 지켜왔을 것입니다. 그러나 삼손의 경건은 오랜 시간이 지나면서 무너지고 있었습니다. 그리고 삼손의 수수께끼는 그의 성령 체험에서 나온 것이고, 믿지 않는 자는 절대로 알 수 없는 것이었습니다. 그러나 삼손이 자신의 신앙 체험을 귀하게 생각하지 않고 하나님을 믿지 않는 자들에게 수수께끼로 내었다는 것은 그가 신앙 체험을 소홀하게 생각했다는 반증입니다.

3. 파국으로 끝난 결혼식

블레셋 사람들이 아무리 머리를 짜내어도 그 수수께끼를 풀 수 없으니까 그들의 비열한 본성이 나오기 시작했습니다. 그들은 모두 삼손의 신부에게 몰려가서 "네 남편을 꾀어서 수수께끼의 답을 알아내라. 그렇지 않으면 너도 불로 태워죽이고 너희 집도 다 불 지르겠다"고 협박했습니다. 그래서 그날부터 삼손의 아내는 삼손에게 강짜를 부리기 시작했습니다. "삼손, 나를 사랑하면 나에게 수수께끼의 답을 가르쳐주세요. 그렇지 않으면 저는 죽어버릴 거예요." 그래도 삼손은 신부에게 답을 가르쳐주지 않으니까 그녀는 매일 울면서 삼손을 들들 볶았습니다.

결국 삼손은 토라지고 울고 바가지를 긁어대는 아내의 성화를 감당할 수 없었습니다. 그래서 드디어 삼손은 "이것은 비밀로 하고 절대로 남에게 가르쳐주지 말라"고 당부하면서 수수께끼의 비밀을 신부에게 말해주고 말았습니다. 이것을 보면 삼손이 이 블레셋 여자를 좋아했던 것은 사실이고, 그러면서 블레셋 친구 30명을 골탕 먹이려고 한 것도 사실인 것 같습니다. 그러나 삼손은 순진하게도 블레셋 사람들이 자기 신부를 협박해서 수수께끼 답을 알아내게 하고 자기에게 바가지를 뒤집어씌우려고 하는지는 몰랐습니다. 삼손은 너무 순진했던 것입니다.

7일째 되는 날 블레셋 친구 30명은 삼손에게 몰려와서 "먹는 자와 강한 자는 사자이고, 또 먹는 것와 단 것은 꿀이지 않겠느냐?"고 하면서 "우리에게 빨리 정장 30벌을 해놓으라"고 큰소리를 쳤습니다. 그때 삼손은 자기 아내가 울면서 수수께끼를 알려달라고 한 것이 다 연극이었고, 자신이 아내에게 속은 것을 알게 되었습니다. 삼손은 신부에게 속은 것이 너무나 화가 났습니다. 그래서 삼손은 "너희가 내 암송아지로 밭을 갈지 않았더라면 수수께끼를 풀지 못했을 것이다"라고 하면서 좀 기다리라고 했습니다. 그러나 삼손에게는 블레셋 사람 30명에게 겉옷과 속옷을 사 줄 돈이 있을 리 없었습니다. 삼손은 어떻게 해야 하나 고민이 되었습니다. 그때 삼손에게는 하나님의 영이 임하는 느낌이 들었습니다.

이에 삼손은 힘을 다해서 달려가기 시작했습니다. 삼손의 달리는 힘은 초인적이었습니다. 삼손은 가까이에 있는 아스글론이라는 도시에 가서 바람 같은 속도로 블레셋 사람 30명을 때려죽이고 그 옷을 벗겨서 달려왔습니다. 하나님이 주신 능력은 좋은 일에 써야 하는데, 삼손은 블레셋 사람을 죽이고 옷을 뺏는 일에 그 힘을 사용한 것입니다. 이것은 하나님의 일하는 사람의 가장 나쁜 성과입니다.

삼손은 이 일에 너무 화가 나서 자기의 신부를 버리고 혼자 집으로 돌아오고 말았습니다. 삼손은 이혼한 것도 아니고 그냥 아내만 블레 셋 땅에 버려두고 혼자 와버렸던 것입니다. 그러니까 삼손의 장인은 삼손이 저렇게 화를 내고 갔으니까 다시는 블레셋 땅에 오지 않을 것 이고, 이것은 이혼이나 마찬가지라고 생각해서 자기 딸 즉 삼손의 아 내를 결혼식에 온 블레셋 청년 중 한 사람에게 또 신부대금을 받고 이 중으로 결혼시켜 버렸습니다.

삼손이 이 블레셋 여자와 결혼하면서 느낀 것은 우선 자기에는 하 나님의 이상한 능력이 있다는 것이었습니다. 성령이 임하면 초능력이 솟아났다는 것입니다. 그는 사자도 찢어 죽이고 아스글론 사람 30명 도 때려죽였습니다. 그러나 그는 나실인의 규례를 중요하게 생각하지 않았습니다. 그는 사자 사체도 만졌고 거기서 나온 꿀도 먹었고 아마 결혼 잔치를 하면서 포도주나 술도 마셨을 것입니다. 그리고 또 삼손 은 블레셋 사람들이 얼마나 비신사적이고 이기적인지도 알았고, 블레 셋 여자가 얼마나 배신을 잘하는지도 알았을 것입니다. 삼손은 하나 님이 주신 능력을 확인까지 하면서 결혼식을 올렸지만, 그의 준비는 부족해서 결혼 작전은 실패로 끝나고 결국 자신의 아내를 다른 남자 에게 빼앗기고 말았습니다.

우리가 아무도 알아주지 않는 가운데 혼자 하나님의 일을 할 때 하 나님은 우리에게 함께 하시는 표적을 주십니다. 우리는 세상을 너무 두려워할 필요가 없습니다. 그러나 우리의 준비가 부족할 때나 우리 의 경건이 약해질 때 우리는 실패할 수 있습니다. 그래서 우리는 세상 에 나갈 때 충분히 준비하고 나가야 하나님의 계획에 참여하고 성공 할 수 있습니다.

절제된 용기

삿 15:1-8

요즘은 우리나라도 국제결혼 하는 사람들이 많이 생기고 있습니다. 제가 처음 국제결혼 주례를 한 것은 서울에 있을 때였습니다. 한국 여성과 미국의 의대생이 결혼식을 하게 되었는데, 예배를 드리는 중에 신랑의 어머니가 우는 모습을 보았습니다. 그래서 예배를 마치고 난 후에 왜 우셨느냐고 물어보니까 설교를 듣는데 자기가 좋아하는 사람 이름이 나오더라는 것입니다. 그 이름은 바로 '아브라함'이었습니다. 그때 이 신랑의 어머니는 우리가 모두 같은 하나님을 믿는 사람이라는 생각이 들면서 감격에 북받쳐서 눈물이 나오게 되었다고 했습니다. 저는 평소에 신부가 성격이 급해서 결혼 생활을 잘 할까 걱정이 되었는데, 몇 년 후에 그 신부가 미국에서 내게 전화했습니다. 그리고 잘살고 있다고 했습니다. 신랑은 의사가 되어서 어느 병원에 근무하고 있고 자기도 무슨 일을 하고 있다고 했습니다. 우리나라 사람들끼리 결혼할 때도 서로의 생각이나 성격이나 가치관이 많이 다를 수 있으므로 잘 알아보고 해야 하지만, 국제결혼은 문화나 관습이 다르기 때문에 더 잘 알아보고 결혼해야 할 것입니다.

삼손은 블레셋 여인과 결혼하는 것을 통해서 블레셋 사람들의 기를 꺾어놓으려고 했던 것 같습니다. 그러나 삼손의 결혼식은 너무 준비가 부족했고 치밀하지 못했습니다. 우선 삼손은 결혼하러 가면서 기도로 준비한 것이 아니라 나실인의 서약을 깨고 사자의 사체에서 나온 꿀을 먹었습니다. 또 삼손은 어려운 수수께끼를 내어서 30명의 블레셋 청년들을 벌거벗겨서 집에 보낼 생각을 했지만 결국 아내의 배신으로 수수께끼에 지게 되었고 오히려 큰 난관에 빠지게 되었습니다. 그때 삼손은 자기에게 성령이 임하시는 것을 느끼고는 아스글론으로 달려가서 남자 30명을 쳐서 죽이고 그들을 벌거벗겨서 옷 30벌을 가져와서 블레셋 청년들에게 주었습니다. 그리고 신부의 배신에 너무 화가 나서 아내를 거기에 두고 혼자 집으로 와 버렸습니다.

삼손은 하나님이 주신 능력을 사람 30명 죽이는 데 사용했고, 그들의 옷을 빼앗고 빚을 갚는 데 사용했습니다. 삼손은 자기를 배신한 블레셋 아내에게 너무 화가 나서 그곳에 아내를 버려두고 혼자 집에 가 버렸습니다. 삼손의 결혼식은 대실패였습니다. 그런데 블레셋의 삼손의 장인은 간교한 자였습니다. 그는 삼손이 결혼식에서 엄청나게 창피를 당하고 화가 나서 갔기 때문에 다시는 블레셋 땅에 오지 않을 것으로 생각해서 이미 결혼한 자기 딸을 또 다른 사람에게 주는 이중 결혼을 시켰습니다. 삼손의 장인은 삼손을 너무 바보로 생각했던 것입니다. 그러나 이것은 삼손의 장인이나 블레셋 사람들의 큰 실수였습니다. 즉 그들이 너무 머리를 굴린 것이 탈이었습니다.

1. 삼손이 신부를 찾아옴

부부 사이에 심한 성격 차이나 불화가 일어나면 도저히 한 집에 같이 못 살겠다고 해서 별거하는 부부들이 있습니다. 그런데 이런 부부가 너무 자존심만 내세우고 고집이 세다면 별거 기간이 길어지든지 아니면 이혼하게 될 것입니다. 그런데 이런 부부가 서로 사랑했는데 갑자기 직장 일이 너무 바빠서 출장을 자주 가게 되었다거나 일시적인 오해로 싸우게 되었다면 다시 화해해서 재결합하고 싶을 것입니다. 그러면 우선 남자가 자존심을 다 버리고 아내를 찾아가서 그동안 너무 소홀했다고 하면서 진심으로 사과하면 별일이 없는 한 다시 합치게 될 것입니다.

삼손은 신부의 배신으로 내기에서 지고, 블레셋 사람 30명을 죽여서 옷을 벗겨서 빚을 갚게 된 것에 너무 화가 나서 아내를 버려두고 혼자 집으로 와 버렸습니다. 아마 이때 삼손은 너무 화가 나서 자신을 주체할 수 없었던 것 같습니다. 그러나 삼손이 집에 와서 가만히 생각해보니까 자기도 별로 잘한 것이 없다는 사실을 알게 되었습니다. 그뿐만 아니라 아내가 없으니까 너무 적적했고, 자기 처지에 그래도 그만한 신부를 만나기는 어렵다는 생각이 들게 되었습니다. 그래서 드디어 삼손은 자기 아내와 화해하고 집으로 데려와야겠다고 생각하게 되었습니다. 그렇게 하려면 우선 삼손이 아내에게 멋진 선물을 가지고 가야 하는데, 이 당시 여인에게 가장 인기 있는 선물은 염소 새끼였습니다. 왜냐하면 염소 새끼를 키우면 나중에 커서 새끼를 낳게 되고 또 젖을 짜게 되고 어미는 어미대로 팔 수 있기 때문입니다.

아마 삼손은 지난 실패로 반성을 많이 했던 것 같습니다. 그래서 삼손은 이번에는 절대로 실수하지 말아야겠다고 결심하고 그 아내를 찾아가게 되었습니다. 삼손은 멋진 옷을 입고 꽃 한 다발을 들고 염소 새끼 한 마리를 옆에 끼고 자기 아내와 화해하러 그 집을 찾아갔습니다. 그러나 불행하게도 장인은 삼손에게 그 아내를 만나게 할 수 없었습니다. 왜냐하면 장인은 삼손이 이렇게 찾아오리라고는 꿈에도 생각하지 못하고 딸을 이중 결혼시켜 버렸기 때문입니다.

15:1, "얼마 후 밀 거둘 때에 삼손이 염소 새끼를 가지고 그의 아내에게로 찾아 가서 이르되 내가 방에 들어가 내 아내를 보고자 하노라 하니 장인이 들어오지 못하게 하고"

우리가 옛날 결혼에서 생각해야 할 것은 여자는 '돈' 이라는 사실입니다. 그러니까 누구든지 결혼하려고 하면 장인 될 사람에게 상당한 신부 지참금을 지불해야 결혼할 수 있었습니다. 삼손의 장인은 이미 삼손으로부터 신부 지참금을 받아 챙겼습니다. 그것이 소 몇 마리 가격이었는지 모르지만 분명히 지참금을 받고 결혼이 성립된 것입니다. 그런데 삼손의 이 블레셋 장인은 삼손이 화가 나서 씩씩거리고 가는 것을 보고는 다시는 겁이 나서 블레셋 땅에 오지 않을 것으로 생각해서 블레셋의 다른 청년에게 또 신부 지참금을 받고 딸을 이중 결혼시켰던 것입니다. 이것은 삼손 장인의 엄청난 실수였습니다.

15:2, "이르되 네가 그를 심히 미워하는 줄 알고 그를 네 친구에게 주었노라 그의 동생이 그보다 더 아름답지 아니하냐 청하노니 너는 그를 대신하여 동생을 아내로 맞이하라 하니"

삼손의 장인은 삼손이 염소 새끼를 가지고 자기 딸을 찾아오니까 당황했습니다. 왜냐하면 딸을 이미 다른 블레셋 남자에게 줘버렸기 때문입니다. 그러니까 삼손의 장인은 급한 김에 삼손에게 신부의 여동생이 더 예쁘니까 그녀와 결혼하라고 제안했습니다. 물론 여동생과 결혼한다고 해도 공짜는 아닙니다. 그러나 자기가 지난번에 받은 신부 지참금도 있으므로 이번에는 아주 싸게 줄 테니까 동생과 결혼하라는 제안한 것이었습니다. 장인은 "동생이 언니보다 더 예쁘지 아니하냐?"고 하면서 삼손의 마음을 끌어들이려고 했습니다. 이런 것을 '미인계' 라고 합니다. 즉 예쁘게 생긴 여자를 붙여주어서 정보를 빼내든지 아니면 약점을 잡아서 꼼짝하지 못하게 만드는 것입니다.

아마 예전의 삼손 같으면 무조건 블레셋 여자를 좋아하니까 별 생각 없이 기왕 자기 신부는 다른 사람의 아내가 되어버렸고, 또 동생이 더 예쁘니까 결혼하겠다고 했을지도 모릅니다. 그러나 만일 삼손이 그렇게 했다면 삼손은 그야말로 무지한 자이고 바보 중의 바보이고 하나님의 종의 자격이 없는 사람이 되는 것입니다. 그러나 삼손은 냉정하게 생각해 보고 깨달았습니다. '이것은 사탄의 유혹이다. 내가 원래 블레셋에 온 것은 여자를 구하기 위해서가 아니라 블레셋 사람들의 코를 납작하게 하기 위해서였다. 나는 이 장인의 속임수에 넘어가서는 안 된다' 라고 생각했던 것입니다.

2. 여우 삼백 마리

삼손은 자기 아내를 뺏긴 것에 대해서 생각해 보았습니다. 블레셋에도 법이 있는데 아내를 뺏겼다고 해서 사람을 죽이는 것은 법을 어기는 것이었습니다. 그러나 삼손은 블레셋 장인에게 재산상의 손해를 틀림없이 보았습니다. 그래서 삼손은 이 문제를 블레셋 장인과 자신만의 문제가 아니라 한 이스라엘 청년과 블레셋 사람의 문제로 끌고 갔던 것입니다. 왜냐하면 결혼식에 블레셋 청년들이 30명이나 증인으로 참석했기 때문입니다.

15:3, "삼손이 그들에게 이르되 이번은 내가 블레셋 사람들을 해할지라도 그들에게 대하여 내게 허물이 없을 것이니라 하고"

삼손은 블레셋 장인에게 신부 지참금을 사기당했기 때문에 블레셋 사람이 삼손에게 재산상의 피해를 준 것은 분명했습니다. 물론 삼손이 장인에게 신부 지참금으로 준 소를 도로 받으면 되겠지만, 그 소는 지금 남아 있는 것도 아니고 장인은 돌려줄 생각도 없었을 것입니다. 결국 삼손은 이 문제를 블레셋 사회 전체가 이스라엘 청년을 속인 것으로 끌고 가서 블레셋 사람들에게 재산상의 피해를 주기로 작정했습니다. 이것은 바로 삼손이 미인계에 넘어가지 않고 냉정하게 자신의 분노를 조절한 결과였습니다.

삼손이 블레셋 사람들에게 가장 피해를 줄 수 있는 방법은 그때가 밀을 거둘 때였기 때문에 밀밭이나 밀 곡식더미를 불로 태우는 것이었습니다. 그렇지만 이스라엘 백성은 너무나 블레셋 사람들을 두려워하고 있었기 때문에 감히 삼손을 도와서 블레셋 사람의 밭에 불을 지를 용기 있는 사람이 없었습니다. 삼손은 블레셋 사람들에게 복수할 찬스가 왔는데 자기를 도와줄 사람이 한 명도 없었습니다. 그렇다고 해서 삼손은 이 절호의 찬스를 놓칠 수 없었습니다. 그때 삼손의 머릿속에 번개같이 떠오른 생각이 있었습니다. 그것은 블레셋 사람들의 밭에 불을 지르는데 꼭 사람이 지를 필요는 없다는 생각이었습니다. 그때 삼손이 블레셋 밭을 보니까 여우들이 수십 마리씩 내려와서 뱅글뱅글 돌면서 장난치고 있었습니다. 삼손은 바로 이 여우들을 잡아서 하나님의 일에 쓰면 되겠다는 생각이 들었습니다. 그래서 아마도 칡넝쿨 같은 것으로 그물을 만들어서 많은 여우를 생포했습니다. 어떤 사람들은 삼손이 잡은 것이 여우가 아니라 자칼일 것이라고 주장하는데, 꼬리끼리 묶고 거기에 횃불까지 달려고 하면 여우여야 할 것입니다.

15:4상. "삼손이 가서 여우 삼백 마리를 붙들어서 그 꼬리와 꼬리를 매고"

이스라엘 역사상 최초로 블레셋을 공격한 것은 사람이 아니었습니다. 바로 여우 특공대였습니다. 여우는 정말 삼손에게 유익한 동물이었습니다. 그들은 월급을 줄 필요도 없고 군복도 필요 없고 심지어 먹이를 줄 필요도 없었습니다. 놀라운 것은 하나님께서는 사람들이 감히 하지 못하는 것을 이런 짐승을 사용해서 일을 하신다는 사실입니다. 하나님께서 모세를 통해서 애굽의 바로를 공격할 때 가장 먼저 사용하셨던 부대는 개구리 해병대였습니다. 개구리는 옷 자체가 해병대와 무늬가 똑같습니다. 그다음에는 공군인데 파리 떼였습니다. 엄청나게 많은 파리 떼가 애굽 왕궁을 공격했던 것입니다. 그다음에는 '이'인데, 사실은 각다귀라고 해서 날아다니면서 사람이나 짐승을 무는 날파리 같은 곤충이었습니다. 사람들은 무엇이든지 정식으로 하는 것을 좋아합니다. 즉 군대를 모으고 군복을 입고 그 앞에서 말을 타고 잘난 체해야 자기 위엄이 올라간다고 생각하는데, 하나님의 나라는 철저하게 실용적인 전법을 사용합니다. 다윗이 골리앗과 싸울 때 평소에 입던 목동 옷을 입고 냇가에 가서 물맷돌 다섯 개를 줍고 물매를 돌려서 완전무장을 한 골리앗의 이마를 물맷돌로 깨어 버렸던 것입니다.

15:4-5, "삼손이 가서 여우 삼백 마리를 붙들어서 그 꼬리와 꼬리를 매고 화를 가지고 그 두 꼬리 사이에 한 화를 달고 화에 불을 붙이고 그것을 블레셋 사람들의 곡식 밭으로 몰아 들여서 곡식 단과 아직 베지 아니한 곡식과 포도원과 감람나무들을 사른지라"

여우는 꼬리가 아주 두툼하므로 잡아내기 쉽습니다. 삼손은 잡은 여우를 두 마리씩 꺼내 가지고 꼬리를 서로 묶고 꼬리 사이에 횃불을 하나씩 붙여서 블레셋 사람들의 밭으로 보내었습니다. 여우는 잡힌 것만 해도 불안한데 꼬리에 불까지 붙이니까 너무 놀라고 당황해서 기를 쓰고 도망쳤습니다. 원래 여우는 제자리에서 도는 것을 좋아하는데 두 마리씩 꼬리를 묶어 놓았기 때문에 혼자 돌 수 없고 끝없이 뛰면서 밭을 돌아다닐 수밖에 없었습니다. 그리고 횃불은 송진 같은 것을 잔뜩 발라놓은 것이기 때문에 쉽게 꺼지지도 않았습니다.

여우 부대는 온 블레셋 들판을 다니면서 이미 추수한 곡식더미 안에 들어가서 그것을 불사르고, 또 아직 추수하지 않은 밀밭에 들어가서 밀을 다 태우고, 심지어는 포도원도 태우고 감람나무까지 다 태워버렸습니다. 저녁이 되었을 때 블레셋 밭은 마치 폭격을 맞은 것처럼 시커멓게 되었고, 마치 전쟁이 일어난 것처럼 시커먼 연기가 하늘로 올라갔습니다. 블레셋 사람들의 일 년 농사지은 것이 삼손의 여우 부대의 공격으로 모두 잿더미가 되어버렸습니다.

3. 삼손의 분노

블레셋 사람들이 보니까 갑자기 자기들의 밀밭에 불이 붙었는데, 사람은 한 명도 보이지 않고 놀란 여우들만 소리 지르면서 온 밭을 돌아다니면서 불을 붙이고 있었습니다. 블레셋 사람들이 여우를 보았을 때는 이미 밀밭이 다 타버린 후였습니다. 그리고 여우들이 워낙 미친 것처럼 뛰어다니고 있어서 잡을 수도 없었습니다.

블레셋 사람들은 누가 이런 짓을 했으며 왜 이런 일을 했는지 조사했습니다. 그랬더니 이스라엘의 삼손이 이 짓을 했고, 그 이유는 블레셋 장인에게 결혼을 사기당했기 때문이라는 사실을 알게 되었습니다.

15:6, "블레셋 사람들이 이르되 누가 이 일을 행하였느냐 하니 사람들이 대답하되 딤나 사람의 사위 삼손이니 장인이 삼손의 아내를 빼앗아 그의 친구에게 준 까닭이라 하였더라 블레셋 사람들이 올라가서 그 여인과 그의 아버지를 불사르니라"

블레셋 사람들은 삼손을 잡아서 처리해야 했지만, 삼손이 어디에 숨어 있는지 알 수 없었고 이것을 가지고 이스라엘에게 손해 배상을 할 수도 없었습니다. 왜냐하면 이 사건은 삼손 개인 대 블레셋 사람의 문제였기 때문입니다. 그렇다고 해서 삼손의 장인이 그 모든 피해를 보상할 능력도 없었습니다. 그래서 블레셋 사람들은 삼손의 아내와 그의 아버지를 잡아내어서 불에 태워 죽여버렸습니다. 이것은 '왜 쓸데없이 이스라엘 청년을 건드려서 우리에게 이런 엄청난 피해를 주었느냐' 는 경고였습니다.

그러나 삼손의 아내나 장인은 법적으로는 엄연히 삼손의 가족이었습니다. 블레셋 사람들은 자신들의 밀밭이 탔다고 해서 삼손의 아내와 장인을 불로 태워 죽인 것이었습니다. 그런데 블레셋 사람들이 재산상의 피해를 보았다고 해서 삼손의 가족을 불에 태워 죽였으니 결국 블레셋 사람들은 어떻게 해도 삼손의 그물에서 빠져나갈 수 없게 되었습니다. 이것이 바로 삼손의 거미줄입니다. 삼손이 미인계에 걸리지 않고 침착하게 하나씩 하나씩 해쳐나갔을 때 블레셋 사람들은 삼손의 거미줄에 걸려서 무슨 짓을 해도 불법적인 일을 할 수밖에 없었습니다. 그러므로 하나님의 백성은 감정적으로 흥분하거나 분노로 일을 처리할 것이 아니라 냉철하게 하나님의 뜻을 생각하고 일을 한다면 사탄이 거미줄에 걸려들게 됩니다.

드디어 삼손은 블레셋 사람들이 자기 전 아내와 장인을 불태워 죽인 것에 대하여 복수하기로 결정했습니다. 사실 삼손의 전 아내나 장인은 참 어리석고 불쌍한 사람이었습니다.

15:7-8, "삼손이 그들에게 이르되 너희가 이같이 행하였은즉 내가 너희에게 원수를 갚고야 말리라 하고 블레셋 사람들의 정강이와 넓적다리를 크게 쳐서 죽이고 내려가서 에담 바위 틈에 머물렀더라"

삼손은 또 생각을 해보았습니다. '블레셋 사람들이 내 전 아내와 장인을 불에 태워죽였다면 내가 어디까지 블레셋 사람들에게 복수할 수 있겠는가?' 그렇다고 해서 삼손이 블레셋 사람들을 마구잡이로 죽인다면 틀림없이 블레셋 사람들은 이것을 핑계로 이스라엘과 전쟁할 가능성이 있을 것입니다. 그래서 삼손은 블레셋 사람들을 치기는 치되 머리를 치지 않고 다리 쪽을 쳐서 불구로 만드는 작전을 썼습니다. 삼손은 몽둥이 같은 것을 하나 구해서 자기 아내와 장인을 죽인 블레셋 사람들을 찾아가서 그들의 정강이와 넓적다리를 쳐서 그들의 뼈를 부러트려 버렸습니다. 삼손은 괴력을 가졌기 때문에 몽둥이로 그들의 다리를 치면 정강이와 넓적다리뼈가 부서져 버려서 땅에 주저앉든지 뒹굴었습니다. 삼손이 블레셋 사람들의 다리를 치니까 모두 대퇴부나 정강이뼈가 부러져서 장애인이 되든지 아니면 누워 있다가 죽었습니다.

삼손은 첫 번째 결혼 작전에서는 완전히 실패했지만, 두 번째 아내를 찾으러 블레셋에 갔을 때는 완전한 승리를 거두었습니다. 그 이유는 삼손이 블레셋과의 싸움을 자기 감정대로 하지 않고 침착하게 기도하고 생각하면서 하나씩 처리해 나갔기 때문입니다.

우리 속담에 "호랑이에게 물려가도 정신만 차리면 산다"는 말이 있습니다. 사탄이 우리를 사자같이 물려고 덤벼들어도 침착하게 정신을 잘 차리면 얼마든지 전화위복의 기회를 만들 수 있습니다. 남자들은 미인계에 넘어가지 말아야 합니다. 그리고 삼손의 장인처럼 돈을 위해서 얕은 수작을 부리다가는 결국 불에 타죽는 일이 일어나게 됩니다. 삼손을 우습게 알았던 블레셋 사람들은 모두 삼손에게 맞아서 절름발이가 되거나 죽게 되었습니다. 지금까지 우리가 아무리 실수가 많고 실패했더라도 지금부터 정신을 차리면 얼마든지 이길 수 있습니다. 과거에 연연해하지 말고 지금부터 정신을 차려서 사탄과 싸워 이기시기를 바랍니다.

24

영웅의 전쟁

삿 15:9-20

일제강점기 때 우리나라의 단 한 사람의 용기가 일본의 가슴을 서늘하게 만들었고, 중국의 장개석이 한국의 임시정부를 보는 눈이 달라지게 했습니다. 그는 바로 안중근 의사입니다. 그는 혼자 권총을 가슴에 품고 우리나라와 만주 침략의 주인공 이토 히로부미가 온다는 소식을 듣고 하얼빈역으로 갑니다. 그러나 안중근 의사는 이토 히로부미를 직접 본 적이 없었기에 하얼빈역에서 여러 고위층 사람이 내리는데 누가 이토 히로부미인지 알 수 없었습니다. 그런데 마침 그때 뒤에서 내리는 어떤 사람이 "어이! 이토!"라고 부르니까 한 사람이 "왜 그래?" 하면서 뒤로 돌아보는 것을 보고 그 사람이 이토 히로부미인 줄 알고 그 사람을 향해 총을 쏘았습니다. 그래도 안중근 의사는 혹시 실수할지 몰라서 옆에 있는 두 사람도 쏘았다고 합니다. 그리고 그는 일본경찰에 체포되어 사형당했습니다. 그러나 그는 자신의 희생을 통해서 일본 침략의 예봉을 꺾었고 전 국민 가슴에 독립에 대한 불이 피어오르게 했습니다. 그에 대한 영화도 만들었는데 그 영화 제목이 〈영웅〉이었습니다.

이스라엘의 진정한 영웅은 많이 있었습니다. 사사 시대에 태어나서 이스라엘을 위기에서 건졌던 모든 사사는 영웅이었습니다. 그런 의미에서 삼손도 이스라엘의 영웅 중 하나였습니다. 삼손은 어떤 이스라엘 사람도 건드리지 못했던 블레셋 사람의 코를 납작하게 만들기 위해서 블레셋 여인과 결혼했습니다. 삼손은 결혼 작전에서 수수께끼의 비밀을 지키지 못해서 실패하고 말았습니다. 그러나 그 뒤에 삼손은 자신의 감정을 절제해서 블레셋 사람들의 코를 납작하게 만들었습니다. 그가 아내를 찾으러 갔을 때의 하이라이트는 여우 삼백 마리를 잡아서 두 마리씩 꼬리를 묶고 거기에 횃불을 달아서 블레셋의 모든 곡식밭을 태운 것이었습니다. 그리고 블레셋 사람들이 화가 나서 삼손의 전 아내와 장인을 불에 태워서 죽였을 때 삼손은 나가서 블레셋 사람들의 정강이와 허벅지를 때려 그 뼈를 부수어서 죽게 만들었습니다.

이제는 블레셋 사람과 삼손의 본격적인 전쟁이 벌어질 때가 되었습니다. 그러나 이 전쟁에 이스라엘 사람들은 한 명도 삼손을 도와주지 않습니다. 과연 삼손 한 사람의 힘으로 수천 명 되는 블레셋 사람들을 이길 수 있을까요?

1. 이스라엘의 배신

삼손은 얼마나 힘이 세었던지 블레셋 사람들의 정강이와 허벅지를 때려 부술 때에 다리를 한번 맞은 사람들은 거의 대개 죽어버렸습니다. 삼손은 블레셋 사람들이 자기를 잡으러 쳐들어올 것에 대비해서 에담 바위로 가서 바위 틈 사이에 숨어 있었습니다. 아마 에담 바위는 큰 바위가 둘로 쪼개어져 있어서 한 사람밖에는 들어갈 수 없는 험한 곳이었습니다. 만약 블레셋 사람들이 한꺼번에 삼손에게 덤벼들면 삼손도 물리치기 어렵겠지만 좁은 굴에 한 명씩 들어오면 얼마든지 몽둥이로 머리나 다리를 때려 부술 수 있으므로 안전하다고 생각했습니다.

그러나 블레셋 사람들은 그렇게 순진한 사람들이 아니었습니다. 그들은 자기들이 바위 안에 들어가서 삼손을 잡아내기 어려우니까 많은 군사를 이스라엘로 몰고 가서 이스라엘 사람들을 공격하려고 했습니다. 이에 이스라엘의 대표 지파였던 유다 사람들이 블레셋 사람들에게 "우리는 너희에게 잘못한 것도 없는데 왜 우리와 전쟁하려고 왔느냐?"고 물었습니다. 그랬더니 블레셋 사람들이 유다 사람에게 삼손이라는 이스라엘 청년 때문이라고 대답했습니다(10절). 너희들이 우리와 전쟁하기 싫으면 너희 손으로 삼손을 잡아서 오면 너희와 전쟁하지 않겠다고 했습니다. 즉 블레셋 사람들의 목적은 삼손을 잡아와서 기둥에 묶어두고 쇠망치 같은 것으로 그의 정강이와 허벅지 뼈를 쳐서 부수고 그의 부모가 있는 집과 밭도 불을 질러서 복수하겠다는 것이었습니다. 블레셋 사람들은 삼손을 잡기 위해서 같은 이스라엘 사람을 이용했던 것입니다.

15:11, "유다 사람 삼천 명이 에담 바위 틈에 내려가서 삼손에게 이르되 너는 블레셋 사람이 우리를 다스리는 줄을 알지 못하느냐 네가 어찌하여 우리에게 이같이 행하였느냐 하니 삼손이 그들에게 이르되 그들이 내게 행한 대로 나도 그들에게 행하였노라 하니라"

결국 유다 사람 삼천 명이 삼손을 잡기 위해 에담 바위 틈으로 들어가서 삼손을 만났습니다. 그리고 삼손에게 "너는 왜 그렇게 현실을 모르느냐? 지금 블레셋 사람들이 우리 이스라엘을 지배하고 있고 우리가 조용히 살려면 블레셋 사람들의 말을 잘 들어야 하는데 너는 왜 블레셋에 가서 자꾸 시끄럽게 하느냐?"고 하면서 "우리는 지금 블레셋과 싸울 자신이 없으니까 너를 묶어 그들에게 보내야겠다"고 했습니다.

삼손을 잡으려고 에담 바위로 간 유다 사람의 수가 삼천 명이었습니다. 이 삼천 명만 삼손을 도왔더라면 이스라엘은 얼마든지 블레셋과 싸울 수 있었습니다. 그러나 유다 사람들은 하나님의 부르심을 외면하고 오히려 하나님이 보내신 구원자를 블레셋에 넘기려고 잡으러 갔습니다. 여기 유다 지파 사람들은 이스라엘 중에서 가장 신앙이 좋다는 사람이었는데, 그들이 자기들이 살아남기 위해 하나님이 보내신 구원자를 배반하고 블레셋에 잡아 넘기기 위하여 몰려왔던 것입니다. 그런 의미에서 삼손은 예수님의 예표가 됩니다.

예수님 당시 유대인들은 신앙이 가장 좋다는 바리새인들과 서기관들이었는데, 그들이 하나님이 보내신 구원자를 배신해서 사형에 처한다고 선고하고는 예수님을 묶어서 로마 군병들에게 죽여 달라고 넘겼던 것입니다. 이것은 삼손에게도 마찬가지였습니다. 삼손에 대하여 이스라엘 백성이 더 적대적이었고 여차하면 삼손과 싸우려고 유대인들은 그에게 창과 활을 겨누고 있었던 것입니다. 삼손은 같은 동족인 이스라엘 사람들에게 묶여서 블레셋에 끌려갈 수밖에 없었습니다. 그렇지 않으면 이스라엘 백성과 싸워야 하고 또 블레셋은 이스라엘을 공격해서 어른이나 아이나 여자들을 다 죽이고 밭이나 집에 불을 지를 것이기 때문입니다.

이때 삼손은 자기를 잡으러 온 유대인들에게 한 가지만 요구했습니다. 그것은 "너희가 나를 치지는 말라"는 것이었습니다. 이것은 '우리는 같은 하나님의 백성이니까 우리끼리는 싸우지 말자'는 뜻이었습니다. 삼손은 이스라엘 백성이 아무리 옳지 않은 행동을 하고 있지만 그들을 자신의 원수로 삼고 싶지는 않았습니다. 삼손은 철저하게 이스라엘 민족을 사랑하는 사람이었습니다. 삼손은 얼마든지 이스라엘 사람들에게 "너희가 하는 행위는 틀렸고 나는 하나님이 보내신 사람이다"라고 주장할 수도 있었지만, 삼손은 그들과는 싸우려고 하지 않았습니다.

그런데 요즘 보면 같은 교회 안에서 서로 생각이 다르다고 해서 많이 싸우는 모습을 볼 수 있습니다. 이것은 그들의 교회관이 너무나도 잘못된 것을 보여줍니다. 우리는 교회 안에서는 성령의 하나 되게 한 것을 힘써 지키라는 말씀을 언제나 기억하고 있어야 합니다. 우리는 왜 코로나가 우리나라와 교회를 덮쳤는지 잘 모릅니다. 그러나 코로나가 오기 전에 한국교회가 교회 안에서 엄청나게 싸움을 많이 했다는 사실입니다. 이것 때문에 하나님이 교인들 꼴 보기 싫어서 코로나를 오게 하신 것이 아닌가 하는 생각까지 듭니다. 코로나가 퍼진 후에 교회는 세상의 심판을 받고 세상의 조롱거리가 되었습니다. 사실 코로나 때 모든 교회는 정상적인 모임을 모이지 못했고 심지어는 폐쇄를 당하기도 많이 했습니다. 그리고 교인들의 예배관이 완전히 바뀌어서 교회에서 예배를 꼭 드릴 필요가 없다는 생각이 생기게 된 것입니다. 즉 예배를 드리거나 드리지 않는 것은 본인이 결정하는 것인데, 예배를 드리고 싶으면 드리고 드리기 싫으면 나중에 인터넷으로 보거나 안 봐도 된다는 생각이 퍼지게 된 것입니다.

삼손은 이스라엘 백성에게 "나는 어떻게 되어도 상관이 없으니까 적어도 우리끼리는 싸우지 말자"고 했습니다. 그랬더니 이스라엘 지도자들도 "우리는 너를 단단하게 묶어서 블레셋에 넘겨주면 되는 것이고 절대로 너를 우리가 죽이지는 않겠다"고 약속했습니다. 결국 삼손은 바위 틈 사이에서 나오게 되고 이스라엘 백성은 삼손을 튼튼한 새 줄로 꽁꽁 묶어서 꼼짝하지 못하게 하여 블레셋으로 끌고 갔습니다. 블레셋 사람들은 삼손을 잡는데 약한 이스라엘 백성을 이용했습니다. 우리가 약한 마음을 먹고 있으면 언제든지 사탄에게 이용당할 수 있습니다.

2. 삼손의 싸움

삼손은 두 팔이 밧줄로 묶여 있었기 때문에 아무것도 할 수 없었습니다. 삼손은 블레셋 사람들에게 넘겨져 죽을 수밖에 없었습니다. 그러나 삼손에게는 다른 사람들이 알지 못하는 비밀이 하나 있었습니다. 그것은 삼손에게 하나님의 영이 임하면 삼손에게 괴력이 생긴다는 것이었습니다. 그런데 삼손에게 항상 하나님의 영이 임하는 것은 아니었습니다. 삼손 자신도 언제 하나님의 영이 임하는지 잘 알지 못했습니다. 그러나 삼손은 이미 경험한 것이 있습니다. 하나는 삼손이 위기에 빠졌을 때 성령이 임한다는 것이었습니다. 그리고 또 삼손이 기도할 때 성령이 임한다는 것이었습니다.

삼손이 밧줄에 묶여서 블레셋에 끌려올 때 블레셋 사람들이 실수한 것이 있습니다. 그들은 머리를 잘 써서 삼손을 잡았고 이제 고문해서 죽이면 된다고 생각했던 것입니다. 그래서 블레셋 사람들은 삼손이 묶여서 오는 것을 보고 너무 기뻐서 소리를 질렀습니다. 그런데 그때 하나님의 영이 삼손에게 임했습니다. 블레셋 사람들은 삼손에게 괴력이 생긴다는 능력 자체를 알지 못했습니다. 이것이 그들의 큰 실수였습니다.

15:14, "삼손이 레히에 이르매 블레셋 사람들이 그에게로 마주 나가며 소리 지를 때 여호와의 영이 삼손에게 갑자기 임하시매 그의 팔 위의 밧줄이 불탄 삼과 같이 그의 결박되었던 손에서 떨어진지라"

삼손이 자기를 배신한 이스라엘 백성과 싸우지 않고 순순하게 밧줄에 묶인 것은 하나님의 뜻에 순종하는 것이었습니다. 이것이 하나님이 보시기에 얼마나 아름다운 모습이었는지 모릅니다. 이 모습을 보고 야생동물 같은 블레셋 사람들이 일제히 소리를 지르면서 삼손에게 달려왔는데, 그때 하나님이 영이 삼손에게 임했습니다. 블레셋 사람들은 틀림없이 튼튼한 새 줄로 묶은 삼손의 모습을 보았지만, 삼손이 한번 힘을 쓰니까 밧줄이 마치 불에 탄 삼 줄 같이 끊어져 버렸습니다. 아무리 튼튼한 밧줄이라 하더라도 불에 타면 결국 끊어질 수밖에 없습니다.

블레셋 사람들이 소리를 지를 때 하나님은 삼손이 위기에 처한 줄 아시고 그에게 하나님의 성령을 부어주셨습니다. 이 하나님의 성령은 삼손에게 엄청난 힘으로 나타나게 되었습니다. 삼손은 맨주먹으로 블레셋 사람들을 칠 수도 있었습니다. 그러나 삼손은 블레셋 사람들은 굳이 자신의 손을 써서 칠 가치가 없다고 생각했습니다. 그들은 할례를 받지 않은 야생동물 같았기 때문입니다. 삼손을 묶었던 밧줄이 끊어졌을 때 삼손은 자기 발 앞에 나귀의 턱뼈가 하나 떨어져 있는 것을 보았습니다. 삼손은 그 나귀 턱뼈를 가지고 블레셋 사람들을 닥치는 대로 두들겨 패기 시작했습니다. 삼손이 휘두르는 턱뼈에 맞은 사람들은 그 힘이 얼마나 센지 모두 그 자리에서 즉사하고 말았습니다. 블레셋 사람들은 그것도 모르고 삼손은 혼자니까 자기들의 숫자가 많은 것을 믿고 자꾸만 삼손에게로 몰려들었습니다. 삼손은 끊임없이 몰려드는 블레셋 사람들을 모조리 나귀 턱뼈로 때려서 죽였습니다. 이것은 블레셋 사람들에게는 엄청난 굴욕이었습니다. 칼도 아니고 창도 아닌 짐승의 턱뼈에 맞아죽는다는 것은 엄청난 수치였습니다. 삼손이 나귀 턱뼈로 죽인 블레셋 사람들의 시체가 천 명 정도가 되었습니다.

이때 삼손은 하나님 앞에서 승리의 찬송을 불렀습니다.

15:16, "이르되 나귀의 턱뼈로 한 더미, 두 더미를 쌓았음이여 나귀의 턱뼈로 내가 천 명을 죽였도다 하니라"

삼손은 정식 무기를 가지지 않고 나귀 턱뼈 하나만 가지고 무려 천 명의 블레셋 사람들을 때려 죽여서 시체를 쌓았던 것입니다.

성경에 보면, 여러 번 이런 승리의 노래가 나옵니다. 이 승리의 노래는 하나님의 백성이 악한 자들의 공격에 의해 전부 죽거나 멸망할 수밖에 없게 되었을 때, 하나님의 도우심으로 원수들을 물리치고 승리해서 하나님께 노래하는 것입니다.

그중에서 가장 유명한 것이 '모세의 노래' 입니다. 이스라엘 백성이 홍해 앞에 섰을 때 뒤에는 애굽의 병거와 마병들이 추격해 오고 있고 앞에는 홍해가 가로놓여 있어서 모두 다 죽을 수밖에 없었습니다. 그때 하나님은 홍해를 가르셔서 이스라엘 백성을 구원하시고 애굽 군대는 바다에 빠져 죽게 하셨습니다. 그때 이스라엘 백성이 부른 노래가 바로 '모세의 노래' 입니다. 그다음에 나오는 것이 '드보라의 노래' 입니다. 시스라의 철 병거 구백 대 앞에서 이스라엘 백성이 전부 다 죽을 수밖에 없었는데, 하나님께서 하늘에서 폭우가 쏟아지게 하셔서 시스라의 철 병거는 모두 진흙탕에 빠지게 되고, 시스라는 도망치다가 야엘이라는 여자에게 죽었을 때 드보라가 불렀던 노래입니다. 그리고 '삼손의 노래' 입니다. 삼손은 밧줄에 묶여서 블레셋 사람에게 고문당하고 죽을 수밖에 없었는데, 하나님의 성령이 임하셔서 나귀 턱뼈 하나로 블레셋 사람 천 명을 때려죽이고 승리한 것을 기린 노래입니다. 그리고 요한계시록에는 '어린양의 노래' 가 나옵니다. 로마의 혹독한 박해로 기독교인들은 다 죽게 되었는데, 오히려 로마는 망하고 기독교가 승리하게 되었을 때 십사만 사천 명이 부르는 노래입니다.

3. 삼손의 위기

삼손에게 아무리 하나님의 영이 임하시고 삼손에게 괴력이 나타나서 나귀 턱뼈로 블레셋 사람 천 명을 때려 죽였지만 삼손은 역시 인간이었습니다. 삼손이 힘을 다해서 블레셋 사람 천 명을 죽인 후에는 탈진되었습니다. 그에게 가장 문제가 되는 것은 목이 마르다는 것이었습니다. 그 상태가 얼마나 심했는가 하면 당장 쓰러져서 기절할 정도로 지쳐있었고 목이 말라 있었습니다. 그러나 삼손이 있는 곳에는 물이 있을 리가 없었습니다. 삼손이 블레셋 사람 천 명을 때려죽였다고 하지만 아직 많은 적이 조금 떨어진 곳에서 삼손의 일거수일투족을 지켜보고 있었습니다. 블레셋 사람들은 삼손이 조금이라도 지친 표시가 나면 다시 당장 덤벼들어서 공격할 터인데, 그러면 삼손도 힘이 다 소진되어서 블레셋 사람들의 손에 죽을 수밖에 없을 것입니다.

물은 없고 너무 갈증이 심해서 쓰러지게 되었다면, 삼손은 어떻게 하는 것이 옳겠습니까? 하나님의 백성이 자포자기하거나 될 대로 되라는 식으로 행동하는 것은 아주 나쁜 방법입니다. 한때 사람들은 '케세라세라' 라는 노래를 많이 불렀습니다. 이 노래 가사는 '될 대로 되라' 는 뜻입니다. 하나님의 백성은 자포자기하면 안 됩니다. 왜냐하면 하나님에게는 반드시 살 길이 있기 때문입니다.

결국 이 위기의 때에 삼손이 한 행동은 하나님께 기도한 것이었습니다. 이때 삼손은 하나님께 조금도 가식 없이 자기 있는 모습 그대로 기도를 드렸습니다. "하나님, 오늘 저에게 힘을 주셔서 큰 구원을 이루게 하셨습니다. 그러나 저는 인간인 고로 목말라 죽게 되었습니다. 이제 저는 곧 할례받지 못한 저 들짐승 같은 사람들에게 붙들려서 죽게 되었습니다." 라고 아뢰었습니다.

우리의 기도 중에서 가장 좋은 기도는 솔직한 기도입니다. 우리는 자신의 형편과 처지를 있는 그대로 하나님께 아뢰는 것입니다. 그러면 한번 기적을 행하셨던 하나님께서 또 기적을 행하셔서 우리를 살게 하실 것입니다. 삼손이 하나님께 간절히 기도드리니까 하나님께서 우묵한 곳에서 물이 터져 나오게 하셨습니다. 처음에는 땅이 울룩불룩하더니 조금 지나니까 생수가 터져 나오기 시작했습니다. 그래서 삼손은 그 샘물을 실컷 마시고 다시 정신을 차리고 힘을 내게 되었습니다. 메마른 땅에서 생수가 터져 나온 것은 주님이 거기에 함께 계셨기 때문입니다.

주님은 우리가 가는 곳마다 생수를 들고 찾아오십니다. 그래서 우리는 목말라 죽는 것을 걱정할 필요가 없습니다. 그래서 우리는 "나의 갈길 다 가도록 예수 인도하시니 … 나의 앞에 반석에서 샘물 나게 하시네. 나의 앞에 반석에서 샘물 나게 하시네"(찬송가 384장)라고 찬송을 부르는 것입니다. 삼손은 하나님의 이 은혜를 잊지 않기 위해서 생수가 난 곳의 이름을 "엔학고레"라고 지었습니다. 이것은 '부르짖은 자의 샘'이라는 뜻입니다. 삼손의 가슴 속에는 늘 두 가지 지명이 있었습니다. 하나는 "라맛 레히"라는 이름입니다. 그것은 '턱뼈의 산'이라는 뜻입니다. 그리고 또 하나는 "엔학고레"입니다. 이것은 우리가 부르짖을 때 하나님이 생수를 주셨다는 뜻입니다.

오늘 우리의 가슴에 '라맛 레히'와 '엔학고레'가 있기를 바랍니다. 정식 무기가 없어도 우리는 나귀 턱뼈만으로도 천 명을 이길 수 있습니다. 우리가 어려운 지경에 빠져서 죽게 되었을 때 하나님은 마른 땅에서 생수가 나오게 하셔서 우리를 살려주십니다.

25

영웅의 탈선

삿 16:1-3

기차가 레일에서 탈선한다는 것은 그 자체만 해도 큰 사고입니다. 탈선한 기차는 전복되기도 하고 객차끼리 부딪쳐서 사람들이 죽거나 다치게 합니다. 얼마 전 인도에서는 어떤 열차가 신호등 오작동으로 탈선했습니다. 이 기차는 레일에서 벗어나 있었는데 이것을 보지 못한 다른 열차 두 대가 충돌하는 바람에 280명 이상이 죽고 1,000여 명이 부상하는 큰 사고가 발생했습니다. 특히 인도 열차는 승객이 많이 몰릴 때는 사람들이 열차 옆에 매달리기도 하고 지붕 위에 올라가기도 하고 심지어는 열차 앞에 매달려서 가기 때문에 한 번 사고가 나면 엄청난 재난이 일어난다고 합니다.

그런데 세상에서 성공하고 유명한 사람 중에서 탈선하는 사람들이 많습니다. 타이거 우즈는 흑인으로서 골프에는 천재라고 할 정도로 공을 잘 쳤고 우승도 많이 했습니다. 그는 돈이 많으니까 백인 여자와 결혼했습니다. 그런데 어느 날 타이거 우즈가 골프채에 얼굴을 맞아서 광대뼈가 내려앉은 상태로 나타났습니다. 우즈에게 왜 그렇게 다쳤다고 물으니까 끝까지 대답하지 않았다고 했습니다. 그런데 나중에 알고 보니 그가 백인 아내로 만족하지 못해서 다른 백인 여자와 바람피우다가 들통나서 골프채로 얼굴을 맞았던 것입니다. 타이거 우즈는 갑자기 성공하니까 너무 불안하다고 했고 그래서 사람 만나는 것을 싫어하게 되었다고 했습니다. 그래서 그런지 스킨 스쿠버 옷을 입고 산소통을 메고 바닷속에 들어가 있는 때가 가장 마음이 편하다고 했습니다.

우리나라 어느 곳에서는 법원 판사가 밤만 되면 여학교 앞에 가서 여학생들 앞에서 바바리맨을 했다는 것입니다. 이 사람은 자기가 옷을 다 벗고 바바리를 펼치는 것을 보고 여학생들이 소리 지르면서 도망가는 모습을 보면 기분이 너무 좋았다고 합니다. 결국 그 바바리맨은 경찰에 붙들렸는데 알고 보니까 법원의 판사였습니다.

이런 사람들은 모두 비상한 능력을 갖추고 있습니다. 그리고 이들은 이미 목표를 달성했습니다. 세계 최고의 스포츠맨이 되었고 매우 영향력이 있는 사람이 되었습니다. 그런데 이런 사람들은 성공하고 난 후에는 더 이상 추구할 목표가 없습니다. 결국 이 세상의 어떤 일로도 만족할 수 없습니다. 이런 사람에게 찾아오는 것은 권태입니다. 결국 이 권태를 이기는 방법은 다른 사람을 괴롭히든지 아니면 바르지 못한 이성 관계를 가짐으로 성적인 만족을 얻는 것밖에 없습니다. 그래서 이들은 탈선하는 바람에 모든 것을 잃고 자살하든지 아니면 감옥에 가든지 하게 되는 것입니다.

삼손은 이스라엘 역사에서 가장 특별한 사람이었습니다. 삼손은 전 세계 역사에서도 단 한 사람밖에 없는 괴력의 사람이었습니다. 삼손에게 하나님의 영이 임하면 그에게서 갑자기 괴력이 생겼습니다. 그의 힘은 보통 사람의 열 배 정도가 아니었습니다. 삼손에게서 나타나는 괴력은 지금으로 얘기하면 아마 땅을 파거나 건물을 부수는 포클레인 정도의 힘이었을 것으로 추측됩니다. 그런 엄청난 힘을 가진 삼손이 자신의 외로움을 이기지 못해서 블레셋의 한 도시에 술을 마시고 여자를 만나러 갔다가 함정에 빠지게 되어 목숨이 위험하게 되었습니다. 하지만 삼손은 하나님의 도우심으로 그 위기에서 가까스로 탈출하게 됩니다.

1. 삼손이 가졌던 외로움

삼손은 같은 민족인 유다 사람들에게 붙잡혀 손에 밧줄로 묶여 블레셋 사람들에게로 끌려가다가 하나님의 영이 임하니까 그 괴력이 나타나게 되었습니다. 그래서 삼손이 한번 힘을 쓰니까 꽁꽁 묶었던 밧줄이 불에 탄 실같이 떨어져 버렸습니다. 그리고 나귀 턱뼈로 덤벼드는 블레셋 사람들을 쳐 죽이기 시작했는데 무려 천 명의 블레셋 사람들을 죽였습니다. 삼손 앞에는 삼손에게 맞아 죽은 블레셋 사람들의 시체가 무더기로 쌓였습니다. 이것을 보고 블레셋 사람들은 모두 도망쳤고 이스라엘 백성은 삼손을 하나님의 구원자로 인정해서 삼손은 드디어 이스라엘의 사사가 되었습니다. 삼손의 괴력을 한번 본 블레셋 사람들은 무려 20년 동안 이스라엘을 침범하지 못했습니다. 그리고 삼손은 20년 동안 아주 편안하게 이스라엘 사사로 인정받으면서 살았습니다.

15:20, "블레셋 사람의 때에 삼손이 이스라엘의 사사로 이십 년 동안 지냈더라"

삼손은 일단 자신의 목표를 달성했습니다. 그런데 바로 거기에 문제가 있었던 것입니다. 사람은 자신의 목표를 달성하고 다른 사람들의 인정을 받으며 아무 어려움 없이 산다고 해도 만족이 되지 않습니다. 왜냐하면 사람이 편하게 되면 거기에는 권태가 찾아오기 때문입니다. 이 권태는 너무나도 자신의 삶이 단조로워서 무슨 짓이라도 저지르지 않으면 견디지 못할 정도로 온몸이 근질근질한 상태를 말합니다. 이런 사람들에게 찾아오는 것은 나쁜 호기심입니다. 즉 하나님의 백성은 해보지 못한 짓을 한번 해보고 싶다는 것입니다.

그래서 현명한 사람은 은퇴하고 난 후에 전공과 상관없는 공부를 합니다. 어떤 분은 부장판사로 은퇴했는데 유명한 로펌에서 아무리 수십억 원의 돈을 준다고 해도 가지 않았습니다. 그는 돈은 충분히 벌었다고 하면서 미국 대학에 유학 가서 기초부터 물리학을 새로 공부했습니다. 그는 나이를 떠나서 젊은 사람과 어울려서 공부하고 싶었던 것입니다. 미국의 큰 장점은 교수나 학생이나 다른 사람의 나이를 묻지 않는다는 것입니다. 그는 같이 입학한 사람 중에서 가장 늦게 박사 학위를 받았고 학교에서 무급 조교로 일하게 되었습니다. 그 사람은 돈을 더 벌려고 하지 않았습니다. 그는 젊음을 느끼고 싶었던 것입니다.

사람은 권태를 느낄 때 나쁜 호기심이 찾아옵니다. 그래서 어떤 사장이나 종교인 중에는 밤새도록 포르노를 보는 사람이 있습니다. 이것은 포르노 중독입니다. 심지어 미국의 어느 아주 점잖은 사립학교 교장이 스마트 폰 안에 아동 포르노를 많이 넣어서 보다가 발각되는 일도 있었습니다. 미국에서는 아동 포르노를 가지고 있는 자체가 범죄입니다.

삼손은 20년 동안 이스라엘의 사사였습니다. 그런데 삼손은 특별히 할 일이 없었습니다. 그는 계속 머리를 기르고 술이나 포도주를 마시지 않고 그냥 사사로 있으면 죽을 때까지 아무 문제가 없었을 것입니다. 그런데 삼손은 늘 혼자였습니다. 왜냐하면 삼손 자체가 다른 사람들과 너무 달랐기 때문입니다. 다른 사람들은 삼손과 가까이하는 것을 두려워했습니다. 삼손은 하나님의 영이 임하기만 하면 괴력이 나타났는데 그는 20년 동안 아무것도 할 일이 없었습니다.

그래서 어느 날부터인가 삼손에게는 강한 호기심이 생기기 시작했습니다. 즉 자기는 태어나서 술을 제대로 마셔본 적이 없는데 술을 한번 실컷 마시고 싶은 마음이 들었습니다. 그리고 블레셋 여인과의 결혼에 실패하고 난 후 20년 동안 여자를 가까이하지 못했는데 여자 생각도 났던 것 같습니다.

그러나 삼손은 처음에는 이것은 말도 되지도 않는 유혹이고 이스라엘의 영적인 지도자로서 해서는 안 될 일이라고 생각했을 것입니다. 그러나 시간이 갈수록 이 유혹은 더 집요하게 삼손에게 덤벼들었습니다. 그러다가 삼손은 어느 날 결국 이 유혹을 이기지 못하고 한번 해보기로 했습니다. 그는 이스라엘에 가까운 블레셋 도시는 자기의 얼굴이 팔려서 갈 수 없고 이스라엘에서 매우 떨어져 있는 도시에서는 아직 자기 얼굴을 모를 테니까 거기 있는 술집에 가서 술도 마셔보고 블레셋 여인도 사랑해 봐야겠다고 생각한 것입니다.

사람이 이런 결심을 하는 것이 힘들어서 그렇지, 한번 마음만 먹으면 행동하는 데는 굉장히 빠르게 됩니다. 아마 삼손은 날아가듯이 블레셋 땅끝에 있는 가사까지 달려갔을 것입니다. 삼손은 자기가 평소에 그렇게 하고 싶었지만 하지 못했던 일을 이방 땅에서 실컷 하게 되었습니다.

16:1, "삼손이 가사에 가서 거기서 한 기생을 보고 그에게로 들어갔더니"

유명한 사람은 자기를 아는 사람들이 있는 곳에서는 나쁜 짓을 하지 못합니다. 왜냐하면 당장 소문이 나서 그에 대한 존경심이나 신뢰가 다 깨어져 버리기 때문입니다. 그러나 외국에 나가면 그렇게 하는 사람들이 있습니다. 그래서 라스베이거스를 가면 파친코를 한다든지 아니면 누드쇼를 하는 곳에 가서 호기심을 충족시키는 것입니다. 마찬가지로 삼손도 하나님의 거룩한 종이었기 때문에 이스라엘이나 이스라엘 가까운 곳에서는 술집이나 기생들이 있는 집에 갈 수 없었습니다. 그러나 이스라엘에서 아주 먼 가사에서는 자기 얼굴을 알 만한 사람이 없기 때문에 마음 놓고 술집에 들어가서 폭주를 하고 블레셋 기생과 사랑도 했던 것입니다. 이것은 삼손에게는 엄청난 탈선이었습니다. 자칫 잘못하면 큰 사고가 터질 수도 있는 상황이었습니다.

2. 위기에 빠진 삼손

삼손은 블레셋의 가사 땅에 가면 자기 얼굴을 아는 사람이 아무도 없을 줄 알았습니다. 그러나 삼손은 블레셋에서 모르는 사람이 없을 정도로 유명한 사람이었습니다. 그래서 삼손이 가사 땅에 온 사실은 금방 블레셋 사람들에게 소문이 나게 되었습니다. 블레셋 사람들은 삼손이 있는 술집을 몇 겹으로 포위하고 밤새도록 도망가지 못하게 하고 있다가 새벽에 잠이 깊이 들었을 때 갑자기 들어가서 삼손을 죽이기로 계획을 세웠습니다. 삼손은 긴 머리 때문에 들통이 났는지 아니면 삼손이 들어간 기생이 신고했는지 모르겠지만 삼손의 정체는 금방 들통나고 말았습니다.

16:2, "가사 사람들에게 삼손이 왔다고 알려지매 그들이 곧 그를 에워싸고 밤새도록 성문에 매복하고 밤새도록 조용히 하며 이르기를 새벽이 되거든 그를 죽이리라 하였더라"

삼손은 그것도 모르고 실컷 술을 마시고 블레셋 기생과 같이 잠을 잤지만, 블레셋 사람들은 서로 연락해서 철통같이 삼손이 도망가지 못하도록 이중삼중으로 군대를 배치해두었습니다. 그들은 밤새도록 소리 내지 않고 조용히 있다가 삼손이 깊이 잠들었을 때 한꺼번에 쳐들어가서 그를 죽이기로 했습니다. 삼손은 그것도 모르고 술에 취해서 깊은 잠에 빠져 있었습니다. 사람이 하는 일에 완전한 것은 없습니다. 아무리 완전한 계획을 세우더라도 허점이 있게 마련입니다. 역시 블레셋 사람들은 삼손보다 한 수 위였습니다.

삼손은 아무도 모르게 변장하고 가사 기생집에 들어가서 술을 마시고 살짝 빠져나오면 아무도 모를 줄 알았습니다. 그러나 가사에 삼손같이 긴 머리털을 기른 사람이 누가 있겠습니까? 그 당시 삼손의 머리털 길이만 봐도 삼손인 것을 사람들은 다 알 수 있었을 것입니다. 그리고 모든 블레셋 사람에게 삼손은 천추의 원수였습니다. 삼손 한 사람 때문에 무려 천 명이나 되는 블레셋 사람들이 죽었고 지금 이스라엘에 쳐들어가지도 못하는 실정입니다. 그런데 블레셋 사람들에게 너무 다행스러운 것은 삼손이 자기 발로 블레셋 도시에 들어와서 기생의 집에서 술을 마시고 취해서 잠을 자고 있다는 사실입니다. 삼손은 맨정신이어야 하나님의 영이 임할 텐데 이렇게 술취해서 자고 있는데 성령님이 임하시겠습니까? 하나님의 영이 임하지 않으면 아무리 삼손이라 하더라도 죽은 목숨입니다.

삼손은 하나님 앞에서 죄를 지었습니다. 그러나 하나님은 삼손을 버리지 아니하셨습니다. 왜냐하면 하나님은 삼손이 그럴 수밖에 없는 약한 인간임을 아셨기 때문입니다. 하나님은 우리가 한번 죄를 지었다고 해서 우리를 버리시거나 지옥에 집어넣거나 하시지 않습니다. 오히려 하나님은 참으시면서 우리 스스로가 깨닫기를 기다리시는 것입니다.

삼손은 지금 함정에 빠져 있습니다. 그러나 본인은 그것을 모르고 있습니다. 지금 삼손에게 가장 필요한 것은 잠에서 깨는 것입니다. 그리고 자기가 지금 위기에 빠져 있다는 사실을 알고 하나님 앞에 두 손 두 발 다 비비면서 회개하는 일이었습니다. 그러나 하나님은 삼손을 깨우셨습니다. 아마 삼손이 깊이 잠을 자다가 갑자기 소변이 보고 싶었는지 모르겠습니다. 그래서 그는 조용히 자리에서 일어나서 아마문 쪽으로 간 것 같습니다. 그런데 거기에서 삼손은 블레셋 군인들이 있는 광경을 본 것입니다. 상당히 많은 블레셋 군인이 매복하고 있었고 그들이 하는 이야기를 듣게 된 것 같습니다.

이때 삼손은 정신이 번쩍 들었습니다. 자기는 아무도 몰래 술이나 먹고 조용히 이스라엘로 돌아가려고 했는데 블레셋 사람들은 삼손을 포위하고 있었던 것입니다. 삼손도 언제나 능력이 생기는 것은 아니었습니다. 삼손도 자기에게 언제 능력이 임하는지 정확하게는 몰랐습니다. 그러나 적이 소리 지르거나 자기가 위기에 빠졌을 때 하나님의 영이 임한다는 사실은 알았습니다. 그런데 삼손은 지금 하나님을 속이고 죄를 짓고 있는 중인데 과연 하나님께서 삼손을 도와주실까요? 하나님께서는 삼손을 미워하시지 않을까요? 그럼에도 삼손은 또 하나님께 솔직한 기도를 드렸습니다.

"하나님, 제가 너무 죄짓고 싶어서 하나님을 속이고 이 먼 블레셋 땅까지 왔다가 포위를 당했습니다. 하나님 저는 죄인입니다. 그러나 만일 하나님께서 이번에 저를 살려주신다면 다시는 이런 데 오지 않겠습니다"라고 기도했을 것입니다. 아마 이것은 삼손의 진심이었을 것입니다. 이때 하나님이 삼손을 버리시면 그의 인생은 끝나는 것입니다. 그러나 하나님은 자비로우시고 회개하는 자에게 오래 참으시는 분이십니다. 하나님은 삼손이 이럴 수밖에 없다는 것을 이해하셨습니다. 하나님은 삼손의 허물을 못 본 체하시고 그의 기도를 들어주셨습니다. 삼손에게 하나님의 영이 임하기 시작했습니다. 우리도 한 번 어려운 위기를 당하면 두 손을 싹싹 빌면서 "하나님, 이번 한 번만 살려주십시오. 그러면 다시는 죄짓지 않고 열심히 신앙생활을 하겠습니다"라고 약속합니다. 그러나 그 위기를 벗어나기만 하면 언제 그런 일이 있었느냐는 듯이 다 잊어먹어 버리는 것입니다.

3. 삼손에게 다시 나타난 괴력

하나님은 삼손을 안심시켜 주셨습니다. 왜냐하면 삼손은 자기에게 하나님이 영이 임하는 것을 느낄 수 있었기 때문입니다. 삼손에게는 다시 힘이 생기기 시작했습니다. 삼손은 하나님 앞에서 너무나도 죄송했습니다. 하나님은 삼손을 사랑하셔서 세상의 어느 누구도 가지지 못한 능력을 주셨지만, 그는 외로움과 권태를 참지 못해서 죄를 지으러 이곳에 온 것입니다.

우리는 때때로 하나님을 잘 믿는다고 하면서도 너무 시간이 많이 남거나 혹은 인생의 목표가 없어져서 나쁜 호기심에 빠져서 하나님이 싫어하시는 짓을 할 때가 있습니다. 그때 우리는 하나님에게 미안해할 것이 아니라 그 자리에서 바로 하나님께 잘못했다고 하면서 다시는 이런 행동을 하지 않겠다고 회개해야 합니다. 우리가 하나님께 회개하지 않고 계속 머뭇거리고 있으면 우리의 양심은 굳어지기 시작하고 더 뻔뻔스러워지게 됩니다.

우리는 하나님 앞에서 미안해하면서 가만히 있기만 하면 안 됩니다. 우리는 무조건 죄를 지었을 때 하나님께 사실 그대로 이야기하면 됩니다. 사실 제가 돈이 욕심났다든지, 혹은 호기심에 져서 하나님이 싫어하시는 짓을 했다든지 말하기만 하면 되는 것입니다. 예수님은 베드로에게 형제가 죄를 짓고 잘못했다고 하면 칠십 번씩 일곱 번이라도 용서하라고 하셨습니다. 그러면 사백구십 번이 되는 것입니다. 그러나 이것은 우리에 대한 하나님의 심정입니다. 하나님은 우리의 죄에 대하여 사백구십 번이라도 용서해 주시기를 원하는 것입니다.

삼손은 어떻게 하는 것이 가장 좋을까 생각하다가 밤중까지 자는 체하다가 밤중에 일어나 도망치기로 작정했습니다. 그러나 성문은 잠겨 있어서 열 수 없고 자기가 도망치는 동안에 블레셋 사람들이 활을 쏘거나 창을 던질 수도 있으므로 그것을 막을 방법이 필요했습니다.

삼손은 블레셋 사람들이 아직 기다리고 있을 때 성문으로 갔습니다. 역시 예상대로 성문은 잠겨 있었습니다. 이때 삼손의 괴력이 나타나게 됩니다. 삼손은 힘을 다해 성문을 잡아당겼습니다. 그런데 삼손이 얼마나 힘이 세었는지 힘을 한번 주니까 성 문짝이 떨어지고 심지어는 문을 성에 박은 문설주까지 떨어졌습니다. 삼손은 블레셋 사람들이 활이나 창을 던져도 막을 수 있도록 성 문짝을 짊어지고 헤브론 앞산까지 지고 갔습니다. 헤브론 앞산이라면 가사에서는 아주 먼 곳이었습니다. 이것은 결코 사람의 힘이 아니었습니다. 블레셋 사람들이 보기에 삼손은 괴물이나 마찬가지였습니다. 결국 블레셋 사람들은 사람의 힘으로는 도저히 삼손을 잡을 수 없다는 사실을 깨닫고 체포하기를 포기하고 돌아갔고, 삼손은 무사히 집으로 돌아올 수 있었습니다.

하나님은 어떤 분이십니까? 비록 우리가 연약해서 죄에 빠졌을 때도 우리에게 능력을 주시는 분이십니다. 하나님은 결코 우리를 버리지 아니하십니다. 우리가 너무 유명하지 않거나 성공하지 않는 것은 반드시 나쁜 것은 아닙니다. 왜냐하면 우리가 너무 성공하거나 높아지면 인생을 사는 목표가 없어져서 죄를 쉽게 짓기 때문입니다. 우리가 하나님 앞에 죄를 짓더라도 진심으로 회개할 때 하나님은 새 힘을 주시고 더 사랑해 주십니다. 하나님은 결코 우리가 망하는 것을 기뻐하시는 분이 아닙니다. 그래서 우리는 미련하게 죄짓고 자포자기하거나 그대로 있어서는 안 됩니다. 우리가 지은 죄를 숨기고 감추는 것은 우리에게 아무 도움이 되지 않습니다. 오히려 하나님이 기다리시다가 심판하실 때는 인정사정없는 무서운 멸망이 될 수도 있습니다. 그러므로 하나님께 나의 부족함과 연약함을 솔직하게 말씀드리고 위기에서 일어서는 성도들이 다 되시기를 바랍니다.

26

위험한 장난

삿 16:4-22

어린아이 중에 위험한 장난을 하는 아이들이 있습니다. 집에서 기어다니는 아기들도 아주 신기하게 생각하는 것이 벽에 붙어 있는 전기 코드입니다. 그래서 별난 아이들은 그 구멍에 젓가락을 넣었다가 전기가 통하는 바람에 깜짝 놀라서 울기도 하고, 퓨즈가 나가는 바람에 전기가 끊어질 때도 있습니다. 어떤 아이는 낙하산 연습을 한다고 우산을 들고 고층 아파트에서 뛰어내렸는데 우산이 버틸 힘이 없어서 그 아이는 여러 곳에 골절상을 입고 목숨만은 건졌다고 합니다. 저는 그 이야기를 듣고 '어렸을 때 나 같은 놈이 또 있구나' 생각했습니다. 저도 어렸을 때 비 오는 날 우산을 쓰고 나갔다가 우산을 펴고 길에서 좀 큰 도랑으로 뛰어내렸는데 도랑에 그대로 떨어진 적이 있었습니다.

옛날에 정월 대보름이 되면 아이들은 쥐불놀이를 했습니다. 쥐불놀이는 깡통에 구멍을 뚫어서 그 안에 불이 타는 나무토막이나 숯을 넣고 철삿줄로 연결해서 돌리는 것인데, 불이 붙은 깡통을 돌리는 것은 엄청나게 재미있습니다. 하지만 이런 쥐불놀이는 잘못해서 불똥이나 불붙은 깡통이 헛간 쪽으로 날아가면 헛간을 다 태우고 잘못하면 집까지 태우게 되는 것입니다. 이런 장난은 모두 위험한 장난이기 때문에 함부로 해서는 안 되는 놀이입니다. 그러나 어린아이들은 너무나 호기심이 많아서 부모가 하지 말라고 하는 장난을 치다가 사고를 내게 되는 것입니다.

사탄은 우리를 넘어지게 할 때 우리의 장점이나 약점에 대하여 다 조사를 해놓습니다. 예를 들어서 술에 약한 사람은 술로 공격하고, 돈에 약한 사람은 돈으로 넘어지게 하고, 여자에게 약한 사람은 미인계를 써서 넘어지게 하는 것입니다. 이 세상에서 완전한 사람은 없습니다. 그래서 우리 믿는 사람들이 사탄의 공격에 넘어지지 않으려고 하면 자신의 약한 부분에 대하여 분명히 알아야 하고 또 그것에 대비해야 합니다.

블레셋 사람들은 삼손을 사람의 힘으로는 이길 수 없었습니다. 최근에 삼손이 나타난 곳은 가사 땅 기생의 집이었는데, 블레셋 사람들은 삼손이 자는 집을 포위했다가 그가 성문 짝과 기둥과 문빗장까지 떼어서 이스라엘 땅까지 등에 짊어지고 가는 것을 보았습니다. 물론 하나님께서 그의 약점을 가려주셔서 오히려 더 큰 능력을 나타내었지만, 삼손이 블레셋의 기생집에 나타나서 술을 마시고 기생과 놀았던 행동은 큰 실수였습니다. 잘못했으면 삼손은 그 기생집에서 죽을 수도 있었습니다. 아마 삼손은 그때 하나님께 "하나님, 이번 한 번만 살려주시면 절대로 기생집에 와서 술을 마시거나 기생과 놀지 않겠습니다"라고 빌며 맹세했을 것입니다. 하나님은 삼손에게 엄청난 괴력을 주셔서 삼손이 안전하게 이스라엘로 돌아오게 하셨습니다.

그런데 사람이라는 존재는 막상 어려움을 당했을 때는 하나님께 울고불고하면서 신앙생활 잘하겠다고 약속하지만, 그 어려움과 고비를 넘기면 옛날에 기도하고 약속했던 사실을 다 잊어버리고 그 마음에 또 살금살금 유혹이 고개를 쳐들게 됩니다.

1. 소렉 골짜기의 들릴라

삼손은 시간이 지나면서 가사에서 성 문짝을 떼어 들고 도망치던 그 긴장감은 다 잊어버리고, 또 이방 여자를 사귀고 또 술 마시고 자신의 정욕을 채우려는 욕망이 살살 일어나기 시작했습니다. 이때 삼손은 자신의 외로움이나 욕망을 이스라엘 장로들에게 솔직하게 이야기하고 이스라엘 여인 중에서 한 명과 결혼했다면 그가 비극에 빠지는 일은 생기지 않았을 것입니다. 그러나 삼손은 이스라엘 장로들을 믿지 않았습니다. 그들은 옛날 삼손을 배신해서 그를 밧줄로 묶어서 블레셋 사람들에게 넘겨준 전적이 있었기 때문입니다. 그리고 삼손의 마음속에는 언제나 '나는 특별한 사람이다' 라는 생각이 있었던 것 같습니다.

삼손은 하나님의 나실인이기 때문에 머리카락을 자르지 않았습니다. 삼손은 한 번도 머리카락을 자른 적이 없었기 때문에 굉장히 길었을 것인데 아마도 발뒤꿈치까지 내려왔는지도 모릅니다. 삼손에게는 괴력이 있었습니다. 삼손이 가사의 성 문짝과 문설주와 빗장까지 빼서 어깨에 메고 온 사실은 온 이스라엘에도 소문이 퍼졌을 것입니다. 삼손은 이스라엘이나 블레셋 사람들에게 언제나 특별한 사람이었습니다. 그는 어느 누구도 흉내 낼 수 없는 이미지를 가지고 있었습니다. 그러나 사람은 언제나 특별한 사람으로 있을 수만 없습니다. 사람은 누구나 다 나이 들게 되어 있고 결혼 생활을 하고 늙어가야 정상적인데, 삼손은 늘 청년이기를 원했고 독신이고 특별한 사람이기를 원했던 것입니다.

삼손은 다른 사람들이 보기에 무엇인가 좀 신비스럽고 무엇인가 특별한 사람이었습니다. 그래서 삼손은 결혼하지 않았고 머리카락도 자르지 않았습니다. 삼손은 포도주도 마시지 않았습니다. 이스라엘 백성이 볼 때 삼손은 완전히 하나님께 바쳐진 사람이었습니다. 그러나 삼손의 마음속에는 여자에 대한 욕망이 있었고 술에도 취하고 방탕하게 살고 싶은 유혹이 있었습니다. 그러다가 삼손은 소렉 골짜기에 사는 들릴라라는 여인을 만나자 사랑에 빠져버리게 되었습니다.

16:4, "이 후에 삼손이 소렉 골짜기의 들릴라라 이름하는 여인을 사랑하매"

아마 들릴라는 굉장히 아름다운 여인이었던 것 같고, 삼손은 이 들릴라를 진심으로 사랑했던 것 같습니다. 이때부터 삼손의 이중생활이 시작되었습니다. 그 당시 삼손은 결혼하지 않고 홀로 지내고 있었습니다. 그는 머리카락을 한 번도 자르지 않고 자신의 삶 전체를 하나님께 바친 것처럼 거룩하게 생활했습니다. 그러나 삼손에게는 또 다른 면이 있었습니다. 삼손이 소렉 골짜기에 있는 들릴라의 집에만 가면 술도 마시고 여자와 관계도 하고 방탕하게 행동하는 또 다른 사람의 면면이 있었던 것입니다. 삼손의 비극은 바로 이 이중생활에서부터 시작되었습니다. 이 이중생활이 삼손의 양심을 무디어지게 했고 그의 경건을 무너지게 만들었던 것입니다. 그러면 삼손에게는 어느 쪽이 진짜 모습일까요?

삼손의 이중생활을 이스라엘 사람들은 모르고 있었지만 블레셋 사람들은 다 알고 있었습니다. 그들은 삼손에 대해 철저하게 조사하고 있었기 때문입니다. 블레셋 사람들은 일단 삼손은 괴력을 가졌기 때문에 힘으로는 삼손을 이길 수 없다는 결론을 내렸습니다. 삼손을 아무리 밧줄로 묶어도 힘만 쓰면 밧줄이 금방 끊어졌습니다. 그리고 삼손은 나귀 턱뼈 하나로 블레셋 사람들 천명을 죽였습니다. 또 삼손이 힘을 한번 쓰니까 가사의 성 문짝과 들보와 빗장까지 뜯어서 짊어지고 이스라엘 땅 헤브론 산까지 갔습니다. 그런데 삼손에게도 그 괴력에 어떤 약점이 있는 것 같았습니다. 삼손은 여자가 울면서 조르면 마음이 약해져서 자신의 비밀을 다 술술 이야기한다는 점이었습니다. 옛날 삼손은 결혼식 때 어려운 수수께끼를 내놓고도 아내가 울면서 조르니까 정답을 이야기한 적이 있었습니다. 그래서 블레셋 사람들은 삼손이 소렉 골짜기에 사는 들릴라에게 빠져 있다는 사실을 알았을 때 그 여자를 이용하려고 생각했습니다.

드디어 블레셋 사람들은 움직이기 시작했습니다. 블레셋은 다섯 개의 성으로 이루어져 있는데, 그 성 각각은 독립적이었습니다. 이 다섯 성의 대표들이 소렉 골짜기에 사는 들릴라를 찾아갔습니다.

16:5, "블레셋 사람의 방백들이 그 여인에게로 올라가서 그에게 이르되 삼손을 꾀어서 무엇으로 말미암아 그 큰 힘이 생기는지 그리고 우리가 어떻게 하면 능히 그를 결박하여 굴복하게 할 수 있을는지 알아보라 그리하면 우리가 각각 은 천백 개씩을 네게 주리라 하니"

블레셋 사람들은 아무리 삼손이 괴력을 가지고 있어도 무엇인가 약점이 있을 것으로 생각했습니다. 그런데 그 누구도 그 약점을 찾을 수 없었습니다. 블레셋 사람들은 삼손이 몰래 만나고 있는 들릴라를 통해서 삼손의 괴력의 비밀을 알아내기로 했습니다. 블레셋 지도자들은 삼손 몰래 들릴라를 찾아가서 삼손의 힘의 비밀을 알아내라고 제안했습니다. 만약 들릴라가 삼손의 비밀을 알아내기만 하면 다섯 성에서 각각 은 천백 개씩을 주겠다고 했습니다. 그러면 은이 오천오백 개가 됩니다. 그 당시 건장한 노예 한 명의 값이 은 삼십이었습니다. 그렇다면 은 오천오백은 그런 노예들을 180명을 살 수 있는 어마어마한 돈이고 굉장한 대가였습니다. 들릴라가 삼손의 비밀을 알아내기만 하면 완전히 신세를 고치고도 남는 어마어마한 돈을 주겠다는 것입니다.

우리가 알아야 할 것은 하나님의 나라 사람들은 이런 식으로 투자를 잘 하지 않는다는 것입니다. 그러나 사탄은 일단 목표가 정해지면 상상할 수 없는 투자를 해서 하나님의 종들을 거꾸러뜨리려고 합니다. 사탄은 하나님의 나라를 무너뜨리는데 수단과 방법을 가리지 않습니다. 그래서 어떤 청교도 목사는 "사탄은 가장 자신의 목적에 부지런하며 자기 목표에 충실하다"고 했습니다. 그것은 바로 하나님의 교회를 무너뜨리고 하나님의 종을 넘어지게 하는 일입니다.

2. 삼손의 위험한 장난

드디어 들릴라는 삼손을 배반하고 삼손의 비밀을 알아내어서 블레셋 쪽이 제시한 상금을 받기로 결심하게 됩니다. 물론 들릴라에게 삼손은 멋있고 양심적이기도 하고 자기를 사랑하는 것도 틀림없지만, 그녀에게 돈보다 더 중요한 것은 없었습니다.

이 날부터 들릴라는 삼손이 오면 삼손을 사랑한다고 하면서 그 엄청난 힘이 어디서 오며 그 비밀이 무엇인지 묻기 시작했습니다.

16:6, "들릴라가 삼손에게 말하되 청하건대 당신의 큰 힘이 무엇으로 말미암아 생기며 어떻게 하면 능히 당신을 결박하여 굴복하게 할 수 있는지 내게 말하라 하니"

갑자기 어느 날부터 들릴라가 삼손에게 자기 힘의 비밀을 묻습니다. "도대체 그 힘이 어디서 나며 그 힘을 없어지게 하려면 어떻게 해야 하나요?" 그러나 삼손의 그 힘은 삼손 개인의 것이 아니었습니다. 삼손의 힘은 이스라엘을 지키라고 하나님께서 주신 것이고, 이것은 이스라엘 백성에게는 핵무기와 같은 것이었습니다. 그러나 들릴라는 삼손에게는 생명과 같은 그 힘의 비밀을 말해달라고 조릅니다. 들릴라는 이스라엘을 지킬 수 있는 핵무기의 비밀을 알고 싶어 하는 것입니다.

이럴 때 삼손은 잘 모른다고 둘러대든지, 아니면 누가 그런 비밀을 알아달라고 부탁했는지 의심했어야 했습니다. 그러나 삼손은 들릴라에게 너무 진지했습니다. 그래서 삼손은 들릴라가 블레셋 사람들에게 엄청난 돈을 받기로 약속한 것은 모르고, 그녀가 그냥 자기 힘의 비밀을 알고 싶어 하는 것 같아서 그때그때 거짓말을 하며 장난을 쳤습니다.

그러나 이 장난은 곧 진심으로 드러나게 되었습니다. 삼손은 들릴라에게 "마르지 않은 새 활줄 일곱 줄로 나를 묶으면 나는 힘을 쓰지 못해서 다른 사람과 같이 돼"라고 거짓말을 했습니다. 옛날 개역성경에는 이것을 '활줄'이라고 하지 않고 '푸른 칡'이라고 번역했습니다. 삼손이 자신의 힘의 비밀에 대해서는 무슨 일이 있어서 말하지 않겠다고 결심했더라면 이런 위험한 장난은 하지 않았을 것입니다. 들릴라는 밤에 자기 집안에 블레셋 군대를 숨겨 놓고 삼손에게 술을 먹인 후에 새 활줄 일곱 가닥으로 삼손을 묶었습니다. 그리고 소리를 쳤습니다. "삼손이여, 블레셋 사람들이 당신을 잡으러 왔어요"라고 하니까 삼손이 벌떡 일어나더니 일곱 가닥 활줄을 불탄 실 끊듯이 끊어 버렸습니다.

그리고 나니까 들릴라의 강짜가 더 심해졌습니다. 들릴라는 삼손에게 울면서 "당신이 나를 사랑한다는 말은 거짓이군요. 왜 나를 사랑한다고 해놓고 거짓말했어요? 이런 식으로 나오면 저는 당신과 더 이상 만나지 않겠어요. 당신의 진짜 힘의 비밀이 뭐예요?"라고 하며 졸랐습니다. 삼손은 다른 것은 몰라도 들릴라는 포기할 수 없었습니다. 그래서 삼손은 들릴라를 붙들어 두기 위해서 또 거짓말로 장난을 쳤습니다. "지난번에는 미안했어. 내 힘의 비밀을 쉽게 이야기해 줄 수는 없거든. 이번에는 진짜 당신에게 진실을 이야기하는데 쓰지 않은 새 밧줄로 나를 묶으면 나는 힘을 다 잃어버리고 맥을 추지 못해. 이것은 혼자만 알고 있어야 돼."

이 말을 들은 들릴라는 삼손에게 술을 먹인 후에 자기 무릎을 베고 잠을 자게 하고 쓰지 않은 새 밧줄을 구해서 삼손을 묶었습니다. 그리고 삼손에게 "삼손, 블레셋 사람들이 당신을 잡으러 왔어요!"라고 소리를 쳤습니다. 그랬더니 삼손이 잠을 자다가 일어나서 힘을 쓰는데 새 밧줄이 마치 실이 끊어지는 것처럼 끊어져 버렸습니다. 삼손은 이미 들릴라의 집에서 나실인의 서약을 깨고 있었고, 이방 여인의 무릎을 베고 잠자는 것이 습관처럼 되어 있었습니다.

들릴라는 두 번이나 삼손에게 속으니까 더 독하게 나왔습니다. "당신은 지금까지 나를 희롱하면서 장난만 치고 있었어. 정 나를 이런 식으로 대하면 나는 다시 당신을 만나지 않을 거야. 나를 계속 만나려거든 당신의 진실을 나에게 이야기해요."라고 하면서 울면서 졸라대었습니다.

삼손의 마음은 들릴라는 잃기 싫고 그렇다고 해서 힘의 비밀도 말할 수 없었습니다. 그래서 삼손은 또 거짓말을 했습니다. "내가 당신을 속인 것은 정말 미안해. 만약 내 이 긴 머리털 일곱 가닥을 베틀에서 다른 실과 섞어서 짜면 나는 힘이 없어지고 꼼짝도 하지 못해. 이것은 혼자만 알고 절대로 다른 사람에게는 말하지 마"라고 했습니다. 들릴라가 몇 번씩이나 삼손에게 가장 중요한 힘의 비밀을 묻는데 삼손은 전혀 그녀를 의심하지 않았다는 것입니다. 들릴라는 삼손에게 술을 먹여서 자기 머리를 베고 자게 한 뒤에 머리털 일곱 가닥을 골라서 베틀에 넣어서 짰습니다. 그리고 들릴라는 삼손에게 큰 소리로 외쳤습니다. "삼손이여, 블레셋 사람들이 당신을 잡으러 왔어요!" 하면서 삼손을 흔들어 깨우니까 삼손은 벌떡 일어나면서 머리털을 베틀에서 뽑는데 삼손의 힘은 여전했습니다. 아마 베틀이 삼손의 힘에 다 부서졌을 것입니다. 삼손은 들릴라가 자기 생명과 같은 힘의 비밀을 물을 때 의심했어야 합니다. 그리고 이렇게 중요한 힘의 비밀을 가지고 장난을 쳐서는 안 되는 것입니다.

3. 삼손의 몰락

삼손이 세 번씩이나 들릴라에게 거짓말해서 그 힘의 비밀을 알려주지 않으니까 들릴라는 더 독이 올랐습니다. 이제는 울고불고하면서 매일 삼손을 졸라서 견디지 못하게 만들었습니다.

16:15, "들릴라가 삼손에게 이르되 당신의 마음이 내게 있지 아니하면서 당신이 어찌 나를 사랑한다 하느냐 당신이 이로써 세 번이나 나를 희롱하고 당신의 큰 힘이 무엇으로 말미암아 생기는지를 내게 말하지 아니하였도다 하며"

들릴라는 혹시라도 이 힘의 비밀을 알아내지 못해서 그 엄청난 현상금을 잃어버릴까 생각이 들어서 매일 매시간 울면서 삼손에게 비밀을 알려달라고 졸라대었습니다. 이때 삼손은 고민해서 죽을 지경이 되었다고 했습니다.

16:16, "날마다 그 말로 그를 재촉하여 조르매 삼손의 마음이 번뇌하여 죽을 지경이라"

물론 들릴라는 삼손에게 힘의 비밀을 이야기해줘도 절대로 다른 사람에게는 말하지 않는다고 맹세했을 것입니다. 그러나 삼손은 들릴라에 대한 사랑과 하나님에 대한 약속 사이에서 고민했습니다. 이때가 삼손이 마지막 살 수 있는 기회였습니다. 이때 삼손은 고민해서 죽을 지경이 되었다고 했습니다. 여자는 울면서 힘의 비밀을 알려달라고 조르고, 삼손의 신앙 양심은 그것만큼은 말할 수 없었으므로 미칠 지경이었던 것입니다.

하나님의 백성이 세상을 이기는 비밀은 하나님의 말씀에 미치고 하나님의 성령에 미치는 것입니다. 그러면 세상 사람들이 생각하기에 '나도 미쳤지만 이 사람은 나보다 더 미쳤구나'라고 하면서 상대하지 않게 됩니다. 우리가 살 수 있는 비결은 마귀가 우리를 포기하게 하는 것입니다. 그러나 삼손은 이 잘못된 사랑에 너무 진지했습니다.

삼손은 들릴라를 놓치기 싫어서 들릴라에게 결국 진실을 이야기해 버리고 말았습니다. "나는 태어날 때부터 하나님께 바쳐진 사람이야. 나는 나면서부터 지금까지 한 번도 머리털을 깎지 않았어. 만약 누군가가 내 머리털을 밀어버리면 나는 힘을 잃게 돼. 이것이 내 힘의 비밀이야."

들릴라가 지금까지 울면서 매일 삼손을 조른 것은 연극이었습니다. 그는 드디어 삼손이 자기를 놓치기 싫어서 자기 힘의 비밀을 이야기한다는 것을 알았습니다. 들릴라는 블레셋 지도자들을 찾아가서 드디어 삼손이 힘의 비밀을 알아내었으니까 한 번만 더 올라오면 된다고 통보했습니다. 그랬더니 블레셋 지도자들이 한 성마다 은 천백 개씩을 들고 들릴라 집을 몰래 찾아가서 뒷방에 숨어 있었습니다. 들릴라는 또 삼손에게 술을 먹이고 자기 무릎을 베고 잠을 자게 한 후에 날카로운 칼을 가지고 삼손의 머리털 일곱 가닥을 밀었습니다.

그리고 들릴라는 삼손에게 소리를 쳤습니다. "삼손, 블레셋 사람들이 또 당신을 잡으러 왔어요!"라고 하니까 삼손이 일어서려는데 그때 벌써 힘이 하나도 없어서 비틀거렸습니다. 삼손은 쳐들어온 블레셋 사람을 한 명도 이기지 못했습니다. 이미 하나님이 떠나셨고 힘을 잃어버렸기 때문입니다. 블레셋 사람들은 삼손을 엎어놓고 밧줄로 묶었습니다. 그리고 그의 머리털을 완전히 다 밀어버렸습니다. 그러니까 삼손은 진짜 힘이 하나도 없었습니다. 드디어 블레셋 사람들은 돈과 여자의 힘으로 삼손의 힘을 없애는 데 성공했습니다. 블레셋 사람들은 드디어 칼을 빼어서 삼손의 두 눈을 빼버렸습니다. 이때 삼손은 엄청나게 고통스러웠던 것 같습니다. 삼손은 하나님께 살려달라고 소리소리 질렀지만 이미 때는 늦었습니다. 하나님께서 삼손을 떠나셨기 때문입니다. 블레셋 사람들은 은 오천오백을 들릴라에게 주었습니다. 그리고 삼손을 놋줄에 묶어서 블레셋 감옥으로 끌고 갔습니다. 삼손은 그 엄청난 힘을 가지고 있으면서도 여자에게 속아서 눈알이 뽑히고 머리털은 밀려서 블레셋의 노예가 되어버렸습니다. 삼손은 블레셋의 감옥에서 나귀가 돌리던 연자 맷돌을 혼자 매일 돌리면서 채찍에 맞아야 했습니다.

삼손이 망한 것은 그의 이중생활 때문이었습니다. 겉으로 보기에는 거룩하고 하나님께 바쳐진 것 같았는데, 뒤로는 자기 정욕을 다 채우고 있었던 것입니다. 삼손은 두 눈알이 뽑히기 전에 이미 영적으로 눈이 멀어 있었습니다. 영의 눈이 어두우면 눈알이 뽑히게 되어 있는 것입니다. 그가 하나님의 약속과 들릴라 사이에서 고민해서 죽게 되었을 때 그냥 미쳐버렸다면 살 수 있었는데, 자기를 배반한 여자에게 끝까지 너무 진지했던 것이 멸망의 원인이었습니다.

삼손은 들릴라의 배신으로 존귀한 하나님의 종에서 눈알 뽑히고 머리털이 다 밀린 채로 큰 맷돌을 돌리는 노예가 되고 말았습니다. 삼손은 그가 가지고 있던 힘과 존경과 신뢰를 다 잃어버리고 인생 밑바닥으로 내동댕이쳐졌습니다. 그래서 성경은 "죄의 삯은 사망"이라고 했습니다. 누구든지 죄에 빠지면 죽게 되어 있는 것입니다. 사탄은 우리의 약점을 잘 알고 있습니다. 자기 자신에 대하여 진실해야 살 수 있습니다. 모든 거짓된 것을 버리고 하나님 앞에서 진실한 성도가 다 되시기 바랍니다.

27

마지막 한 방

삿 16:21-31

마지막 한 방이 있는 경기는 아마 야구일 것입니다. 야구 경기 중에 자기가 응원하는 팀이 지는 것이 확실해 보이면 이번에는 졌구나 생각하면서 게임이 끝나기도 전에 일어나서 밖으로 나가려는 사람이 있습니다. 그런데 갑자기 운동장 쪽에서 '와' 하는 함성이 들리는 것입니다. 그래서 다시 경기장에 돌아와서 보니까 한 선수가 역전 홈런을 쳐서 경기를 뒤집어 놓은 것입니다. 홈런을 친 선수는 관객의 환호를 받으면서 천천히 운동장을 돌고 있습니다. 그 경기는 그대로 가면 질 수밖에 없는 경기였는데 그 선수의 홈런 한 방으로 경기를 뒤집어 놓았던 것입니다.

그런데 마지막 한 방은 전쟁에서도 많이 사용되는 방법입니다. 대동아전쟁 당시 일본군의 세력은 대단했습니다. 일본군은 중국 본토를 공격해서 난징도 점령하고 거기에서 이십만 명을 살육하는 범행을 저지릅니다. 그리고 동남아시아 쪽으로 공격해서 필리핀이나 버마도 침략하고 태평양에 있는 여러 섬도 정복해서 비행장을 닦고 지하에 동굴도 만들었습니다. 그러나 그 막강하던 일본 해군은 미드웨이 해전에서 패배한 후에 일본 본토의 히로시마와 나가사키에 원자 폭탄을 얻어맞고, 일본 천황은 무조건 항복을 하고 맙니다. 일본의 그 악랄하던 제국주의 군대도 미군의 마지막 한 방에 무조건 항복하고 말았던 것입니다.

이것이 우리 예수 믿는 사람들에게도 있습니다. 모든 조건이 어려워져서 이제는 망해서 소생할 가망성이 없고 오직 사느냐 죽느냐만 문제 될 때가 있습니다. 그래서 이제는 죽어야 하는가 고민하고 있는데, 갑자기 하나님의 능력이 한 방 나타나면서 적들은 다 망하고 당당하게 승리하게 되는 것입니다.

삼손은 자기가 사랑하고 믿었던 들릴라에게 배신당해서 머리털이 밀리고 두 눈알이 뽑혀서 앞을 보지 못하는 맹인이 되었고, 블레셋 군대에 붙잡혀서 놋 사슬에 묶여서 노예로 끌려갔습니다. 그리고 삼손은 감옥 안에서 나귀가 곡식을 빻는 큰 연자 맷돌을 돌리면서 매일 매를 맞고 욕을 먹으면서 살아야 했습니다. 삼손은 정말 절망적인 상황에 빠졌고 그에게는 아무런 소망이 없었습니다. 삼손은 이제 도와주는 사람도 없고 눈도 보이지 않았고 그에게 있던 힘도 사라지고 없었습니다.

1. 소망이 없는 삼손

삼손은 과거에 하나님의 큰 능력을 지닌 위대한 하나님의 종이었습니다. 그가 한번 힘을 쓰면 나귀 턱뼈 하나로 천 명의 블레셋 사람을 쳐 죽였고, 가사의 기생집에 놀러갔다가 블레셋 사람들에게 완전히 포위되었을 때 그 성 문짝과 기둥과 빗장까지 뽑아서 어깨에 메고 이스라엘 땅인 헤브론 산까지 지고 가기도 했습니다. 이 세상에 삼손 같이 놀라운 힘을 가진 사람은 없었습니다. 삼손은 태어나면서 하나님께 바쳐진 나실인이었고, 이스라엘에서 가장 존경받는 지도자가 되었습니다. 블레셋 사람들은 적어도 힘으로는 삼손을 이길 수 없다는 것을 알게 되었습니다.

그러나 삼손도 인간이었기에 그의 마음속에 일어나는 정욕은 억제할 수 없었습니다. 육체의 정욕은 누르면 누를수록 더 튀어 오르는 성향이 있습니다. 결국 삼손은 자신의 정욕을 이기지 못해서 이중생활을 하게 되었습니다. 그는 이스라엘 백성 앞에서는 머리를 길게 기르고 한평생을 하나님께 바치고 포도주나 다른 술은 입에도 대지 않는 경건한 신앙 지도자로 행동했습니다. 그러나 삼손은 또 다른 면을 가지고 있었는데 이스라엘 백성은 알지 못하는 그의 또 다른 모습이었습니다. 삼손은 몰래 소렉 골짜기에 사는 들릴라라는 여자를 만났는데 거기서 그는 포도주도 마시고 술도 마시고 마음껏 정욕을 채우는 생활을 했던 것입니다. 그런데 놀라운 것은 삼손이 그렇게 이중생활을 하고 하나님 앞에 방탕한 생활을 했지만 하나님은 최후의 순간까지 삼손을 버리지 아니하시고 함께 하셨다는 사실입니다. 하나님은 우리가 한두 번 실수한다고 해서 우리를 버리거나 떠나지 아니하십니다. 오히려 하나님은 끝까지 우리와 함께하시면서 우리 스스로 깨닫고 회개하시기를 원하십니다.

삼손은 들릴라를 믿었고 그녀를 사랑했습니다. 그러나 삼손은 들릴라에게 속아서 망했습니다. 들릴라는 이미 블레셋 지도자들로부터 블레셋 각 성에서 각각 은 천일백 개씩 즉 모두 합계 은 오천오백 개를 준다는 약속을 받고 삼손을 배신했습니다. 들릴라는 삼손을 졸라서 그 힘의 비밀을 알아내고는 그것을 블레셋 사람에게 알려주었습니다. 결국 들릴라가 삼손의 머리털 일곱 가닥을 밀었을 때 삼손에게는 힘이 사라지고 없어졌습니다. 그때 하나님은 삼손을 떠나셨고 삼손의 힘도 삼손에게서 떠났습니다.

블레셋 사람들은 삼손이 힘이 없어진 것으로 만족하지 못하고 잔인하게 칼로 삼손의 두 눈을 뽑아내었습니다. 그리고 놋줄로 매어 감옥에 끌고 갔습니다. 거기에다가 삼손은 머리털도 밀려서 빡빡 대머리가 되었고 그의 두 눈알은 뽑혀서 아무것도 볼 수 없었습니다. 이제 이스라엘 사람들은 삼손이 이중생활 했다는 사실을 알고는 아무도 그를 존경하지 않았습니다. 그리고 블레셋 사람도 모두 눈알 뽑힌 삼손을 우습게 생각했습니다. 삼손에게는 아무런 소망이 없었습니다. 이제 삼손에게 남은 것이라고는 짐승같이 앞도 보지 못하면서 죽을 때까지 두들겨 맞고 나귀가 돌리는 큰 연자 맷돌을 돌릴 수밖에 없었습니다.

16:21, "블레셋 사람들이 그를 붙잡아 그의 눈을 빼고 끌고 가사에 내려가 놋 줄로 매고 그에게 옥에서 맷돌을 돌리게 하였더라"

사람에게 가장 고통스러운 것은 믿었던 사람에게 배신당하여 몰락하는 것입니다. 예수님도 자기 제자인 가룟 유다가 배신하는 바람에 감람산에서 체포되어 지판을 받게 됩니다. 삼손도 들릴라라는 이방 여인을 사랑했고 믿었기 때문에 자신의 힘의 비밀을 이야기하여 이렇게 비참한 자리에 빠지고 만 것입니다. 삼손은 존귀한 하나님의 종의 자리에 있다가 한순간에 짐승같은 처지가 되고 말았습니다. 거기에다가 하나님은 삼손을 떠나셨습니다. 삼손은 두 눈도 뽑혔고 모든 이스라엘 사람은 삼손을 흉이나 보고 비난만 했습니다. 이제 삼손에게는 아무런 소망이 없었습니다.

우리가 이 세상을 살아가는 것은 눈으로 덮여있는 산을 올라가는 것이나 마찬가지입니다. 만일 우리가 성공에 도취되어 발 하나를 잘못 움직이면 미끄러져서 천 길 낭떠러지로 떨어지게 됩니다. 그러면 그동안 쌓았던 직위나 명예나 존경을 다 잃어버리든지 아니면 감옥에 갇히게 됩니다.

2. 머리털은 자라고 있었다

삼손이 블레셋의 죄수와 노예가 되어 감옥에서 맷돌을 돌린 지 상당한 기간이 지난 것 같습니다. 밀었던 삼손의 머리털이 조금씩 자라기 시작했습니다. 그리고 블레셋 사람들도 삼손의 머리털을 한번 밀어버리고 눈까지 뽑았으므로 그의 머리털이 다시 자라는 것에는 아무도 관심을 가지지 않았습니다. 블레셋 사람들은 누구나 삼손의 인생은 끝났다고 생각했기 때문입니다. 사실 삼손의 머리털이 자라기 시작하는 것은 자연스러운 일이었습니다. 누구든지 머리털은 다시 자라게 되어 있습니다. 그러나 삼손에게는 그것이 어쩌면 블레셋의 감옥에 하나님께서 찾아오고 계신 증거인지도 모릅니다. 이제 삼손에게는 아무 소망이 없었습니다. 만약 삼손이 눈이라도 볼 수 있었더라면 희망을 가져볼 수도 있겠지만 삼손은 앞을 볼 수도 없었습니다. 삼손에게는 상황이 조금이라도 나아지리라는 희망이 없었습니다. 머리털을 미는 분들 중에 암 환자들이 있습니다. 이들은 대개 항암치료를 하면서 머리털이 다 빠지니까 그냥 머리털을 밀어버립니다. 그러나 항암치료가 끝나고 머리털이 조금씩 자라기 시작한다면 그 병이 낫고 있다는 증거인 것입니다.

우리는 성경에서 삼손같이 절망적이었던 사람들을 많이 보게 됩니다. 그 대표적인 사람이 요셉입니다. 요셉은 형들의 배신으로 애굽에 노예로 팔려갔습니다. 그는 거기서 여주인의 유혹을 뿌리치는 바람에 감옥에 갇히는 노예 신세가 되었습니다. 그러나 요셉이 감옥에서 나올 수 있는 마지막 기회는 그가 바로의 술 맡은 관원장의 꿈을 해석해 주었을 때였습니다. 그러나 풀려난 술 맡은 관원장은 요셉을 기억조차 하지 않았습니다. 요셉은 완전히 절망에 빠질 수밖에 없었습니다. 그러나 하나님은 요셉과 함께하셨습니다. 하나님이 한 방 쏘시니까 요셉은 감옥에서 나오게 되었습니다. 그것은 바로가 꾼 꿈을 요셉이 해석해 주었기 때문입니다. 그는 즉시 감옥에서 나왔을 뿐 아니라 애굽의 총리까지 되었습니다.

이스라엘 백성은 출애굽 한 후 홍해 앞에서 절망했습니다. 앞에는 바다가 가로막고 있고 뒤에는 애굽의 군대가 병거를 타고 추격해 오고 있었습니다. 이스라엘 백성은 너무 절망해서 모세를 원망하고 하나님을 원망했습니다. 그러나 하나님의 한 방이 남아 있었습니다. 하나님께서 모세에게 지팡이로 홍해를 가리키라고 하시고 모세가 순종했을 때 홍해가 갈라졌습니다. 이것이 바로 하나님 백성의 희망입니다.

3. 하나님의 마지막 한 방

블레셋 사람들은 자기 백성을 천 명이나 나귀 턱뼈로 때려죽인 삼손이 붙잡혔다는 소식을 듣고 너무 기뻐했습니다. 블레셋 사람들이 삼손을 감옥에 갇힌 채로 그냥 두면 되는데, 그들은 교만해서 블레셋 다섯 개 성이 모여서 축제를 벌였습니다. 모두 모여 축제하면서 자기들의 신 다곤에게 제사를 드리고 눈알 뽑힌 삼손을 모든 블레셋 사람에게 보여주고 욕하고 희롱하고 수치를 주기로 작정했습니다.

16:23-25, "블레셋 사람의 방백들이 이르되 우리의 신이 우리 원수 삼손을 우리 손에 넘겨 주었다 하고 다 모여 그들의 신 다곤에게 큰 제사를 드리고 즐거워하고 백성도 삼손을 보았으므로 이르되 우리의 땅을 망쳐 놓고 우리의 많은 사람을 죽인 원수를 우리의 신이 우리 손에 넘겨 주었다 하고 자기들의 신을 찬양하며 그들의 마음이 즐거울 때에 이르되 삼손을 불러다가 우리를 위하여 재주를 부리게 하자 하고 옥에서 삼손을 불러내매 삼손이 그들을 위하여 재주를 부리니라 그들이 삼손을 두 기둥 사이에 세웠더니"

블레셋 사람들은 삼손에게 두 눈을 빼고 머리털을 민 것으로 충분한 고통을 주었습니다. 그들이 그 정도로 만족했으면 좋았을 텐데, 그들은 삼손을 더 비참하게 하기를 원했습니다. 삼손은 망하고 난 후에 하나님께 기도하려고 하니까 너무 죄송해서 기도할 수 없었습니다. 그러나 하나님의 백성이 너무 비참해지게 되면 기도하게 됩니다. 블레셋 사람들은 자기 신에게 제사하려고 할 때 삼손을 감옥에서 불러내어 재주까지 부리게 했습니다.

우선 블레셋 사람들은 자기 신에게 제사하면서 자기들이 얼마나 이스라엘 백성보다 강하고 똑똑한지 마음껏 자랑했습니다. 그리고 그들은 앞을 보지도 못하는 삼손을 감옥에서 끌어내었습니다. 모든 블레셋 사람은 삼손이 끌려나오는 것을 보고 야유를 보냈을 것입니다. 삼손의 귀는 자기를 욕하고 희롱하는 소리로 귀청이 떨어질 지경이었습니다. 그리고 그들은 삼손에게 재주를 부리게 했습니다. 성경에는 블레셋 사람들이 삼손에게 어떤 재주를 부리게 했는지 나오지 않습니다. 아마도 그들은 삼손을 짐승같이 목에 줄을 매어서 끌고 다녔을 것입니다.

이때 삼손의 심정은 너무 비참했습니다. 특히 삼손은 자기 혼자 비참해지는 것은 참을 수 있었을지 모르지만 자기 때문에 하나님의 이름까지 욕을 먹는 것은 참을 수 없었습니다. 다윗의 시편에도 보면 "사람들이 종일 내게 하는 말이 네 하나님이 어디 있느뇨 하오니 내 눈물이 주야로 내 음식이 되었도다"(시 42:3)라고 했습니다. 다윗도 그의 적들이 얼마나 그를 조롱했는지 흐르는 눈물이 그의 음식이 되었습니다.

어떤 여인은 친정어머니나 시어머니에게 교회 나간다고 실컷 욕을 먹고 부엌에서 혼자 음식을 먹는데 얼마나 눈물이 나오는지 밥의 반은 눈물입니다. 밥을 눈물에 말아 먹는 식이 되는 것입니다. "교회를 그렇게 열심히 나가는데 왜 아이는 아프며 교회에는 죽으라고 봉사하는데 왜 이렇게 못 사느냐?"고 조롱하며 욕할 때 나 혼자 비난받는 것은 괜찮지만 하나님의 이름까지 들먹일 때는 눈물이 비 오듯이 쏟아지게 되는 것입니다.

삼손은 아마 하나님께 기도할 용기가 나지 않았을 것입니다. 도대체 삼손이 무슨 낯짝으로 하나님께 기도합니까? 그런데 삼손이 블레셋 사람들에게 끌려 나가기 전에 우연히 머리털을 만졌던 것 같습니다. 그때 놀랍게도 삼손의 손에 그의 짧은 머리카락이 잡히는 것이었습니다. 이때 삼손의 머릿속에는 '혹시 하나님의 은혜가 나에게 회복되는 것은 아닐까?' 라는 생각이 들었습니다. 이것은 하나님의 백성만 가지고 있는 하나님과의 사인입니다. 삼손은 자기 머리털은 영원히 자라지 않을 것으로 생각했을 것입니다. 자기는 하나님의 약속을 배신하고 머리털이 밀린 놈인데 어떻게 머리털이 다시 자랄 수 있겠습니까?

그런데 늘 사탄이 실수하는 것이 있습니다. 그것은 하나님의 백성을 기도하지 못하게 해야 하는데 꼭 기도하게 만든다는 것입니다. 사탄이 하나님의 백성을 망하게 한 후 적당하게 내버려두고 그냥 타락한 생활을 하게 하면 기도도 하지 않고 말씀도 듣지 않고 영구적으로 자기의 종이 될 수 있습니다. 그런데 여기서 사탄이 꼭 실수합니다. 그것은 하나님의 백성을 너무 비참하게 짓밟을 뿐 아니라 "네가 믿는 신앙은 엉터리다. 네가 믿는 하나님은 어디 있느냐?"는 식으로 하나님까지 욕을 하게 만든다는 것입니다. 하나님의 백성이 그렇게 너무 비참하게 되면 결사적으로 기도하게 됩니다. 하나님의 백성이 결사적으로 기도하면 마귀는 망하게 됩니다. 왜냐하면 하나님이 그 기도를 들어주셔서 한 방을 날리시기 때문입니다.

이때 블레셋 사람들이 모인 곳은 굉장히 큰 운동장이었던 것 같습니다. 거기서 블레셋 사람들은 축제를 했는데, 이번에 눈알 뽑힌 삼손을 구경하려고 얼마나 많은 사람이 모여들었는지 관객석이 1층으로는 수용이 안 되어서 2층까지 들어찼습니다. 그리고 그 2층에 높은 사람들 약 삼천 명가량이 올라가서 삼손의 재주를 구경하고 있었습니다. 블레셋 사람들이 삼손으로 하여금 한바탕 재주를 부리게 한 후에 그를 잠시 쉬게 했습니다. 그때 삼천 명을 받치고 있는 건물의 큰 두 개 기둥 사이에 삼손을 기대어 쉬게 했습니다.

이때 삼손은 눈물로 하나님께 마지막으로 간절한 기도를 했습니다. 이 기도는 삼손의 인생에 단 한 번 있는 목숨을 건 기도였습니다. 삼손은 자기가 잘못해서 노예가 되고 눈알이 뽑힌 것은 어쩔 수 없는 일이었습니다. 그러나 삼손은 자기 때문에 하나님의 이름이 욕을 먹는 것은 절대로 참을 수 없었습니다. 삼손은 기도하면서 울었고 기도하면서 부르짖었습니다. 삼손은 하나님께 "하나님, 이번 한 번만 저에게 힘을 주셔서 이 블레셋 사람들을 쳐부수고 원수를 갚게 해 주십시오"라고 부르짖으며 기도했습니다.

16:28, "삼손이 여호와께 부르짖어 이르되 주 여호와여 구하옵나니 나를 생각하옵소서 하나님이여 구하옵나니 이번만 나를 강하게 하사 나의 두 눈을 뺀 블레셋 사람에게 원수를 단번에 갚게 하옵소서 하고"

삼손은 블레셋에 끌려올 때 아무것도 보이지 않는 상태에서 온 얼굴에 피를 흘리면서 질질 끌려왔던 것입니다. 삼손은 하나님께 단 한 번만 힘을 달라고 기도했습니다. 그렇게 해서 모든 사람이 보는 앞에서 하나님의 살아계심을 증명하기를 원했습니다. "너희들은 내 머리털을 밀고 내 눈알을 뺐지만, 하나님은 얼마든지 나를 사용하셔서 너희들을 다 죽일 수 있다"는 것을 보여주기를 원했습니다.

삼손은 자기를 끌고 다니는 소년에게 "내가 힘이 없어서 그러는데 이 건물을 받치고 있는 기둥을 잡게 해 달라"고 부탁했습니다. 그래서 삼손은 왼손으로 한 기둥을 잡고, 오른손으로 또 다른 기둥을 잡았습니다. 그리고 삼손은 힘을 다해서 그 두 기둥을 밀면서 "내가 블레셋 사람들과 함께 죽기를 원한다"라고 소리를 질렀습니다. 그때 하나님은 삼손의 기도를 들으시고 삼손에게 괴력을 다시 주셨습니다. 블레셋 사람들이 올라가 있는 2층 기둥은 수십 명이 당겨도 꼼짝도 하지 않는 기둥인데, 삼손이 몸을 숙이면서 기둥을 미니까 그 건물이 무너져 버렸습니다. 그래서 건물 위와 아래층에 있는 사람들까지 전부 다 깔려 죽었습니다.

삼손은 비록 육체의 정욕에 빠져서 블레셋의 노예가 되었지만 그가 하나님께 마지막으로 기도하고 건물을 부수었을 때, 그가 살았을 때 죽였던 사람보다 훨씬 더 많은 블레셋 사람을 죽게 했고 자신도 건물에 깔려 죽었습니다. 이때 비로소 삼손의 형제들이 블레셋 땅까지 와서 삼손의 시체를 메고 가서 그가 처음 성령 받았던 소라와 에스다올 사이에 있는 아버지 마노아의 장지에 묻었습니다.

하나님에게는 한 방이 있습니다. 그래서 우리가 아무리 절망적인 형편에 처한다 하더라도 간절하게 기도하면 하나님의 능력은 나타납니다. 그리고 우리는 아무리 머리털을 밀어도 머리털이 자란다는 것을 기억하시기 바랍니다. 하나님은 절대로 우리를 버리지 아니하시고 언제나 함께하십니다. 하나님의 백성이 용기를 가지고 기도하기만 하면 마귀는 망하게 되어 있습니다. 우리의 자존심이나 체면 같은 것은 생각하지 마시고 이제라도 기도를 시작하시기 바랍니다. 하나님께서 반드시 응답해 주시고 어려움에서 건져주실 줄 믿습니다.

28

돈으로 만든 우상

삿 17:1-13

우리나라에는 동네에서 고개를 넘어가는 곳에 성황당이라
고 해서 사람들이 지나가면서 돌을 하나씩 던지고는 자기 복을 이야
기하는 돌무더기가 있습니다. 장사하는 사람들은 장사 잘되게 해 달
라고 돌을 던지고 빌고, 엄마들은 자기 딸 좋은데 시집가게 해 달라고
돌을 던지고 빌었습니다. 언젠가 한 번 전라도 어느 지방에 설교하러
갔더니 그 예배드리는 교회 종탑을 돌로 만들었는데 너무 못생긴 돌
로 쌓고는 종을 그 위에 매달았습니다. 그래서 그 교회 담임 목사님에
게 왜 이런 돌로 쌓았느냐고 물으니까 옛날에 그 동네에 미신이 심했
는데 누군가 열심히 전도해서 온 동네 사람이 예수를 믿게 되었다고
했습니다. 그래서 그 교회 종탑을 만들 때 성황당에 있는 돌을 다 주
워 와서 지었다고 했습니다.

중동지방에도 미신이 심했는데, 그중의 하나가 집을 지키는 수호
신을 하나씩 다 가지는 것이었습니다. 그 수호신의 이름은 '테라빔'
이었습니다. 놀라운 것은 야곱이 라반의 집에서 종살이하다가 고향
으로 도망칠 때, 성경에 보면 야곱의 아내 라헬이 아버지 라반의 테

라빔을 훔쳐 나온 내용이 나옵니다. 왜냐하면 라헬에게는 테라빔이 없었기 때문입니다. 심지어는 다윗이 사울 왕의 미움을 받아서 도망칠 때 그의 아내 미갈이 자기가 가지고 있던 테라빔에 양털을 씌우고 이불을 덮어서 마치 다윗이 아픈 것처럼 꾸며서 도피하는 시간을 벌어주었습니다. 이런 것을 보면, 이스라엘 백성은 하나님을 믿는다고 하면서도 개인적으로 수호신상을 많이 갖고 있었음을 알 수 있습니다. 이스라엘 백성에게 가장 이해되지 않는 것은 어떻게 눈에 보이는 하나님이 우리를 지켜주시고 복을 주실 수 있느냐는 것이었습니다. 그래서 그들은 하나님을 믿는다고 하면서도 또 수호신도 가지고 있었습니다.

지금까지 이스라엘 사사들은 믿음의 영웅이었습니다. 사사들은 이스라엘 백성이 하나님의 신앙을 버리고 우상 숭배에 빠져서 다른 민족의 지배를 받을 때, 성령의 능력으로 이스라엘을 적의 지배에서 구원했던 믿음의 영웅들이었습니다. 그러나 사사기 마지막에 나오는 두 사람은 이스라엘을 더 망하게 하는 인물이었습니다. 이들이 가지고 있었던 미신적이고 비도덕적인 생각은 당장 이스라엘 전체에 퍼져서 이스라엘 열두 지파 중에서 거의 두 지파가 전멸당하게 됩니다. 이 모든 원인은 그들의 종교가 너무 타락했기 때문입니다.

1. 에브라임 산지의 미가

에브라임 산지에 미가라는 사람이 있었습니다. 우리는 이 사람이 어떤 사람인지 잘 알 수 없습니다. 그러나 이 사람은 물질에 욕심이 많았고 또 하나님께 복을 받는데도 관심이 많았던 사람임을 볼 수 있습니다.

17:1, "에브라임 산지에 미가라 이름하는 사람이 있더니"

수돗물로 쓰는 상수원에는 불순물이 유입되지 말아야 합니다. 수원으로 쓰는 물이 깨끗하려면 상류에 불순물이 들어와서는 안 됩니다. 만일 강 상류에 가축을 키우는 축사가 있으면 그 강 전체가 더러워지게 되어서 식수로도 사용할 수 없을 뿐만 아니라 냄새가 나고 녹조 현상이 일어나서 하류의 물고기도 떼죽음을 당하게 됩니다. 마찬가지로 처음에는 작게 시작되었던 종교적인 타락이 나중에 가면 나라 전체를 썩게 만드는 원인이 됩니다.

우리가 처음 한 절만 보면 미가가 어떤 사람인지 알 수가 없습니다. 단지 에브라임은 산지이고 이스라엘 전체에서 상당히 산 구석에 있는 장소라는 것만 알 수 있습니다. 어떻게 생각하면 에브라임은 산 속 깊이 들어 있기 때문에 가장 순수하고 깨끗할 수 있었습니다. 그러나 미갈이라는 사람은 돈에도 관심이 많고 하나님의 축복에도 관심이 많은 사람이었는데 그의 잘못된 욕심이 이스라엘 지파 하나를 완전히 망하게 만듭니다.

우선 미가는 하나님의 복을 받기 위해서 자기 집에 신당을 만들었습니다. 물론 그 신당 안에는 나무나 돌로 만든 보잘것없는 신상이 있었을 것입니다. 미가의 집에는 신당만 있었던 것이 아닙니다. 거기에서 제사장의 에봇을 만들어서 입고, 사람들에게 하나님의 뜻을 이야기하기도 하고, 테라빔이라고 해서 자기 집을 지키는 수호신도 세워놓고 있었습니다. 아마 미가는 자기 아들 중에 하나는 제사장으로 만들어서 하나님께 제사 드리는 일까지 했던 것 같습니다. 미가는 정식 제사장은 아니었습니다. 그러나 그는 제사장의 흉내를 내고 싶었습니다.

미가는 부자가 아니었지만 미가의 어머니는 부유했던 것 같습니다. 본문에 보면, 이 어머니는 은을 많이 가지고 있었습니다. 미가는 어머니가 가지고 있는 그 은이 탐났습니다. 그래서 미가는 어느 날 그 어머니의 은 천 개를 훔쳐서 감추어두었습니다. 어느 날 어머니가 보니까 자기의 은 중에서 천 개가 도둑맞은 것입니다. 은 천 개는 그 당시 상당히 큰 돈이었습니다. 하지만 미가의 어머니는 자기 아들이 그 은을 도둑질했다는 것을 알지 못했습니다. 미가의 어머니는 많은 은을 도둑맞고는 너무 화가 나니까 그것을 훔쳐간 사람과 은을 저주했는데, 그냥 입으로만 저주한 것이 아니었습니다.

미가의 어머니는 정식으로 하나님께 그 은을 도둑질해 간 사람과 은을 저주했습니다. 미가의 어머니는 집에 있는 신당에 향불을 피워놓고 자기 은을 훔쳐간 사람에 대하여 구체적으로 하나씩 저주하기 시작했습니다. 아마 "그 도둑놈은 창자가 빠져서 죽고 그 부인은 벼락을 맞아 죽고 자식들은 미쳐서 죽을 것이며, 그 은을 만지는 자마다 온몸에 피부병이 생겨서 죽을 때까지 고통을 받을지어다"라고 저주했을 것입니다. 그런데 미가가 그 옆에서 어머니가 저주하는 말을 가만히 들어보니까 그 저주가 보통이 아닙니다. 그리고 하나님께 기도하면서 저주했기 때문에 꼭 그 저주가 이루어질 것 같았습니다. 미가는 당장 자기에게 그 저주가 덮칠까 두려웠습니다.

그래서 미가는 더 이상 저주받은 은을 가지고 있지 못하고 어머니에게 돌려주었습니다. 그러나 어머니도 은은 돌려받았지만, 이미 자기가 저주했던 은이기 때문에 돌려받는 것이 꺼림칙했습니다. 그래서 일단 말로는 "내 아들이 하나님께 복을 받을지어다"라고 했지만, 그것은 정식으로 저주를 풀 수 있는 방법이 아니었습니다. 미가의 어머니는 그 저주받은 은이 꺼림칙하니까 아들에게 이것을 하나님께 바치자고 제안했습니다. 하지만 그냥 바치면 저주가 그대로 나타날지 모르니까 신상을 만들어서 바치자고 했습니다. 미가가 듣기에 어머니의 제안은 그럴듯했습니다. 그래서 미가는 어머니가 돌려준 은의 일부로 신상을 만들었습니다.

2. 돈으로 만든 우상

미가는 어머니가 저주한 은을 어떻게 처분해야 하나님의 저주가 임하지 않을지 알지 못했습니다. 그래서 미가와 그의 어머니는 그 은을 하나님께 바치려는데 그냥 바치면 안 될 것 같고 은으로 신상을 만들어서 밤낮으로 기도하면 저주를 막을 수 있을 것으로 생각했습니다. 사람들의 문제는 바로 여기에 있습니다. 한평생 살면서 죄를 짓고 또 다른 사람을 저주하고 또 나쁜 저주를 많이 했는데, 나중에 보니까 그 저주를 풀 방법이 없다는 것입니다. 그리고 자기가 한평생 지은 죄를 용서받을 길을 모른다는 것입니다. 그래서 사람 중에는 자기가 한평생 모은 돈이나 부동산을 어떤 종교인이나 종교 단체에 기부하는 경우도 있습니다.

만일 미가가 하나님의 말씀을 바로 알았다면 "어머니, 저주한 것을 하나님께 용서받는 방법이 있습니다. 원래 도둑질한 것은 그 액수의 돈을 주인에게 돌려주고 성전에 가서 속죄제를 드리면 하나님께서 다 용서해주십니다"라고 했을 것입니다. 그러나 미가는 하나님의 말씀을 몰랐기 때문에 결국 저주를 푸는 방법을 몰랐던 것입니다. 그래서 저주를 풀기 위해 미가는 어머니로부터 받은 은 천 개 중에서 2백 개를 은세공업자에게 주어서 멋진 신상을 만들도록 했습니다. 아마 미가의 신당에 있던 신상은 돌이나 나무로 만든 것이어서 좀 초라했던 것 같은데, 이제는 은으로 아주 멋있는 신상을 만들어서 신당에 갖다 두었습니다. 미가의 어머니는 그 은 신상에 매일 쉬지 않고 기도하면 저주가 아들에게 임하지 않고 복을 받을 것으로 생각했습니다. 그리고 미가는 어머니가 준 은 8백 개는 자신이 도로 착복했습니다.

미가는 졸지에 은 신상을 만들고 부자가 되었습니다. 그의 어머니가 미신적인 생각을 가지고 있었기 때문입니다. 어머니는 저주할 줄 알았지만 저주를 푸는 방법을 몰랐습니다. 그리고 미가는 돈에 대한 욕심이 많이 있었습니다. 결국 미가의 집에 있는 신상은 미가가 도둑질한 돈으로 만든 것이었습니다. 그리고 미가는 자기 아들 중 하나를 제사장으로 임명해서 계속 분향하고 기도하면서 제사장 일을 하게 했습니다. 이것을 보면 미가의 신앙은 하나님의 종교가 아니라 완전히 점치는 무당의 종교 수준이었던 것입니다.

그래서 성경은 이렇게 말씀하고 있습니다.

17:6, "그 때에는 이스라엘에 왕이 없었으므로 사람마다 자기 소견에 옳은 대로 행하였더라"

이스라엘에 왕이 없으므로 사람들이 자기 멋대로 신당을 만들고 에봇을 만들고 아무나 제사장으로 임명했던 것입니다. 그런데 이것은 미가의 집만이 아니라 이스라엘 전체를 죽일 수 있는 불순물이었습니다. 원래 하나님께서는 모세에게 레위인을 구별해서 성전에서 하나님께 제사를 드리고 백성에게 하나님의 말씀을 가르치게 하라고 명령하셨습니다. 그리고 레위인은 아예 자신의 땅을 분배받지 못했습니다. 제사장이나 레위인들은 백성이 바치는 제물과 십일조가 그들의 기업이 되었기 때문입니다. 그래서 레위인들은 성전에 속하든지 아니면 여러 지파에 흩어져서 하나님의 말씀을 가르치고 기도하는 일을 해야 했습니다.

그러나 이스라엘 백성의 신앙이 세상을 따라가면서 그들은 하나님께 바치는 헌물을 아까워하게 되었습니다. 그들은 자기들이 복 받는 것만 중요하고, 하나님께 십일조나 감사헌금을 바치는 것을 아까워했던 것입니다. 그러자 가장 생활이 어려워지게 된 사람들은 레위인들이 되었습니다. 그래서 레위인들은 더 이상 성전에서 할 일도 없고 또 생활비를 주는 사람도 없었으므로 레위인들은 일용직 일을 찾아서 온 이스라엘 땅을 떠돌아다니게 되었습니다. 그렇게 이스라엘 백성은 성전도 중요하지 않았고 말씀도 중요하지 않았고, 오직 자기들이 잘사는 것만 중요하게 생각했습니다.

코로나 이후로 우리나라의 작은 교회들은 많이 문을 닫았다고 하고, 또 교인이 있다고 해도 교인 수가 열 명도 안 되는 경우가 많다고 합니다. 그러니까 목회자들이 도저히 생활할 수 없어서 다른 직업을 가지는 경우가 많다고 합니다. 그래서 택배 일을 하기도 하고 택시일, 목수 일 같은 다양한 직업을 가지고 있다고 합니다. 그런데 대개 이런 작은 교회 목회자 중에서 복음에 대한 뜨거운 열정과 사명감을 가진 순수한 분들이 많이 있습니다. 그분들은 돈을 벌려고 일을 하는 것이 아닙니다. 그들도 오직 교회 일만 하고 싶은데 여건이 그렇게 되지 않으니까 할 수 없어서 다른 일을 해야 먹을 수 있고 아이들을 학교에 보낼 수 있는 것입니다.

요즘 교인은 자기가 편하게 잘 사는 것을 중요하게 생각하지, 하나님께 헌금 드리는 것을 아까워하는 사람들이 많습니다. 또 그런 사람을 부추겨서 교회에 헌금할 필요가 없다고 주장하는 사람도 많이 생겼습니다. 사실 그렇게 된 것은 물론 세상이 세속적으로 너무 빨리 변한 사실도 있지만 목회자의 잘못도 있습니다.

미가는 도둑질한 저주를 풀기 위해서 도둑질한 돈으로 신상을 만들었습니다. 이스라엘 사람들이 가장 이해되지 않았던 것이 어떻게 하나님의 말씀만 듣는데 복을 받을 수 있느냐는 것이었습니다. 무엇인가 신상이 있고 신당도 있어야 기도하는 것 같고 복을 주는 것 같이, 하나님의 말씀만 믿는다고 해서 복 받는 것을 믿을 수 없었습니다. 그들은 이스라엘 백성이 얼마나 특별한 백성인지 몰랐기 때문입니다. 그러나 하나님의 백성은 말씀을 통해서 하나님의 축복으로 직행하는 사람들입니다.

3. 고용된 제사장

이때 한 레위 청년이 등장합니다. 그는 도저히 성전에서 일을 해서는 먹고 살 수 없으니까 에브라임 산지에 있는 미가의 집까지 할 일을 찾아가게 되었습니다.

17:7-8, "유다 가족에 속한 유다 베들레헴에 한 청년이 있었으니 그는 레위인으로서 거기서 거류하였더라 그 사람이 거주할 곳을 찾고자 하여 그 성읍 유다 베들레헴을 떠나 가다가 에브라임 산지로 가서 미가의 집에 이르매"

이스라엘 백성의 신앙이 침체되니까 그들은 하나님의 종을 내쫓거나 그들에게 먹을 것을 제대로 주지 않았습니다. 이제는 자기들이 주인이고 하나님의 종들은 자기들의 고용인이라고 생각했기 때문입니다. 결국 레위인 한 청년은 할 일을 찾아서 온 유다를 다녔지만 자기가 할 만한 일이 없어서 결국 에브라임 산골짜기까지 흘러들어가게 되었던 것입니다.

아마도 그 레위 청년은 미가의 집이 좀 번듯하고 돈도 있어보니까 자기가 할 일이 있을까 해서 그 집으로 들어갔습니다. 그리고 자기에게 시킬 일이 있는지를 물어보았습니다. 미가는 그 청년을 보고 어디서 온 사람이냐고 물었습니다. 그 청년은 자기는 베들레헴에 사는 레위인으로 일거리를 찾아서 여기저기 돌아다니고 있다고 했습니다. 이때 미가의 귀에 번쩍 띄게 만드는 말이 들렸습니다. 그것은 바로 이 청년이 그렇게 자기가 간절히 기다리던 '레위인'이라는 사실이었습니다.

미가는 자기 집에 은으로 만든 신상도 세우고 에봇도 있고 테라빔도 있지만, 자기 자신이나 자기 아들이 레위인이 아닌 사실이 영 찝찝

했습니다. 그때 미가의 머릿속에 번쩍 든 생각이 있었습니다. 그것은 바로 이 레위 청년을 자기가 고용하면 자기의 종교가 완전해질 것이라는 생각이었습니다.

그래서 미가는 이 시골구석까지 레위인이 제 발로 찾아온 것이 너무 기뻐서 그를 고용하겠다고 했습니다. 미가는 그 레위인에게 "너는 우리 집에 있으라. 그리고 우리의 아버지와 제사장이 되라"고 요청했습니다. 여기서 "아버지"라는 것은 하나님의 말씀을 가르치는 사람을 말합니다. 그러면서 미가는 이 레위 청년에게 자기 집에서 제사장이 되어주면 그 보수로 해마다 은 열 개와 의복 한 벌과 먹을 것을 주겠다고 제안했습니다. 이때부터 미가는 벌써 연봉제를 생각하고 있었던 것입니다. 레위 청년이 생각해 보니까 미가의 집에 있으면 다른 밭일이나 집일 같은 것은 하지 않아도 되고 먹을 것이나 입을 것이나 잠잘 곳도 확보되고 수입까지 생기니까 이것보다 더 좋은 일터는 없는 것 같았습니다. 그래서 레위 청년은 미가의 제안을 아주 만족하게 생각해서 미가 집안의 제사장이 되었습니다.

17:11, "그 레위인이 그 사람과 함께 거주하기를 만족하게 생각했으니
이는 그 청년이 미가의 아들 중 하나 같이 됨이라"

이 레위 청년은 처음으로 개인에게 고용된 제사장이 되었습니다. 그래서 미가는 이 레위인을 거룩하게 구별해서 자기가 고용한 제사장이 되게 했습니다. 그리고 그는 정통 레위인이 내 집안의 제사장이 되었으니 이제는 틀림없이 하나님이 자기를 복 주실 것이라고 믿었습니다. 그러나 그는 실제로는 이 레위 청년을 자기 아들같이 생각했습니다. 미가는 말로는 그 청년을 하나님의 제사장이라고 하지만, 실제로는 자기 아들 대하듯이 자기 마음대로 부려 먹었다는 뜻입니다. 이 레위 청년도 자기 봉급을 미가가 주는데 미가에 대하여 나쁜 말은 할 수

없을 것입니다. 그래서 레위 청년은 개인이 고용한 첫 제사장이 된 것입니다. 그러나 이것은 후쿠시마 원전 오염수보다 훨씬 심각한 신앙적 오염이었던 것입니다.

우리 생각에는 미가가 개인 제사장을 고용한 것은 아주 잘한 것 같습니다. 특히 자기 가정을 위해서 복을 빌어주고 기도해주는 제사장이 있으면 얼마나 좋겠습니까? 그러나 제사장은 개인이 돈을 주고 고용할 수 있는 사람이 아닙니다. 제사장은 원래부터 하나님께 속한 사람들이었습니다. 그래서 이것이 결국 이스라엘의 독이 되었습니다. 결국 이 잘못된 고용 제사장은 다른 곳으로 옮겨가게 되어서 이스라엘의 열두 지파 중 한 지파, 단 지파를 완전히 없어지게 했습니다. 즉 미가의 욕심은 이스라엘의 지파 하나를 완전히 박살을 내고 말았던 것입니다. 요즘은 점점 목회자를 고용인으로 생각하는 경향이 있습니다. 그리고 설교가 자기 마음에 들지 않으면 항의를 하고 따지고, 안되면 쫓아내 버립니다. 그러면 바른 설교를 하는 목사들은 없어지고 고용된 설교자만 남게 되는데 그러면 인간의 욕심의 독이 온 나라에 퍼지게 되는 것입니다. 우리는 아무리 자기가 똑똑하고 의욕이 넘치더라도 하나님의 말씀을 벗어나면 망합니다.

29

약속의 포기

삿 18:1-10

정권이| 바뀌면 새 정부는 새로운 인물 중에서 장관이나 총리 일을 할 사람을 뽑아야 합니다. 그러나 그럴만한 자격이 있는 사람 중에는 대통령이나 비서실로부터 그런 청탁 전화를 받고도 포기하는 사람이 많다고 합니다. 왜냐하면 누구든지 총리나 장관이 되는 것은 좋지만 그렇게 되려면 국회청문회를 통과해야 하는데 그 과정에서 자신이나 가족의 비리가 폭로되면 장관도 되지 못할 뿐 아니라 가정이 박살나서 고개를 들고 다닐 수 없게 되기 때문입니다.

우리가 역사적으로 보면 사소한 자기 욕심 때문에 엄청난 특권을 스스로 발로 차버린 사람들이 있습니다. 대표적인 경우가 영국 왕 에드워드 8세인데, 그는 왕세자 시절부터 잘생기고 똑똑했지만 플레이보이 기질이 있었습니다. 그는 파티장에서 월리스 심슨이라는 이혼 전력이 있는 여자를 만나서 사랑에 빠지는 바람에 왕이 되고 난 후에도 이 여자를 포기하지 못했습니다. 그러나 그 당시에는 영국 국왕은 성공회의 수장도 되기 때문에 이혼 여성과는 결혼할 수 없었습니다. 에드워드 8세는 이혼녀였던 월리스 심슨과 결혼하기 위해서 어마어마한 영국 왕위를 포기해버렸습니다. 영국 왕은 영국만 다스리는 것이 아니라 호주나 캐나다, 뉴질랜드, 아일랜드 등 무려 45개국을 다스렸습니다. 물론 에드워드 8세가 사랑을 위해서 45국을 다스리는 왕위를 포기한 것은 사랑의 위력을 보여주기도 하지만, 그는 대영제국의 왕위를 포기하면서 너무 많은 것을 잃어버렸던 것입니다.

역사적으로 또 바보 같은 짓이 있었습니다. 그것은 러시아가 전쟁하느라고 알래스카의 그 넓은 얼음 땅을 미국에 싼값에 팔아버린 것이었습니다. 그때 미국의 국무장관은 윌리엄 스워드였는데, 러시아의 알렉산드르 2세 황제는 알래스카를 아무 쓸모없는 땅이라고 생각해서 그 땅 전체를 720만 달러를 받고 팔아버렸습니다. 당시 미국에서도 쓸모없는 땅을 샀다고 스워드 국무장관에 대하여 비난하는 사람들이 많았습니다. 그런데 알래스카는 약속의 땅이었습니다. 그곳에는 엄청난 석유가 매장되어 있었고 거기서 생산되는 철만 해도 옛날 시세로 사천만 달러나 되었습니다. 그리고 그곳에 매장된 석탄은 세계 석탄 매장량의 10분의 일이었습니다. 그리고 알래스카를 사지 않았다면 미국은 안보나 국력에 있어서 너무 작은 나라로 쪼그라들었을 것입니다. 러시아는 알래스카의 진정한 가치를 몰랐기 때문에 무진장의 자원을 가진 땅을 헐값에 팔아버렸던 것입니다.

오늘 우리에게도 어마어마한 하나님의 약속이 있습니다. 우리가 그 약속의 가치를 모른다면 하나님의 축복을 팥죽 한 그릇에 팔았던 에서나 하나님의 아들을 은 삼십을 받고 배신한 가룟 유다처럼 되고 말 것입니다.

1. 단 지파가 기회를 놓침

이스라엘 열두 지파 중에 없어진 지파가 있는데, 그 지파는 바로 단 지파입니다. 이스라엘 사람들은 단 지파의 후손이 어디 있지 않을까 지금도 찾고 있다고 합니다. 오래전에 〈타임〉지를 보니까, 에티오피아에 공산 혁명이 일어나서 에티오피아에 있는 흑인 유대인들이 공산당의 핍박을 피해 탈출해서 이스라엘 땅으로 갔습니다. 이들은 흑인인데 유대인이고, 유다의 전통을 지키고 있는 사람들이었습니다. 그래서 이스라엘 사람들은 혹시 이 흑인 유대인들이 단 지파가 아닐까 기대를 했는데, 단 지파는 아닌 것으로 나타났습니다. 단 지파가 얼마나 심각하게 사라졌는가 하면, 요한계시록에 보면 나중에 이스라엘 열두 지파가 회복되는데 거기에도 단 지파는 나오지 않습니다(계 7:5이하). 단 지파는 이스라엘 열두 지파 중에서 가장 먼저 사라져버렸고 결코 회복되지 못했습니다.

단 지파의 불행은 여호수아 때 이스라엘이 각 지파의 기업을 차지하기 위하여 제비를 뽑을 때부터 시작되었습니다. 이스라엘 아홉 개 반 지파가 제비를 뽑았는데 단 지파는 불행하게도 그 당시 가장 강한 군대가 있던 블레셋 땅을 뽑게 되었습니다. 블레셋 사람들은 이스라엘 백성은 엄두도 내지 못하는 정식 군대가 있었고, 평지에는 당할 자가 없는 병거 부대를 가지고 있었습니다. 그래서 단 지파는 아예 블레셋 군대와 싸울 생각도 하지 못했고 산에서 내려오지도 못하고 피난민 생활을 해야만 했습니다.

그러나 단 지파에도 기회가 있었습니다. 그것은 그들이 처음 제비를 뽑았을 때 블레셋의 강한 군대만 볼 것이 아니라 믿음으로 한번 쳐들어가보는 것입니다. 이스라엘 백성이 자기들보다 강한 군대를 공격하는 방법은 야간 기습공격이었습니다. 블레셋 사람들이 아무리 강한 말과 병거를 가지고 있다 하더라도 밤에는 소용없기 때문에 한번 공격해볼 만했습니다. 그러나 단 지파는 그런 믿음이 없었고 그럴만한 지도자도 없었습니다.

그리고 그다음의 기회는 삼손이 있을 때입니다. 삼손은 단 지파

소속이었습니다. 그래서 삼손이 나귀 턱뼈 하나로 블레셋 사람 천 명을 때려죽였을 때 단 지파도 무장하고 내려가서 삼손과 같이 싸웠더라면 틀림없이 이길 수 있었을 것입니다. 더욱이 삼손은 이스라엘 사사로 20년 동안 있었기 때문에 그 기간 중 어느 때라도 삼손의 도움을 받아서 공격할 수 있었습니다. 그리고 마지막 기회는 삼손이 죽을 때 기둥을 넘어뜨리면서 죽었는데 그때 블레셋 귀족들 삼천 명 이상이 죽었습니다. 그때 죽은 블레셋 사람들이 전부 장군이고 귀족들이었기 때문에 단 지파는 얼마든지 공격을 해볼 만했습니다. 그러나 단 지파는 아무것도 하지 않았습니다.

기회라는 것은 찾아왔을 때 잡아야 하는 것이지, 그 기회를 놓치면 다시 오지 않습니다. 우리는 어떤 기회가 주어졌을 때 이것이 유혹인가 아니면 하나님이 주신 기회인가를 판단하고, 하나님이 주신 기회라면 조금도 망설이지 말고 신속하게 움직여서 기회를 잡아야 하는 것입니다. 그러나 모든 것을 부정적으로 생각하고 편하게만 지내려고 하는 사람들은 그런 기회가 주어져도 용기가 없어서 미적거리다가 기회를 놓치고 맙니다.

단 지파는 하나님이 주신 기회를 다 놓치고 이제는 인간적인 방법으로 쉬운 길을 택하려고 했습니다.

18:1, "그 때에 이스라엘에 왕이 없었고 단 지파는 그 때에 거주할 기업의 땅을 구하는 중이었으니 이는 그들이 이스라엘 지파 중에서 그 때까지 기업을 분배 받지 못하였음이라"

단 지파는 강한 군사를 가진 블레셋 사람들과 싸우는 것을 두려워했습니다. 결국 단 지파 사람들은 싸우기 쉬운 상대를 찾기로 했습니다. 그러나 성경에서 전쟁은 여호와께 속한 것이라고 했습니다. 이스라엘에는 아주 뛰어난 지휘관이 계신데 그분의 뜻대로만 하면 아무리 강한 군대도 이길 수 있습니다. 실제로 삼갈 같은 사사는 소 모는 막대기만 가지고도 블레셋 사람 육백 명을 쳐 죽였고, 나중에 사무엘 때에는 이스라엘 백성이 미스바에 모여서 기도할 때에 블레셋이 쳐들어왔다가 하나님의 우박을 맞고 머리가 깨어져서 도망친 적도 있습니다.

그런데 단 지파는 이런 용기를 가지지 못하고 약속의 땅을 포기하고 쉬운 땅을 찾기로 했습니다. 단 지파 사람들은 가장 용감한 사람 다섯 명을 뽑아서 이스라엘 북쪽을 정찰해서 그들이 살 만한 땅이 있는지 살펴보기로 했습니다.

2. 거짓 제사장과의 만남

단 지파는 평지의 좋은 땅에는 이미 이스라엘 다른 지파가 차지하고 또 병거를 가지고 있는 원주민이 그 땅을 차지하고 있기 때문에 포기하고, 일단 산지 쪽으로 올라갔습니다. 이 다섯 사람은 산지에 있는 에브라임 지파 땅으로 갔다가 밤이 되어 잠을 자게 되었는데, 그 집이 하필이면 미가의 집이었습니다.

그런데 미가의 집은 엉터리 신상이 있는 곳이었습니다. 미가는 자기 멋대로 훔친 은으로 신상을 만들고, 자기들을 지켜주는 수호신 테라빔을 세우고, 하나님의 음성을 듣는 가짜 에봇까지 만들었습니다. 그리고 미가는 생활비를 벌기 위해서 이곳저곳을 떠돌아다니다가 에브라임 산지까지 오게 된 레위 청년을 발견하고는 당장 자기 집의 제사장으로 고용했습니다. 그러나 아무리 미가의 집에 신상이 있고 에봇이 있고 테라빔이 있어도 문을 닫아 놓으면 보이지 않기 때문에 단 지파 사람들은 미가의 집에 그런 신상이나 제사장이 있는 줄 몰랐습니다.

그런데 속일 수 없는 것이 그 사람이 자란 지방의 억양입니다. 우리도 어떤 사람의 억양을 들으면 금방 그 사람이 어디에서 온 사람인지 알 수 있습니다. 그가 경상도 사람인지 아니면 전라도 사람인지, 북한 사람인지 알 수 있습니다. 제가 어렸을 때 같은 집에 의성 분들이 살고 있었습니다. 이분들은 "안 그랬니껴? 그랬니더"라는 말을 많이 썼습니다. 그리고 대구분들은 부정적인 반응을 보일 때 "어데예"라는 말을 씁니다. 그리고 전라도 사람들은 "싸게 싸게 주면 쓰겠는디"라는 말을 씁니다. 여기 '싸게 싸게'는 '빨리 빨리' 달라는 뜻입니다. 한번은 텔레비전 프로에서 경상도 말 '개겁다'가 무슨 뜻이냐고 물으니까, 어떤 사람은 '가깝다'라고 대답하고, 어떤 사람은 '개같다'라고 대답했는데 다 틀린 말입니다. 경상도 말 '개겁다'는 '가볍다'는 뜻입니다.

그런데 우연히 그곳에 들린 단 지파 사람들은 그 집의 제사장 레위 청년이 유다 지파의 억양을 사용하는 것을 들었습니다. 그리고 단 지파 사람들도 억양이 유다 지파와 같았습니다. 그래서 이들은 이 에브라임 산지에 유다의 억양을 쓰는 청년이 있는 것이 신기했습니다. 그래서 그들은 반가워서 이 레위 청년에게 물어보았습니다. "너는 유다억양을 쓰고 있는데 도대체 누가 너를 여기로 데리고 왔으며 여기서 무슨 일을 하고 있느냐?" 그랬더니 그 레위 청년은 자기는 성전에서는 먹고 살 길이 없어서 일거리를 찾아 이리저리 떠돌아다니다가 여기까지 왔는데, 이 집 주인 미가가 신상과 에봇과 테라빔을 만들어서 자기를 이 집의 제사장으로 삼았다고 대답했습니다. 그랬더니 단 지파 사람들은 잘 되었다고 하면서 "우리가 지금 살 수 있는 땅을 찾으러 가는데 잘 될 수 있는지 하나님께 한번 물어봐 달라"고 했습니다.

18:5, "그들이 그에게 이르되 청하건대 우리를 위하여 하나님께 물어 보아서 우리가 가는 길이 형통할는지 우리에게 알게 하라 하니"

미가의 집에 있는 레위인은 미신과 하나님의 신앙을 섞은 독이 있는 신앙을 가진 사람이었습니다. 그런 사람의 특징은 절대로 나쁜 말을 하지 않는다는 것입니다. 그래서 그들은 언제나 복을 받을 것이며 성공할 것이며 모든 일이 잘될 것이라고 합니다. 그러니까 사람들이 이런 제사장을 좋아하는 것입니다. 지금도 목회자들 중에서 항상 하나님의 축복과 성공만 이야기하고 부자가 될 것이라고 설교하는 사람은 인기가 있습니다. 이제는 축복을 이야기하는데 교파의 차이가 없는 것 같습니다.

이 레위인 제사장은 월급쟁이 제사장이기 때문에 절대로 나쁜 말을 하지 않습니다.

18:6, "그 제사장이 그들에게 이르되 평안히 가라 너희가 가는 길은 여호와 앞에 있느니라 하니라"

만일 그가 정직한 하나님의 종이었다면 이 다섯 사람에게 "왜 약속의 땅을 버리고 다른 곳으로 가려고 하느냐? 하나님의 약속의 땅으로 돌아가라"고 해야 맞을 것입니다. 그러나 그는 평안히 가라고 하면서 "너희가 가는 길에 하나님이 함께 하신다"라고 축복해 주었던 것입니다.

그런데 놀라운 것은 이런 축복만 이야기하는 목사의 말이 맞을 때도 많다는 것입니다. 사실 기분 좋은 축복의 설교를 듣고 열심히 공부하든지 열심히 사업을 하면 더 잘 될 수 있는 것입니다.

3. 쉬운 땅을 찾은 단 사람들

단 사람들이 에브라임 산지를 넘어가 보니까 거기에 정말 기가 막힌 땅이 있었습니다. 그곳은 '라이스' 라는 곳인데, 시돈 쪽 사람들이 사는 곳이었습니다. 그런데 그곳은 산이 에워싸고 있어서 그런지 아주 안전했고, 그 안에 평지도 넓어서 농사짓는 데도 문제가 없었습니다. 그리고 그곳 사람들은 소속은 시돈 땅이었지만 시돈에서는 간섭하지 않고 그들도 다른 어떤 족속과도 상대하지 않고 자기들끼리만 평화롭게 살고 있었습니다. 그래서 그들은 병거나 말도 없었고 군대도 없었고 너무나도 평온하고 전쟁을 모르고 살았습니다.

라이스 사람들은 숨어서 살면 전쟁은 피할 수 있을 것으로 생각했던 것입니다. 그런데 단 지파는 그런 땅을 찾아서 돌아다니고 있었습니다. 단 지파 사람들은 그 땅을 보고 '세상에 이런 좋은 땅이 있다니 이것은 완전히 하나님이 우리를 위하여 예비하신 땅이므로 다른 나라들이 침공해서 빼앗기 전에 빨리 우리가 군대를 몰고 와서 차지해야 하겠다' 고 생각했습니다.

그래서 이 다섯 사람은 단 지파가 있는 곳에 돌아가서 단 지파 사람들에게 "우리가 기가 막힌 땅을 지금 발견하고 왔는데 그 땅은 농사짓기도 좋고 그곳 사람들은 전쟁은 생각하지도 않고 평안하게 지내며 군대도 없는 것 같더라"고 보고했습니다. 그 땅은 거저먹기나 마찬가지이기 때문에 다른 나라가 쳐들어오기 전에 우리가 빨리 가서 그곳을 차지해야 한다고 강조했습니다.

18:9-10, "이르되 일어나 그들을 치러 올라가자 우리가 그 땅을 본즉 매우 좋더라 너희는 가만히 있느냐 나아가서 그 땅 얻기를 게을리 하지 말라 너희가 가면 평화로운 백성을 만날 것이요 그 땅은 넓고 그 곳에는 세상에 있는 것이 하나도 부족함이 없느니라 하나님이 그 땅을 너희 손에 넘겨 주셨느니라 하는지라"

이 말을 듣고 단 지파는 당장 그곳에 갈 특공대 육백 명을 뽑았습니다. 왜냐하면 라이스 사람들은 전쟁을 꿈에도 생각하지 않고 있었기 때문입니다. 이들은 무조건 평화가 좋다는 식이었습니다. 그러나 그들에게는 이리떼들이 다가오고 있었습니다.

러시아는 우크라이나를 공격하면서 와그너 그룹이라는 용병을 썼습니다. 그러나 전법에서 가장 중요한 것이 용병을 쓰는 나라는 망한다는 것입니다. 용병은 돈을 주지 않으면 싸우지 않기 때문입니다. 용병은 싸우다가도 돈이 나오지 않으면 돈을 내놓으라고 오히려 자기를 고용한 사람을 공격할 수도 있습니다. 그래서 마키아벨리도 용병을 사용하는 나라는 망한다고 했습니다. 자기 땅은 자기가 지켜야 하고 자기 일은 자기가 책임져야 합니다. 그렇게 하지 않고 다른 사람에게 맡겨놓으면 결국 엉망으로 만들어 놓기 때문입니다.

단 지파는 약속의 땅을 포기했습니다. 그들이 힘들어도 약속의 땅을 차지했더라면 이스라엘의 역사는 달라질 수 있었을 것입니다. 단 지파가 조금만 더 참았더라면 사무엘 같은 선지자도 나오고 다윗 같은 왕도 나올 것입니다. 그러면 얼마든지 단 지파는 약속의 땅을 차지할 수 있었을 것입니다. 그러나 거기에다가 그들은 좋은 말만 해주는 제사장을 만났습니다. 그들은 축복의 단맛을 보기 시작한 것입니다. 결국 이 단맛에 빠진 단 지파는 이스라엘 열두 지파 중에서 가장 먼저 없어지고 아예 다시 일어서지도 못하고 없어진 지파가 되었습니다.

우리나라는 저출산으로 대학들이 지방부터 없어지고 있습니다. 시골에 있는 집들은 노인들이 돌아가시면 빈집이 되어버립니다. 이제 사람들의 생각은 예전과 달라졌습니다. 그러나 변하지 않는 것이 딱 하나 있습니다. 그것은 바로 하나님의 말씀입니다. 하나님의 말씀대로만 나가면 어떤 세상이 와도 망하지 않고 부흥할 것입니다.

30

단 지파의 이동
삿 18:11-31

이스라엘 열두 지파 중에서 단 지파는 블레셋 사람들이 있는 땅을 제비 뽑았습니다. 그러나 그들이 약속의 하나님 말씀을 붙들고 끝까지 기다렸더라면 언젠가는 그 땅은 단 지파에게 돌아왔을 것입니다. 그러나 단 지파는 약속의 땅을 차지할 여러 번의 기회를 놓쳤습니다. 그들이 처음 제비를 뽑았을 때 야간 공격을 해보았다면 이길 수 있었을지 모릅니다. 또 사사 삼갈이 소 모는 막대기로 블레셋 사람 육백 명을 때려죽였을 때도 그를 지도자로 삼아서 공격해 볼 수도 있었습니다. 그 후에 단 지파의 삼손이 나귀 턱뼈로 블레셋 사람 천 명을 때려죽였을 때도 그를 지도자로 삼아서 얼마든지 블레셋을 공격할 수 있었습니다. 그러나 단 지파는 말 그대로 아무것도 하지 않았습니다. 그리고 단 지파는 영구적으로 약속의 땅을 버리고 편하게 살 수 있는 다른 땅으로 이민을 가버렸습니다.

만주에 살던 만주족은 만주어도 있었고 글도 있었습니다. '누르하치' 같은 말은 만주식 이름입니다. 그러나 만주족은 중국 땅이 잘 살고 문명이 뛰어난 것을 너무 부러워했습니다. 그래서 만주족은 중국

명나라가 약해진 틈을 타서 만리장성의 끝자락인 산해관을 넘어서 명나라를 멸망시키고 청나라를 세웠습니다. 그리고 만주족은 중국의 사치와 문화를 탐내어서 만주에 남아 있지 않고 전부 중국으로 넘어가 버렸습니다. 그래서 만주는 허허벌판이 되고 말았습니다. 그리고 청나라는 중국 사람들에게 변발을 요구하고 나머지 문화는 전부 중국에 동화되었습니다. 그래서 만주족은 중국말을 쓰고 중국 한자를 쓰며 중국의 모든 문화를 사용했습니다. 그러나 만주족은 중국에 전부 들어가서 동화되는 바람에 청나라가 망했을 때 만주어도 없어지고 만주글도 없어지고 만주족 자체가 사라지고 말았습니다.

단 지파는 당장은 블레셋 사람들의 땅을 차지하지 못해도 끝까지 기다렸더라면 언젠가는 단 지파의 소유가 되었을 것이고, 이스라엘의 역사는 달라졌을 것입니다. 그러나 단 지파는 편하게 살기 위해서 약속의 땅을 버리고 편한 땅을 찾아서 몽땅 이민을 가버림으로써 그 지파는 이스라엘 역사에서 없어지고 되었고, 영구적으로 살아나지 못하게 됩니다.

1. 단 지파의 결정

일단 단 지파의 정탐꾼 다섯 사람은 팔레스타인 산지를 돌아다니면서 두 가지 사실을 알아내었습니다. 하나는 에브라임 산지 너머에 사람들이 잘 모르는 장소에 시돈 사람들이 대거 사는 라이스라는 곳이 있는데, 거기가 살기에 아주 편한 곳이라는 사실입니다. 그곳은 농사도 잘되고 또 없는 것이 없을 정도로 모든 물자가 풍부하고 사람들은 전쟁 같은 것을 할 줄 모르고 다른 곳의 간섭도 받지 않아서 살기에 너무나도 좋은 곳이었습니다. 그래서 이 라이스는 단 지파가 차지하기에는 최적의 장소라고 생각했습니다. 그리고 그 땅은 블레셋 족속같이 강한 군대가 없으므로 단 지파의 힘으로 얼마든지 쉽게 정복할 수 있을 것 같았고 앞으로도 편하게 살 수 있는 곳 같았습니다. 그래서 단 지파의 정탐꾼들은 그 장소가 거저먹기나 마찬가지라고 생각해서 돌아와서 보고하기를 다른 족속이 공격해서 차지하기 전에 우리 지파가 빨리 가서 차지해야 한다고 주장했습니다.

그리고 그 다섯 정탐꾼이 발견한 또 하나의 사실은 에브라임 땅에 가서 보니까 새로운 신앙이 있더라는 것입니다. 사실 그들은 지금까지 여호와 하나님을 그동안 믿어 왔지만 하나님은 그들에게 가장 힘든 땅을 차지하라고 하시고 도와주신 것도 아무것도 없다고 생각했습니다. 그런데 에브라임 땅에 한 집에 가니까 레위족이 제사장인데 거기에는 신상도 있고 테라빔도 있고 에봇도 있는데, 너무나도 좋은 신앙이었습니다. 거기 제사장은 봉급을 받고 일하는 제사장인데, 절대로 권위적이지 않고 항상 듣기 좋은 말씀만 하기 때문이었습니다. 그래서 이 다섯 정탐꾼은 자기들이 지금 새로운 땅을 찾으면서 이 레위인의 신앙이 자기들에게 꼭 필요한 종교라고 생각했습니다. 그들은 그 레위 제사장에게 우리가 새로운 땅을 찾고 있는데 찾을 수 있느냐고 물으니까 그 제사장은 그런 땅을 만날 것이라고 하면서 하나님이 그들을 뒤에서 도울 것이라고 축복했습니다.

그리고 이 다섯 정탐꾼은 정말 얼마 가지 않아서 자기들이 살기 좋은 라이스 땅을 금방 찾게 되었습니다. 그래서 그들은 역시 신앙은 눈에 보이지 않는 율법이나 말씀만 믿는 것보다는 눈에 보이는 신상도 있고 테라빔도 있고 신당도 있는 것이 좋은 것 같더라고 말했습니다. 이 다섯 정탐꾼은 미가의 집에 있는 레위 제사장이 모든 것을 긍정적으로 생각해서 무엇이든지 믿음으로 하면 하나님께서 다 도와주신다고 하니까 얼마나 은혜가 되고 의욕이 생겼는지 모르겠더라고 했습니다. 그래서 우리가 기왕 라이스라는 곳으로 가면 옛날부터 믿어오던 그 부정적인 신앙이 아니라 신상도 있고 신당도 있는 긍정적인 새 신앙을 택하는 것이 좋겠다고 제안했습니다. 이것이 단 지파 사람들에게는 그야말로 기쁜 소식이었습니다.

이 보고는 단 지파 사람들에게는 마른 땅에 단비 같은 소식이었습니다. 즉 그들이 발견한 새 땅은 전쟁도 없고 농사는 잘되고 아무런 간섭도 받지 않으니까 얼마나 좋은 땅인지 모릅니다. 그리고 그동안 단 지파 사람들은 하나님의 율법이나 약속이니 하는 굴레에 매여서 아무것도 하지 못했는데 너무나도 긍정적인 새 신앙을 발견해서 이제 얼마든지 자유롭게 살 수 있을 것 같았습니다. 그래서 단 지파는 일단 라이스를 정복할 육백 명의 선발대를 뽑았습니다. 이들을 선발대라고 말하는 이유는 단 지파가 육백 명밖에 될 리는 없었기 때문입니다. 훨씬 더 많은 단 지파 사람들이 있는데 그들이 다 가서 전쟁할 필요는 없고 선발대가 가서 싸워서 라이스를 정복해 놓으면 후발대가 가서 다시 집을 짓고 장소를 정리할 생각이었던 것 같습니다.

18:9–10, "이르되 일어나 그들을 치러 올라가자 우리가 그 땅을 본즉 매우 좋더라 너희는 가만히 있느냐 나아가서 그 땅 얻기를 게을리 하지 말라 너희가 가면 평화로운 백성을 만날 것이요 그 땅은 넓고 그 곳에는 세상에 있는 것이 하나도 부족함이 없느니라 하나님이 그 땅을 너희 손에 넘겨주셨느니라 하는지라"

단 지파 사람들은 라이스가 아주 좋은 땅이고 넓고 물자가 풍부하고 편하게 살 수 있다는 말에 모두 좋아했습니다. 그래서 하나님에게 물어보고 말 것도 없이 당장 라이스를 공격하기로 했습니다.

그러나 단 지파 사람들은 일단 평화롭고 쉽게 차지할 수 있다고 하니까 선발대가 무기를 가지고 출발했습니다. 그래서 일단 유다 땅인 기럇여아림에서 하루를 쉬었는데, 그 후부터 그 장소 이름이 '마하네 단'이 되었습니다. 이는 '단의 군대' 라는 뜻입니다. 그리고 그다음 날에는 정탐꾼들이 본 미가의 집에 도착하게 되었습니다.

2. 단 지파가 빼앗은 신상

미가의 집에는 미가가 깎아 만든 신상과 부어 만든 신상도 있고, 테라빔이라는 수호신과 신당도 있었습니다. 단 지파의 군인들은 새 장소로 가면서 그들에게는 새로운 신앙이 필요하다고 생각했습니다. 지금까지 블레셋에 억눌리고 고생만 하면서 살았던 단 지파에 필요한 신앙은 '이것도 하지 말라, 저것도 하지 말라. 하나님의 말씀에만 절대로 순종하라'는 그런 딱딱한 신앙이 아니라 오히려 하나님을 믿기는 하지만 모든 것을 할 수 있고 세상적으로도 얼마든지 복 받을 수 있는 긍정적인 신앙이 필요하다고 생각했던 것입니다. 거기에 맞는 신앙이 바로 미가의 집에 있는 신당이었습니다.

18:14, "전에 라이스 땅을 정탐하러 갔던 다섯 사람이 그 형제들에게 말하여 이르되 이 집에 에봇과 드라빔과 새긴 신상과 부어 만든 신상이 있는 줄을 너희가 아느냐 그런즉 이제 너희는 마땅히 행할 것을 생각하라 하고"

단 지파 사람들은 그동안 여호와 하나님을 믿고 고생만 실컷 했다고 생각했습니다. 그들은 하나님은 무엇인가 보여야지, 아무것도 보이지 않고 말씀만 하는 신앙은 아무래도 믿을 수 없다고 생각해서 미가의 집에 있는 신상들을 훔쳐 가기로 마음먹었습니다. 미가의 집에 있는 신상도 신세가 참 안타깝습니다. 그 신상은 처음에 미가가 어머니 돈을 훔쳐 간 것으로 만들었는데 이번에는 단 지파가 훔쳐 가려고 하는 것입니다.

산지를 정탐했던 다섯 사람이 미가의 집에 들어가서 에봇과 테라빔과 신당과 또 다른 신상들을 주섬주섬 보자기에 담으니까 레위 청년 제사장이 나오더니 "왜 이 집에 있는 신상을 허락도 없이 마구 가져가느냐?"고 따졌습니다. 그때 단 지파 사람들은 이 레위 제사장에게 제안했습니다. "네가 지금 한 집의 제사장으로 있는데 한번 생각해 봐라. 한 집의 제사장 노릇을 하면서 봉급 받는 것이 나으냐, 아니면 한 지파 전체의 제사장이 되어서 봉급 받고 대우를 받는 것이 나으냐, 어느 쪽이 좋으냐?"

18:19, "그들이 그에게 이르되 잠잠하라 네 손을 입에 대라 우리와 함께 가서 우리의 아버지와 제사장이 되라 네가 한 사람의 집의 제사장이 되는 것과 이스라엘의 한 지파 한 족속의 제사장이 되는 것 중에서 어느 것이 낫겠느냐 하는지라"

미가 집의 제사장은 한 집의 제사장이기 때문에 받는 봉급도 적었고 알아주는 사람도 없었습니다. 그러나 만일 그가 단 지파 전체의 제사장이 된다면 받는 봉급도 엄청나고 지위도 엄청나게 높아질 수 있었습니다. 그는 한 지파의 제사장 자리로 옮겨감으로 졸지에 유명한 사람이 될 수도 있을 것입니다. 그래서 미가 집의 레위 제사장은 단 지파의 제안에 너무 기뻐하면서 당장 당신들을 따라가서 제사장이 되겠다고 했습니다. 그리고 단 지파 사람들에게 "신상이나 테라빔 같은 것을 너희들이 손대지 말라. 내가 직접 가지고 가겠다"고 하면서 자기가 직접 미가의 집에 있던 신상들과 테리빔과 신당과 에봇을 챙겼습니다.

미가 집에서 제사장으로 있던 이 레위인은 지금으로 말하면, 큰 교회로 가야 출세하고 성공할 수 있다는 것을 처음으로 보여준 사람이었습니다. 즉 아주 작은 개척 교회 목사로 있으면 월급도 제대로 받지 못하고 알아주는 사람도 없는데 몇만 명 모이는 교회에 가면 봉급도 엄청나고 좋은 차를 타고 사람들이 대하는 태도도 달라지기 때문에 큰 교회 목회자가 되려고 하는 것입니다. 미국에 '로버트 슐러'라는 목사가 있었습니다. 이분은 크리스천의 신앙은 적극적이어야 한다고 해서 '적극적 사고방식'으로 큰 인기를 끌었습니다. 그는 유명하게 되었고 교인도 많이 늘었습니다. 그리고 한국의 많은 목사와 교회도 그의 영향을 받게 되었습니다. 그는 예배당 전체를 유리로 지어서 '수정교회'라고 했습니다. 그러나 그 교회는 무슨 문제가 생겨서 교인이 많이 떠나게 되고 나중에는 파산 선고까지 받아서 교회가 다른 데로 팔리고 말았습니다.

지금 우리나라에도 무리하게 크게 예배당을 지었는데 교인은 늘지 않고 이자를 감당하지 못해서 경매로 넘어가는 교회들이 많이 있습니다. 또 사람에게 듣기 좋은 축복의 설교만 해서 엄청나게 교인이 많이 모이고 많은 헌금이 걷혔지만 재정적인 비리나 다른 문제로 내분이 생겨서 교인들이 실망해서 떠나는 교회가 많습니다. 이 모든 인간적인 성공의 원조가 바로 이 미가의 집에 있던 레위 제사장이라고 할 수 있습니다. 그는 무엇보다 먼저 하나님의 부르심(calling)이 없었습니다. 그는 오직 먹고 살기 위해서 하나님의 직업으로서 제사장 노릇을 했던 것입니다.

얼마 후 미가가 집에 와 보니까 자기가 가장 아끼는 신상과 테라빔과 신당과 제사장까지 모두 없어져 버렸습니다. 그래서 미가는 동네 사람들을 모아서 도둑을 잡으려고 추격했습니다. 그런데 그것을 훔쳐간 자들은 너무 강했습니다. 그들은 육백 명이나 되었습니다. 그리고 그들은 미가에게 아무 소리도 내지 말라고 하면서 소리를 내기만 하면 너와 네 집 식구들을 다 죽이겠다고 위협했습니다. 미가는 단 지파 군인들과 싸울 힘이 없었습니다. 결국 그는 모든 것을 포기하고 집으로 돌아가서 실업자로 지낼 수밖에 없었습니다.

3. 단 지파가 라이스를 정복하다

드디어 단 지파의 육백 명은 전혀 전쟁 준비를 하지 않고 있던 라이스를 공격했습니다. 라이스 사람들은 전쟁에 대한 준비가 전혀 되어 있지 않았습니다. 그들은 그저 한가하게 살았고 전쟁이 일어날 줄은 꿈에도 생각하지 못하고 있었습니다. 그때 단 지파의 육백 명 특공대가 기습하니까 라이스 사람들은 전혀 힘을 쓰지 못하고 망할 수밖에 없었습니다. 단 지파는 라이스 사람들을 칼로 치고 집에 불을 질렀습니다. 라이스 사람들은 다른 나라에 도움을 받고 싶었지만 그들은 처음부터 너무 고립되어 남의 간섭을 받지 않으려고 했으므로 도와주는 나라가 한 군데도 없었습니다. 결국 이기적으로 자기들만 생각하면서 살아왔던 라이스 사람들은 모두 다 죽고 말았습니다.

우선 단 지파 사람들은 자기들이 정복한 라이스의 이름을 '단'으로 바꾸었습니다. 그래서 지도를 보면 단이란 지역이 이스라엘 맨 꼭대기에 있는 것을 볼 수 있습니다. 그 이유는 단 지파가 자기 땅을 버리고 북쪽으로 이민 가버렸기 때문입니다. 그리고 단 지파는 이 좋은 땅에서 새로운 신앙을 가지게 되었습니다.

18:30, "단 자손이 자기들을 위하여 그 새긴 신상을 세웠고 모세의 손자요 게르솜의 아들인 요나단과 그의 자손은 단 지파의 제사장이 되어 그 땅 백성이 사로잡히는 날까지 이르렀더라"

우선 단 지파 사람들은 미가 집에서 가져온 신상을 자기들이 정복한 땅에 세웠습니다. 그리고 미가의 집에서 봉급 받던 제사장을 자기들의 제사장으로 세웠습니다. 그러나 부끄러운 사실은 하나님의 부르심 없이 사람이 주는 봉급 때문에 제사장이 된 레위인이 모세의 손자였다는 사실입니다. 아마 사사기의 저자는 이 사실이 너무 부끄러워서 처음에는 이 말을 하지 못하고 그냥 레위 청년이라고 했지만, 알고 보니 이 청년은 모세의 손자였던 것입니다. 그의 할아버지는 하나님께 충성되고 이스라엘 백성을 애굽에서 이끌어낸 가장 위대한 하나님의 종이었는데, 그의 손자는 가장 못난 제사장이 되었던 것입니다.

여기에 보면 "그 땅 백성이 사로잡히는 날까지 이르렀더라"고 했습니다. 사사기가 언제 기록되었는지 잘 몰라도 그때 이미 단 지파는 포로로 다른 나라에 붙들려 갔던 것을 알 수 있습니다. 하나님의 집이 실로에 있는 동안에 단 지파는 다른 신상을 섬기고 있었습니다(31절).

우리나라는 얼마 전까지 강해설교로 교회들이 부흥되었습니다. 그런데 갑자기 어떤 분이 방언과 축복을 가지고 엄청난 부흥의 붐을 일으켰습니다. 그도 공헌한 것이 있습니다. 그것은 웬만해서는 예수를 믿지 않을 사람도 그 목사가 축복을 설교하면 많이 믿는다는 것이었습니다. 그러고는 그 목사의 축복 설교를 따라 해서 또 엄청나게 성공한 목사들이 있습니다. 그들은 아마도 바로 본문에 나오는 이 레위인의 라인이 아닌가 하는 생각이 듭니다. 그는 단 지파를 영원히 망하게 하는 제사장이었습니다.

우리는 쉬운 길을 택하는 것이 반드시 좋은 것이 아니라는 사실을 알아야 합니다. 나를 기분 좋게 하는 축복의 설교는 나를 망하게 하는 내용이 될 수 있습니다. 큰 교회에 가면 성공한다는 생각은 세속적인 생각일 수 있습니다. 좀 힘들어도 비느하스 같이 하나님을 사랑하는 열정이 뜨거운 사람이 되어서 미세먼지처럼 퍼져있는 사탄의 세력을 넉넉히 이기는 교인들이 다 되시기 바랍니다.

31

레위인의 외도
삿 19:1-21

1986년에 일어났던 체르노빌 사고는 원전사고의 대표적인 예인데, 그 당시 체르노빌은 비상 발전을 검사하기로 되어 있었던 것 같습니다. 그래서 전기를 끊은 상태에서 터빈이 돌아가던 힘으로 몇 분 동안 동력을 공급할 수 있는지 테스트했습니다. 대개 전기를 끊어도 냉각 펌프에 동력이 공급되는 시간은 1분이라고 합니다. 그런데 체르노빌 기술자들은 1분 넘게 전기를 차단했고, 그 후부터 원전의 냉각 장치는 말을 듣지 않아서 온도가 계속 올라가서 얼마 되지 않아서 원전이 폭발해 버렸습니다. 그 현장에서 죽은 사람은 28명이지만 인근에 수만 명의 어린이와 어른이 갑상선 암에 걸려서 죽었고 그 부근에는 사람이 살 수 없는 폐허가 되어버렸습니다. 그것과 똑같은 사고가 일본 동부 지역의 원전에서도 일어났습니다.

그런데 모든 사람 안에도 이런 위험한 원전이나 폭발물이 있다는 사실입니다. 그 하나는 분노의 폭발입니다. 그리고 또 다른 하나는 성욕의 폭발입니다. 얼마 전에 한 초등학교 교사가 교실에서 극단적인 선택을 하는 바람에 나라 전체가 발칵 뒤집혔습니다. 그 교사는 2

년 차인데 공부도 잘해서 바로 교사 임용고시를 붙고 발령이 났습니다. 그러나 정확한 원인은 알 수 없지만 업무 폭주와 어린이나 부모의 민원으로 너무 속이 상해서 극단적인 선택을 한 것 같습니다. 그러니까 전국의 교사들이 다 들고 일어났습니다. 이렇게 죽은 교사는 자신의 죽음으로 온 나라에 폭탄을 던졌습니다. 우리나라는 앞으로 이런 식으로 얼마나 많은 사람이 죽어야 제대로 정신을 차릴지 알 수 없습니다.

사사기 맨 나중에 나오는 본문의 사건은 사사기는 물론이고 성경 전체에서 가장 불쾌하고 기분 나쁜 내용으로 되어 있습니다. 그러나 우리는 이 부분을 살펴보아야 합니다. 왜냐하면 학교 문제도 문제이지만 여기 나오는 동성애라는 폭탄도 폭발하려고 연기를 스멀스멀 내고 있기 때문입니다. 이미 우리 사회에는 많은 동성애자들이 있어서 성소수자의 인권을 법적으로 보장해 달라고 요구하고 있습니다. 물론 동성애자라고 해서 취업이나 사회생활에 차별이 있어서는 안 되겠지만 동성애를 언급하는 경우 법적으로 처벌 받게 하는 것이 성차별 금지법인 것입니다. 그리고 요즘은 목회자나 기독교인들의 성 문제도 많이 문제가 되고 있습니다. 이런 것은 마치 모닥불을 피워놓고 그 위에 석유통을 던져 넣는 것과 같습니다. 처음에는 모르지만 곧 엄청난 폭발이 일어나면서 사람들이 죽는 큰 사고로 이어지게 될 것입니다.

1. 레위인의 외도

레위인은 요즘으로 치면 목회자와 같은 직분의 사람입니다. 그들은 이스라엘 전체에 배치받아서 율법의 말씀을 가르치고, 어린이들의 신앙을 지도하며, 백성의 잘못을 바로 잡아주는 정신적인 스승이었습니다. 그런데 본문에 보면, 에브라임 산지 구석에서 목회하는 한 레위인이 자기 아내 외에 베들레헴의 한 여자를 첩으로 맞이하게 되었습니다. 옛날 중동지방에는 일부다처제가 법적으로 허용되는 때였으므로 법적으로는 잘못이 아니라 하더라도 하나님의 종인 레위인이 첩을 취하는 것은 큰 잘못입니다. 물론 둘째 부인을 둘 수는 있지만, 첩은 완전한 부인이 아니고 그냥 바람을 피우는 대상이었던 것입니다. 아마 이 레위인은 에브라임 산지 구석에서 지내니까 심심해서 그런지 몰라도 다른 사람들 몰래 바람을 피우고 있었습니다. 그런데 그것을 철저하게 은폐시키고 있었습니다.

때때로 목회자는 자신의 정체감이 모호할 때가 있습니다. 그것은 자기는 오직 하나님의 종이냐, 아니면 하나의 인간이냐 하는 질문입니다. 만약 자신이 하나님의 종이면 모든 인간적인 욕망이나 세상의 성공이나 돈 욕심 같은 것을 다 버려야 하고 아무도 알아주지 않는 삶을 살다가 죽어야 할 것입니다. 그러나 목회자가 자기도 인간이라고 하면 좋은 옷을 입고 싶고 인간적으로 존경도 받고 싶고 휴가도 즐기고 싶고 때로는 영화도 보고 한가로움에 빠져 보고 싶을 때가 있는 것입니다.

그런데 이 레위인이 상대하는 여인은 바람기가 많은 여인이었습니다. 그래서 이 여인도 레위인으로 만족하지 못하고 또 다른 사람과 바람을 피우다가 아마 레위인에게 들키게 된 것 같습니다. 그래서 이 여인은 이 레위인에게 붙들리면 맞아 죽는다고 생각하고는 자기 아버지 집에 도망가서 거기서 넉 달 동안 숨어 지내고 있었습니다.

19:1-2, "이스라엘에 왕이 없을 그 때에 에브라임 산지 구석에 거류하는 어떤 레위 사람이 유다 베들레헴에서 첩을 맞이하였더니 그 첩이 행음하고 남편을 떠나 유다 베들레헴 그의 아버지의 집에 돌아가서 거기서 넉 달 동안을 지내매"

사실 사람이라면 누구나 다 폭탄을 안고 살아가고 있지만, 목회자들은 보통 사람들보다 더 큰 폭탄을 가지고 있습니다. 그래서 이 폭탄이 터진다면 보통의 피해가 생기는 것이 아니라 수많은 사람이 죽게 되는 피해가 생기게 되는 것입니다. 본문의 레위인이 첩을 맞이한 것은 목회자가 다른 사람들 몰래 바람을 피우는 것과 같습니다. 이것은 무서운 죄입니다. 우리나라 교회에서 목회자의 다른 것은 용서가 될지 몰라도 7계명을 범하는 것은 용서가 되지 않습니다. 그래서 그런 사실이 발각되면 그는 얼굴도 들지 못하고 그 교회만이 아니라 다른 목회도 중단해야 합니다.

레위인이 첩을 두고 바람을 피운다는 행위는 아주 위험한 성범죄였습니다. 더욱이 그가 사귀고 있는 여인은 더 바람둥이여서 이 남자 저 남자 관계하다가 레위인이 그 사실을 알게 된 것입니다. 그렇다면 이 레위인은 아직 세상에 알려지지 않고 하나님이 덮어두고 계실 때 하나님께서 이제는 그런 짓을 그만하라고 회개하라고 그 여자를 도망가게 하셨구나라는 것을 깨닫고 그런 생활을 포기했으면 좋았을 것입니다. 하나님은 너무나도 자비하셔서 자신의 죄를 깨닫고 회개하는 자는 전부 용서해주십니다. 그래서 우리가 죄를 지었는데 하나님께서 가만히 침묵하시고 계실 때에는 사실 하나님이 우리에게 회개할 시간을 주시는 것입니다.

그러나 이 레위인은 자기 욕망을 포기하지 않았습니다. 그래서 레위인은 자기 첩을 도로 찾아오기 위해서 하인과 나귀 두 마리를 데리고 베들레헴에 있는 여인의 집으로 찾아갔습니다. 이 레위인은 너무 미련한 사람이었습니다. 그는 하나님이 막으시는 일을 그냥 감사하는 마음으로 받아들이면 되는데 끝까지 자신의 정욕을 포기하지 못했습니다. 이것이 회개하지 않는 마음이고 완악한 마음입니다. 하나님의 백성이나 하나님의 종이라도 하나님의 말씀이 없으면 절대로 자기주장이나 욕망을 포기하지 않고 끝까지 가고 싶은 대로 가고야 맙니다.

이것이 악한 것이고 하나님께서도 그런 사람은 질려하십니다.

하나님의 말씀이 있으면 왜 끝까지 가지 않습니까? 그 결과를 뻔히 알기 때문입니다. 죄의 삯은 사망이라고 했습니다. 끝까지 죄를 회개하지 않고 죄를 품고 있으면 처음에는 행복해 보이고 모든 것이 좋아 보이지만, 나중에 가면 결국 죄가 폭로되면서 자기가 죽든지 상대방이 죽든지 누구든지 죽게 되는 것입니다. 그러므로 하나님의 백성은 결과를 뻔히 알기 때문에 죄가 아무리 유혹해도 넘어가지 않는 것입니다.

2. 레위인이 죄의 함정에 빠짐

레위인은 일단 베들레헴으로 도망간 자기 첩을 만나서 아주 다정하게 이야기하면서 자기와 다시 에브라임으로 가자고 했습니다. 이말을 듣고 여자는 너무나도 기뻤습니다. 이 여자는 레위인을 만나면 맞아 죽을 줄 알았는데 자기의 모든 허물을 다 용서한다고 하고 앞으로 더 잘해주겠다고 하니까 다시 레위인을 따라가겠다고 약속했습니다. 그리고 이번 기회에 레위인을 자기 아버지에게도 소개했습니다. 사실 이 아버지도 자기 딸의 행실이 좋지 못해서 너무나도 고민거리였는데 레위인이 자기 집까지 찾아와서 이 바람난 딸을 함부로 대하지 않고 앞으로 더 잘 돌보아주겠다고 하니까 너무나도 든든했습니다.

그런데 레위인이 자기 첩을 도로 데리고 가려고 한 것은 그동안 지은 자기의 죄를 버리지 않겠다는 뜻입니다. 설사 그가 베들레헴 그 여자 집까지 갔더라도 그에게 신앙 양심이 조금이라도 있었더라면 지금까지의 죄를 철저히 회개하고, 그 여인에게는 지금부터라도 아버지 잘 섬기고 하나님 잘 믿으라고 부탁하고 돌아왔으면 모두가 살 수 있었습니다. 그러나 이 레위인은 절대로 자기 정욕을 포기하지 않았습니다.

이 여자의 아버지는 레위인을 마치 귀인이나 되는 것처럼 3일 동안 자고 먹고 마시면서 거의 잔치하다시피 대접했습니다. 이 딸도 행실이 좋지 못했지만 그 아버지도 별로 좋은 사람은 아니었던 것 같습니다. 이 못된 딸의 아버지는 레위인에게 계속 잔치를 해서 그의 마음을 자기 집에 잡아 두려고 했기 때문입니다.

그래서 3일 동안 잘 대접받고 나흘 째 되는 날 이 레위인이 그곳을 떠나려고 하니까 그 여자의 아버지가 그냥 이렇게 떠나는 것은 섭섭하다고 하면서 떡을 좀 더 먹고 기력을 회복한 후에 길을 떠나라고 했습니다. 그래서 이 레위인과 딸의 아버지가 먹고 마시고 하니까 어느덧 저녁이 되려고 합니다. 그러니까 이 딸의 아버지가 레위인에게 간절히 부탁하기를 "오늘 하루만 더 자고 내일 아침에 떠나라"고 하면서 이 레위인을 붙들었습니다. 그래서 레위인은 기왕 이 딸의 아버지가 잔치를 벌여주는 것이니 하루라도 더 자고 떠나자고 해서 먹고 마시고 잠을 잤습니다.

다섯째 되는 날 레위인이 떠나려고 하니까 또 그 딸의 아버지가 간절하게 잡으면서 이렇게 아침에 떠나면 날씨도 더운데 기력이 빠져서 안 된다고 만류하면서 먹고 마시고 쉬다가 나중에 오후에 떠나라고 했습니다. 그래서 레위인은 또 그 여자의 집에 있으면서 먹고 마시고 쉬다가 오후에 떠나려고 했습니다. 그랬더니 또 여자의 아버지가 잡으면서 이제 밤이 되는데 도대체 어디서 자려고 하느냐고 하면서 하루 더 자면서 먹고 마시고 즐겁게 지내다가 내일 아침에 떠나라고 하면서 레위인을 붙잡았습니다. 왜 이 딸의 아버지가 계속해서 이 레위인이 집에 가지 못하도록 붙잡았을까요? 아예 이 레위인을 붙잡아서 자기 사위로 삼으려고 했는지 아니면 할 수 있는 대로 레위인에게 잘해주어서 본부인 대신에 자기 딸을 부인처럼 데리고 살게 하려고 했는지는 알 수 없습니다.

그런데 레위인은 더 이상 그 집에 있을 수 없었습니다. 왜냐하면 그다음 날이 되면 안식일을 준비해야 하는데 그 여자 집에 있으면 그가 바람피우러 간 것이 온 동네에 다 알려지게 되기 때문입니다. 만일 목사가 일요일에 아무 연락도 없이 설교도 하지 않으면 교회는 도대체 이 목사가 어디를 갔길래 주일날 교회도 오지 않느냐고 하면서 난리가 날 것입니다. 이런 것을 보면 이 레위인은 철저한 이중생활을 하고 있었던 것을 알 수 있습니다.

그래서 그는 여섯째 날에는 더 이상 여자의 아버지에게 붙들리지 않고 그 여자를 나귀에 태우고 에브라임을 향하여 출발했습니다.

> 19:10, "그 사람이 다시 밤을 지내고자 하지 아니하여 일어나서 떠나 여부스 맞은편에 이르렀으니 여부스는 곧 예루살렘이라 안장 지운 나귀 두 마리와 첩이 그와 함께 하였더라"

사실 이 여자가 또다시 음란한 생활을 하려고 레위인을 따라간 것은 자기가 죽는 길이었습니다. 왜냐하면 그들이 에브라임으로 몰래 가는 것 같았지만 그 길에는 사탄이 엄청난 함정을 파놓고 기다리고 있었기 때문입니다. 결국 레위인과 그 여자는 이 사탄이 판 함정에 빠지게 됩니다. 사람들은 죽음의 길인지도 모르고 죄짓는 길을 좋아라고 가는데 사탄이 판 함정에 걸리면 꼼짝하지 못하고 다 죽는 것입니다.

3. 레위인의 갈림길

레위인은 베들레헴을 떠나서 북쪽 에브라임을 향해서 가는데, 얼마 가지 않아서 해가 지게 되었습니다. 그들이 간 곳은 여부스였습니다. 나중에 그곳은 예루살렘으로 변하게 됩니다. 이제 레위인은 어느 도시에서 밤을 보내야 하는 것이 숙제가 되었습니다. 일단 그들이 여부스 가까이 갔을 때 레위인이 데리고 간 종은 이제 해가 지려고 하는데 우리가 좀 지나왔지만 여부스가 여관이 잘 되어 있으니까 거기에 가서 잠을 자는 것이 어떻겠느냐고 했습니다. 그러나 레위인은 아무래도 여부스는 가나안 족속들이 사는 곳이기 때문에 혹시 밤에 거기서 잠을 자다가 행패를 당할지 모른다는 생각이 들었습니다.

레위인은 괜히 이방인 지역인 여부스에 갔다가 봉변을 당할지 모르니까 조금 더 가면 이스라엘 사람들이 사는 '기브아'라는 곳이 있으니 거기에 가서 잠을 자야 안전하겠다고 생각했습니다. 기브아는 베냐민 지파의 땅이었습니다. 이 레위인이 기브아 성에 들어갔을 때 해는 져서 어두워졌습니다. 그런데 그때는 사람들이 잘 수 있는 데가 여관 아니면 민박뿐인데 기브아에서는 아무도 이 레위인을 초청해서 잠을 재워주려는 사람들이 없었습니다. 그래서 레위인은 기브아의 큰 길에 앉아 있는데 베냐민 사람들은 지나가면서 흘깃흘깃 보기만 했지 같은 이스라엘 사람이라고 해서 따뜻하게 자기 집으로 가자고 하는 사람이 없었습니다. 기브아의 베냐민 사람들은 마치 적국 사람을 대하듯이 레위인을 쳐다보고 지나갔던 것입니다. 이 레위인은 도대체 기브아에 무슨 일이 있길래 베냐민 사람들이 나를 완전히 이방인 취급하는지 이해되지 않았습니다.

그래서 레위인은 이미 날이 어두워졌는데 딴 곳으로 갈 수도 없고 그렇다고 해서 길바닥에 죽치고 있을 수도 없어서 걱정만 하고 있었습니다. 이 여자의 아버지가 잠을 때 못 이기는 체하고 하루 더 묵었다가 갈 걸 하며 후회하기도 했습니다. 그런데 마침 한 노인이 밭에서 일하고 집에 돌아가다가 길바닥에 죽치고 있는 레위인을 보고 찾아가서 물었습니다. "당신은 누군데 여기에 이러고 있습니까?" 그러자 레위인은 "나는 에브라임에 있는 레위인인데 베들레헴에 볼일이 있어서 왔다가 돌아가는 길입니다. 그런데 아무도 나를 초대해 주는 집이 없어서 이렇게 길에서 죽치고 있습니다"라고 대답했습니다. 그런데 마침 이 노인도 에브라임 사람이었습니다. 노인은 고맙게도 레위인에게 안심하라고 하면서 자기 집에 가서 자면 된다고 하면서, 레위인 일행을 자기 집으로 데리고 가서 나귀에게 먹을 것을 주고 이들의 발을 씻을 물을 주고 음식을 제공했습니다.

그런데 어느 누구도 이 기브아 성의 위험성을 레위인에게 알려주지 않았습니다. 심지어는 이 노인까지도 그 성의 위험을 몰랐는지 아니면 알면서도 괜찮을 것으로 생각했는지 말해주지 않았습니다.

우리나라 농촌이 다 그렇지는 않겠지만 귀농하러 갔던 사람 중에 텃세가 너무 심해서 견디지 못해서 도로 떠나는 사람들이 많이 있다고 합니다. 사실 어느 지방에 가든지 텃세는 다 있는 법입니다. 옛날에 어떤 교사 부부를 데리고 전라도 어떤 섬에 주일학교 봉사를 하러 간 적이 있습니다. 그런데 그 교회 목사도 아주 배타적이었고, 심지어는 같이 봉사활동 갔던 선생님도 논물 흐르는 데서 다리를 씻다가 그 섬사람의 낫에 맞아 죽을 뻔하기도 했습니다. 또 제주도에 설교하러 갔을 때도 교파가 다르니까 굉장히 배타적인 태도를 보이는 모습을 보기도 했습니다. 아마 그런 것은 다 열등감에서 나온 것 같습니다. 그러나 교회는 절대로 배타적이어서는 안 됩니다. 그것은 죄를 짓는 것입니다. 목사 중에서도 대구에 오면 적응하지 못해서 떠나는 분들이 많이 있습니다. 한번은 어느 신학교에 가서 설교하는데 어떤 교수가 "대구는 목사들의 무덤이라면서요?"라고 하기에 "저는 무덤 아닌데요. 저도 잘살고 있는데요"라고 대답한 적이 있습니다.

그런데 기브아는 단순히 배타적인 곳만이 아니었습니다. 거기에는 동성애자 불량배들이 있어서 밤에는 무법천지로 변하는 곳이었습니다. 레위인은 안전한 곳을 찾다가 사탄의 입 안으로 들어가고 말았습니다. 우리는 언제 어디서 무슨 일이 일어날지 모르는 위험한 세상에서 살아가고 있습니다. 매 순간 매 순간 하나님께 물어보고 하나님과 동행해야 위험한 함정에 빠지지 않습니다. 그리고 이중생활을 하면 안 됩니다. 하나님이 죄를 버리라고 하시면 미련을 갖지 말고 당장 청산하시기 바랍니다. 하나님이 기회를 주실 때 모든 고집과 죄를 버리고 새 출발 할 수 있기를 바랍니다.

기브아 사람들의 정체

삿 19:22-30

성경에 "죄의 삯은 사망이요"(롬 6:23)라고 했습니다. 누구든지 성적인 죄를 지을 때는 그것이 사랑인 것 같고 진정한 행복인 것 같지만 시간이 지나고 나면 이것이 죄로 드러나게 되어서 결국은 죽음에 이르게 되는 것입니다. 처음에는 서로 죽니 마니 하면서 사랑하는 것 같았는데 사랑이 깨어지고 나면 거의 잡아먹을 정도로 미워하게 됩니다. 하나님의 백성은 이것을 미리 알기 때문에 죄짓는 사랑을 하지 않습니다. 그러나 요즘 우리나라는 지도자는 물론 목회자나 종교인들까지도 성범죄가 많아지고 있습니다. 이것은 그에 따르는 재앙의 수위가 올라가고 있는 것을 의미합니다.

에브라임 골짜기에 사는 한 레위인이 첩을 두고 바람을 피웠습니다. 그 당시 레위인이라면 요즘 목회자를 의미합니다. 하나님의 말씀을 가르치는 레위인이 하나님의 말씀에는 집중하지 않고 바람을 피운 것입니다. 그런데 그가 바람을 피운 상대의 여자도 이 남자 저 남자를 만나다가 들키니까 자기 아버지 집으로 도망가 버렸습니다. 이것은 사실 이제 너는 음란한 짓을 그만두고 지금부터라도 하나님의 일에만 전념하라는 뜻으로 생각해야 하는 것이었습니다. 그러나 레위인은 자신의 정욕을 포기하지 않았습니다. 그는 그 여자를 데려오기 위해 상당히 먼 곳에 있는 여자의 집까지 찾아갔습니다. 그러고는 여자를 달콤한 말로 살살 꼬여서 레위인을 따라가겠다고 대답했습니다. 그리고 레위인은 이 여자의 집에서 첩 장인으로부터 어마어마하게 대접을 잘 받았습니다. 레위인의 생각으로는 오랫동안 그런 대접을 받으면서 살고 싶었지만 안식일이 돌아오기 전에 그곳에 자기가 있어야 했습니다. 그렇지 않으면 이 레위인이 실제로는 바람난 여자와 음란하게 산것이 폭로되기 때문입니다. 그런데 이 바람난 여자는 레위인을 따라가면 행복할 줄 알았지만, 그것이 결국 자신이 죽게 되는 함정을 파는것이 되었습니다.

1. 기브아 사람의 정체

레위인은 안식일에 맞추어 에브라임으로 가기 위해 떠났지만, 너무 늦게 출발하는 바람에 얼마 가지 않아서 해가 지게 되었습니다. 레위인과 여자는 밤에는 강도도 있고 밤길을 갈 수 없었기 때문에 어디선가 잠을 자고 아침 일찍 길을 떠나야만 했습니다. 그런데 가장 가까운 도시는 여부스인데, 그곳은 이방인이 사는 곳이었습니다. 그는 자기 일행에 여자도 있으므로 이방인의 동네에 가서 자다가 봉변을 당할까 두려웠습니다. 그런데 조금 더 가면 기브아라는 도시가 있는데, 거기는 이스라엘 베냐민 지파 사람들이 사는 곳이었습니다. 이 레위인은 같은 이스라엘 백성이 사는 도시이므로 안전할 것으로 생각해서 거기로 가서 잠을 청하기로 했습니다. 그런데 이 레위인이 기브아에 들어가서 느낀 점은 기브아 사람들이 엄청나게 텃세가 세다는 것이었습니다. 그들은 같은 이스라엘 사람인 이 레위인에게 눈치를 주면서 아무도 자기 집으로 초대하는 사람이 없었습니다. 그래서 이 레위인은 성의 큰 길에서 마냥 앉아 있을 수밖에 없었습니다.

그런데 기브아는 같은 이스라엘 사람들의 도시였지만 단순히 텃세만 센 것이 아니었습니다. 저는 우리 크리스천은 절대로 새로 오시는 분들에게 텃세를 부리면 안 된다고 말씀드렸습니다. 처음 교회에 오신 분들을 따뜻하게 맞이해야 하지, 텃세를 부리고 말로 공격하거나 기분 나쁘게 하는 행동은 다 열등감에서 나온 나쁜 행위입니다. 목회자들도 부임하게 되면 먼저 왔던 목사 전체에게 식사를 대접해야 합니다. 그렇게 하지 않으면 두고두고 괴롭히는 것입니다. 우리나라가 언제부터 이런 바보 나라가 되었는지 알 수 없습니다.

그런데 기브아는 텃세만 센 것이 아니라 기브아의 많은 사람은 동성애자들이었고, 밤이 되면 불량배로 변하는 아주 질이 나쁜 사람들이었습니다.

19:22, "그들이 마음을 즐겁게 할 때에 그 성읍의 불량배들이 그 집을 에워싸고 문을 두들기며 집 주인 노인에게 말하여 이르되 네 집에 들어온 사람을 끌어내라 우리가 그와 관계하리라 하니"

하나님은 레위인에게 이 음란한 죄에서 빠질 수 있는 기회를 많이 주셨습니다. 그렇다면 그는 그 도망간 여자를 포기하고 여생을 정말 속죄하는 마음으로 목회하는 일에만 전념해야 했습니다. 그러나 그가 육체의 정욕을 포기하지 못해서 여자를 찾아서 데리러 오려고 했을 때는 이미 자기 영혼을 마귀에게 판 것이었습니다. 이것은 마치 가룟 유다가 예수님을 은 삼십을 받고 판 것과 같은 행위였습니다. 가룟 유다는 죽음의 올가미에서 풀려날 수 없었습니다. 결국 마귀가 가룟 유다의 영혼을 빼앗아 간 것입니다.

이 레위인도 하나님이 주신 기회를 놓치는 바람에 자기 영혼을 마귀에게 빼앗겨 버리고 말았습니다. 기브아는 텃세가 너무 심한 곳이 었고, 동성애자들이 넘쳐나는 곳이었습니다. 이 레위인은 가장 안전한 도시를 찾아간다고 했지만 사실 가장 위험한 도시를 제 발로 찾아 갔던 것입니다. 해가 떨어지자마자 기브아 사람들의 본성이 드러났습니다. 그곳의 불량배들은 레위인이 식사하고 있는 집의 문을 두들기면서 "네 집에 온 사람들을 끌어내라. 우리가 그 사람과 관계를 해야겠다"고 하며 소동을 벌였습니다. 여기서 "관계하겠다"는 말은 성적으로 재미를 보겠다는 뜻입니다. 레위인은 제대로 사탄의 소굴로 들어갔던 것입니다.

2. 냉정한 레위인과 무자비한 기브아 사람들

원래 동성애자 강간은 여자를 접촉할 수 없는 곳에서 이루어지는 행위였습니다. 그래서 남자 교도소나 먼 곳에 파견된 군인 집단 같은 곳에서 신참이나 신병들을 성적으로 강제 추행하는 일이 있었습니다. 동성애자들이 모두 강간하려고 하거나 불량배라고 볼 수는 없을 것입니다. 그러나 적어도 기브아에 있는 동성애자들은 거의 다 불량배였고 강간하는 자들이었습니다. 그래서 그 도시에 새로 한 남자가 들어 왔으니까 자기들에게 신고식을 해야 한다는 것이었습니다. 여기 신고식이라는 것은 말하지 않는 것이 더 낫겠지요. 레위인은 그래도 명색이 하나님의 종인데 이런 짓을 당할 수 없었을 것입니다.

먼저 레위인을 초대한 이 집 주인인 노인이 나가서 동성애자 불량배들을 설득하려고 했습니다. "내 형제들아 이 사람은 내 집에 들어온 손님이니까 제발 이런 망령된 짓을 하지 말라"고 애원했습니다. 그리고 조건을 내걸었습니다. "여기에 내 결혼하지 않은 딸이 있고 그 사람의 첩이 있으니까 이 두 여자를 끌어내서 너희들이 욕을 보이든지 알아서 하고 이 남자에게는 그런 짓을 하지 말라"고 사정했습니다. 이것을 보면 이 당시 사람들이 자기 딸이라든지 첩을 어떻게 생각했는지 알 수 있습니다. 그 당시 여자들은 남자와 동등한 것이 아니라 언제든지 남자 마음에 따라서 욕을 보일 수도 있고 남에게 줄 수도 있는 물건처럼 생각했던 것을 알 수 있습니다.

그러나 한번 남자를 보고 눈이 뒤집힌 동성애자들은 여자는 필요 없다고 하면서 꼭 그 남자를 끌어내라고 강요했습니다. 이때 이 레위인이 대처한 행위는 무자비했습니다. 그는 처음에 달콤한 말로 무슨 일이 있어도 끝까지 지켜주겠다고 약속하고 데리고 왔는데 막상 자기가 성폭행을 당하고 죽을 위험에 처하니까 인정사정없이 자기 첩을 붙잡아서 문밖으로 끌어내고 들어오지 못하도록 문을 잠가버렸습니다. 이 여자는 레위인에게 아무리 살려달라고 애원해도 아무 소용 없었습니다. 어리석은 이 여자는 결국 레위인으로부터 버림을 당하고 말았습니다. 신약에서도 그런 여자를 볼 수 있는데 수가성 여자입니다. 그 여자는 무려 다섯 남자로부터 버림을 당했습니다. 그러나 예수님을 만남으로 완전히 새사람이 되었습니다. 어떤 죄인이든지 예수님을 만나기만 하면 모든 과거의 죄를 씻음받고 새 인생을 살 수 있습니다.

하여튼 이 레위인은 신실한 하나님의 종이 아니라 무자비한 이기주의자였습니다. 이 여자는 끌려 나가지 않으려고 발을 질질 끌었는데 레위인은 이 여자를 문밖으로 집어 던져버렸습니다. 그러니까 동성애자 불량배들이 마음이 바뀌어서 남자 대신에 밤새도록 이 여자를 능욕하다가 아침이 되니까 그 여자를 그곳에 두고 물러갔습니다. 아침에 이 레위인이 문밖에 나가보니까 이 여자가 얼마나 집안에 들어오려고 몸부림을 쳤던지 그 손이 문지방에 있었습니다. 그리고 그 손가락이나 손톱으로 얼마나 땅을 긁었든지 피투성이가 되어 있었습니다.

19:27, "그의 주인이 일찍이 일어나 집 문을 열고 떠나고자 하더니 그 여인이 집 문에 엎드러져 있고 그의 두 손이 문지방에 있는 것을 보고"

이 여자는 살아보려고 문을 열어달라고 문지방까지 기어가서 그렇게 애원했지만 레위인은 귀를 틀어막고 그 여인의 소리를 끝까지 듣지 않았던 것입니다. 결국 정욕을 따라간 여인은 자기를 사랑해 줄 줄 알았던 레위인에게 배신당하고 동성애자들에게 강간을 당하고 문지방을 잡고 죽었습니다. 이것이 바로 세상의 정욕을 따라간 결과입니다. 그 레위인은 밤중이라도 밖에 나가서 동성애자들에게 이 여자를 놓아주라고 말하지 않았습니다. 그는 아침 일찍이라도 밖에 나가서 쓰러진 여자를 안고 들어와서 돌보아 주지도 않았습니다. 심지어 여자가 죽은 것을 보고도 울거나 미안해하지도 않았습니다. 그는 여자가 이렇게 죽는 것이 당연하다고 생각했던 것 같습니다. 이 레위인은 얼마나 무자비하고 얼마나 냉혹한 인간인지 모릅니다. 이런 비참한 일이 벌어진 현장이 바로 사사기 때의 이스라엘 백성의 모습이었습니다.

3. 레위인의 잔인한 복수

가끔 엽기적인 살인사건을 보면, 살인자들이 시체를 토막 내어서 검은 비닐봉지에 싸서 쓰레기통이나 풀밭이나 다리 밑에 버리는 경우가 있습니다. 그런데 대개 이런 살인자들은 또 일어나는 살인의 욕구를 이기지 못해서 연속해서 살인을 저지르게 됩니다. 그래서 연쇄살인범이 되는 것입니다.

이 엄청나게 비참한 일을 당한 레위인은 마치 아무 일이 없었다는 듯이 조용히 첩의 시체를 나귀에 묶어서 싣고 집으로 돌아왔습니다.

기브아 사람들은 레위인이 여인의 시체를 아무 소리도 하지 않고 나귀에 싣고 가는 모습을 보고 이번 사건은 끝난 줄로 생각했을 것입니다. 그러나 레위인은 마음속으로 기브아 사람들 전체에 대하여 철저한 복수를 결심했습니다. 우선 이 레위인은 지금 당장은 자기 혼자이므로 기브아의 불량배들을 상대로 싸울 수 없었습니다. 그런데 이 레위인은 자기 집에서 엄청난 일을 벌였습니다. 그것은 바로 이 여자의 시체를 토막 내는 것이었습니다.

> 19:29, "그 집에 이르러서는 칼을 가지고 자기 첩의 시체를 거두어 그 마디를 찍어 열두 덩이에 나누고 그것을 이스라엘 사방에 두루 보내매"

원래 레위인은 하나님께 제사를 드릴 때 짐승을 제물로 바쳤기 때문에, 짐승을 잡고 각을 뜨고 뼈마디 자르는 것을 기본적으로 배웠습니다. 이 레위인은 자기가 옛날 성전에서 소나 양을 잡던 기술을 이용해서 시체를 팔과 다리 그리고 머리, 가슴, 허벅지, 엉덩이, 이런 식으로 해서 열두 개의 조각으로 나누었습니다. 레위인이 이 여자의 시체를 열두 토막으로 나눈 것은 이 시체를 감추고 버리기 위해서가 아니었습니다. 레위인은 이 여자의 시체를 전 이스라엘 열두 지파에 두루 보내었습니다.

이스라엘에는 전통이 있었는데, 반드시 이스라엘이 위기에 처해 백성 전체가 모여야 할 때는 왕이나 지도자가 소를 잡아서 열두 토막으로 만들어서 전체 이스라엘에 돌렸습니다. 그러면 이스라엘 열두 지파는 일단 군대를 모집해서 성소가 있는 곳에 모여야 했습니다. 만약 이때 오지 않는 지파가 있으면 다른 이스라엘 지파는 오지 않은 지파나 족속들을 그 조각난 소의 시체처럼 죽였습니다. 그러나 본문에 나오는 이 제사장은 이스라엘 전부를 모이게 할 자격이 없었습니다. 그리고 그 죽은 여자는 자기가 몰래 관계를 맺었던 여자였습니다. 그러나 이 레위인은 자신의 불륜을 덮어두고 그 여자를 죽였다는 분노로 기브아 사람들에게 복수하기를 원했습니다. 이것이 보여주는 것은 레위인 즉 목회자 한 사람이 타락하면 이스라엘 전체에 얼마나 치명적인 결과를 가져오느냐 하는 것입니다. 레위인의 타락은 이스라엘에 핵폭탄 같은 위력을 가지고 있었습니다.

우선 이스라엘 모든 지파의 대표들은 고기를 한 덩어리씩 받았는데, 그것은 아무리 봐도 양이나 소의 살덩이가 아니었습니다. 그들은 그 시체 조각을 보다가 드디어 그것이 여인의 시체 조각이라는 사실을 알게 되었습니다. 이스라엘 모든 지파의 백성은 너무나도 엽기적인 시체 조각을 받았던 것입니다. 그래서 모든 이스라엘 백성은 우리가 애굽에서 나온 이후로 이런 엽기적인 일은 일어나지도 않았고 보지도 못했다고 하면서 무슨 큰일이 난 줄 알고 전쟁하기 위해서 미스바에 모였습니다.

결국 이 레위인의 부정과 분노는 이스라엘에 내전이 일어나게 해서 수십만 명의 백성을 죽게 만들었습니다. 이것이 바로 레위인의 타락과 이스라엘 백성의 동성애의 결과였습니다. 오늘 너무 기분 나쁜 설교를 한 듯합니다. 그러나 이것이 오늘 우리의 현실입니다. 우리는 이 레위인의 선동에 넘어가서도 안 되지만 목회자의 타락이나 동성애자가 많아지는 현실을 정말 두려워해야 합니다. 왜냐하면 이런 일로 전쟁이 일어날 수 있기 때문입니다.

우리는 지금 정신을 차려야 합니다. 나만 잘 살아서는 안 되고, 정말 우리를 통해 세상을 살리는 믿음이 충만해지시기를 바랍니다.

33

도덕적 해이

삿 20:1-23

하와이에 있는 마우이 섬은 옛날 하와이가 왕국으로 있을 때 왕이 있었던 섬이라고 합니다. 마우이는 대표적인 관광지로 유명한 곳인데, 거기에는 많은 콘도나 호텔들이 있고 또 많은 휴양지가 있습니다. 특히 마우이에는 왕만 갈 수 있었던 왕의 길이 있습니다. 그런데 얼마 전에 세계적으로 이상기후 때문에 거기에 산불이 붙고 허리케인까지 불면서 마우이 섬을 거의 전부 태우고 말았습니다. 그래서 어느 신문에는 하와이가 불타버렸다는 제목으로 기사가 나오기도 했습니다. 이 불이 어디서 시작되었는지 모르겠지만 틀림없이 작은 불에서 시작되었을 것입니다.

이것은 죄도 마찬가지입니다. 사람들은 모두 마음속에 죄를 짓고 싶은 욕망이 있습니다. 그러나 자꾸 죄를 짓다 보면 죄를 짓는데 부끄러움이 없어집니다. 그러면 아무런 부끄러움 없이 자꾸 죄를 짓게 되는데 이것이 도덕적인 해이이고 도덕 불감증입니다. 물론 이것이 한 개인의 일로 그칠 수 있지만 여기에 큰바람이 불면 엄청난 재앙으로 발전하게 됩니다. 그리고 옛날에는 자신이 동성애자라고 해도 부끄러워서 그것을 드러내놓고 말하지 못했습니다. 그런데 요즘은 사회적으로 성공한 사람 중에 공개적으로 자기가 동성애자라는 사실을 밝히는 사람도 있습니다. 애플사의 회장인 팀 쿡은 자기가 동성애자라는 사실을 공개했습니다. 사람들은 그가 부끄러운 짓을 했다고 하기보다는 용감하다고 격려했습니다. 이렇게 공개적으로 발표하는 것을 '커밍아웃'이라고 하는데, 동성애자들이 자기 정체를 드러내는 것을 말합니다. 이제는 동성애자들이 대도시에서 아예 동성애자들의 축제를 하고 있는데, 이것은 도덕적으로 불감증에 걸린 것입니다.

이스라엘 나라는 오랫동안 왕이 없이 지파별로 자치적으로 운영되었습니다. 이스라엘 백성이 말씀을 지키고 말씀대로 살면 하나님께서 그들의 안전과 미래를 다 책임져 주시겠다고 약속하셨습니다. 그런데 에브라임 산지에 있는 한 레위인이 도덕적인 해이에 빠지게 되었습니다. 그는 첩이라고 하지만 사실 내연의 여자를 두고 부정한 관계를 유지하고 있었습니다. 이것은 이 당시로는 틀림없는 목회자의 타락이었습니다. 이 타락한 목회자가 도망친 자기 애인을 찾아서 데리고 오다가 이스라엘 동족이 사는 기브아로 갔는데, 이 타락한 목회자와 기브아의 동성애자들이 그곳에서 충돌하는 엄청난 비극이 발생했습니다. 더 나아가 결국 이 작은 음행의 불씨가 엄청난 불 바람을 일으키면서 아직까지 이스라엘이 가나안 땅을 다 차지하기도 전에 자기들끼리 몇만 명이나 죽이는 내란으로 발전하게 됩니다.

1. 레위인의 충동질

이 레위인은 죽은 여자의 조각난 살덩이를 전 이스라엘 열두 지파에 돌렸습니다. 갑자기 여자의 시체 조각을 받은 이스라엘 모든 지파는 큰 충격을 받았습니다. 그들은 이스라엘 백성이 출애굽한 후로 이런 시체 조각을 받아 본 적이 없다고 하면서 전부 크게 놀랐습니다. 그리고 이스라엘 모든 지파가 군대를 거느리고 가장 빠른 속도로 미스바에 모이게 되었습니다.

> 20:1, "이에 모든 이스라엘 자손이 단에서부터 브엘세바까지와 길르앗 땅에서 나와서 그 회중이 일제히 미스바에서 여호와 앞에 모였으니"

하나님께서는 이스라엘 백성 중에서 동성애자와 점치거나 우상 숭배하는 자들을 가장 싫어하시는데, 기브아의 한 성읍 전체가 동성애자였다는 사실과 그들의 불량배가 그곳으로 찾아온 한 이스라엘 사람을 성폭행하려고 했다는 사실에 너무 놀랐습니다.

이때 기브아가 속한 베냐민 지파는 이스라엘 백성이 미스바에 모였다는 말을 듣고도 이 총회에 참석하지 않았습니다. 그 이유는 베냐민 지파가 원래 아주 자존심이 강해서 다른 지파 사람들이 자기들의 잘못에 대하여 여러 말하는 것을 좋아하지 않았기 때문입니다. 원칙적으로 하면 베냐민 지파 사람들도 총회에 모여서 비록 자기 지파이지만 동성애자들과 여자를 죽게 한 범죄자들을 잡아서 심판하든지 넘겨주어야 했습니다. 그러나 베냐민 지파는 다른 지파가 자기 지파 청년들에 대하여 간섭하는 것을 원하지 않았습니다. 더 무서운 것은 이미 베냐민 지파 사람들은 동성애나 성폭행을 죄라고 생각하지 않는 도덕적인 불감증이 퍼져 있었다는 것입니다.

이스라엘 전체 지파 사람들은 일단 여자가 한 명 죽었고 그 시체가 토막 나서 모든 이스라엘 지파에 전달되었으니까 도대체 어떻게 된 일인지 누군가 이곳에 와서 말을 해보라고 했습니다. 그때 죽은 여자의 남자인 레위인이 이스라엘 백성에게 설명하면서 충동질했습니다. 즉 이 죽은 여자는 자기 첩인데 첩과 함께 베들레헴에서 볼일을 보고 집으로 돌아가다가 해가 져서 같은 이스라엘 동족인 기브아에서 잠을 자려고 했다는 것입니다. 그런데 기브아 사람들이 자기를 해치려고 밤에 몰려와서 자기가 묵고 있던 집을 에워싸고 죽이려고 하다가 뜻대로 되지 않으니까 자기 첩을 성폭행하고 죽였다고 설명했습니다. 이 레위인은 그동안 방탕하게 살았던 것은 다 쏙 빼버리고 이 여자가 바람이 났던 것도 다 빼버리고 오직 기브아 사람들이 동성애자들이고 자기를 죽이려고 했고 여자 첩을 죽였다는 말만 했습니다. 그래서 이 말을 들은 모든 이스라엘 지파 사람들은 이스라엘 안에 이런 부도덕한 일이 있으면 절대로 안 되기 때문에 기브아의 이 불량배들을 무력을 사용해서라도 처벌해야 한다고 생각했습니다.

그러나 베냐민 지파 사람들은 다른 지파 사람들이 자기 젊은이들을 잡아가서 심판하는 것을 반대했습니다. 이런 일을 저지른 젊은이들은 다 부잣집 아이들이고 자신들의 친척이고 크게 잘못한 것이 없다고 생각하고 있었기 때문입니다. 베냐민 지파 사람들은 밤에 젊은 여자를 데리고 돌아다니는 레위인이 잘못한 것이지, 베냐민 청년들은 잘못이 없다고 생각했던 것입니다. 그리고 그들이 그 집에 몰려간 것도 겁을 주려고 간 것이지, 굳이 성폭행하려고 간 것이 아니라고 변명했을 것입니다. 그리고 레위인의 첩을 죽였다고 하는데 기브아의 젊은이들이 이 여자를 일부러 죽인 것이 아니고 같이 재미있게 놀다가 여자가 죽은 것이라고 변명했을 것입니다.

2. 베냐민이 빠진 함정

이스라엘 백성은 레위인의 설명을 듣고 몇 가지 점에서 놀랐습니다. 첫 번째는 기브아에 동성애자가 그렇게 많다는 사실이었습니다. 이스라엘 백성이 듣기에는 베냐민의 다른 도시는 몰라도 기브아 사람들은 거의 동성애자였다는 것입니다. 그들이 그렇게 많이 모여서 난동을 부리는데도 요즘으로 치면 출동하는 경찰도 없고 그들을 말리는 사람도 없었기 때문입니다. 또 이스라엘 백성이 놀란 것은 여행하면서 더 안전한 곳을 찾아서 이스라엘 도시로 온 같은 이스라엘 사람을 죽이려고 했다는 사실입니다. 그리고 그들이 이스라엘 여자를 남자들이 성폭행하고 죽였다는 사실이었습니다. 이스라엘 백성은 이런 죄를 이스라엘에 그냥 두어서는 안 된다고 생각했습니다.

> 20:8-9, "모든 백성이 일제히 일어나 이르되 우리가 한 사람도 자기 장막으로 돌아가지 말며 한 사람도 자기 집으로 들어가지 말고 우리가 이제 기브아 사람에게 이렇게 행하리니 곧 제비를 뽑아서 그들을 치되"

이스라엘 백성은 모인 그 자리에서 몇 가지 서약을 했습니다. 첫째, 그들은 기브아에서 죄를 지은 사람을 심판하기 전까지는 한 명도 자기 장막이나 집으로 돌아가지 않겠다고 맹세했습니다. 사실 어떻게 보면 이것은 이스라엘 백성 안에 아직까지는 죄를 보면 분노하고 어떻게 해서든지 죄를 없애려고 하는 열정이 남아 있었다고 볼 수 있습니다. 이스라엘 백성은 기브아 사람들이 잘못한 것을 끝까지 남아서 처리하겠다고 맹세했습니다. 미스바에 모인 이스라엘 백성은 40만 명이었습니다. 그런데 40만 명이 한꺼번에 기브아 사람들과 싸우는 것은 비효율적이니까 제비를 뽑아서 백 명이 있는 곳에는 열 명, 천 명이 있는 곳에는 백 명, 만 명이 온 곳에는 천 명, 이런 식으로 십분의 일을 뽑아서 기브아에 가서 이스라엘 백성 중에서 일어난 이 비도덕적인 일에 대하여 징계하자고 결정했습니다.

> 20:10하, "그들에게 베냐민의 기브아에 가서 그 무리가 이스라엘 중에서 망령된 일을 행한 대로 징계하게 하리라 하니라"

그런데 문제는 이 징계에 대해서 베냐민 지파가 협력하지 않는 것이었습니다. 여자의 시체 조각을 받고서도 베냐민 지파는 이스라엘 백성이 모이는 총회에 참석하지 않았고 대표도 보내지 않았습니다. 그래서 이스라엘 백성 대표들은 베냐민 지파에 사람들을 보내어서 "지금 너희 베냐민 지파 안에 끔찍한 여자 살인 사건이 일어났고, 기브아 남자들이 레위인을 성폭행하려고 했다는데 이 악행을 그냥 두어서는 안 되겠으니까 베냐민 너희 지파에서 대표를 기브아에 보내어서 이 불량배들을 잡아 우리에게 넘겨 재판하게 해 달라"고 통보했습니다. 그러나 베냐민 지파 사람들은 자존심이 강해서 이스라엘 총회의 말을 듣지 않았고, 오히려 이스라엘 전체와 싸우려고 전쟁 준비를 했습니다. 이제 이스라엘 안에서 내전이 일어나게 된 것입니다.

20:14-16, "도리어 성읍들로부터 기브아에 모이고 나가서 이스라엘 자손과 싸우고자 하니라 그 때에 그 성읍들로부터 나온 베냐민 자손의 수는 칼을 빼는 자가 모두 이만 육천 명이요 그 외에 기브아 주민 중 택한 자가 칠백 명인데 이 모든 백성 중에서 택한 칠백 명은 다 왼손잡이라 물매로 돌을 던지면 조금도 틀림이 없는 자들이더라"

베냐민 지파 사람들은 이스라엘 총회의 말을 듣지 않았습니다. 그들에게 동성애는 심각한 문제가 아니었기 때문입니다. '사람이 동성애를 하든지 말든지 그것은 본인의 취향이지, 꼭 동성애자라고 해서 차별하면 되느냐?' 하는 식이었습니다. 이미 베냐민 다른 성읍에도 동성애자들이 많이 퍼져 있었던 것입니다. 그리고 베냐민 지파는 지나가는 사람에게 텃세를 부리는 것도 당연하다고 생각했습니다. 그래서 베냐민 지파 사람이나 기브아 사람들은 밤에 레위인을 습격한 불량배들을 넘겨줄 생각이 없었고, 이스라엘 백성이 강제로 그들을 잡아가려고 하면 자기네들이 힘으로 막겠다고 나왔습니다. 사실 기브아 사람이나 베냐민 지파 사람들은 그날 밤에 레위인을 습격했던 그 불량배들을 넘겨만 주면 얼마든지 내전을 막을 수 있었습니다. 그러나 베냐민 지파 사람들은 그것을 그렇게 심각한 죄로 생각하지 않았습니다.

베냐민 지파 사람들은 모두 기브아에 있는 범죄자들을 지켜주기 위해서 모였습니다. 그리고 그들은 이스라엘 백성이 자기 문제를 간섭한다고 생각해서 전쟁하려고 준비했습니다. 기브아에 모인 베냐민 사람들의 수는 이만 육천 명이고 특히 기브아 사람 중에서 물매를 던지는 칠백 명을 뽑았는데, 그들은 돌을 한번 던지면 틀림없이 명중하는 왼손잡이들이었습니다. 왼손잡이들이 돌을 던지면 돌이 왼쪽에서 날아가기 때문에 왼손에 방패를 들고 오른손에 칼을 든 오른손잡이들은 앞쪽이 비어서 머리에 맞게 되는 것입니다. 요즘 말로 표현하면 이 물맷돌 던지는 사람들은 저격수이고 스나이퍼들이었습니다.

3. 이스라엘의 패배

싸우려고 모인 이스라엘 백성의 수는 사십만 명이고, 베냐민 지파 사람의 수는 이만 육천 명이었습니다. 그러나 베냐민 지파 사람들은 생각보다 굉장히 강했습니다. 그리고 이스라엘 백성이 이해되지 않았던 것은 자기들은 틀림없이 기브아의 죄를 심판하러 왔는데 베냐민 사람들을 이기지 못했다는 사실이었습니다.

이스라엘 백성은 전쟁을 시작하기 전에 하나님께 아뢰었습니다. "하나님, 이스라엘 중에서 어느 지파가 가장 먼저 올라가서 싸우면 좋겠습니까?" 하고 물었을 때 하나님께서는 유다 지파가 먼저 올라가라고 하셨습니다. 그래서 이스라엘 백성은 하나님의 말씀대로 유다 지파를 선두로 해서 기브아를 치려고 올라갔습니다. 그런데 베냐민 지파 사람들은 기브아를 지켜주려고 기브아 성에서 나와서 이스라엘 백성과 싸웠습니다. 그런데 놀랍게도 베냐민 지파가 얼마나 싸움을 잘하는지 이스라엘 백성은 베냐민 지파를 이기지 못했습니다. 오히려 이스라엘 백성만 이만 이천 명이 칼이나 돌에 맞아 죽었습니다. 이에 이스라엘 백성은 후퇴해서 처음 그들이 전열을 갖추었던 곳에 다시 집결했습니다.

왜 하나님께서는 이스라엘 백성으로 하여금 단번에 베냐민을 이기지 못하게 하셨을까요? 이것은 이스라엘 안에서 죄를 심판하는 것이 그렇게 간단하지 않다는 사실을 보여주는 것입니다. 이스라엘 백성은 모두 같은 몸입니다. 우리 몸에서 팔을 떼어내거나 다리를 자르는 것은 쉬운 일이 아닙니다. 이런 수술을 하려고 하면 전신마취를 해야 합니다. 그래서 하나님께서는 이스라엘 백성 전체를 마취하신 것이었습니다.

하나님은 이스라엘 백성에게 가나안 땅에 들어가면 점쟁이나 박수무당들을 다 쫓아내라고 명령하셨습니다. 그러나 이스라엘 안에 동성애자나 점쟁이들이 늘어가고 있을 뿐이었습니다. 단지 그것이 드러나지 않았을 뿐입니다. 결국 이스라엘 백성도 죄인이었던 것입니다. 그래서 죄인이 죄인을 심판하려면 자기들도 그 이상의 눈물을 흘려야만 했던 것입니다. 즉 자기들은 전혀 죄가 없는 의인이고 자기 마음은 죄가 없다는 식으로 죄인들만 비난해서는 안 되는 것입니다. 우리는 다른 사람의 죄에 대하여 마음 아파해야 합니다. 우리는 이런 것에 대하여 무조건 욕만 할 것이 아니라 우리의 기도가 부족하고 신앙의 열정이 부족한 것을 회개해야 합니다. 하나님께서는 베냐민이 처음부터 이기게 하심으로 그들을 우쭐하게 만들어서 결국 베냐민 지파를 전부 심판할 생각을 하셨던 것입니다.

이제 비로소 이스라엘 백성이 하나님 앞에서 울기 시작했습니다. 이스라엘 백성은 하나님께서 유다가 먼저 올라가라 말씀만 하시고 그들에게 이길 수 있는 힘을 주시지 않은 것을 알고는 하나님께 올라가서 날이 저물도록 울었습니다. 그리고 하나님께 또 아뢰었습니다. "우리가 우리 형제 베냐민과의 전쟁을 여기서 그만둘까요, 아니면 또 올라가서 싸울까요?" 하나님은 이스라엘 백성에게 또 올라가서 싸우라고 명령하셨습니다. 그다음 날 이스라엘 백성이 기브아에 올라가서 싸웠지만 또 많은 사람이 죽고 패배하고 말았습니다. 이스라엘 백성 안에서 동성애와 살인죄와 성추행죄를 심판하는 것은 옳은 일인데, 왜 하나님은 이스라엘로 하여금 이기지 못하게 하셨을까요? 그것은 이스라엘 안에도 죄가 있었기 때문입니다.

지금 우리 사회에는 마귀가 기름을 붓고 있습니다. 여기에 죄의 불이 붙으면 모든 것이 다 타버리게 됩니다. 우리는 죄가 우리를 이기지 못하도록, 마귀가 이 세상에 불을 붙이지 못하도록 미리 눈물 흘리고 회개하며 하나님께 기도할 수 있기를 바랍니다.

34

교만한 자의 함정

삿 20:24-48

운동선수도 나이가 들면서 빠지기 쉬운 함정이 있습니다. 그것은 바로 약물 사용의 유혹입니다. 유명한 운동선수들은 나이가 들어도 그동안 워낙 경기를 잘했기 때문에 인기는 떨어지지 않습니다. 그러나 본인만이 아는 비밀이 있는데 그것은 나이가 들면서 아무래도 순발력이 떨어지고 힘이 예전만 못하다는 것입니다. 그러나 지금 인기 절정에 있고 국민적인 우상이기 때문에 운동을 그만 둘 수는 없습니다. 그래서 유명한 선수들은 조금만 더 순발력을 높이고 싶다는 욕망에서 금지된 성분이 들어있는 약을 먹거나 주사를 맞는 것입니다. 그러면 옛날 같은 스피드나 기록이 나오는데 결국 약물검사에서 걸리게 되는 것입니다.

이스라엘의 가장 심각한 문제는 동성애자들이 집단적으로 성폭력 행동을 하고 심지어는 사람을 죽이기까지 한다는 사실이었습니다. 이 동성애자들은 새로운 사람들이 자기 도시에 들어오면 신고식을 받는다는 명목으로 집단 성폭행을 했던 것입니다. 물론 이스라엘이 거의 대부분 도덕 불감증에 빠져 있었는데 그것이 우연한 계기를 통해서 드러나게 되었습니다. 그것은 한 레위인이 바람이 나서 도망친 자기 첩을 찾아서 데리고 집으로 오다가 베냐민 지파들이 사는 기브아에 갔다가 밤중에 동성애자들이 쳐들어와서 레위인을 겁탈하려고 한 데서 밝혀지게 되었습니다. 이것은 우리나라도 마찬가지입니다. 우리나라도 도덕 불감증이 나라 전체에 퍼져 있는데 생각지도 않게 요즘 길거리에서 마약을 판다든지 혹은 묻지마 살인을 한다든지 전혀 모르는 여인을 성폭행하고 죽인다든지 하는 범죄를 통해서 드러나고 있는 것입니다.

1. 이스라엘 백성의 좌절

원래 정상적으로 하면 이런 성폭행과 살인이 일어났으면 베냐민 지파가 가장 먼저 전체 이스라엘 백성에게 사과하고 레위인에게도 사과하고 자체 조사를 해서 범행을 저지른 자들을 처벌했어야 합니다. 그러나 기브아의 범죄자들은 모두 돈 있고 지체 높은 사람들의 자제들이었기에 그런 사과나 처벌을 무시했고, 또 베냐민 지파는 너무 자존심이 강해서 그런지 오히려 범죄자들을 두둔하려고 했습니다. 그 이유는 베냐민 지파 거의 전체에 이런 동성애나 텃세 등 다른 사람에 대한 괴롭힘 같은 것이 이미 만연되어 있어서 그런 것을 죄로 생각하지 않았기 때문입니다. 그래서 베냐민 지파 사람들은 오히려 범죄자들을 옹호하려고 기브아에 모였고, 만일 이스라엘 총회가 강제로 이 범죄자들을 잡아가면 자기들은 무력으로 대항해서 이 범죄자들을 지키려고 준비하고 있었습니다.

이스라엘 백성은 사십만 명이 모였는데 그중에서 10분의 일인 4만 명을 뽑아서 이스라엘의 정당한 율법 집행을 거부하는 베냐민 지파 사람들과 싸우려고 했습니다. 첫날 전쟁하기 전에 이스라엘 총회는 하나님께 기도했습니다. "하나님, 어느 지파가 가장 앞장서야 하겠습니까?"라고 물었더니 하나님께서는 유다 지파가 앞장서라고 응답하셨습니다. 그래서 이스라엘 백성은 베냐민 지파와 싸웠습니다. 그러나 이스라엘 백성은 베냐민 지파에 대패하고 말았습니다. 이스라엘 측은 무려 이만 이천 명이나 죽었던 것입니다. 이스라엘 백성은 도저히 하나님께서 하시는 일을 이해할 수 없었습니다. 우리도 이럴 때가 많습니다. 기도도 열심히 하고 하나님의 응답도 받았는데 실제로 시험을 치거나 면접을 보면 떨어질 때가 제법 있는 것입니다. 또 하나님의 뜻이라고 믿고 이사했고, 이것이 하나님의 응답이라 생각하고 선교지에 왔고, 이것이 하나님의 뜻이라고 믿고 사업을 시작했는데 결과는 실패였습니다. 그때 우리는 기도해도 소용이 없다고 생각하기 쉽습니다. 그리고 내가 하나님으로부터 응답받았다고 생각한 것은 순전히 내 착각이었나 하는 생각이 들 때도 있습니다. 물론 우리는 하나님의 뜻을 다 알 수 없습니다.

그러나 분명히 하나님은 이스라엘 백성 쪽에 쉽게 승리를 주시지 않았습니다. 그 이유는 너무 쉽게 전쟁에 이기면 교만하기 쉽고 무조건 자기들이 하는 일은 옳다고 생각할 가능성이 크기 때문입니다. 그뿐만 아니라 하나님은 분명히 범죄한 베냐민이 전쟁에 이기게 하심으로 그들에게 생각할 시간적인 여유를 주셨습니다. 그때 그들은 하나님께 회개했어야만 했습니다. 그러나 베냐민 지파는 첫 번째 전쟁에서 크게 이긴 것을 통해서 자신들의 생각에 더 자신감을 가지게 되었습니다. 그들은 회개할 마음을 가지지 않게 되었던 것입니다. 그리고 이스라엘 백성은 베냐민의 죄를 징계하려다가 오히려 엄청난 패배를 당함으로 더 자신감을 잃었고 무엇이 옳고 무엇이 틀린지 알 수 없게 되어버렸습니다.

이에 이스라엘 백성은 다시 하나님께 기도로 여쭈어보았습니다. "하나님, 우리가 과연 베냐민 지파와 싸워야 합니까? 아니면 여기서 포기하고 그냥 돌아가 버려야 할까요?" 그랬더니 하나님께서는 이스라엘 백성에게 올라가서 싸우라고 말씀하셨습니다. 그래서 이스라엘 백성은 다시 용기를 내어 기브아에 올라가서 베냐민 지파와 전쟁을 했습니다. 그런데 또다시 큰 패배를 당했습니다. 이스라엘 백성은 무려 만 팔천 명이나 죽었습니다. 이스라엘 백성은 이 패배를 도저히 이해할 수 없었습니다. 이번에 만 팔천 명이 죽고 지난번에 이만 이천 명이 죽었으니까 합치면 사만 명이나 죽었습니다. 이스라엘 백성의 십분의 일이 죽은 것이었습니다. 이제 이스라엘 백성에게는 길이 보이지 않았습니다.

그런데 이스라엘 백성에게는 아직 믿음이 남아 있었습니다. 그들은 하나님 앞에 올라가서 울고 금식하고 번제와 화목제를 드렸습니다. 여기서 금식했다는 것은 모두 죽은 자와 같아서 아무것도 할 수 없다는 것을 고백하는 것입니다. 그리고 우리는 끝까지 하나님을 신뢰하며 하나님과 우리 사이는 화해한 사이라는 뜻으로 번제와 화목제를 드렸던 것입니다.

그때 이스라엘에는 믿음에 깨어 있는 사람이 있었는데, 그는 아론의 손자 비느하스였습니다. 비느하스는 이때 아마 아주 늙었습니다. 비스하스는 젊었을 때 하나님을 향한 뜨거운 열정을 가진 사람이었습니다. 이스라엘 백성이 모압 평지를 지나오다가 모압 여인들이 우상과 우상의 제물을 펼쳐놓고 이스라엘 백성을 유혹할 때 많은 이스라엘 백성이 그 유혹에 넘어가서 우상에게 절하고 제물을 먹고 모압 여인과 관계를 맺었습니다. 그때 어떤 족장이 모압 여인을 데리고 이스라엘 장막 안으로 데리고 오기까지 했습니다. 그때 비느하스는 하나님에 대한 열심으로 분노하여 그 남자와 여자를 따라 들어가서 창으로 두 사람을 찔러 죽였습니다. 그러자 하나님의 분노가 풀어졌습니다.

이 비느하스가 이때 하나님의 언약궤 앞에 섰습니다. 그리고 또다시 하나님께 물었습니다. "하나님, 우리가 우리 형제 베냐민과 싸워야 하겠습니까?" 그때 하나님은 비느하스에게 올라가서 싸우라고 하셨습니다. 그러고는 한 말씀을 더하셨습니다. 그것은 "내일에는 베냐민 지파를 너희에게 넘겨주겠다"고 하신 것입니다. 이스라엘 백성은 이 한 말씀을 듣기 위해서 사만 명이나 되는 사람들이 희생되어야만 했습니다.

하나님께서 빨리 성공을 주시면 우리는 모든 일을 우습게 아는 경향이 있습니다. 그래서 젊었을 때 사업에 크게 성공한 사람은 나중에 망하는 경우가 많습니다. 왜냐하면 그는 쉽게 성공했으므로 세상을 우습게 아는 경향이 있기 때문입니다. 우리가 아무리 기도해도 안 되고 아무리 애써도 안 될 때 우리는 하나님 앞에서 두 손 두 발을 다 들게 됩니다. 이제는 더 이상 방법이 없는 것입니다. 그때 하나님은 "너의 적을 너희에게 넘겨주겠다"고 말씀하시는 것입니다. 하나님은 그동안 두 번의 실패를 통해서 이스라엘의 믿음을 달아보셨습니다. 그리고 하나님은 베냐민에게도 회개할 기회를 주셨습니다. 그러나 베냐민은 두 번이나 이기니까 더 마음이 오만해져서 죄가 병의 입구까지 꽉 차게 되었던 것입니다.

2. 베냐민이 빠진 함정

하나님께서 이스라엘 백성 사만 명을 죽게 하셨을 때, 베냐민 지파 사람들은 자신들의 능력을 과대평가하게 되었습니다. 그들은 범죄자들을 두둔했지마는 자꾸 전쟁에서 이기니까 너무 기분이 좋았습니다. 그러나 이제 하나님께서 그들에게 주신 시간은 끝나가고 있었습니다. 베냐민 지파 사람들은 분명히 잘못하고 있는데도 하나님이 이기게 하시니까 우리에게 회개할 기회를 주신다고 생각해서 하나님 앞에 무릎을 꿇고 회개했으면 전멸을 피할 수도 있었습니다. 그러나 베냐민 지파는 열 배나 많은 이스라엘 백성을 두 번이나 이기니까 하나님도 무시하고 자만했습니다. 사람들은 자기가 잘못했지만 자존심이나 고집이 있어서 막무가내로 억지를 부리거나 떼를 쓸 때가 있습니다. 그러나 적당히 하고 화해하는 것이 낫지, 끝까지 갈 데까지 가는 것은 결코 좋지 않습니다. 무엇이든지 지나친 것은 결국 하나님의 진노를 사게 됩니다. 사람은 잘 풀린다고 싶을 때 자신을 돌아보고 회개할 것은 회개해야지, 잘 나가는 것이 위험한 함정에 빠지는 것을 모르고 있는 것입니다.

하나님은 드디어 이스라엘 백성에게 전쟁에서 이길 방법을 가르쳐주셨습니다. 그것은 바로 매복 작전이었습니다. 베냐민 지파는 그 동안 두 번이나 크게 이겼기 때문에 완전히 자신감에 차 있었습니다. 베냐민 지파의 왼손잡이 저격수들만 잘 사용하면 열 번 싸워도 열 번 다 이길 자신이 있었습니다. 그러나 하나님은 오만한 자를 가장 싫어하십니다(시 1:1). 하나님은 이스라엘 백성에게 물맷돌 던지는 사람의 돌에 맞지 않는 방법을 가르쳐 주셨습니다. 그것은 바로 이스라엘 백성을 미리 기브아 뒤 편에 매복시켜 놓고 베냐민 지파를 성읍 밖으로 유인해 내는 것이었습니다.

> 20:29-31상, "이스라엘이 기브아 주위에 군사를 매복하니라 이스라엘 자손이 셋째 날에 베냐민 자손을 치러 올라가서 전과 같이 기브아에 맞서 전열을 갖추매 베냐민 자손이 나와서 백성을 맞더니 꾀임에 빠져 성읍을 떠났더라"

우리가 《삼국지》를 읽으면 여러 가지 전법이나 전략이 나옵니다. '허허실실(虛虛實實)'이라는 전법은 사실 아무것도 없지만 있는 것처럼 보이게 하는 것입니다. 우리는 있어도 없는 것처럼, 없어도 있는 것처럼 보이게 해야 할 때도 있습니다. 그러나 교회가 돈 자랑하는 것보다 더 어리석은 것은 없습니다. 우리가 자랑할 것은 은과 금이 아니라 나사렛 예수의 이름이기 때문입니다(행 3:6). 또 '삼고초려(三顧草廬)'라는 사자성어도 나옵니다. 이것은 인재를 데려오기 위하여 초가집을 세 번이나 찾아가는 고사를 말합니다. 제대로 된 목회자를 모셔 오려면 삼고초려 정도는 할 수 있어야 합니다. 자기는 한 발짝도 움직이지 않으면서 인재가 자기 발로 찾아오리라고 기대하는 것은 어리석은 일입니다.

이처럼 하나님의 백성에게도 작전이 필요할 때가 있습니다. 왜냐하면 사탄의 악한 계교가 너무나도 뛰어나기 때문입니다. 사탄은 세상의 모든 인재나 무력이나 방법을 다 사용해서 하나님의 백성을 망하게 하려고 합니다. 그러나 하나님의 백성은 적의 교만이나 자만심을 역으로 잘 이용할 수 있어야 합니다. 하나님의 백성이 어수룩한 것 같아도 사실은 상대방의 자만심이 더 커질 때를 기다리는 경우가 많습니다. 즉 오만한 자들의 교만이 꽉 차면 그때는 하나님께서 그들을 두들겨 부술 것입니다.

3. 베냐민 지파의 처참한 결과

하나님께서는 드디어 악하고 오만한 베냐민 지파를 멸망시키기로 하셨습니다. 하나님은 이스라엘 백성에게 기브아 뒤쪽에 많이 매복시키고 나머지 이스라엘 백성은 다른 날과 똑같이 전면전을 펼치는 것처럼 보이게 했습니다. 이에 베냐민 지파 사람들은 자신감을 갖고 아예 성읍에서 나와서 물맷돌을 던지는데 얼마나 정확한지 초반에 이스라엘 백성 삼십 명이나 돌에 맞아 죽었습니다. 그러자 이스라엘 백성은 짐짓 베냐민에 지는 체하고 도망치기 시작했습니다.

베냐민 지파는 또 이스라엘 백성이 겁을 집어먹고 도망친다고 생각해서 거의 전원이 이스라엘 백성을 추격하기 시작했습니다. 베냐민 지파가 이스라엘 백성을 추격하는 데는 돌팔매가 필요 없었습니다. 빨리 달려가서 한 사람이라도 더 죽이면 되는 것입니다. 베냐민 지파는 너무 자신만만해서 아예 성문을 활짝 열어 놓은 채로 여자와 어린아이들만 성에 남겨 두고 거의 전원이 이스라엘 백성을 추격했습니다. 그때 이스라엘 백성 만 명이 기브아의 풀숲에서 뛰쳐나와서 성 안에 들어가서 모든 여자와 아이들까지 다 죽였습니다. 심지어는 짐승까지 다 죽였습니다.

이스라엘 백성을 쫓아가던 베냐민 사람들은 이것이 자기들을 유인하는 작전인 줄 알지 못했습니다. 마침내 기브아 성에서 모든 사람과 짐승을 죽인 이스라엘 백성이 성 안에 불을 지르자 도망치던 이스라엘 백성이 일제히 돌아섰습니다. 이스라엘 백성은 연기가 올라가는 것을 신호로 해서 일제히 돌아서서 반격하기 시작하자 베냐민 지파 사람들은 성안으로 도망가려고 하니까 성안에서도 이스라엘 백성이 쏟아져 나왔습니다. 결국 베냐민 지파는 샌드위치처럼 끼여서 살육을 당하고 말았습니다. 이렇게 죽은 베냐민 사람들이 만 팔천 명이나 되었습니다. 베냐민 지파는 이번에는 자기들이 패했다는 것을 알고 길에서 벗어나서 광야에 있는 림몬 바위로 도망을 치는데, 이스라엘 백성이 도망치는 베냐민 지파를 이삭 줍듯이 칼로 쳐서 오천 명을 죽였습니다. 그리고 기돔이라는 곳에 가서 더 이상 도망가지 못하고 있는 베냐민 지파 사람들 이천 명을 죽였습니다. 그래서 그날 죽은 베냐민 지파 사람들은 합해서 이만 오천 명이었습니다. 베냐민 지파 사람 중에서 겨우 목숨을 건진 사람들은 림몬 바위로 도망친 육백 명밖에 없었습니다. 그리고 베냐민의 모든 남자와 여자와 어린아이들까지 전부 전멸하고 말았습니다.

이것이 한 레위인이 첩을 찾아서 베들레헴까지 가서 데려오려고 했던 결과였습니다. 하나님의 종이 도덕적으로 타락하면 개인의 일로 끝나는 것이 아니라 엄청난 사람들의 영혼이 죽게 됩니다. 그리고 동성애자 불량배들을 처벌하지 않고 두둔하고 싸워서라도 이기려고 했던 베냐민 지파는 거의 다 전멸하고 말았습니다. 어린아이나 여자나 노인까지 전부 다 죽었습니다. 어린애들이 무슨 죄가 있습니까? 여자들이 무슨 죄가 있습니까? 그러나 전염병에 감염되면 다 죽게 되는 것입니다.

우리나라에 조류독감이 퍼지니까 거기에 걸린 닭이나 오리가 한 마리만 나와도 그곳으로부터 반경 몇 킬로미터 안에 있는 닭이나 오리는 병에 걸렸든지 안 걸렸든지 다 죽입니다. 또 소나 돼지도 구제역이나 돼지열병에 걸린 것이 나오면 그곳에서 몇 킬로미터 이내에 있는 소나 돼지는 병에 걸렸든지 안 걸렸든지 전부 다 죽입니다. 그래야 이 전염병을 막을 수 있기 때문입니다. 이것은 이단도 마찬가지입니다. 점치는 것이나 음란도 마찬가지입니다. 이것은 모두 코로나보다 더 무서운 전염병입니다.

우리는 오만한 자리에 앉지 말아야 하고, 일이 잘 풀린다고 교만하지 말고, 실패했다고 하나님을 원망하거나 낙심하지 말아야 합니다. 성경은 죄의 삯은 사망이라고 했습니다. 죄의 값을 지불하려면 자기가 죽든지 상대방이 죽든지 아니면 양쪽 다 죽든지 해야 하는 것입니다. 그리스도인들이 죄에 빠지는 것을 두려워해야 할 이유는 그 결과를 알기 때문입니다. 사도 바울은 우리 신자들에게 이 시대를 본받지 말라고 했습니다(롬 12:2). 우리는 이 시대가 행하는 것을 당연하게 생각하면 안 됩니다. 그리고 날마다 마음을 새롭게 해야 합니다. 이 악하고 음란한 시대에 우리의 믿음을 잘 지킬 수 있기를 바랍니다.

35

베냐민 자손의 보존

삿 21:1-25

서양에서는 결혼식 후에 신랑이 신부를 데리고 호텔 안으로 들어갈 때 신부를 안고 들어가는 풍습이 있습니다. 그래서 서양 남자들은 아무리 약골이라 하더라도 신부를 안고 문턱은 넘어갈 정도의 힘은 있어야 합니다. 이 풍습은 아주 오래되었다고 하는데 로마 시대부터 시작되었다는 말이 있습니다. 처음 로마를 건설한 로물루스와 그의 패거리들은 목동이었기 때문에 아주 거칠었고 결혼할 여자가 별로 없었습니다. 그들은 결혼은 하고 싶은데 여자가 없으니까 옆 나라에 있는 사비니 족속을 속이기로 했습니다. 이번에 우리가 성안에서 경마대회를 할 테니까 와서 참가하라고 했습니다. 그런데 참가하는 조건은 경기장에 남자만 들어와야 한다고 했습니다. 사비니 족속은 자기들을 속이는 것인 줄 모르고 남자들만 성안에 들어가서 경마대회에 참가했습니다. 그 대회가 열리는 동안 로마인들은 성문을 모두 잠가버리고 사비니로 쳐들어가서 그곳의 모든 처녀를 다 훔쳐서 가버렸습니다. 이때 그들은 신부를 안고 도망친 것입니다. 이 사실을 안 사비니 족속은 화가 머리끝까지 나서 로마에 쳐들어와서 항의하고 전쟁

까지 치르게 되었습니다. 그런데 로마에 붙들려 와서 강제 결혼까지
한 여자들이 보니까 자기 남편과 오빠나 친정아버지가 싸우고 있는
꼴이 되었습니다. 여자들이 보기에는 그 어느 쪽도 죽을 수 없었습니
다. 그래서 강제 결혼한 여자들이 전쟁터 한 가운데 가서 싸우지 말고
화해하라고 중개해서, 결국 로마와 사비니 족은 화해하고 아예 한 나
라로 합쳐서 로마가 더 커지게 되었다고 합니다.

옛날 우리나라는 대를 끊지 않고 대를 잇는 것이 매우 중요했습니
다. 아버지가 논이나 밭이나 땅이 많아도 친자식이 없으면 결국 친척
이라든지 다른 사람들이 차지하게 되기 때문입니다. 그런데 이스라엘
에는 이 문제가 더 심각했습니다. 왜냐하면 이스라엘에는 자손이 없
으면 그 땅을 다른 지파가 차지할 수 없었으므로 그 땅은 황무지가 되
거나 이방인들이 차지하기 때문입니다.

1. 후회하는 이스라엘

원래 이스라엘 백성은 베냐민 지파와 좋게 해결하려고 했습니다.
레위인이 억울하게 죽었다고 생각해서 그 여자의 시체를 열두 토막을
내어서 이스라엘 열두 지파에 보내었고, 그 시체 덩이에 충격받은 이
스라엘 지파들은 40만 명의 군대를 이끌고 벧엘에 모였습니다. 이때
베냐민 지파나 기브아 사람들이 그 범죄한 불량배들을 수배해서 잡
아 넘겨주면 모든 것이 끝났을 사안이었습니다. 그러나 베냐민 지파
는 너무나도 자존심이 강해서 다른 이스라엘 지파의 간섭을 받으려고
하지 않았습니다. 결국 내전을 벌이게 됩니다. 처음 두 번은 이스라엘
백성이 베냐민 지파에게 져서 이틀 동안 4만 명이나 죽었습니다. 이
렇게 되니까 이제는 이스라엘이나 베냐민이나 같은 이스라엘 사람들
인데도 죽이느냐 아니면 죽느냐 하는 사생결단의 전쟁을 하게 되었습

니다. 그다음 날 전쟁에서 베냐민 지파는 이스라엘 백성의 매복에 걸려서 이만 오천 명이 죽고 육백 명만 간신히 살아남아 림몬 바위라는 데로 도망치게 됩니다. 거기서 4개월을 숨어 살았습니다. 이스라엘 백성은 베냐민 지파 사람들을 전부 다 똑같은 악인이라고 여겨서 남자나 여자나 어린아이나 노인들까지 전부 다 죽여 버렸던 것입니다.

그런 후에 이스라엘 백성은 자신이 한 일에 대해 생각해 보았습니다. 과연 우리가 한 일이 잘한 것이냐 하는 것입니다. 이스라엘 백성은 아무리 생각해 보아도 무엇인가 잘못된 것 같았습니다. 그들의 일차 목적은 기브아에서 같은 남자를 성폭행하려고 했던 몇십 명의 동성애자 불량배를 처벌하는 것이었습니다. 그런데 이스라엘과 베냐민 사람들이 모두 극도로 흥분하는 바람에 이성적으로 생각할 수 없었습니다. 그래서 서로 죽이고 죽는 바람에 이스라엘 백성은 4만 명이나 죽었고, 베냐민 지파 사람들은 거의 전멸해 버렸습니다. 처음에 이스라엘 백성은 죄와 싸우려고 했지만, 감정이 격화되는 바람에 베냐민 지파 사람들을 거의 전부 죽이고 말았던 것입니다.

이스라엘 백성은 이 참혹한 전쟁이 끝난 후에야 무엇인가 잘못되었다는 생각을 하게 되었습니다. 그들이 모인 목적은 이스라엘 안에서 죄를 없애는 것이었는데, 이스라엘에서 지파만 하나 없애고 말았던 것입니다. 이때 이스라엘 백성은 무엇엔가 속았다는 생각이 들었습니다. 몇십 명으로 끝날 일이 왜 수만 명으로 늘어나 버렸을까? 어떻게 해서 베냐민 지파에 속한 여자나 어린아이들까지 다 죽였을까? 이것은 그들이 마귀에게 속아 넘어갔기 때문입니다.

옛날 이스라엘 백성이 금송아지를 만들어서 술 마시고 난리 쳤을 때도 하나님은 이스라엘을 다 죽이려고 하셨지만, 모세는 술 마시고 난동 부리는 사람들만 죽임으로 이스라엘을 다 살렸습니다. 그리고 이스라엘 백성이 가나안 땅에 들어가기 전에 모압 여인들에게 속아서 우상의 제물을 먹고 모압 신에게 절하고 모압 여자와 관계했을 때 전염병이 퍼졌지만 비느하스가 우상숭배자와 모압 여인을 함께 창으로 찔러 죽였기 때문에 이스라엘 백성은 살 수 있었습니다. 또 이스라엘 백성이 가나안 정복을 마치고 요단 동쪽 지파가 요단 강가에 큰 제단을 만들었을 때도 이스라엘은 그들과 전쟁하려고 했지만 신앙이 좋은 비느하스가 그들의 이야기를 잘 들어주고 오해가 풀리면서 그 문제를 해결했습니다.

그러나 이번에는 그런 중재자가 아무도 없었습니다. 사람들이 즉흥적으로 생각하고 행동하니까 4만 명의 이스라엘 백성이 죽고, 베냐민 지파는 도망친 육백 명 외에는 살아남은 사람이 없었던 것입니다. 이것은 지나친 결과였고, 결국 마귀의 충동질에 속아 넘어간 것이었습니다.

그래서 이스라엘 백성은 이겼지만 하나님 앞에서 울게 되었습니다.

21:2-3, "백성이 벧엘에 이르러 거기서 저녁까지 하나님 앞에 앉아서 큰 소리로 울며 이르되 이스라엘의 하나님 여호와여 어찌하여 이스라엘에 이런 일이 생겨서 오늘 이스라엘 중에 한 지파가 없어지게 하시나이까 하더니"

이스라엘 백성은 베냐민의 죄를 도려내려고 했는데 결과적으로 멀쩡한 다리까지 잘라내고 만 것이었습니다. 이스라엘 백성은 베냐민 지파 사람을 치더라도 남자만 치고 여자와 어린아이들은 살려두었어야만 했습니다. 그러나 너무 철저하게 베냐민의 뿌리를 뽑다 보니까 베냐민 지파가 없어지게 되었습니다.

그런데 이스라엘은 땅 분배 제도가 특이했습니다. 즉 한 지파가 없어진다고 해서 다른 지파가 그 땅을 차지할 수 있는 것이 아니었습니다. 여호수아는 아예 지도를 그려 와서 제비를 뽑아서 아홉 지파가 땅을 차지하게 했습니다. 그러므로 만약 베냐민 지파가 없어져 버리면 베냐민 지파의 땅은 다른 이스라엘 지파가 차지하는 것이 아니라 버려두든지 아니면 이방인들이 차지하게 될 것이었습니다. 결국 이스라엘만 열한 지파로 줄어들게 되었습니다. 그래서 이스라엘 백성은 림몬 바위로 도망친 베냐민 사람들까지 추격해서 다 죽여야 하느냐 아니면 여기서 남은 사람을 중심으로 해서라도 베냐민 지파를 살려야 하느냐 하는 문제에 다다르게 되었습니다. 여기서 이스라엘 백성은 모두 하나님 앞에서 울면서 자기들이 너무 지나쳤음을 인정했습니다.

이스라엘 백성이 열두 지파로 남으려고 하면 지금 도망친 베냐민 사람 육백 명과 화해해야 하고 또 이들이 자손을 낳아야 열두 지파로 남을 수 있었습니다. 이스라엘 백성은 애당초 베냐민 지파에게 지나친 적대감을 가짐으로 사탄에게 속아서 너무 지나치게 싸움을 한 것이 사실이었습니다. 여자들과 어린아이들만 살렸어도 얼마든지 베냐민 지파는 이 도망친 육백 명이 다시 돌아와서 살아남을 수 있었는데 씨가 마르게 되었던 것입니다.

2. 이스라엘 안에서 약속을 어긴 자들

일단 이스라엘 백성은 림몬 바위로 도망친 베냐민 사람들을 더 이상 추격하지 않고 그들과 화해하기로 결정했습니다. 도망친 베냐민 족속도 림몬 바위에 4개월 살면서 충분히 속죄했다고 생각했기 때문에 사람을 보내 평화를 공포하게 하였습니다.

21:13-14상, "온 회중이 림몬 바위에 있는 베냐민 자손에게 사람을 보내어 평화를 공포하게 하였더니 그 때에 베냐민이 돌아온지라"

아마 림몬 바위로 도망친 600명의 베냐민 지파 사람들은 4개월 동안 숨어 있으면서 자신들이 패배했다는 사실을 알았고 더 이상 싸울 자신도 없었습니다. 그때 이스라엘 백성 쪽에서 화해하자고 선포하니까 그들도 무조건 그 화해를 받아들이고 집으로 돌아왔습니다. 그러나 이들이 집으로 돌아왔을 때 그들만이 베냐민 지파에서 유일하게 살아남았고, 그들의 집은 모두 불탔고 아내와 아이들까지 전부 다 죽었다는 사실을 알게 되었습니다. 아마 그들은 집에 돌아와서 더 절망했을 것입니다. 이제 살아남은 베냐민 자손 600명은 미래가 없었습니다. 그러나 이스라엘 백성은 베냐민 지파의 미래를 만들어 줄 책임이 있었습니다. 왜냐하면 그들이 너무 지나치게 베냐민 지파를 징계했기 때문입니다.

남은 이스라엘 백성은 먼저 같은 이스라엘 백성 중에서 약속을 지키지 않은 족속이 있는지 찾아보았습니다. 이스라엘 백성은 총회를 소집하면 무슨 일이 생겨도 무조건 모여야만 했습니다. 그런데 모든 이스라엘 지파 중에서 야베스 길르앗 족속이 참가하지 않은 사실이 밝혀졌습니다. 아마 그들은 이스라엘에 왕도 없는데 누가 감히 우리를 오라 가라 하느냐 하면서 우습게 알았던 것 같습니다. 그래서 이스라엘 백성은 이스라엘 자체를 무시하는 야베스 길르앗 족속은 그냥 둘 수 없다고 생각해서 이스라엘 백성 만 이천 명을 보내어 그들을 전부 죽였습니다. 야베스 길르앗 사람들을 다 죽였습니다. 그러나 이스라엘 사람들은 야베스 길르앗에서 처녀들을 살렸습니다. 그 이유는 베냐민의 족속을 살려야만 했기 때문입니다. 야베스 길르앗에서 남자를 사귀지 않은 처녀의 수가 400명이었습니다. 살아남은 처녀의 수가 400명인 것을 보면 야베스 길르앗 사람들도 몇천 명 정도였던 것은 알 수 있습니다.

이스라엘 백성의 지도자들은 남자만 남은 베냐민 족속에게 야베스 길르앗에서 잡아온 처녀 400명을 주면서 결혼하라고 했습니다.

이것은 참으로 비참한 결혼이었습니다. 베냐민 지파는 아내와 아이들이 다 죽은 헌 신랑이었고, 야베스 길르앗의 처녀들은 부모와 형제들이 다 죽은 슬픈 신부들이었습니다. 그러나 그들은 무조건 400명을 짝 지워 결혼했습니다. 무조건 자기에게 배정되는 여자와 결혼해야만 했습니다. 그들은 자신의 미래를 만들어야 했기 때문입니다. 그러나 베냐민 족속 중에는 아직도 짝이 없는 남자가 200명이나 남아 있었습니다.

3. 쳐녀를 약탈한 댄스파티

전쟁에서 이긴 이스라엘 백성은 아직 짝을 찾지 못한 베냐민 사람이 200명이나 있다는 사실을 생각했습니다. 사실 이스라엘 백성의 입장에서는 살아서 도망친 베냐민 사람들을 추격하지 않고 그들과 화해했고, 심지어는 약속을 지키지 않은 야베스 길르앗 사람들을 베냐민 지파 대신 죽이고 처녀를 4백 명이나 구해서 베냐민 지파에게 주었으면 그들로서도 최선을 다했다고 볼 수 있습니다. 그러나 이스라엘 백성은 아내 없는 베냐민 사람 200명은 혼자 살다가 죽으면 후손이 없어서 결국 하나님의 기업이 폐허가 되고 그 땅이 이방인들에게 빼앗기게 된다고 생각했습니다. 그래서 남은 베냐민 사람을 위해서 어디서 처녀를 훔쳐 오든지 해야 하는데, 도대체 200명이나 되는 처녀를 어디서 훔쳐 오겠습니까?

그때 이스라엘 백성이 기가 막힌 아이디어를 생각해 내었습니다. 벧엘 북쪽에 세겜으로 올라가는 큰 길이 있는데, 그 동쪽 실로에서 매년 여호와의 절기 잔치를 벌였습니다. 그때 실로 사람들은 포도주를 만들어서 마시고 실로 처녀들 수백 명이 머리에 꽃단장하고 와서 춤을 추는데 아마도 그 댄스파티가 유명했던 것 같습니다. 그리고 아마도 그 자리에서 예쁘고 춤을 잘 추는 아가씨가 있으면 남자들이 청혼하곤 했던 것 같습니다.

그런데 여기 나오는 실로 사람들이 이스라엘 사람들인지 아니면 가나안 사람들인지 알 수 없습니다. 19절에 보면 "여호와의 명절"이 있는 것을 보면 이스라엘 백성인 것 같은데, 이스라엘 백성의 절기 감사제에서는 이런 댄스파티를 하지 않습니다. 그리고 실로 사람들은 이스라엘 백성의 음모에 대해서 전혀 알지 못했던 것을 보면 이스라엘 백성에게 상당히 동화된 가나안 족속들인 것 같습니다. 그때 이스라엘 백성은 깊이 의논할 결과 아직 결혼하지 못한 베냐민 족속 대표를 만났습니다. 그리고 그들에게 여호와의 명절이 되면 실로에서 가나안 아가씨들이 수백 명이 모여서 댄스파티를 하는데 그때 기습해서 혼자 있는 남자들은 아가씨를 한 명씩 안고 집으로 데리고 도망치라고 했습니다. 만일 그들의 부모나 형제가 화를 내어서 싸우려고 하면 우리가 나서서 잘 중재해 주겠다고 약속했습니다. 즉 실로 사람들이 이스라엘 백성에게 자기들의 딸을 도둑질해 가느냐 하면서 화를 내면, 모든 것이 하나님의 뜻이라고 설명하겠다는 것이었습니다. 그래서 실로에서 처녀들이 수백 명이 모여서 머리에 꽃을 달고 손뼉을 치면서 춤을 출 때 베냐민 지파 사람들은 그 처녀들에게 달려들어서 마음에 드는 처녀를 한 명씩 안아서 집에 데리고 가서 자기 아내로 삼았습니다.

21:23, "베냐민 자손이 그같이 행하여 춤추는 여자들 중에서 자기들의 숫자대로 붙들어 아내로 삼아 자기 기업에 돌아가서 성읍들을 건축하고 거기에 거주하였더라"

결국 살아남은 베냐민 사람 600명은 이스라엘 백성의 도움으로 억지로 처녀들을 얻어서 미래를 이어가게 되었습니다. 베냐민 지파의 땅은 이스라엘의 중심부였고, 예루살렘도 베냐민의 땅이었습니다. 하나님은 큰 고통을 당한 베냐민 지파에서 초대 이스라엘 왕 사울이 나오게 하셨습니다. 그리고 나중에 이스라엘 왕국이 분열되어 남북으로 갈라질 때 베냐민은 유일하게 유다 지파와 함께 남쪽 유다 왕국에 남게 됩니다. 이렇게 베냐민 지파는 끝까지 살아남게 됩니다. 유명한 신학자요 복음 전도자였던 사도 바울도 베냐민 지파 후손입니다.

우리는 어떻게 우리의 미래를 만드시겠습니까? 지금 우리는 인구가 기하급수적으로 줄어들고 있습니다. 어린이 인구는 줄어 유치원도 없어지고 주일학교도 사라지고 있습니다. 그럼에도 어른들은 음욕에 불이 붙어서 아무 데나 가서 남자나 여자를 만나서 죄악의 미래를 만들고 있습니다. 그러나 우리에게는 엄청난 하나님 나라의 유산이 있습니다. 이 유산을 다른 사람에게 빼앗기면 안 되겠습니다.

결론적으로 사사기 기자는 다음과 같이 사사기를 정리하고 있습니다. 한마디로 자기의 좋은 대로 행한 시대라는 것입니다.

21:25, "그 때에 이스라엘에 왕이 없으므로 사람이 각기 자기의 소견에 옳은 대로 행하였더라"